三峡大学学科建设项目资助

张家界市少数民族历史文化概览

刘兴亮　戴楚洲　戴澧兰　编著

西南交通大学出版社
·成　都·

图书在版编目（CIP）数据

张家界市少数民族历史文化概览 / 刘兴亮，戴楚洲，戴澧兰编著. —成都：西南交通大学出版社，2021.11
ISBN 978-7-5643-8417-3

Ⅰ. ①张… Ⅱ. ①刘… ②戴… ③戴… Ⅲ. ①少数民族－民族历史－研究－张家界市②少数民族－民族文化－研究－张家界市 Ⅳ. ①K280.643

中国版本图书馆 CIP 数据核字（2021）第 239875 号

Zhangjiajie Shi Shaoshu Minzu Lishi Wenhua Gailan
张家界市少数民族历史文化概览
刘兴亮　戴楚洲　戴澧兰　编著

责任编辑	居碧娟
封面设计	墨创文化
出版发行	西南交通大学出版社 （四川省成都市金牛区二环路北一段 111 号 西南交通大学创新大厦 21 楼）
发行部电话	028-87600564　028-87600533
邮政编码	610031
网　　址	http://www.xnjdcbs.com
印　　刷	成都蜀通印务有限责任公司
成品尺寸	170 mm × 230 mm
印　　张	25.25
字　　数	453 千
版　　次	2021 年 11 月第 1 版
印　　次	2021 年 11 月第 1 次
书　　号	ISBN 978-7-5643-8417-3
定　　价	128.00 元

图书如有印装质量问题　本社负责退换

前　言

“流域文化”是中华文化的组成部分，是中华民族的根和魂。澧水属于长江流域洞庭湖水系，为湖南省第四大河流。澧水流域位于武陵山脉北端东侧向洞庭湖平原过渡地带，位于东经 109º31′~111º56′、北纬 29º30′~36º21′。因其上游“绿水六十里、水成靛澧色”而得“澧水”芳名，又因战国时期著名诗人屈原诗句“沅有芷兮澧有兰”而曰兰江。据《汉书·地理志》记载：“充县历山，澧水所出。”汉代《桑钦水经》亦载：“澧出武陵（郡）充县西历山，东过其县南，又东过零阳县之北。”明代《万历慈利县志》又载：“澧水源出县西历山。”清朝初年，顾祖禹在《读史方舆纪要》中还说：澧水“发源历山，始出甚微，东过武口”。古代澧水发源地历山在龙山县与桑植县交界处栗山坡。澧水现有北源、中源、南源三源，国家水利普查办于 2013 年认定中源为澧水主源。中源绿水河起源于湖南省龙山县大安乡翻身村，澧水干流全长 407 千米。北源发源于桑植县五道水镇杉木界，在桑植县小茅岩与澧水中源汇合以后向东流去。南源杉木河发源于永顺县万笏山北麓，流经永顺县的龙家寨、十万坪、毛坝和官坝等地，南源在桑植县两河口镇与中源汇合。永顺县砂坝河、桃子溪、贺虎溪、永茂河等溪流相继注入澧水。位于湘西北、鄂西南的澧水干流跨越十个县（市），在津市市小渡口镇注入洞庭湖。小渡口镇以下称为澧水尾闾，沿安乡县澧水洪道南流。澧水一部分在窑湾注入西洞庭湖目平湖。故明《万历慈利县志》曾载：“（澧水）过安乡，泄于江口，汇入洞庭。”清代《同治直隶澧州志》又载：“澧水合众流，经（澧）州城而径抵安乡，以达洞庭。”红军将领贺锦斋于 1928 年在《澧源歌》纪事诗中还说：“澧源之水清且凉，蜿蜒漂荡入安乡。”澧水共有一级支流 75 条，最大支流溇水上游称为下坪河，发源于湖北省鹤峰县下坪镇七垭村，自西北流向东南，流经桑植县东北部以及慈利县西北部，在慈利县零阳镇永安村汇入澧水，全长 250 千米，流域面积占 5048 平方千米。澧水第二大支流渫水也有南、中、北三源。北源出自湖北省五峰县香日坪农场天心桥，称为北溪河。中源出自石门县壶瓶山镇泉坪村高家界，称为泉坪河。南源出自石门县西曾家大界，称为金家河。溇水三源汇于龙洞附近江坪河，向东南流，在石门县新关镇三江口注入澧水，全长 165 千米，流域面积占 3201 平方千米。澧水流域北以武陵山脉北支的八大公山、壶瓶山与湖北省清江相隔；南以武陵山脉南支与沅江分界；西起湘鄂崇山；东濒洞庭湖。澧水流域地形为溪河相连的山地、丘陵，地势西北高、东南低，总落差 1439 米。南北窄，东西长，略呈长方形。地跨湖南省湘西州、张家界市、常德市及湖北省恩施州四个市州，总面积共计 18 583 平方千米。澧水流域属于亚热带季风湿润气候区，气候比较温暖，多年平均气温为 16.7℃，多年平均年降水量 1544 毫米。澧水流域耕地面积达 26 万多公顷，以农业为主的自然经济特征突出，旅游产业发展很快。总人口接近 400 万人，澧水中上游聚居着土家族、苗族、白族、回族四个世居少数民族 160 多万人（为了整体研究澧水上中游世居少数民族历史文化，本书一并概述张家界市周边鹤峰县和石门县等县少数民族历史文化）。

澧水流域人文历史悠久，名胜古迹众多，民族文化奇特，属于老少边穷地区。早在 20 万年前，澧水流域已有远古人类活动。澧水作为长江中游平原人类文明发源地之一，拥有湖南最早的旧石器文化。澧水中游曾发现从旧石器时代向新石器时代过渡的远古文化遗存。石门县燕儿洞旧石器文化遗址出土了湖南境内唯一的古人类化石，被考古界称之为“石门人”。澧水下游的城头山古城邑筑于 6000 年前，是中国发现的年代最早的古城遗址，这里还发现了世界最早且保存完整的水稻田，距今约有 6500 年。澧县彭头山遗址发现距今约有 9000 年的百多粒碳化稻米。澧阳平原已有最早的八十垱环壕聚落新石器时代遗址等 13 处全国重点文物保护单位，这些标志农耕文化和城市文明的考古发现，意味中华文化曙光从澧阳平原辉映乾坤。上古时代，澧水就是中华大地著名河流，历代文献涉及澧水较多。《尚书·禹贡》最早记载：大禹导江，“东至于澧”。《山海经·东山经》也载：“葛山之首无草木，澧水出焉，东流注于余泽。”商周时期，澧水流域为濮人、巴人、楚人等古代民族繁衍生息之地。自秦朝统一中国以来，历代朝廷在澧水流域设置郡、州、府、县和土司、卫所机构，统治各族先民。张家界市发现许多古遗址、古墓葬。全市现有国家级重点文物保护单位 7 处，省级文物保护单位 24 处；出土国家一级文物 41 件、二级文物 173 件。张家界市共有 15 类、70 多项非物质文化遗产，被国务院公布为国家级非物质文化遗产的有张家界阳戏、土家族撒尔嗬、桑植民歌和白族仗鼓舞。近年来，张家界市开辟《张家界·魅力湘西》《天门狐仙·新刘海砍樵》和《烟雨张家界》等民族文化演艺场所，《天门狐仙·新刘海砍樵》和《张家界·魅力湘西》入选《国家文化旅游重点项目名录》。张家界市是革命老区、贺龙故乡，是湘鄂西、湘鄂川黔革命根据地发源地，任弼时、贺龙、萧克、王震、关向应等老一辈无产阶级革命家曾经在此浴血奋战，全市先后有 4.7 万人参加红军，牺牲 1.8 万人。红色文化旅游资源有贺龙刀劈芭茅溪盐局旧址及桑植起义旧址，红二、六军团指挥部旧址龙堰峪，红二、六军团长征出发地刘家坪等遗址。张家界市及桑植县被编入全国红色旅游精品线路，贺龙故居和贺龙纪念馆被列入“全国红色旅游经典景区”。湘鄂川黔革命根据地纪念馆被列入全国爱国主义教育基地和全国重点文物保护单位。

澧水流域旅游资源异常丰富，古今闻名。澧水流域山清水秀，灰岩发育形态多姿，溶洞、漏斗、地下暗河、岩溶泉水等自然景观随处可见。唐代文学家柳宗元游览澧水之后发出感慨：“南州之美莫如澧。”张家界市是中国著名旅游城市，拥有国内外 10 多块著名的金字招牌。1982 年，国务院委托国家计委批准建立张家界国家森林公园，其成为中国第一个国家森林公园。1988 年，国务院批准武陵源为第二批国家重点风景名胜区。1992 年，联合国教科文组织世界遗产委员会将武陵源风景名胜区列入《世界遗产名录》，成为中国首批世界自然遗产。1992 年，永定区天门山被国家林业部批准为国家森林公园。1993 年，石门县夹山被国家林业部批准为国家森林公园。1996 年，批准建立张家界大鲵国家级自然保护区。2001 年，张家界国家地质公园被国土资源部批准为全国首批国家地质公园。2004 年，张家界砂岩峰林地质公园被联合国教科文组织认证为首批世界地质公园。2007 年，武陵源风景名胜区获得国家旅游局颁发的中国首批 5A 国家级旅游景区证书。2011 年，天门山风景区获得国家旅游局颁发的 5A 国家级旅游景区证书。

澧水流域文风卓盛，人才辈出。这里既出过潇洒不羁的文人雅士，也出过叱咤风云的军事名将。先秦时期，荆楚文化先驱屈原、宋玉在此行吟，留下底蕴深厚的区域文化。战国时期，楚国三闾大夫屈原被楚顷襄王“怒迁”以后，乘船游于澧水，写下名诗，如《湘君》有“望涔阳（在今澧县涔阳浦）兮极浦，横大江兮扬灵……捐余玦兮江中，遗余佩兮澧浦”。屈原游览沅、澧流域所赋名诗对旅游文学产生了深远影响。《民国慈利县志》还载：“屈原遁楚澧浦、涔阳，擅名骚雅，搴兰写怨。厥体芬芳，顾承学撰述千年。”楚顷襄王文学侍从宋玉晚年循师屈原之足迹，前来澧水登山看花，临河垂钓，在黄洲湖泛舟采莲、赏荷消遣，最后流寓、终老在道水河畔临澧县。清代《湖南通志》记载：“宋玉城在安福县东二里，相传有战国楚大夫宋玉墓于此，故名。”清代《安福县志·古迹》又载：“楚大夫宋玉墓在县东二十里浴溪河南岸，即澧长乐乡，向有墓碑。”今临澧县望城乡仍然保留宋玉城、宋玉墓、宋玉庙、宋玉亭、浴溪河等有关宋玉的文物古迹。屈原、宋玉游览澧水对后世文化发展起了奠基作用。清代乾隆年间，永定知县郭六宰在《新建嵩梁书院记》中写道："永邑为澧兰沅芷之近区，有屈平、宋玉遗风焉。其泽既远，其教易施。"清代道光年间，永定知县赵亨钤肯定屈原、宋玉对区域文化的作用："楚南夙号多材，澧浦代生哲士。永邑虽属边陲，而屈骚宋赋，不辍披吟。"秦汉时期以来，从相单程、覃儿健、田山、车胤、刘禹锡、李群玉、覃垕、唐仁、田世爵、田舜年、吴恭亨、田金楠、阎镇珩到郭宏升、席大成、王正道、刘明灯、孙开华、贺龙、贺锦斋、王尔琢、廖汉生、袁任远、朱绍田、范子瑜，可谓"江山代有才人出、各领风骚数百年"。许多杰出的历史人物在澧水流域留下闪光的人生足迹，成为世人研究的对象。

澧水流域绿水长流、水质良好。中华人民共和国成立以来，各级政府及其水利部门、长江流域规划办公室对澧水流域进行过多次勘测规划，加强了水土流失治理和水资源保护，改善了水利基础条件，建立了以航运、防洪、水库、灌区、城乡供水、水电开发、水土保持为基础的开发体系，灌溉设施不断完善，生态保护不断加强。澧水多年平均水资源总量 133.4 亿立方米，水能资源蕴藏丰富。在已评价的澧水干支流 1116.4 千米河段中，Ⅰ类水质河段占 25.2%，Ⅱ类水质河段占 60.9%。张家界市水利局在主要江河上布设水质监测断面，采用《地表水环境质量评价标准》进行分类评价。Ⅱ类水质河段为澧水上游桑植县贺龙电站以上河段和溇水鹤峰县铁炉镇至慈利县城北岸河段，Ⅱ～Ⅲ类水质河段为澧水桑植县贺龙电站至慈利县与石门县交汇处之间的河段和索水双枫潭以上河段。编制澧水流域 26 个工程布局、总库容 118.35 亿立方米的梯级开发方案，已建梯级装机容量 50 万千瓦，年发电量 17 亿度；已建大型水库 6 座、中型水库 25 座。但是由于多种原因，澧水也面临被污染的严重问题。所以，要落实《国务院办公厅关于健全生态保护补偿机制的意见》(国办发〔2016〕31 号)，加强澧水生态保护与修复。不仅要实施源头保护，还要创新河湖管护，建立河长制。武陵山片区政协主席联席会成立了澧水流域生态保护课题组秘书处，促进了澧水流域生态文明建设。

目　录

CONTENTS

上　篇　民族历史

下　篇　民族文化

附　录

上　篇　民族历史

第一章　先秦时期张家界市土家族的族源

马克思主义民族理论认为：民族是人类在原始社会末期伴随着私有制、阶级和国家的出现而产生的。民族经过奴隶社会、封建社会、资本主义和社会主义社会等几种社会形态变革，从古代民族发展成为现代民族。世界上大多数民族都是多源的，各民族形成过程中或多或少融合了其他民族。中国各民族起源具有多元性特点，中华民族多元一体。武陵山区土家族族源问题是学术界研讨难点，民族学界颜勇等土家族研究专家进行了深入研究，提出了“多源说”，认为土家族是多源一体的少数民族。“多源说”研究专家普遍认为：土家族族源不止一端，而是多源合一，土家族的主要源头是濮人和巴人。先秦时期，张家界市境内已有濮人、巴人、楚人等古代民族杂居。根据马克思主义民族理论以及张家界市土家族历史渊源、土家族现实特点、土家族识别实践进行系统研究以后，我们认为“多源说”符合历史事实：在长期的人类历史发展过程中，张家界市土家族是以世居濮人为主体，逐步融合巴人、楚人等其他古代民族而形成的民族共同体。

一、先秦时期张家界市境内世居先民遗迹

人类历史源头可以追溯到远古时代的“原始人群”。从近年来发现的石器时代遗址看，早在原始社会，澧水流域就有“原始人群”活动，澧水流域石器时代文化遗址是土著先民原始文化。夏商周三代，繁衍生息在澧水流域的“南蛮”留下许多土著先民遗物。

澧水流域土家地区已经发现慈利县小堰塘边等旧石器时代遗址 30 多处。20 万年以前的旧石器时代中期，澧水流域远古祖先使用石头打制的工具从事狩猎和砍伐活动。1986 年，慈利县零阳镇金台遗址出土砍砸器、尖状器和盘状器等打制石器 5 件，是母系氏族社会遗物，经中国社会科学院学部委员安志敏和北京大学吕遵锷教授等考古学专家实地鉴定，属于旧石器时代中期遗

址，距今约 20 万年至 5 万年。据《常德地区志·文物志》载：1987 年，石门县易家渡乡枧桥村王家山遗址出土打制的砍砸器 5 件、尖状器 3 件和石核 6 件。经国家考古专家安志敏鉴定，为旧石器时代中期遗址，距今约 15 万年。1987 年，石门县新铺乡青狮岭村青狮岭遗址出土打制的砍砸器、尖状器和石核，为旧石器时代中期遗址。1987 年，石门县新关镇青山河村瓦窑堡遗址出土打制的砍砸器 3 件、尖状器 2 件、盘状器 2 件，为旧石器时代中期遗址。1987 年，石门县新关镇大圣庙遗址出土打制的砍砸器、尖状器、盘状器和刮削器等石器，为旧石器时代中期遗址。1988 年，桑植县澧源镇朱家台居委会包子堡遗址出土砍砸器和石片等文物。经湖南省文物考古研究所专家袁家荣实地鉴定，3 件打制石器属于旧石器时代中期文化遗存，距今约 10 万年至 3 万年。1990 年以来，石门县阳泉乡邢家桥村燕耳洞洞穴旧石器时代晚期遗址发现打制的砍砸器、尖状器、石锤和石核等石制品 50 余件，特别重要的是发现人类左腿股骨 1 段、下颌骨 1 块以及牙齿 6 颗，属于“晚期智人”化石，距今约 3 万年至 2 万年。此为湖南省首次发现的旧石器时代晚期的人类化石点，被考古学界称为“石门人”[1]。

澧水流域土家地区已经发现新石器时代遗址 60 多处。1977 年以来，石门县皂市镇石坪村皂市下层遗址发现新石器时代早期遗存，出土磨制的刮削器、盘状器、石斧、石锛、石凿等石器，发现直口高领陶罐、带耳陶釜、陶钵、陶盘和杯形器等夹砂红陶，距今 8000 年至 7000 年，被考古界命名为“皂市下层文化”，被湖南省政府于 1983 年公布为省级文物保护单位。慈利县零阳镇太坪村新石器时代早期遗址出土夹炭陶、泥质红陶、夹砂红陶，器形有罐等。慈利县零阳镇零溪村三股凸新石器时代遗址出土石锛等石器。慈利县苗市镇小沙村屋场田新石器时代遗址出土石斧、釜、豆、钵等文物，为距今约 6500 年的大溪文化遗址。石门县所街乡冻青村新石器时代遗址出土磨制的刮削器、盘状器、砍砸器、石斧、石锛等石器和釜、鬲等陶器，属于大溪文化时期遗存。石门县所街乡添坪村添坪新石器时代遗址出土磨制石器，陶器有罐和鼎的陶片，属于大溪文化时期遗存。慈利县溪口镇桃坪村璞槲岗新石器时代遗址出土的罐、钵、杯等陶器以及 24 件石斧，为距今约 5000 年的屈家岭文化遗物。据《常德地区志·文物志》载：石门县所街乡窑坡山村窑坡山新石器时代遗址出土磨制石器和泥质红陶，属于龙山文化早期遗址。石门县蒙泉镇龙长丘新石器时代遗址出土麻面足和罐等陶器，属于龙山文化遗址。慈利县苗市镇洞湾村新石器时代遗址出土钵、鼎等陶器，为距今约 4500 年的龙山文化遗址，是父系氏族公社遗物。据《湘西土家族苗族自治州·文物志》载：1980 年，湘西自治州文物考古队专家在大庸县城“古人堤”遗址做了考古发掘。“古人堤”遗址下层出土新石器时代晚期的刮削器、割削器、磨光石锛、石刀、打击石片等石器和泥质灰陶、印纹硬陶，属于原始社会晚期文化遗物；该遗址上层为战国遗址，出土竹简、木牍、筒瓦、板瓦和鼎、碗、壶、鬲、豆、盆、罐、缸等陶器。永定区大庸桥街道办事处大庸桥居委会新石器时代遗址出土石锛、石球、石斧等磨制石器。1987 年，桑植县澧源镇朱家台居委会河边二级台地遗址出土新石器时代的麻面鼎足和尖足陶鬲，为龙山文化遗存。朱家台莱丘新石器时代遗址出土的陶器以土著夹砂陶罐为主，泥质陶罐腹部刻有蚕纹一周，在国内实属罕见。鹤峰县铁炉乡发现江口新石器时代晚期遗址，出土石斧、石刀、石锛等遗物。

古代典籍记载，澧水流域土家历史源远流长，历史文化底蕴深厚。澧水流域已经发现的 200 多处商周遗址与土家族有历史渊源关系。夏代，澧水流域属于“《尚书 · 禹贡》荆州之域”；商代，属于“南蛮”，故《万历慈利县志》载：“慈（利）于殷周为蛮、蜑所居。”《说文解字》解释：“蜑，南方蛮也。”顾栋高在《春秋大事表》把“南蛮”分为卢戎、苗蛮、濮、巴四个古代民族。西周时期，属于“楚蛮”。春秋战国时期，澧水流域隶属楚国。据《湖南省志 · 文物志》载：1980 年，石门县皂市镇桅市村宫山商墓出土的玉石器有璋 1 件、钺 4 件，陶器有袋足 1 件、圈足 2 件，为湖南省已发现的第一座商代前期墓葬。慈利县杨柳铺乡茅屋台商代遗址出土鼎、罐和豆等陶器。慈利县甘堰土家族乡象鼻嘴商代遗址出土鼎和豆等陶器。永定区枫香岗乡公王庙商代遗址出土红陶、鬲腿等陶片。慈利县零阳镇太坪村长堤西周遗址出土罐和豆等陶器。慈利县溪口镇樟树塔西周遗址出土罐和鼎等陶器。鹤峰县铁炉乡江口商周遗址出土青铜戈等兵器和网坠、纺轮等陶器渔具数十件。鹤峰县刘家河商周遗址出土鼎、罐等陶器。石门县二都乡高桥村高桥遗址出土鼎、罐和豆等陶器，其中 1 件石范和 1 个鼎足反映了商周时期澧水流域制陶技术的发展。石门县磨岗隘乡鲍家渡村东周遗址发掘 15 座战国墓，出土罐、盘和豆等陶器以及铁制兵器、铜镜。澧水流域土家地区发掘春秋战国遗址 300 多处，出土大量珍贵文物。鹤峰县刘家河发现春秋时期建筑遗址，鹤峰县铁炉乡出土战国时期生活用具陶鬲。慈利县零阳镇战国城邑白公城遗址出土罐、钵、豆等陶器和板瓦、筒瓦。石门县维新镇古城堤战国时期城址尚存战国时期 50 余座墓穴，墓穴出土鼎、罐、钵、豆等陶器、铁器、青铜器和板瓦、筒瓦等文物 100 多件。石门县维新镇马鞍村发掘 9 座战国墓，出土壶、鼎和豆等陶器以及铜镜、铜剑。

二、商周时期张家界市境内濮人源流

商周时期，澧水流域为土著居民濮人与外来民族商人、巴人、楚人杂居。濮人是商周时期以汉水流域及其南部澧水流域为中心定居的土著民族，创造了以釜和鼎为代表的文化遗存。殷商甲骨文有多处商朝讨伐濮人的记载，濮人不堪商朝民族压迫，被迫向南迁徙，并与周人结盟。据《史记》载：公元前 1066 年，濮人等南方 8 个古代民族参加武王伐纣灭商的牧野之战。《逸周书》又载："(周)成王之会……卜(濮)人以丹(朱)砂。"濮人向周朝称臣纳贡，周、濮关系相对缓和。汉代孔安国曰："庸、濮在江汉之南。"西周时期，江汉一带濮人发展成为西南地区"百濮"，成为南方最大的部落联盟。汉代扬雄在《蜀都赋》中写道："东有巴賨，绵亘百濮。"濮人没有建立国家，社会组织是部落、部族。晋代杜预在《左传释例》中说："楚南有濮夷……濮夷无君长总统，各以邑落自聚，故称百濮也。"清代王鸣盛在《尚书后案》中也说："湖南辰州实古濮人地。"黄尚明在《从考古学看先秦时期濮人的迁徙》一文中提出：湘西北的釜、鼎文化圈与古代文献记载的"百濮"地望相符，创造土著文化的民族实属上古"濮人"。湖南省文物考古研究所专家何介钧在《从考古发现看先秦湖南境内的民族分布》一文中指出："濮人应该是在巴人到来之前土家族地区最早的居民，濮人是土家族地区的土著民族。"湖南省文物考古研究所专家柴焕波在《武陵山区古代文化概论》一书中说："土家族是一个复合的民族，其底层土著居民可追溯到上古的濮人。"

从澧水流域土家地区发现的商周时代文物看，澧水流域土著居民族属应为"濮人"。1958 年，石门县皂市镇十家坪村皂市上层商代中期遗址出土陶器花边圈足碗、喇叭形柄豆、平底喇叭口罐、联裆鬲、扁平足鼎、大圈足盆、大口缸、釜等本地土著文化遗物，还出土箭镞、鱼钩、铲、锥、凿、簪等本地青铜器和溶铜炉、铜渣遗迹以及冶铜坩埚残片、石范，证明澧水流域早在商代已经进入"铜器时代"。王宏在《试论长江中游地区夏商周时期的文化与族属》一文中提出："皂市中层文化"为"濮文化"。1988 年，桑植县朱家台龚家坟山商代遗址发掘土著先民建筑基址，出土釜、缸、鬲、豆和夹砂卷沿平底罐等陶器。陶罐腹部刻蚕纹一周，以弦纹、水波纹饰于平底罐的领部是其特色。桑植县朱家台遗址是以陶罐、陶釜、陶豆、陶鼎和矮粗颈壶为代表的濮人遗存，是没受到中原地区商周文化影响而独立发展的土著文化，是全国独有的土著文化类型。朱家台遗址出土的陶器以夹砂褐陶为主，少量为红陶和黑陶；器形以平底罐为主，其次是釜、豆和缸残片。柴焕波在《湘西古文化钩沉》一书中明确指出："朱家台文化的族属是濮人。"慈利县江垭镇柳枝坪遗址发现商代土著文化遗址出土罐和钵等陶器。慈利县象市镇大田商代土著文化遗址出土鼎和盆等陶器。慈利县零阳镇北岗村商代遗址出土釜、罐和盆等陶器。2004 年，石门县壶瓶山镇平东村火炼尖山平东遗址出土商周时期的鼎、罐、盘和豆等陶器，证明在海拔千米的壶瓶山区也有古代濮人活动。

濮人是澧水流域最早出现在历史文献的土著先民，是土家族的主要源头。《辞海》说："濮，我国古代西南地区民族名。殷周时代分布于江汉以南。春秋以后渐散于今湖南省西北部澧、沅二水流域。"公元前 822 年，楚国国君熊霜去世以后，他的三个弟弟争立王位。《史记·楚世家》记载了王室争位结果："仲雪死，叔（熊）湛亡，避难于濮；而少弟季徇立，是为熊徇。"证明西周晚期濮地尚未纳入楚国版图，故能保护楚国王室流亡者。春秋初年，楚君蚡冒开始讨伐濮族，即《国语》载"楚蚡冒于是乎始启濮"。公元前 704 年，楚武王熊通率兵进攻濮族，占领濮地，迫使濮人迁到澧水流域，即《史记》载"（楚武王）三十七年……始开濮地而有之"。周景王二十二年（前 523 年），楚平王率舟师自长江入澧水，打败濮族。之后，迁入武陵山区的濮人保持本民族特征，留下包含濮文化因素的文化遗存。澧水流域濮人与巴人融合以后，经过数百年变迁，逐渐演变成为秦汉时期土家先民"武陵蛮"的一部分。何介钧专家在《从考古发现看先秦湖南境内的民族分布》中认为："先秦时期在湖南地区居住和活动的主要有越、楚和濮三个大的族群，另外还有巴……先秦时代，沅、澧流域最早的居民是濮人，继为巴人，再为楚人、越人。"谢心宁认为：土家族渊源于新石器时代晚期的濮人，是古代土著人的后裔，这些土著人族属就是古代濮人。徐中舒在《巴蜀文化续论》一书中提出了土家族族源的"濮人说"。中华人民共和国国家民族事务委员会（以下简称"国家民委"）也于 2009 年出版的《土家族简史》提出了"濮人说"。柴焕波在《湘西古文化钩沉》中也提出："土家族源于古代的濮人，其古代生产方式为渔猎，以虎为主要图腾。"春秋战国时期，濮人铸造的宽格青铜剑具有地方特色，呈梯形，剑与茎合铸。宽格铜剑和豆、壶陶器同出是战国濮人墓的标志。1981 年，慈利县官地黄牛岗战国墓出土的无首扁茎宽格铜剑，与保靖县四方城战国墓出土的 8 件宽格铜剑相似，均为土著"濮人"铸造的兵器。2001 年，张家界市文物局专家在张家界市城区三角坪对菜籽湾战国墓葬进行发掘。其中，M12 墓葬出土扁茎宽格铜剑、铜带钩、铜饰件等濮人铜器和陶壶、陶钵、陶豆等陶器，为战国早期土著濮人墓葬。永定区大桥街道办事处且住岗居委会野猫沟战国濮人墓葬出土的扁茎宽格铜剑刻有铭文 12 字，为全国罕见。此外另有战国原始青瓷罐等国家一级文物 4 件。桑植县朱家台战国墓共有 25 座，出土 68 件随葬品，包括陶器 61 件，铜器、铁器及琉璃器各 2 件。桑植县朱家台战国墓中有 4 座濮人墓，其特点是墓中多出陶豆。器物既反映以濮文化为基调，又吸收巴文化和楚文化的因素。桑植县龙潭坪镇、永定区王家坪镇和慈利县高桥镇、龙潭河镇、溪口镇、甘堰土家族乡和石门县所街乡、城关镇等乡（镇）发现族属为濮人的崖墓葬（又名悬棺葬）100 多穴。濮人文化对土家文化产生了重大影响，土家文化含有濮人文化因子。古代濮人民居为“干栏”房，澧水流域保留许多土家族转角楼建筑。

三、春秋战国时期巴人流入张家界市境内

人类学家把“完全形成的人”分为早期猿人、晚期猿人、早期智人、晚期智人四个进化阶段。1956 年，湖北省长阳县大堰乡发现了人类 1 件左侧上颌骨连同 2 枚牙齿和 1 颗左下前臼牙齿化石。旧石器时代中期的“长阳人”属于早期智人，距今约 20 万年。巴人最早居住在武落钟离山（在今湖北省长阳土家族自治县）。西汉刘向在《世本》中最早对巴人作了记载：“巴郡南郡蛮本有五姓：巴氏、樊氏、瞫氏、相氏、郑氏，皆出于五落钟离山。其山有赤、黑二穴，巴氏之子生于赤穴，四姓之子皆生黑穴。”[2]夏代初年，巴人西迁。晋代常璩的《华阳国志》载：“禹会诸侯于会稽，执玉帛者万国，巴、蜀与焉。”殷墟甲骨文也有“巴方”的记载。商代后期，武丁率兵征伐巴方，巴人定都于枳（在今重庆市涪陵区）后，部分巴人发展成为善于射杀白虎的“板楯蛮”。公元前 11 世纪，巴人参加武王伐纣战争。《华阳国志》记载：“周武王伐纣，实得巴、蜀之师。”《左传》亦载：“武王克商，巴、濮、楚、邓，吾（周）南土也。”周武王灭商后，封其宗族姬姓于巴地，建立奴隶制巴子国。巴族支系众多，据《华阳国志》载：“武王既克殷，以其宗姬封于巴……其属有濮、賨、苴、共、奴、獽、夷、蜑之蛮。”[3]

春秋初年至战国早期，巴人溯清江，沿溇水及澧水进入澧水流域，澧水流域遂有巴人活动。1986 年，鹤峰县太平乡姜家坡出土战国巴人青铜乐器编钟。战国中期，巴国南抵楚国黔中郡。公元前 316 年，秦惠文王派遣司马错率兵消灭巴国以后，设置“巴郡”。巴人四处逃散，又有部分巴人流入澧水流域。澧水流域土家族来源于秦灭巴后定居在武陵地区的巴人。唐代梁载言在《十道志》中说：“楚（秦）子灭巴，巴子兄弟五人流入黔中。汉有天下，名曰酉、辰、巫、武、沅等五溪，名为一溪之长，故号五溪[蛮]。”[4]唐代颜师古注《汉书》时说：“黔中，今黔州是其地，本巴人（地）也。”宋代罗泌在《路史》中说：“巴灭，巴子五季流于黔而君之。”《三国志》载：“武陵蛮夷反乱，攻守城邑，乃以（黄）盖领太守……自春讫夏，寇乱尽平，诸幽邃巴、

醴、由、诞（蜑）邑侯君长皆改操易节，奉礼请见，郡境遂清。”[5]唐代杜佑在《通典》中把“板楯蛮”特征归纳为三点：一是“杀人者得以赕钱赎死”，二是“巴人呼赋为賨”，三是“巴渝舞”。宋代乐史在《太平寰宇记》中把澧水流域土家先民称为“板楯蛮”，并且突出巴人后裔田姓土家先民活动，如“板楯蛮……宋元嘉中，天门溇中令（在今慈利县三官寺土家族乡）宋矫之徭役过重，民不堪命，蛮酋田向求等为寇，破溇中。”[6]可见，《通典》和《太平寰宇记》都把巴人分为“廪君蛮”和“板楯蛮”两大支系，把土家地区北部巴人称为“廪君蛮”，把土家地区南部巴人称为“板楯蛮”。中南民族学院彭英明教授在《试论湘鄂西土家族“同源异支”》一文中指出：鄂西南土家族是巴人“廪君蛮”后裔，湘西北土家族来源于巴人“板楯蛮”。“賨”是秦汉时期湘西北、渝东南少数民族交纳的赋税名称，交的钱币叫賨钱，交的布匹叫賨布，巴人因称赋为賨而被称为“賨人”。又因打仗时以木板作“盾”而又被称为“板楯蛮”。唐代《通典》说：“巴人呼赋为賨，谓之賨人焉，代号为板楯蛮。”[7]两汉时期，澧水流域土家先民交纳賨布，如明《隆庆岳州府志》载：“汉，零阳县（今慈利县），岁输賨布，大人一匹，小口二丈。”

自古以来，澧水流域出土巴人制造和使用的铜制乐器虎钮錞于30多件。早在宋代，史学家洪迈在《容斋续笔》中说：“淳熙十四年（1187年），澧州慈利县周赧王墓旁五里山摧，盖古冢也。其中藏器物甚多。予甥余玠宰是邑，得一錞。”[8]清代《永定县志》记载永定县城观音桥聂氏、王氏及楚氏家藏虎钮錞于。永定区兴隆乡等地先后出土巴人虎钮錞于5件。慈利县蒋家坪长建村出土战国时期虎钮錞于1件。慈利县城官地黄牛岗战国墓出土巴人铜铎1件。慈利县城出土战国环钮八边形甬铜征1件。2003年，慈利县零阳镇石板村樟树凸M69出土战国巴式扁茎铜剑1件。桑植县出土虎钮錞于3件和巴人柳叶形铜剑1件。石门县出土战国时期巴人柳叶形铜剑3件和虎纹铜戈1件。鹤峰县容美镇鸡公洞出土春秋时期虎钮錞于2件。鹤峰县铁炉乡出土战国时期巴人兵器空首铜钺1件。

现在，澧水流域土家族人的摆手舞、赶白虎以及重祠祀等风俗都与巴人支系“板楯蛮”有承袭关系。土家族人认为祖先是“打虎匠”，视白虎为“恶神”，认为“白虎当堂坐，无灾必有祸”，因而过年时门前挂灯以示驱赶“白虎”。可见，古代巴人是澧水流域土家先民之一。中华人民共和国成立后，开展了民族识别工作。根据潘光旦教授的研究报告《湘西北的“土家”与古代的巴人》提出的“巴人说”，中共中央统战部于1957年1月3日发出统发电570号电文《关于确定“土家族”民族成份问题》，正式认定“土家族”为单一的少数民族。国家民委发了民政字〔1982〕第240号文件《湘鄂川黔四省恢复土家族成份工作座谈会纪要》以后，澧水流域各县党政领导推介了一大批民族研究成果，恢复了 100 多万人的土家族成分。《鹤峰县民族志》提出："鹤峰土家族主要是古代巴人的后裔。鹤峰是古代巴人的重要活动地区。鹤峰是古代巴人进入湘西地区的一条重要通道。"张家界市人大副主任谷臣章在《桑植少数民族》一书中指出：桑植县大部分地域是巴人活动地区，土家族是巴人的后裔。《大庸县志》写道：古代巴人曾在大庸县境繁衍，向、覃、田等姓土家首领均属巴人后裔，与古代巴人相氏、瞫氏、郑氏确有历史渊源关系。岳麓书社出版的《慈利县土家族史料汇编》一书明确提出："慈利县土家族是以巴人为主体融合其他民族形成的。"石门县土家族学者写的《湘北土家族探秘》一书认为："居住在澧水流域的湘北土家族……属古代巴人的后裔。"巴族图腾为虎，虎钮錞于为古代巴人乐器。石门县发现 7 处虎钮錞于窖址，出土虎钮錞于 23 件，证明石门县从东周至东汉时期为巴人活动区域。土家族研究专家田荆贵把历史文献同土家族现实情况相对照，发现土家族主流与古代"賨人"有历史渊源关系，并且发表《古代賨人与现今土家族的共同之处》。该文从土家族的自称、语言、风俗习惯等方面论述土家族与古代"賨人"的相似之处。田荆贵在《土家人和土家语》一书中又提出："賨人为土家族的主源……土家族是古代'賨人'的后裔。"因为巴人包括賨人，所以賨人说与巴人说相似。

四、春秋战国时期张家界市境内"南楚文化"

春秋战国时期，澧水流域隶属楚国。湘西土家族苗族自治州文化局副局长邢敏建在《积淀丰厚的酉水文化》一文中提出：春秋战国时期，酉水流域主要分布楚、巴、濮三个民族。在楚人进入湘西之前，这里居住着当地的土著民族"百濮"；春秋战国时期，楚国经营西南地区，使大量巴人进入湘西，形成"百濮"、巴人杂居的局面。邢敏建还提出了"楚人为土家先民一部分"的新观点。

楚史研究专家张正明在其专著《楚史》说：楚人始祖是祝融。商代晚期，祝融后裔楚人向南迁到豫西南的丹水流域。楚人的信史时代是从鬻熊开始的，《史记·楚世家》记载："鬻熊子事文王。"鬻熊亲附周文王，成为火师。鬻熊肇业以后，部落聚居在豫西南的丹水流域。鬻熊之子熊丽继为大酋以后，率部避难于雎水流域的雎山（在今湖北省南漳县）。西周初期，周成王中年，举文武勤劳之后嗣，封熊丽之孙、熊狂之子熊绎于"楚蛮"之地，始建"楚子诸侯之国"，建都丹阳（在今湖北省南漳县城），"楚"乃成为邦国之号，并为族名。[9]楚国始封国君熊绎封于荆楚，国弱民贫，兵微将寡，常受周王室与诸侯国欺侮。熊绎恭谨勤劳，尽心竭力，筚路蓝缕，跋涉山林，乃以丹阳为立足点，带领楚人开垦荆山，开拓江南。熊绎子孙熊艾、熊胆、熊胜、熊杨、熊渠五代国君，苦心治国半个世纪，楚国疆域日扩，财富日增。东周早期，楚国国君熊通自称楚武王。其子楚文王熊赀于公元前 689 年由丹阳迁都至郊郢（在今湖北省宜都市）。公元前 505 年，楚昭王迁都至栽郢，扩建纪南城（在今湖北省荆州市北纪南故城）。楚国有地千里，并创造了“荆楚文化”。

春秋时期，楚国军民逐渐向长江以南扩张领土，并在澧水流域修筑城池。现已发现的古城址有慈利县白公城和石门县古城堤等处，白公城因春秋末年白公家族所筑而得名。据明代《弘治岳州府志·慈利县》记载：“白公城在县东五里，四面有门。相传楚白公胜所筑。”清代《嘉庆一统志》又载：“慈利之白公城，周时白公胜所筑。”白公胜，名熊胜，号白公，楚平王熊居之孙、太子熊建之子。清代《嘉庆慈利县志》却载：“白公城在县治东二里零溪旁……白公善筑。”白公家族居住澧水流域，白公胜族兄白公善家居澧阳（即今澧县）。楚国右军将领白公善遵循楚昭王旨意，部曲所到之处，只求土著臣服，筑城守之，故有澧水流域白公城。楚惠王初即位，白公胜图谋叛乱，征召屯驻澧水流域的将军白公善同反。白公善主动辞职，回到家乡，筑城灌园。可见，湖南省境内有史料明确记载的最早城邑“白公城”建城史已达 2500 多年。白公城古城址位于慈利县零阳镇笔架路东端零溪河畔、慈利县政府大院后面。白公城古城址呈长方形，南北长 350 米，东西宽 277 米。现存黏土夯筑残墙一堵，高 2.1 米，宽 6 米；护城河遗迹宽 10 米，深 2 米。从 2015 年 11 月到 2016 年 4 月，湖南省文物考古研究所组织省、市、县三级文物主管部门考古专家进行抢救性挖掘，共计发掘灰沟 36 处、灰坑 117 个、房址 3 处、古井 71 口，堪称“古井博物馆”。这些春秋战国时期的文物和遗迹表明，当时居住在白公城的人口较多。据湖南省文物考古研究所研究员张春龙介绍，白公城古城址出土了建筑材料绳纹筒瓦、板瓦和生活用具陶器罐、钵、盆、豆等珍贵文物。从出土文物分析，这些石器、陶器、铁器、青铜器和漆木器是楚国附近“巴蜀文化”的遗留，印证了春秋战国时期巴人、楚人杂居在白公城的历史。白公城古城址的考古发掘成果为研究湖南城镇起源提供了翔实的文物资料。

史学界专家普遍认为：春秋时期，楚人分布在洞庭湖周边地区和沅澧中下游。春秋早期，楚人向南扩张，最先进入澧水流域，并将澧水流域纳入楚国版图，“南楚文化”成为澧水流域多元文化主体。春秋早期，大批楚人越过长江，征伐澧水流域，遭到土著“濮人”反抗。《史记》和《国语》都有楚国国君蚡冒率兵进入濮人居住地区的记载。公元前 704 年，楚武王熊通率兵占有濮地，迫使濮人迁到澧水流域。据《后汉书·南蛮传》载，自公元前 385 年楚悼王命令楚相吴起变法南征以后，楚师“南并蛮、越，遂有洞庭（郡）、苍梧（郡）”。楚人逐渐分布在湖南各个地区。为了防御秦、巴等国进攻边疆，楚国始在战国中期设置黔中郡，修建军事城堡里耶堡（在今龙山县里耶镇）。黔中之名始见于《战国策》：“楚地西有黔中、巫郡。”《史记·秦本记》亦载：楚宣王时，“楚自汉中，南有巴、黔中”。杨宽在《战国史》一书中也说：“黔中郡，因黔山（在今保靖县西首八峒）得名，辖境有今湖南省西部及贵州省东北部。”楚国黔中郡西与巴国接壤，西南至夜郎国。据《史记》载，战国晚期，秦国将士多次进攻黔中郡城。秦昭襄王二十七年（前 280 年），派遣司马错发陇西兵，因蜀攻克楚国黔中，但是不久就被楚人夺回。秦昭襄王三十年（前 277 年），蜀郡守张若率兵征伐楚国五溪地区以后，把楚国的巫郡以及江南地黔中郡合并成为秦国黔中郡。唐代《元和郡县志》卷三十一记载：“秦黔中郡城在（沅陵）县西二十里。”唐代《括地志》亦载：“黔中故城在辰州沅陵县西二十里。”史学研究专家认定秦黔中郡郡治在今沅陵县太常乡窑头村窑头古城。公元前 223 年，王翦率领秦军 60 多万人南下进攻楚国，灭亡楚国。公元前 221 年，秦始皇统一六国以后，设置三十六郡。其中，黔中郡辖慈姑县、武陵县和迁陵县等县。

历史文献早有春秋战国时期澧水流域隶属楚国的古籍。据清代《康熙慈利县志》载：“慈利（含今张家界市境），秦慈姑（县）也。《禹贡》荆州之域，春秋战国属楚。”清代《光绪湖南通志》亦载：“荆州之域，商周时为蛮、蜑所居。春秋战国属楚，秦置黔中郡。”清代《道光永定县志》又载：“春秋战国时属楚。”清代《同治桑植县志》还载：“春秋时属楚。”近年来，澧水流域出土许多战国时期楚人文物，具有南楚文化特色，印证春秋战国时期今张家界市境隶属楚国。张家界市城区大桥路战国墓、邮政大厦战国墓和欣业家园战国楚墓出土铜矛、铜戈、铜剑、铁剑和木剑等楚人文物 400 多件。1978 年，慈利县零阳镇戴家岗春秋战国遗址出土楚人文物鬲、罐、豆、盆、缸、瓮、甑、筒瓦、板瓦等陶器和斧、凿等石器，具有楚国文化特点。1981 年，慈利县城官地黄牛岗 6 座战国早期楚墓出土青铜器鼎、剑、戈、矛、戟、铎、勺和陶器钵、壶、罐、鼎、盘、豆、勺等。1987 年，慈利县城关镇石板村、零溪村 36 座战国中期楚墓出土铜器、陶器和漆木器 300 多件。其中，铜戈、铜铍、铜镜和木镇墓兽虎均属湖南罕见。此外，还出土楚简 1000 多枚，共计 2 万多字，是我国发现的时代最早、数量最多的楚简，内容为我国先秦史籍。2003 年，石板村骑龙岗发掘战国至西汉墓葬 318 座，出土铜器、铁器、陶器、瓷器、玉器、木器和礼器等各种文物 2000 多件。永定区古城堤战国遗址出土鬲、鼎、盆、罐、壶、豆和筒瓦、板瓦等文物。1991年，永定区三角坪战国墓出土青铜剑、铁剑和鼎、壶等陶器。2002年，在永定区织布厂（即今欣业家园）发掘战国楚墓数座，出土文物300余件。其中，楚剑、碧玉、木剑和漆木器等尤为珍贵。古墓群占地1500平方米，2座较大楚墓形制规格甚高。桑植县8处春秋中期遗址出土楚人“鬲足”等陶器。1990年，桑植县朱家台发掘战国墓22座，出土的陶器58件、铜器2件、铁器2件吸收了楚文化因素。

春秋早期，大量楚人移民湖南，澧水流域出现濮人、巴人和楚人等多元文化融合局面。战国时期，楚国诗人屈原游历沅澧流域以后，写下《离骚》和《九歌》等诗篇。“南蛮文化”在南楚文化中起了作用，《九歌》所祭大司命、湘君等神是屈原流放到江南后看见“南蛮”祭祀的神。《楚辞》这种诗体对武陵文化发展起了重要作用，《民国慈利县志》描述了屈原对武陵文化的影响：“屈原遁楚澧浦、涔阳，擅名骚雅，搴兰写怨，厥体芬芳。顾承学撰述千年莫闻。”秦灭楚后，澧水流域部分楚人后裔演变成为土家先民之一。南楚文化对土家文化产生深远影响，土家族人聚居的澧水流域因为山高水深，交通闭塞，仍然流行南楚文化遗风，南楚文化因子仍然留在土家文化之中。《楚辞》的有关篇章与土家文化有许多联系，对土家戏剧茅古斯的衣食和农事就有如实描写。屈原《九歌》写道：“洞庭波兮木叶下。”土家族《梯玛歌》也有《颂洞庭侯主太》等歌词。土家族人办丧事时还唱屈原的《国殇》，还傩愿时又唱屈原的《少司命》。

综上所述，可以得出结论：澧水流域土家族是由巴人经过长期历史发展，逐步形成为单一的少数民族。但是，在澧水流域数千年的人类历史发展过程中，巴人融合与之邻近的部分濮人、楚人等其他古代民族。秦灭巴后，澧水流域巴人与部分濮人、楚人、汉人不断融合，秦汉时期演变成为“武陵蛮”等。魏晋南北朝时期，演变成为“天门蛮”等。唐宋时期，演变成为“澧州蛮”等。元明清时期，演变成为“土家”等。1957年，“土家”被中共中央正式定名为“土家族”。党的十一届三中全会以来，澧水流域各级党委或者政府民族工作主管部门根据国家民委文件恢复了部分群众的土家族成分。

参考文献

[1] 湖南省志·文物志. 长沙：湖南出版社，1995.
[2] 刘向. 世本（卷三）. 张澍辑. 北京：书目文献出版社，2008.
[3] 常璩撰. 华阳国志·巴志. 重庆：重庆出版社，2008.
[4] 曾国荃等纂. 光绪湖南通志（卷八十一）“武备志”.

[5] 陈寿撰. 三国志（卷五十五）“吴书”.
[6] 乐史撰. 太平寰宇记.
[7] 杜佑撰. 通典（卷一百八十七）.
[8] 洪迈撰. 容斋续笔.
[9] 司马迁撰. 史记（卷四十）“楚世家”.

第二章 秦汉时期张家界市土家族的社会状况

秦王统一六国以后，定帝号，改官制，设郡县，委官吏，建立从中央到地方的统治机构和政治体制。秦朝设置的黔中郡慈姑县辖澧水流域各地。从此，澧水流域纳入中央政权统治范围。两汉时期，朝廷改黔中郡为武陵郡，改慈姑县为零阳、孱陵、充县。秦汉时期，澧水流域聚居土家先民，保留部落组织，由土家首领统率各族先民。澧水流域土家部落与朝廷保持臣属关系，担负纳赋义务。本章试图阐述秦汉时期澧水流域的建置沿革、民族战争及其经济发展概况。

一、秦汉时期张家界市的建置沿革

秦王统一六国以后，在濮人、巴人、楚人聚居区设置巴郡和黔中郡。据《史记·秦本记》记载："（秦昭襄王）三十年，蜀守（张）若伐楚，取巫郡及江南为黔中郡。"[1]秦昭襄王三十年（前 277 年），秦昭襄王派遣大将白起和蜀郡守张若领兵征伐楚国，打到沅澧流域，为秦国设置黔中郡，委派郡守、郡丞和郡尉。白起留下将领张若修筑"张若城（在今常德市武陵区）"，抗拒楚军。清代《读史方舆纪要》亦载："秦昭王三十年使白起伐楚，（白）起定黔中。留其将张若守之，（张）若因筑城以拒楚。"黔中郡郡治设在今沅陵县太常乡窑头古城。明代《万历慈利县志》曾载："秦始皇庚辰（前 221 年），分天下（为）三十六郡，置慈姑县。"[2]清代《同治直隶澧州志·建置沿革》亦载："秦始皇二十六年庚辰，分天下（为）三十六郡，置慈姑县，隶黔中郡……城在慈利（县）官塔坪。"慈姑县置县令、县丞和县尉，县下设乡，乡下设里。慈姑县治在今慈利县零阳镇太平村官塔坪，管辖范围较大，包括澧水流域各地。明代《隆庆岳州府志》记载了慈姑县由来："慈利在府西七百五十里，以土俗淳慈，得物产利，名曰慈姑。境内有七姑山，姑之义疑取此。"

汉承秦制，继续实行郡县制度。据《汉书·地理志》记载，西汉高祖五年（前 202 年），将黔中郡更名为武陵郡，废除慈姑县，将它分为零阳县、孱陵县、充县。其中，零阳县县治在今慈利县白公城，含今慈利县及常德市石门县、临澧县和澧县一部分。据清代《同治直隶澧州志》记载："白公城，在（慈利）县治东三里阳适山下、零水旁。"孱陵县县治设在今湖北省公安县，含今安乡县、津市市、南县、澧县一部。充县因崇山而得名，县治在今永定区古城堤手巾岩台地，谓之"充城"，为张家界市城区最早的治城。充县含今永定区、武陵源区、桑植县、慈利县西北部、鹤峰县东南部、宣恩县、来凤县。西晋太康四年（283 年），改充县为临澧县，县治仍然设在古城堤。北魏郦道元在《水经注》中说："澧水出武陵（郡）充县西历山，东过其县南……充县废省，临澧（县）即其地。"清代《乾隆直隶澧州志·古城邑》明确指出："临澧城，晋析充县地置，在永定县城。"清代《光绪永定县乡土志》明载："晋太康四年，充县废省，临澧即其地。县（治）即充县之故治，治古城堤。"张家界市永定区古城堤遗址出土的东汉简牍有"充长之印"等字。东汉时期，武陵郡辖区与西汉武陵郡辖区相同，仍辖零阳县、孱陵县和充县，还在县下设置乡、里、亭等基层行政管理机构。

二、秦汉时期张家界市的反抗斗争

先秦时期，澧水流域杂居濮人、巴人、楚人等古代民族。秦汉时期，这些民族后裔仍在澧水流域繁衍生息。秦汉时期，澧水流域相、覃、田等姓土家先民与先秦巴人相、瞫、郑氏有历史渊源关系。据《后汉书·南蛮西南夷列传》载，他们"衣裳斑斓，语言侏离，好入山壑，不乐平旷"，与中原汉人有着不同的语言和风俗习惯。西汉时期，朝廷在武陵郡实行安抚政策，因此，民族矛盾较少。据《后汉书·南蛮西南夷列传》载："汉兴，改为武陵（郡）。岁令大人输布一匹，小口二丈，是谓賨布。虽时为寇盗，而不足为郡国患。"此外，"田作贾贩，无关梁符传、租税之赋"。[3]对土家地区"有邑君长，皆赐印绶，冠以獭皮"。因为西汉时期对武陵地区土家先民剥削较轻，且不干涉土家内部事务。所以，《汉书》没有民族冲突的记载。

东汉时期，武陵地区少数民族重新归附汉朝。朝廷仍设武陵郡，恢复对武陵地区少数民族的控制。但是，武陵地区人口增多，势力增大，对东汉地方政权构成威胁。在西汉末年社会变动中，中原地区饥饿汉人流入沅澧流域，与武陵少数民族交错杂居。东汉王朝建立以后，当地郡县为了控制流动人口，与武陵少数民族发生摩擦。封建统治者加强对武陵地区的统治和剥削，加重少数民族的负担，增加租赋，征用徭役，推行民族压迫政策，因而引起武陵地区土家先民不满，爆发十多次反抗斗争。在这些武陵少数民族起义中，规模最大的是相单程起义。这次震惊全国的起义在《后汉书》的《光武帝纪》《马援列传》和《宋均传》中均有记载。《后汉书·南蛮西南夷列传》记载："光武中兴，武陵蛮夷特盛。建武二十三年（47年），精夫相单程等据其险隘，大寇郡县"，占据了武陵郡大部分。起义首领相单程是东汉充县泽革人（即今桑植县上洞街乡巴冲人），精武艺，善骑射。东汉王朝为了镇压武陵郡相单程起义，"遣武威将军刘尚发南郡、长沙、武陵兵万余人，乘船溯沅水入武溪（在今泸溪县），击之"[4]。刘尚孤军深入，遇到险阻。相单程发现刘尚军队舟船不便，缺乏粮草，屯聚守险，避而不战，利用武溪口称坨潭山势，以逸待劳。最后，刘尚军队因缺粮而撤退。相单程见时机已到，沿路阻击。结果，全歼汉军。《后汉书》记载了这场战争过程："（刘）尚轻敌入险，山深水疾，舟船不得上。蛮氏知（刘）尚粮少入远，又不晓道径，遂屯聚守险。（刘）尚食尽引还。蛮缘路徼战，尚军大败，悉为所没。"在刘尚军被围时，朝廷派遣宋均领兵三千前往救援。援军到时，刘尚已亡，即《后汉书·宋均传》所载"会武陵蛮反，围武威将军刘尚。诏使（宋）均乘船发江夏奔命三千人往救之。既至，而尚（军）已没"。公元48年，相单程起义军顺沅水攻下武陵郡郡治临沅县（在今常德市城区），东汉王朝再次派军万人征讨，企图解临沅之围。《后汉书·光武帝纪》亦载："（建武二十四年）秋七月，武陵蛮寇临沅。遣谒者李嵩、中山太守马成讨蛮，不克。"这次进剿仍然打了败仗，几乎全军覆灭。马成回朝以后，被革太守职务。次年春天，伏波将军马援主动请缨。汉光武帝刘秀遂派伏波将军马援率领中郎将马武、耿舒、刘匡、孙永等4万余人前往沅水流域征剿。据《资治通鉴》载：公元49年，马援率军由长江，入洞庭湖，进至下隽县（在今沅江市）时，汉军将领在向武陵地区进军路线上产生分歧。马援主张进军路近而水险的壶头山（《后汉书·郡国四》载"沅陵，先有壶头山"）。"有两道可入：从壶头则路近而水险，从充（县）则涂夷而运远。"中郎将耿舒想走充县之道，"当先击充，粮虽难运而兵马得用，军人数万争欲先奋"。而马援认为"弃日费粮，不如进壶头，扼其咽喉，充贼自破"[5]。后来，派人呈报朝廷，汉光武帝采纳了马援的策略。因此，于这年农历三月溯沅水向上进军。官军在临沅县西南部临乡（今桃源县兴隆街乡）与相单程起义军打了一仗，初战告捷。《后汉书·马援列传》载："明年春，军至临乡，遇贼攻县。（马）援迎击，破之，斩获二千。余人皆散，走入竹林中。"官军取得临乡战役胜利以后，从桃源县溯沅水向沅陵县进发。同年夏天，汉军被困于沅陵县东北部壶头山下（在今沅陵县高坪乡水田村）。壶头山位于沅水清浪滩南岸，山高滩险，道路崎岖。汉军进至壶头山，船上不了沅水清浪滩。

时值盛夏，马援大军遇到酷暑，多数士兵因不适应南方暑天气候而得疫病，马援也病倒在军中。马援将士只好在沅水两岸穿凿 48 个大型石洞以避炎暑。《后汉书·马援列传》载："（建武二十五年）三月，进营壶头。贼乘高守隘，水疾，船不得上。会暑甚，士卒多疫死。援亦中病，遂困。乃穿岸为室，以避炎气。"[6]这时，起义军士气旺盛，常"升险鼓噪"，唱"蛮歌"动摇汉军军心。病重的马援就迈着艰难步伐观察军情，左右将士为他的壮意感到悲哀，没有不为他流泪的。不久，马援因疫疾病死在壶头山，将士病死大半，这次征战又失败了。官军将领看到武力镇压仍不奏效，于是改变策略。官军监军宋均伪造一份"恩信"诏书，派遣伏波司马吕种到起义军中招抚。起义军由于死伤、饥饿、困乏等原因，于同年 10 月接受了招安，战争平息，战事以双方议和告终。《后汉书·宋均传》记载了这次战争结局："会伏波将军马援至，诏因令（宋）均监军，与诸将俱进。贼拒厄不得前。及马援卒于师，军士多温湿疾病，死者大半。均虑军遂不反，乃与诸将议曰：'今道远士病，不可以战。欲权承制降之，何如？'诸将皆伏地，莫敢应。均曰：'夫忠臣出境，有可以安国家，专之可也'。乃矫制调伏波司马吕种守沅陵长。命（司马吕）种奉诏书入虏营，告以恩信，因勒兵随其后，蛮夷震怖，即共斩其大帅而降。于是，入贼营，散其众，遣归本郡，为置长吏而还。（宋）均未至，先自劾矫制之罪。光武嘉其功，迎赐以金帛。"[7]清代《光绪湖南通志》亦载："乃矫制，调伏波司马吕种以诏书入虏营，告以恩信。因勒兵随其后，群蛮震怖，遂降。（宋）均为置长吏而还。（宋）均未至，先自劾矫制之罪。上嘉其功，迎赐以金帛。"

自相单程起义被镇压下去后，东汉王朝强化对武陵地区的控制，除向土家先民征收"賨布"外，还"猥增贡赋"，待其更是"仆役垂楚，过于奴虏"。在这种情况下，居住在澧水流域的陈从、覃儿健、覃戎不得不"邑落相聚"，揭竿起义，反抗东汉统治者，后被称为"澧中三杰"。陈从，东汉澧水（今桑植县淋溪河乡）人，自幼习武，行侠仗义，成为当地土家先民首领。他于汉章帝建初元年（76 年）率领土家先民起义，进入零阳县境。这次起义历时一年，捣官府，杀官吏。这年冬天，武陵郡采用"以蛮攻蛮"策略，招募零阳县"五里精夫"四千余人把起义军打败，残杀四百余名起义士兵，陈从英勇就义。《后汉书》记载了陈从起义过程："肃宗建初元年，武陵澧中蛮陈从等反叛，入零阳蛮界（在今慈利县）。其冬，零阳蛮五里精夫为郡击破（陈）从，（陈）从等皆降。"《民国慈利县志》亦载："章帝建初元年，澧蛮陈从等叛，攻零阳。守吏募零阳五里精夫击破之，（陈）从等降。案：五里，地名；精夫，蛮渠帅名。"建初三年（78 年），"溇中蛮"首领覃儿健等人再次起义。覃儿健在桑植县淋溪河瞭云寨建立“覃寨”，号称天子园。他在兵强马壮、粮草充裕之时，起兵反汉，攻打零阳、作唐（在今安乡县）、孱陵（在今公安县）等县城。后来，守臣到充县收买“五里蛮”4000人做内应，反击起义军。汉章帝征发荆州七郡以及汝南、颍川5000多人合兵围剿。花了两年时间，打败起义军，覃儿健英勇牺牲，起义士兵退回溇水流域。《后汉书》记载了覃儿健起义经过：“（建初）三年冬，溇中蛮覃儿健等复反，攻烧零阳、作唐、孱陵界中。明年春，发荆州七郡及汝南、颍川弛刑徒吏士五千余人，拒守零阳。募充中五里蛮精夫不叛者四千多人，击澧中贼。五年春，覃儿健等请降，不许。郡因进兵，与战于宏下，大破之，斩儿健首。余皆弃营，走还溇中。复遣（使）乞降，乃受之。于是，罢武陵屯兵，赏赐各有差。”明代《万历慈利县志》亦载：“戊寅冬，溇中蛮覃儿健等复反，寇零阳。次年春，诏发荆州七郡及汝南、颍川兵讨之。先是，守臣募充中五里精夫四千人尝贼奋击，多所杀获。复合兵战于宏下，大破之，斩儿健，余众悉降。”

东汉后期，统治集团趋于腐化，豪强势力日益扩张，地方官吏任意压榨，灾民到处暴动，反抗东汉王朝的斗争不断掀起。永元四年（92年），土家先民在覃戎统率下，烧毁邮亭，断其交通，杀死压榨成性的汉吏，东汉王朝派遣郡兵加以镇压。《民国慈利县志》记载：“和帝永元四年，溇澧蛮覃戎叛，发州、郡兵击破之。”[8]

东汉元初二年（115年），澧中和零阳少数民族对“郡县徭役失平”十分怨恨，在土家首领田山、高少带领下，组成充县2000多人的起义队伍，攻打城邑，杀死官吏。武陵郡无兵可派，便利用起义军上级与下级之间的内部矛盾，招募本地五里、六亭少数民族士兵把起义军打散。清代《光绪湖南通志》记载了田山起义的原因及过程：“安帝元初二年，澧中蛮田山、高少等，以郡县徭役失平，怀怨恨，遂结充中诸种二千余人，攻城杀长吏。州、郡募五里蛮、六亭兵追击之，皆散降。赐五里、六亭渠帅金帛各有差。”[9]元初三年（116年），溇中、澧中4000少数民族人民再次起义。“零阳蛮”1000人头裹红巾作为起义军标记，土家首领羊孙、陈汤自称将军，组织起义军烧毁东汉官府建筑，抄收官家钱财，起义烽火遍及澧水流域。东汉官吏故伎重演，以分化瓦解手段，招募“善蛮”，打散敢于反抗奴役的起义军。据清代《同治直隶澧州志》载：“（安帝元初三年），溇、澧四千人为盗，零阳蛮羊孙、陈汤等千余人亦着赤帻，称将军。烧官寺，掠百姓。州、郡募善蛮兵讨平之。”《民国慈利县志》亦载：“（元初）三年，零阳蛮羊孙、陈汤等著赤帻，称将军，作乱，州、郡发兵讨定之。”

顺帝永和元年（136年），武陵太守李进认为归附“蛮夷”可欺，上书皇帝。“以蛮夷率服，可比汉人，增其租赋，议者皆以为可。”[10]唯独头脑清醒的尚书令虞诩说：“自古圣王不臣异俗。非德不能及，威不能加。知其兽心贪婪，难率以礼。是故羁縻而绥抚之。附则受而不逆，叛则弃而不追。先帝旧典，贡税多少，所由来久矣。今猥增之，必有怨叛。计其所得，不偿所费，必有后悔。”[11]汉顺帝没有纳谏，反而下令增加贡税，引起土家先民反抗。这年冬天，“澧中、溇中蛮果争贡布非旧约，遂杀乡吏，举种反叛。明年春（137年），蛮二万人围充城，八千人寇夷（陵）道（在今湖北省宜昌市）”[12]。东汉王朝派遣武陵太守李进调兵遣将，奉旨镇压，斩首数百级，余皆降服。这次起义虽然失败，但却迫使李进“简选良吏，抚循蛮夷”，采取较为缓和的政策。汉桓帝元嘉元年（151年），詹山率众起义。武陵太守应奉采取善抚办法，斗争逐渐缓和。“武陵蛮詹山等四千余人反叛，拘执县令，屯结深山。至永兴元年，（武陵）太守应奉以恩信招诱，皆悉降散。”[13]土家先民此起彼伏的反抗斗争，一直延续到东汉王朝覆灭为止。

东汉末年，黄巾起义爆发以后，得到南方各族人民支持。汉灵帝中平三年（186年），“武陵蛮复寇郡界”，操戈起义，攻击郡县，成为当时全国农民起义队伍的一个组成部分。

东汉时期，澧水流域少数民族起义斗争此起彼伏，延续不断。在东汉统治者的镇压下，这些起义斗争均以失败而告终，但它对东汉王朝封建统治还是起到了制约作用。它迫使封建统治者采取一系列措施，整顿吏治，惩办贪官，并且放宽政策，缓和复杂的阶级矛盾和民族矛盾，这是东汉时期少数民族多次起义产生的积极结果。他们的反抗斗争是反封建统治、反民族压迫的正义战争。在这些民族战争中，澧水流域民族融合和文化交流得以加强，民族经济得以发展。

三、秦汉时期张家界市的经济简史

澧水流域自从归属秦汉帝国以后，铁制工具在春秋战国时期巴、楚之国基础上更为普及，土地得以逐渐开发，加上犁耕技术推广，促进农业生产发展和农作物品种增加。铁器、铜器、陶器、瓷器、漆器、纺织和矿冶等手工业有了长足发展。随着农业、手工业发展，交通日益发达，澧水流域同各地的商品交流逐渐增加，商业日益繁荣。

澧水流域土家先民自秦汉时期以来，披荆斩棘，辛勤开垦，在平区栽培水稻，在山区种植粟、豆等杂粮，以渔猎、农耕为业。据清代《康熙慈利县志》载：“《史记》载，西楚轻剽易怒，地薄寡积……慈其极陲，地瘠民贫，人无千金之积……人性淳朴，耕渔纺绩，知礼好文，信巫尚鬼，有楚遗俗。"《汉书·地理志》亦载："江南地广，或火耕水耨，民食鱼稻，以渔猎、山伐为业。"秦代，澧水流域经济萧条。土家先民力农务桑，轻徭薄赋。据唐代房玄龄所撰《晋书·李特载记》载："秦并天下，以为黔中郡，薄赋敛之，口岁出钱四十。巴人呼赋为賨，因谓之賨人焉。"《太平寰宇记》亦载："秦并天下，以为黔中郡，薄其税赋，人出钱四十。巴人谓赋为賨，遂因名焉。"[14]西汉时期，封建统治者实行休养生息政策，对愿意归顺的土家首领委以官爵，治理郡县；对土家先民巴人，令其以"賨布"为赋税，足见其手工纺织业比较发达。据明代《隆庆岳州府志》载："汉，零阳县岁输賨布，大人一匹，小口二丈。"许慎在《说文解字》中称："賨，南蛮赋也。"可见，巴人纺织"賨布"，可向官府纳赋。

中华人民共和国成立以来，澧水流域出土大量的秦汉时期文物，既有陶器、铜器、铁器、漆木器，又有纺织品，足以证明当时经济比较发达。慈利县发现汉代古墓 10 多处，发掘的 30 多座古墓葬中出土陶器、铜器、漆木器和纺织品等文物 300 多件。慈利县白公城遗址出土了绳纹筒瓦、板瓦以及罐、钵、豆等陶器。慈利县城出土的汉代铜印章刻有"沅蛮夷长"四字。慈利县零阳镇石板、零溪等村共有战国、汉代古墓 1000 多座。1987 年，经湖南省文物考古研究所所长何介钧等专家发掘，确认该古墓群为湖南省较大的战国汉代墓群之一。零阳镇石板村向家凸墓群为战国至汉代古墓群，曾经出土战国陶鼎、铜剑和汉代陶罐、陶豆等。零阳镇零溪村老官凸墓群为战国至汉代古墓群，1987 年清理战国、汉墓 13 座，出土器物有汉代滑石壁和鼎、盒、壶等陶器。该村水库凸墓群也是战国至汉代墓群，采集的文物有铜剑、陶鼎、陶钵、陶豆等。零阳镇双安村殷家岗东汉墓群出土了陶罐、陶豆和狗、鸡等陪葬品。零溪镇栋花村栋花墓群属战国至汉代墓群，曾经出土战国陶鼎、陶豆和汉代铜镜等文物。永定区发现汉代遗址 33 处，出土了汉砖、筒瓦、铜剑、铜甬、铁釜、提梁壶以及"五铢钱""货泉钱"等汉币。汉代充县县治古城堤遗址有衙署区、居民区和作坊区等功能分区，并且发现双耳樽和陶窟等汉代遗物。1986 年，永定城区紫舞路武陵大学工地出土西汉三管配刀跽坐铜俑，通高 16.6 厘米。铜质跪式男俑头戴编织帽子，下身着裙，左肋佩长刀，佩带挎右肩，刀前端带锋，后端环手衔短把。澧水流域配刀跽坐铜俑被认为是秦汉时期南方少数民族的缩影。永定城区邮电公寓出土汉代铜镜。永定区且住岗汉代墓群遗址出土五纹砖等文物。阳湖坪镇田家台村沈家寨遗址出土汉代陶豆和筒瓦。枫香岗乡石牌村马烽岗遗址出土汉代的瓦和砖。后坪镇大庸所边岩遗址出土汉代陶罐 2 个和汉币五铢钱、半两钱、货泉钱 1000 多枚。桑植县发现汉代遗址45处，出土陶罐、陶壶、几何纹砖、板瓦、筒瓦等文物。两河口乡小港坪汉代遗址采集的一个六系陶罐，为罕见珍品。1988年，考古专家在朱家台发掘西汉墓葬9座，获得鼎、盒、壶、钫、实柄豆等随葬文物66件，还出土了汉代铜盘、铜釜等生活用具。其中，出土的2件陶壶腹似圆鼓，最大腹径在中部。两壶均为花瓶状，应是土著遗物。这种壶一直沿用至今，土家族人仍用这种壶盛酒装米。M16出土的一件实柄陶豆，其纹饰图案采用水波纹在豆的盘沿和座沿。豆柄的顶、底两端又用水波纹框边，两端中间饰植物藤蔓组合纹，是目前见到的土家织锦和挑花最早的纹饰模样，为朱家台独有。1992年至1995年，桑植县文物管理所考古人员在朱家台朱家大田作坊遗址发现汉代铁器铸造作坊遗迹，有熔铁炉炉基1座、柱洞10个。几次发掘，共获各类文物65件。其中，有炉具8件、铁器31件、陶器23件、石器3件。铁器有锄2件、鑁11件、铲2件、斧5件、锛6件、矛2件。1995年，张家界市文物工作队考古专家在桑植县朱家台水电局菜园田作坊遗址发掘汉代铁器铸造作坊遗迹，由熔铁炉、操作土墩台和房基组成。获得各类文物105件。其中，有铁器64件、陶器37件。铁器有锄4件、鑁12件、凿1件、锛5件、斧6件、锤1件、钺2件、矛2件、剑1件、镞9件、钩1件、匕首1件。朱家台2座汉代土家先民铁器作坊铸造工艺流程共有6道工序，表现出土著人的民族风格。其中，熔铁炉和拱式水井具有地方特色，影响至今。[15]1996年，两河口乡发掘东汉砖室墓3座。其中，M3内有通道，前有拜塔，均平铺墓砖。1998年，刘家坪白族乡双溪桥村发现汉代铜洗、铜盆和铜壶。桑植县南岔发现了东汉墓20多座，出土几何纹砖等文物，面积约3万平方米。1985年，鹤峰县走马镇大典河出土铜洗1件。石门县阳泉乡普德桥村汉代古城凤凰城采集到绳纹瓦当、筒瓦、汉砖等建筑材料，凤凰城的东、西、北均有东汉时期的砖室墓。石门县燕子乡营盘村10余座东汉砖室墓出土了缸、盂、钵等文物。[16]石门县维新镇九间铺村东汉墓群采集汉砖和罐、鼎的陶器残片。石门县皂市镇普德桥村发掘汉代墓数十座，出土罐、鼎、盒、壶、盘等陶器1000多件。石门县新铺乡营盘岗村发掘东汉墓10多座，出土缸、钵等陶器和汉砖。

从出土的秦汉时期文物看，本境的农业、畜牧业、纺织业、商贸业、制陶烧砖技术已达较高水平，并且出现商品交换。根据史料记载，澧水流域于春秋战国时代属巴国、楚国交界之地。因此，出土的秦汉文物，既有楚文化文物，又有巴文化文物，还有土著文化文物，而且土著文化从秦汉直到明清一直承袭下来，成为澧水流域土家先民独特的文化遗产。

参考文献

[1] 司马迁撰. 史记（卷五）“秦本纪”.
[2] 陈光前撰. 万历慈利县志（卷二）.
[3][4][10][11][12][13] 范晔撰. 后汉书（卷八十六）.
[5] 司马光等撰. 资治通鉴（卷四十四）.
[6] 范晔撰. 后汉书（卷二十四）“马援列传”.
[7] 范晔撰. 后汉书（卷四十一）“宋均传”.
[8] 吴恭亨撰. 民国慈利县志（卷十八）“事纪”.
[9] 曾国荃等撰. 光绪湖南通志（卷八十二）“武备志”.
[14] 乐史撰. 太平寰宇记（卷一百三十八）.
[15] 尚魏. 湖南桑植朱家台汉代铁器铸造作坊遗址发掘报告[J]. 考古学报，2003（3）.
[16] 孙常喜. 常德地区志・文物志. 北京：中国文史出版社，1995.

第三章　魏晋南北朝时期张家界市土家族的社会状况

魏晋南北朝时期，澧水流域建置频繁更易，但是仍有巴人后裔活动，而且多次出现风景名胜天门山的史籍记载。

一、复杂多变的建置演变

魏晋南北朝时期，朝廷处于动荡不安状态，致使澧水流域建置频繁更易。东汉末期，“州”成为一级行政区划，这使秦汉以来的郡、县二级制演变成为州、郡、县三级制。沅澧流域武陵郡隶属荆州。

荆州地处长江中游，是三国时期魏、蜀、吴都想控制的战略要地，土家首领成为地方割据政权笼络对象。东汉末年，荆州为州牧刘表所据。赤壁之战后，刘备领荆州牧，武陵郡归属蜀。故《三国志・吴书》载：“南郡、零陵、武陵以西属（刘）备。”刘备占领峡江后，以抚慰为主，采取羁縻政策。刘备率领将士“通武陵，遣侍中马良安慰五溪蛮夷，咸相率响应”[1]。刘备派遣武将关羽率军驻守荆州。据《三国志・吴书》载：公元 219 年，东吴名将陆逊率军攻克南郡以后，“诸城长吏及蛮夷君长皆降。逊请金银铜印，以假授初附”。东吴大将吕蒙领军袭击南郡江陵关羽，关羽率军败走麦城，荆州武陵郡归属东吴。三国吴景帝永安六年（263 年），嵩梁山裂，千仞石壁之上洞开一门，吴国皇帝孙休认为是吉祥征兆，遂把嵩梁山改名为天门山，并分武陵郡西北部置天门郡，析充县置溇中县（县治在今慈利县三官寺土家族乡株木村）。《水经注》载：“吴永安六年，武陵郡嵩梁山，高峰孤耸，素壁千寻，望之苕亭，有似香炉。其山洞开，玄朗如门。高三百丈，广二百丈，门角上各生一竹，倒垂下拂，谓之天帚。孙休以为嘉祥，分武陵（郡），置天门郡。”[2]明代《隆庆岳州府志》亦载：“三国吴置天门郡，充县有嵩梁山，山有石开处数十丈，弩射不至，名曰天门。析武陵郡西界置天门郡，治今永定卫城。天门郡以天门山名。”明代《万历慈利县志》又载：“吴景帝永安癸未，零阳山裂，有岩壁立如门，高三百丈。孙休以为祥，置天门郡，析置溇中县。”[3]此时天门郡仅辖零阳县、溇中县和充县，隶属荆州。今张家界市城区既为天门郡治，又为充县县治。据《水经注》载：“澧水出武陵（郡）充县西历山，东过其（充）县南。”[4]

公元 280 年，晋武帝灭掉吴国，实现全国统一。西晋在荆州设置武陵、天门等 8 郡，共辖 60 多县。西晋太康四年（283 年），天门郡新置澧阳县（在今石门县），并改充县为临澧县，县治在今张家界市城区古城堤。据《水经注》载：“充县废省，临澧县即其地。临澧县之故治，侧临澧水，即为县名。晋太康四年置。”[5]清代《直隶澧州志·古城邑》亦载：“临澧城，晋析充县地置，在永定县城。”清代《光绪湖南通志》又载：“临澧县即充县之故治，侧临澧水，故为县名。”清代《光绪永定县乡土志》还载：“临澧县故城，在（永定）县城西门外、澧水北岸、教场街一带之古城堤。”晋武帝太康四年（283 年），天门郡治迁往澧阳县（在今石门县城）。

据《宋书·州郡志》载：南朝宋孝武帝孝建元年（454 年），分荆州武陵、天门诸郡属郢州刺史。宋明帝泰始三年（467 年），武陵郡、天门郡仍属荆州。南朝齐时，天门郡治又迁往零阳县（在今慈利县城）。据《北史》载：南齐已把加封少数民族首领说成“酋豪世袭，事炳前叶”。这说明土家祖先早已实行世袭制度。南朝萧梁末年，皇族萧察投靠北朝西魏政权，天门郡为西魏控制。西魏泰帝二年（555 年），改天门郡为石门郡，改澧阳县为石门县，石门郡郡治设在石门县。据《隋书·地理志》载：北周建德四年（575 年），废溇中、临澧二县，因境内有崇山而置崇义县。又新置北衡州，其州治、县治亦设充城。北周统治者将天门山作为“南岳”，故名北衡州。明代《万历慈利县志》记载：“后周建德中，天门郡为北衡州，祀天门山为‘南岳’，革溇中、临澧二县。”[6]清代《同治石门县志》亦载：“宇文地南不至衡山，祀天门为南望，故置北衡州。”《民国慈利县志》又载：“北周建德四年，废溇中、临澧二县，以其地置北衡州。”清代《同治续修永定县志》也载：“北衡州城，北周废溇中、临澧二县城置，即今（永定）县治。”

二、巴人后裔的起义斗争

魏晋南北朝时期，澧水流域仍有巴人后裔活动。如《三国志·黄盖传》载：“武陵蛮夷反乱，攻守城邑，乃以（黄）盖领（武陵郡）太守。时郡兵才五百人，自以不敌。因开城门，贼半入，乃击之，斩首数百。余皆奔走，尽归邑落。诛讨魁帅，附从者赦之。自春讫夏，寇乱尽平，诸幽邃巴、醴、由、诞（即蜑）邑侯君长，皆改操易节，奉礼请见，郡境遂清。”[7]据《三国志·吴书》载：黄龙三年（231 年），爆发“武陵蛮”起义。数万起义军依恃山险，反抗吴国“清定南土”。孙权急“遣太常潘浚率众五万讨武陵蛮夷”。清代《湖广总志》亦载：“斩首、获生盖以万数。自是群蛮衰弱，一方宁静。”晋代，安抚流民，减免徭役，民族矛盾有所缓和，民族政策相对宽松。据《宋书·夷蛮传》载，晋代在荆州设过“南蛮校尉”一职，专管荆州少数民族事务，对少数民族只征粮食，不征徭役。《宋书》载：“荆州置南蛮（校尉以领之）……蛮民顺附者，一户输谷数斛，其余无杂调。而宋民赋役严苦，贫者不复堪命，多逃亡入蛮。蛮无徭役，强者不供官税。结党连群，动有数百千人……而宜都、天门、巴东、建平、江北诸郡蛮，所居皆深山重阻，人迹罕至焉。前世以来，屡为民患。”[8]西晋末年，逃荒农民流落异乡，纷纷暴动，天门郡土家先民乘机起义。据《晋书》载，朝廷派遣南平郡太守应詹率军前往镇压。由于起义军人多势众，应詹难以镇剿，于是采取招抚之计。“天门、武陵溪蛮并反，（应）詹讨降之。时政令不一，诸蛮怨望，并谋背叛。詹召蛮酋，破铜券与盟，由是怀詹，数郡无虞。”[9]东晋酷吏残酷压榨少数民族，因此，巴人后裔“蜑族”起义，攻克天门郡治。《民国慈利县志》记载：“孝武帝宁康二年（374 年），天门（郡）蜑贼作乱，杀（死天门郡）太守王匪，征西将军桓豁讨平之。”刘裕继晋称帝以后，不断增加徭赋，加强对少数民族的压迫和剥削，结果导致著名的巴人后裔“板楯蛮”田向求起义。刘宋王朝一面派军镇压，一面免除宋矫之县令职务，才平息这次起义。据《宋书》载：宋文帝元嘉十八年（441 年），“天门（郡）溇中令宋矫之，徭赋过重，蛮不堪命。十八年，蛮田向求等为寇，破溇中（县），虏略百姓。荆州刺史、衡阳王义季遣行参军曹孙念讨破之，获生口五百余人，免（宋）矫之官”[10]。巴人分为“廪君蛮”和“板楯蛮”。湘西北土家祖先属于射杀白虎的“板楯蛮”。《晋书 》和《晋中兴书》都说“巴人呼赋为賨”，“板楯蛮”亦被称为“賨人”。宋代乐史在《太平寰宇记》中说：“板楯蛮……宋元嘉中，天门溇中令宋矫之徭赋过重，蛮不堪命。蛮酋田向求等为寇，破溇中，掳掠百姓。”明代《万历慈利县志》亦载：“宋文帝元嘉中，溇中蛮反。溇中令宋矫之无绥驭才，蛮苦赋重。遂以其众叛，寇抄郡县，积岁为患，由是户口流亡略尽。后命沈庆之讨捕，悉平。”[11]萧齐时，义阳张群起义，攻破天门等郡，沈攸之连续派兵征剿，不能擒王。《民国慈利县志》记载：“齐高帝建元三年（481 年），义阳张群破天门、南平、武陵、义阳等郡。太守虞欣祖诱纳群，厚为礼遗。旋于座执斩之，余党溃散。”

三、风景名胜天门山的早期文化

天门山是澧水流域最早载入史册的风景名山。早在汉代，天门山被称为“嵩梁山。”三国时期张勃所撰《吴录》云：“嵩梁山，山石开处，容数十丈，其高以弩射之不及。”西晋司马彪所撰《续汉书》亦载：“武陵郡嵩梁山，有石开处数十丈，其上名曰天门。”

三国时期是天门山开发史上的发轫时期。吴永安六年（263 年），武陵太守钟离牧率兵镇压“酉阳蛮”，进入澧水流域，适逢嵩梁山岩崩成洞。他回京禀报后，吴景帝孙休以为祥瑞，遂赐名天门山。从此，天门山闻名遐迩。故明代《万历慈利县志》载：“天门山在县治西南一百八十里，十二都。旧志山名嵩梁说者，谓其山高绝如梁之嵩岳，因以为名。自吴永安中，忽洞开如门，故又号天门。天门者，山之总名也。有十六峰，似人似物，环列左右。”[12]

东晋明帝太宁二年（324 年），祖籍天门郡的宜都内史周级不满荆州刺史王敦谋反，命其子周该潜至湘州，联络人马，保卫朝廷，被王敦捉住。刑讯致死，不言周级，周级幸免于难。《晋书》载：“周该，天门（郡）人也。性果烈，以义勇称。虽不好学，而率由名教。叔父（周）级为宜都内史，亦忠节士也……（周）该欣然奉命，潜至湘州，与（司马）承相见，口陈至诚，承大悦。会王敦遣其将魏乂围承甚急。（周）该乃与湘州从事周崎间出反命，俱为乂所见。考之至死，竟不言其故。（周）级由是获免王敦之难。”[13]明代《万历慈利县志》亦载：“晋，周该，以义勇称。从父（周）级为宜都内史。时，王敦叛，遣（周）该使湘州，约谯王（司马）承、（梁州刺史）甘卓，同卫王室，为敦所执。讯掠之，至死不言。（周）级由是得免于难。”[14]周级虽然平叛立功，却未得任高官。周级看破红尘，急流勇退，隐居家乡天门山，死后葬于天门山西麓。明代《万历慈利县志》记载：“宜都内史周级墓在天门山之西。”[15]清代《道光永定县志》亦载：“晋宜都内史周级墓在天门山西……（周）本天门人，为宜都内史。见《晋书·忠义传》。”《通志·忠义传》对晋代天门山人周级生平做了简介。元代翰林、国史编修张兑同情周级，他在《天门山图》一诗中感慨道：“可怜宜都周内史，古冢垒垒在山址。”

北周统一中国北方以后，周武帝宇文邕乃祀天门山为“南岳”，置北衡州。清代《直隶澧州志》记载：“北周建德四年，废临澧、溇中二县，以其地置北衡州。宇文地南不至衡山，乃祀天门山为南岳，故置北衡州。”北周祭祀天门山为“南岳”的封禅坛遗址在天门山玉壶峰顶东段、天门眼顶、灵泉水侧。祭坛遗址，至今可辨。

参考文献

[1] 陈寿撰. 三国志（卷三十二）.
[2][4][5] 郦道元撰. 水经注（卷三十七）.
[3] [6] 陈光前纂修. 万历慈利县志（卷二）.
[7] 陈寿撰. 三国志（卷五十五）.
[8][10] 沈约撰. 宋书（卷九十七）.
[9] 房玄龄等撰. 晋书（卷七十）.
[11] 陈光前纂修. 万历慈利县志（卷十七）.
[12] 陈光前纂修. 万历慈利县志（卷四）.
[13] 房玄龄等撰. 晋书（卷八十九）.
[14][15] 陈光前纂修. 万历慈利县志（卷十五）.

第四章　唐宋时期张家界市土家族的社会状况

唐宋时期，朝廷在澧水流域实行羁縻州、县制度。土家富豪向姓、覃姓、田姓、吴姓等封建领主维护统治阶级利益，剥削广大农奴，成为土司王的前身。由于佛、道二教传入，引来无数游人，因此留下许多诗词文赋和文物古迹。

一、唐宋时期张家界市建置沿革

隋统一中国后，于开皇十八年（598 年），改北衡州为崇州，因境内有崇山而得名；改零阳县为慈利县，另置崇义县。隋代大业三年（607 年），罢崇州，改为澧阳郡，慈利县、崇义县同隶之。《隋书·地理志》载：“后周置（北）衡州。（隋）开皇中，置崇义县，十八年改（北衡）州曰崇州。”唐代武德四年（621 年）置澧州，领崇义、慈利、石门、安乡、澧阳等县。唐代麟德元年（664 年），并崇义县入慈利县。明代《万历慈利县志》载：“隋高祖开皇辛丑灭陈后，改北衡州为崇州，又置崇义县，改零阳为慈利县，俱隶崇州。大业中，罢崇州，改澧阳郡，而慈隶焉。”[1]

五代十国时期，马殷取得澧、朗二州，建立楚国。马殷授官职于各民族酋豪，保持各地旧俗。因此，澧、溪诸羁縻州土家先民与马楚交往频繁。薛居正在《旧五代史》中说：“（马）希萼……在武陵，九溪蛮通好，往来甚欢。”马殷死后，其子马希广、马希萼、马希范争位。公元 951 年，南唐乘机灭了楚国。次年，马希萼部将周行逢驱逐南唐军队，取得胜利。公元 963 年，北宋军队南下，周行逢政权灭亡。《民国慈利县志》记载了五代时湘西北历史：“昭宣帝天佑四年，马殷据澧州，慈利亦属焉。先是，乾符六年，武陵蛮雷满、石门蛮向瑰叛，陷澧、朗诸州。至是，马殷始次第讨定。”

两宋时期，地方行政建置实行路、州、县三级制。湘西北隶属“荆湖北路”，所辖澧州领澧阳、安乡、石门、慈利四县。《宋史·地理志》载：“绍兴元年（1131 年），置荆湖北路安抚使，治鼎州，领鼎、澧、辰、沅、靖州。”

二、唐宋时期张家界市土家先民

羁縻州、县制度是任用少数民族首领世袭土职，让其自治，具有土司机构基本性质。唐宋时期，朝廷在澧水流域设置羁縻州、县，对愿意归顺的土家首领委以土官治理其地，实行羁縻州、县制度。这一时期的“慈利蛮”等以种植、养殖、渔猎为主，农业生产仍然存在刀耕火种现象。如《康熙慈利县志》载：“悍直梗朴，伐木烧畲，以植五谷。”唐宋时期，土家先民还经营采茶、采药、缚布、织绫等手工业，不少特产列入贡品，土家先民以进贡方式与朝廷保持联系。唐代杜佑在《通典·食货》中说：“澧阳郡贡柑子四百颗、桔子七百颗、龟子绫十四匹。”明《隆庆岳州府志》载：“澧阳郡贡纹、绫、绮、练、缚布、犀角、竹簟。”与唐宋时期澧水流域生产力相适应的经济结构是封建领主经济，田土、山林均为各级土官所有。广大土民没有土地，是领主的农奴。封建领主向姓、田姓、覃姓、吴姓多为地广粮多的土家酋长，他们购置田土，扩充财富，任意剥削农奴，成为土司前身。

两宋时期，朝廷在澧水流域设置的“土丁弓弩手”为明清时期的千户所、百户所起了先导作用。两宋时期，在澧州等州实行了土丁弓弩手制度：“荆湖路义军土丁弩手之设，盖以诸蛮叛服无常，须土人控制，故选自户籍，蠲徭番戍砦栅，实代王师御侮而无馈饷之劳。”[2]《宋史》载：“今辰、沅、澧、靖等州乏兵防守，窃虑蛮夷生变叵测。若将四州弓弩手减元额，定为三千五百人。辰州置千人，沅州置千五百人，澧州、靖州各置五百人。分处要害，量给土田。训练以时，耕战合度，庶可备御。以所余闲田募人耕作，岁收其租，其余边防财赋，两得其便，可为经久之计。”[3]宋廷南渡以后，在澧州设土丁弓弩时规定：“每招土兵一名，给官田百亩，亦足以充一岁之用，使之或耕或佣，各从其便，仍尽蠲其税。”[4]后来，“田禁”松弛，土地可以买卖、转让，一些土丁弓弩手成为占有土地的私有者。清《同治直隶澧州志》记载了宋代设置土丁弓弩手的原因：为了防御澧水流域“溪洞诸蛮”，朝廷于“熙宁间，以鼎、澧等州弓弩手一万三千，散居边境训练，无事耕作，有警调发……盖溪洞诸蛮，依据岩险，叛服不常。控制土人，故置是军”[5]。元代曾经恢复宋代隘丁弓弩手制度。“成宗元贞元年（1295 年），湖广行省平章刘国杰复屯军之制。初，辰、澧地接溪洞，宋尝选民立屯，免其徭役，使御苗寇。在澧者曰隘丁，在辰者曰寨兵，宋亡皆废，至是复之。”[6]

北宋时期，慈利县曾发生少数民族内部矛盾，朝廷处理少数民族内部关系时，采取“和断”之策。不仅加以劝谕，而且不直接卷入双方冲突，以使事态平息。正如《宋史》所载：“（祥符）三年（1010 年），澧州言：慈利县蛮相仇劫，知州刘仁霸请率兵定之。上恐深入蛮境，使其疑惧。止令仁霸宣谕诏旨，遂皆感服。”[7]北宋嘉祐二年（1057 年），“罗城峒（今永定区大庸所西）蛮寇澧州，发兵击走之”[8]。武口寨抚夷通判田承满曾经参与镇压罗城洞土民起义。南宋初年，洞庭湖爆发钟相、杨幺起义，石门和慈利等县土家族聚居区都为起义军占据，震撼朝廷。宋绍兴四年（1134 年），澧州官军檀成倒戈，投入起义军雷德进部，挺进慈利、石门等县，杀死澧州沿边都巡检使。绍兴中，钟相、雷德进在慈利、石门坚持斗争，指挥四十多寨土家、汉民，抵抗宋军。这时，慈利土家富豪向思胜则与起义军为敌，攻打起义军，杀害了雷德进，在宋军和土官联合夹击下，钟相、杨幺起义失败了。《宋史》记载了起义结局：“湖外自靖康以来，盗贼盘踞，钟相、杨太山、雷德进等相继叛，澧州所属尤甚。独慈利县向思胜等五人素号溪峒归明，誓掌防拓。卒能保境息民，使德进贼党无所剽掠，思胜后竟杀德进。会官军招抚刘智等，而彭永健、彭永政、彭永全、彭永胜及（向）思胜共献粮助官军，招复诸山四十余栅。宣力效忠功居多，宜加恩赏。”[9]钟相被杀后，“相伪将胡沅引兵入慈利，执其党陈诚来降”[10]。

相姓为古代“巴人五姓”之一，向姓由相姓演变而来。因“向”与“相”原是同音异译，故土家人讹“相”为“向”。谭其骧在《近代湖南人之蛮族血统》中说：“向氏为湖南蛮姓中之最早见于记载者。后汉建武二十三年，武陵蛮精夫相单程作‘乱’。相氏疑即向氏，‘相’‘向’同音而异译也。”北宋时期，澧水流域车溪洞土酋向克武率领土人归附宋朝。宋代，朝廷改车溪洞为柿溪州，授向克武为柿溪州刺史，向克武遂设柿溪州衙署（在今桑植县上洞街乡政府）。清《同治桑植县志》载：“向克武，其先亦系蛮酋。宋末，柿溪苗叛，克武奉调剿平。”[11]向克武死后，其子向万民袭职。宋代，澧水北源活动着另一支向姓土人。据桑植县《民国向氏族谱》载：辰州沅陵县莲花池土王向宗彦后裔、巴蜀盘龙洞主向秀发长子向思胜于南宋建炎年间奉令来到桑植征苗，因功被授“湖广桑植等处地方军民宣慰使司职”，颁发印篆一枚。慈利《向氏族谱》卷五载：“宋高宗绍兴七年，慈利向思胜与彭永健等献粮助官军，宣力效忠，其功居多，诏加恩赏，并溪峒头领子孙有应袭者及主管年满者俱给恩赐……湖广一隅，旧属荆蛮，其地人民归化最迟，不但向姓为然。其子孙遗传亦可不必以蛮讳也。”桑植县凉水口镇麻家湾村尚有桑植土司始祖向思胜墓址。

西汉刘向在《世本》中说：“巴郡南郡蛮，本有五姓：巴氏、樊氏、瞫氏、相氏、郑氏，皆出于五落钟离山。”巴人起源以后，溯清江，顺溇水，迁到澧水流域。土家人说覃即瞫，为古代“巴人五姓”之一。谭其骧在《近代湖南人之蛮族血统》中说："覃氏蛮，东汉时著于溇澧之间。章帝建初三年，溇中蛮覃儿健等反。"覃儿健起义军被东汉官兵镇压后，其部族部分逃往关陇。关陇覃氏至唐玄宗时，因"安史之乱"迁到施州。唐代天宝年间，御驾幸蜀，覃汝先率领土军千余迎驾，皇帝嘉其忠义，封为"施州行军总管"，子孙世袭其职。后来，覃姓后裔迁回故乡溇澧流域。清《同治来凤县志》载："覃汝先，不仕，隐居陕西南郑县，生二子：长伯坚，次伯圭，受世职。征四川吴曦有功，俱授行军总管。（覃）伯圭之后为茅岗司。"清《光绪永定县乡土志》载："宋哲宗时，有覃汝先者，生元符元年戊寅，倜傥有志略。绍兴中，杨幺据湖为乱，诸洞蛮时时窃发。（覃）汝先承制分征剿抚，并施诸蛮畏服，论功授武毅大夫，镇守施州，子伯坚、伯圭。（覃伯）坚为行军总管，（覃伯）圭靖蛮有功，仍镇施州。"该志又载："本境覃氏世为土司，有覃汝先，宋末自南郑迁施州。"覃伯圭生子仕魁。覃仕魁镇守施州，任苗有功，加封"都督元帅"。覃仕魁之子覃友仁于南宋祥兴年间率兵由施州追贼至麻寮。后来，开辟石门县覃家山，为添平土司之祖。以功授安抚使，封怀远将军。慈利《覃氏族谱》载："覃仕魁于宋天禧五年仍袭前职……公疾，遣子（覃）友仁统兵追寇，由中建、忠洞至麻寮，地名红土，屯兵驻守，平服叛夷。遂迎父仕魁公同居红土，率兵辟地，后而居。"覃友仁长子覃绪祖于元至元十八年（1281 年）投诚缴印，仍准袭职。迁至郑家坪建衙署，留守添平，子孙定居于此。覃友仁次子覃福祖，生子覃添佑，后任茅冈长官司首任土官。

澧水流域土家田姓以北宋时期武口寨"抚夷通判"田承满及其后裔为多。据《南齐书》载：南朝刘宋时期，"西溪（今西水）蛮"王田头拟因汉官禁断鱼盐，怒杀郡吏，被处赔款，其子田都逃入僚人界中，及至北宋咸平、祥符年间，田氏沿酉溪自建州、峒甚多，后称"溪州蛮"。五代时期，设二十个羁縻州，以下溪州为"都誓主"，归彭氏；其余都叫"誓下州"。其中，高州（今湖北省宣恩县）田氏势力最大。据元代脱脱所撰《宋史·西南溪峒诸蛮》载：高州刺史田景迁卒，其子田彦伊继为刺史。田彦伊子侄为酋长者甚多。由于宋咸平六年（1003 年）高州"生蛮"掠夺汉人四百余人，夔州路转运使丁谓集中"蛮豪子弟"勒令退回汉人，北宋朝廷决定对高州田氏采取"不分种族"措施。宋祥符三年（1010 年），慈利县土家人互相仇杀，宋真宗派遣使者言和，并筑武口寨。据《慈利田氏族谱》载：高州土人田均长子田承满于宋仁宗庆历四年（1044 年）被任命为太保、"抚夷通判"，率领部族迁来慈利县，进驻澧水与武溪交汇之地武口寨（治所在今永定区大庸所武溪口寨，故名），并于宋庆历五年（1045 年）修建衙署，创建"紫荆书馆"。因此，田承满成为田氏各支始祖。《慈利田氏族谱》卷一亦载："（田）均公，原籍江西，其后子孙迁至慈利者，逮今凡五支……即以（田）均公论之，一载公生一子，讳（田）承满……上满公官宋仁宗庆历时，以战贼功，赐名‘抚叛’。”田承满六子田世明、田世修、田世德、田世亨（通）、田世邦、田世彰成为慈利、永定等地土民。慈利县土家老人相传：田氏因“义不臣元”受到元蒙镇压，某支兄弟九人逃亡之时，用一支水牛角，锯成九节，号为“日”“月”“星”“明”“亮”“龙”“凤”“虎”“满”。田姓兄弟九人按大小从头至尾各执一节，作为以后重逢相认的信物，是为《九节牛角》的故事梗概。

自五代时期彭士愁为溪州刺史以来，彭氏一直是酉水流域和澧水流域的土著大姓。关于彭氏源自江西之说，见于方志。如《民国永顺县志》谓：“彭瑊，江西吉水人，父辅为（唐）懿宗朝进士，官至金紫光禄大夫，生子五：珏、琳、璋、玕、瑊，（彭）瑊因杨行密与黄巢战，兄弟皆流散。时马殷据湖南，瑊至依之，以功授辰州刺史……为永顺土司之祖。”主要依据来自明代永顺宣慰使彭世麒所撰《永顺宣慰司志》。对溪州刺史彭士愁先世真伪，早就有人质疑。清《乾隆永顺府志・杂记》中对《保靖司家乘》把彭氏之先追溯到唐懿宗进士彭辅提出异议：“彭辅之说……子孙夸大其先人，恐未足凭也。”谭其骧在《近代湖南人中之蛮族血统》中认为：彭士愁为“蛮族血统”，与彭玕、彭瑊“为风牛马之不相及，断乎绝无关系者也”。国家民委“民族问题五种丛书”之一《土家族简史》写道：“大量的历史资料证明彭士愁不是汉人，而是溪州‘土著’。”根据五代天福五年（940 年）楚王马希范与彭士愁缔结的盟约《复溪州铜柱记》记载：“溪州彭士愁，世传郡印，家总州兵，布惠立威，识恩知劝，故能历三、四代，长千万夫……”这根本不是刚到酉水流域的外地人。《复溪州铜柱记》还记载彭士愁之前担任溪州刺史的有彭允韬、彭师佐二人。可见，将彭士愁与彭瑊联系起来显系伪托。史籍说土著彭氏是少数民族的比比皆是，如《旧五代史》卷 133 说彭士愁为“溪州洞蛮”。《资治通鉴》卷 289 说彭士愁之子彭师暠为“蛮酋”。《宋史・西南溪洞诸蛮》称“北江蛮酋最大者曰彭氏，世有溪州”等。由此可见，彭氏系土著民族而非汉人。明代，彭世麒修通谱时将彭士愁与彭瑊联系起来，究其原因，乃夷夏之防思想影响所致。据慈利县江垭镇《彭氏通谱》载：彭士愁后裔彭嗣祖于元泰定甲子年（1324 年）任慈姑州牧。卒于任所后，葬在饭甑山（在今慈利县零阳镇甑山村）。彭嗣祖四子文甫、胜甫、仁甫、君甫始为土民。彭文甫迁到慈利县八都渔浦（在今慈利县阳和土家族乡），其子为伯恒、伯桓、伯烜。彭伯恒生在慈利县八都阳和坪后，为茅冈土司覃垕之婿。明洪武二年（1369 年），彭胜甫偕其子克让、克斋、克绳、克礼迁到桑植瑞塔铺高堰塔。桑植县空壳树乡《彭氏先后派序》碑记载了土家彭氏历史沿革。

慈利县《赵氏族谱》记载赵氏是土家人，而不是宋太祖赵匡胤的皇室后裔，“赵至宋，化家为国，俨然皇族。吾今日之赵氏岂其苗裔欤？然吾不高攀。大抵为土著，慈利是可断言。按旧谱：赵维兴，宋末人……宦湖南，入籍大庸，生子龄。又徙慈利，生四子”。

慈利县三让堂《吴氏族谱》记载吴姓始祖吴统志于南宋迁居慈利的史实：“吴氏避居荆襄，由汉及唐，支庶蕃衍，遍满天下宇之，有吴姓自兹始。及宋杜既墟地失其守，有（吴）永贵之远孙吴统志喜慈阳山水之胜，因（宋）建炎南渡而居焉。”

慈利县李氏土家人始祖李文广于宋代迁居慈利县观物坪。慈利《观物李氏族谱》记载了李姓迁居过程：“李文广，父李侗，兄文道。于宋淳熙时，文道任武陵刺史。文广在任时，土蛮为患正烈。文广以同族之类，便用恩信招抚，蛮尽归服，故全境都得安宁。宋光宗绍熙，授（李）文广为镇抚司、武德将军之职。俾令镇守斯土，赐业袭。遂占慈利十里、县北二十五都观物坪。坪初无名，因府君服官，以居故名。”

慈利县土家刘姓始祖刘念庆在宋代被授安抚之职。慈利《刘氏族谱》载：“（刘）念庆为一世；文思为二世；知义为三世。念庆以宋祥符六年，授安抚。至乾道二年，而文思袭职……二世文思公以（宋）建炎四年，迁（慈利县）十七都小岩口、八方园等处。同胞弟（刘）静奉檄征十八峒。乾道二年，封左都督，袭土官职，赐铁券。”

据明《万历慈利县志》卷十六载：“王丙发，字次禹，宋蜀之广都人也……咸淳戊辰登进士。是时，贾似道专政，宋祚将危。丙发对策，其言抗直。考官将置之，上第而相之。私人在侧曰：是为讦耳。乃降等，调迪功郎、功陵司户……丙发言：慈利为邑深僻，充厚土地。所生宝藏，所兴民用，给足田庐，可求也，将之慈利。廉公知其意，檄教其邑，乃从之。横经于堂，取先圣贤传授之，说忠信孝弟之道，日为诸生讲之。家有楼，蓄书二万卷，姚文公遂为部使者，题其名曰‘德符之楼’。后邑升为州，文雅之士彬彬而起。”王丙发之子王元明始居慈利东阳。王元明生二子，长子王文瑞仍居东阳，次子王文珍迁居慈利九都坪潭落业。

南宋绍兴年间，陈镇率兵辅佐岳飞剿钟相杨幺起义军，被朝廷封为威武将军、行军统制，统领安福寨、陈家坪等土家先民。后来，子孙世袭武官。桑植县《陈氏族谱》载：“宋绍兴四年，杨太山据洞庭，为攻剽，潭、鄂骚然。（桑植）陈镇领酉水诸蛮佐岳飞，战有功，授行军统制。驻安福寨，遂世袭，兼辖诸洞蛮。”

三、唐宋时期张家界市人文遗迹

从唐代开始，全国各地州、县普设州、县之学和清溪书院等书院，聚徒讲学。宋代政和年间，慈利县莫俦、刘甸和刘畴等人中进士。据明《万历慈利县志》载："（后）晋周朴隐居天门山，以耕读自如，屡征不起，所著有《林（灵）泉诗集》行于世。"[11]唐宋时期，不少诗人前来慈利游览，留下千古名篇。唐代诗人王维在慈利游燕子洞后，写下《燕子龛禅师》和《周赧王墓》等名诗。唐代澧州诗人李群玉游慈利县后，写下《同张明府游溇水亭》等诗篇。宋代诗人黄庭坚游天门山后，写下《伏波庙题诗》。唐宋时期，佛、道二教传入慈利，留下许多名胜古迹。

（一）宗教名胜

澧水流域始建于唐宋时期的佛教寺庙有夹山寺、洛浦寺、宝峰寺、兴国寺、南岳寺、铁佛寺、云朝山寺、天门山寺和玉泉寺等。唐代高僧善会于咸通十一年（870 年）在石门县创建夹山寺。宋代高僧圆悟在此讲经十年，编著《碧岩集》一书。明《万历慈利县志》载："铁佛寺，原在旧县治，东西向。世传有铁佛一尊营基，因名。自宋咸淳元年，县为州，设僧正司以领诸山衲子观。"[12]慈利县江垭镇兴国寺为唐朝尉迟公修建，兴国寺方丈室顶梁款识为唐代尉迟敬德题。《民国慈利县志》载："兴国寺，在九溪城北，相传始于李唐。"[13]天门山寺始建于唐代。寺有两层，为二进三间。五代后晋周朴爱天门山诸胜，尝登南楼凭眺，作《天门南楼》二首，其一为："春山到处喜相从，又是天门十六峰。翠壁深深回鹳鹤，青峰矗矗隐芙蓉。乍疑日出同吴观，只少金泥拟汉封。原借仙人杖九节，临风直欲舞双龙。"周朴还写了《天门山灵泉院》："华亭参后最幽远，一句能教万古传。猿抱子归青嶂后，鸟衔花落碧崖前。虽知物理无穷际，却恐沧溟有尽年。为报五湖云外客，何妨来此老林泉。"清《同治直隶澧州志》载："玉泉寺，在黄土坡，后晋周朴有《宿玉泉寺》。"其诗为："野寺度残夏，空房欲暮时。夜听猿不寐，秋思客先知。竹回烟生薄，山高月上迟。又登尘路去，难与老僧期。"

澧水流域始建于唐宋时期的道教宫观有五雷山、紫霞观、高真观和朝天观。唐代卫国公李靖自称为道教始祖李耳的后裔，在慈利县五雷山创建道观。《民国慈利县志》载："五雷真武庙祠在五雷山，祀特壮。内附张兑祠，外有一天门等十七宫观。"[14]明《万历慈利县志》载："紫霞观，旧在琼云山巅白云山。宋咸淳元年，善人唐绍甫舍基，道士何无瑕建立。"[15]高真观始建于宋，内供元始天尊、太上老君塑像。位于张家界国家森林公园马鬃岭的朝天观建于唐。清《道光永定县志》载："朝天观，土人掘土，得古铜真武像，高不盈尺。祷雨辄应，近供观中。"[16]

（二）文物古迹

唐宋时期，澧水流域有几处影响较大的古迹。清《同治直隶澧州志》载："顾公寨，在（慈利）县二都，唐（代）顾公御寇处，有像，民至今祀之。"[17]明《万历慈利县志》卷十载："顾家寨、何家寨俱在二都大元山西南。昔有总管顾姓者据此，至今乡人犹祀其人。"现在，慈利县流传着顾大公、顾二公的故事，留下了插旗山、挖断岗、白竹水和落马坡等与顾公传说有关的地名。清《康熙慈利县志》载："蛮王城，今在县治东高桥山顶，世传朱梁大将武王侯破蛮王之所也。"清《嘉庆一统志》载："蛮王城，在（慈利）县东南三十里茶陵山顶。相传五代梁将武王破蛮王之所。"[18]至今慈利县苗市镇流传着《蛮王城的故事》。明《隆庆岳州府志》卷十三载：慈利县"桃花洞，夷人彭仕羲叛，（郭）逵得蛮亲信，为乡导，尽平诸隘，破其所，居桃花洞。仕羲弃城走，其众悉降"。清《同治直隶澧州志》载："桃花洞，在（永定）城西北二十里，旁多桃花。宋澧州知州郭逵曾于此破彭士羲。"[19]明《万历慈利县志》卷十载："白抵城在邑境。高千仞，四面绝壁，上广十余里。宋建炎间，土寇廖彦据此为城，见《一统志》。"清《同治直隶澧州志》载："廖城，界在（慈利）县十七都。宋高宗建炎时，土寇廖彦据此叛。"[20]潘光旦在《湘西北的土家与古代的巴人》一文中论证："白抵"实为土家族族称"毕兹卡"的对音或转音。后来，廖彦后裔廖天之从桑植县廖城迁到慈利县阳和土家族乡，至今犹存碑文。

南宋初年，慈利县出土了巴人文物虎钮錞于，证明先秦时期曾有巴人流入慈利。据宋代洪迈《容斋续笔》载："（宋）淳熙十四年，澧州慈利县周赧王墓旁五里山摧，盖古冢也。其中，藏器物甚多。予甥余玠宰是邑，得一錞。"近年来，天门山云钵庵遗址出土唐代龙首七星宝剑一柄和铜观音 2 个、铜佛像 2 个。七星铜剑铭文为"天门山玄帝祖"，为国家一级文物。两个铜佛像各重 1.55 千克、1.35 千克，均属国家一级文物。永定区阳湖坪镇发现了宋代遗址，出土了陶罐和瓷碟一个。二家河荷花村出土了宋代硬陶片和壶瓷片。枫香岗乡发现了宋代古窟。永定城区北门宋墓中出土了"咸平元宝"和"淳熙通宝"等货币。张家界锣鼓塌迎宾岩出土宋代陶坛，袁家界刘家檐出土宋代陶罐，证明张家界在宋代已被开发。慈利县江垭镇出土的宋代建窑香炉胎体纯白，堪称白瓷花纹装饰瑰宝。经湖南省文物鉴定小组鉴定，定为一级文物藏品。

参考文献

[1] 陈光前纂. 万历慈利县志（卷二）.
[2] 同治宜昌府志（卷十）.
[3][9] 脱脱等撰. 宋史（卷四百九十四）.
[4] 宋会要辑稿（第 173 册）.
[5] 黄维瓒撰. 同治直隶澧州志（卷八）.
[6] 曾国荃等纂. 光绪湖南通志（卷八十三）.
[7][8] 脱脱等撰. 宋史（卷四百九十三）.
[10] 黄维瓒修. 同治直隶澧州志（卷十九）.
[11] 清代同治桑植县志.
[12][15] 陈光前纂. 万历慈利县志（卷十二）.
[13][14] 吴恭亨撰. 民国慈利县志（卷十一）.
[16] 赵亨钤修. 道光永定县志（卷八）.
[17][19][20] 黄维瓒撰. 同治直隶澧州志（卷三）.
[18] 嘉庆一统志（卷三百七十四）.

第五章　元明清时期张家界市土家族的土司机构

1982年，国家民委转发的〔82〕民政字第240号文件《湘鄂川黔四省边境邻近地区部分群众恢复土家族成份工作座谈会纪要》指出：恢复土家族成分的工作，主要是在清代“改土归流”前的土司、土官管辖的土家族地区，在其周围的卫所地区和边缘地带也有这个问题。1984年，国家民委办公厅〔84〕政字第164号通知强调：国家民委转发的〔82〕民政字第240号文件中所指的土司后裔，是指清雍正年间改土归流时被废除的少数民族土司，其后裔一直生活在土家族地区，仍保留有民族特点，他们的民族成分可以得到确认……至于历代封建王朝派往少数民族地区的汉族世袭土司、土官的后裔，因长期生活在少数民族地区，早已融合于少数民族中，现仍保留有土家族民族特点的，如本人要求，可认定为少数民族。澧水流域在清代“改土归流”以前正是土司、土官管辖的土家族地区。元明清时期，朝廷实行土司制度，在澧水流域设置桑植土司、柿溪土司、茅冈土司、慈利土司、麻寮土司、添平土司和容美土司等土司机构。清代雍正年间，朝廷实施“改土归流”政策，废除澧水流域各个土司，改属桑植县、永定县、慈利县、石门县和鹤峰县。此后，土司、土官后裔一直定居在澧水流域，仍然保留土家族特点。中华人民共和国成立以来，澧水流域各级党委统战部或者民委根据国家民委和省民委文件，认定部分群众为土家族人。所以，澧水流域张家界市、石门县和鹤峰县土家族人已达150多万人。

一、唐宋时期土著酋长演变成为土司

唐代羁縻州、县制度是任用少数民族世袭土官，具有土司制度基本性质。唐朝末年，农民起义此起彼伏，形成地方势力割据局面。唐宋时期，澧水流域向、覃等“蛮夷”大姓逐渐演变成为土著酋长。元明清时期建立土司机构以后，朝廷授予向姓、覃姓、唐姓、田姓等土家酋长土司职务，准其子孙世袭，确认对其各自辖区的治理，使之对澧水流域土家族、苗族、白族、回族先民进行统治，达到“以土治土”目的。

1. 土酋向姓世袭情况

相姓为古代“巴人五姓”之一，向姓由相姓演变而来。因“向”与“相”原是同音异译，故土家人讹“相”为“向”。复旦大学谭其骧教授在《近代湖南人之蛮族血统》一文中说：“向氏为湖南蛮姓中之最早见于记载者。后汉建武二十三年，武陵蛮精夫相单程作‘乱’。相氏疑即向氏，‘相’‘向’同音而异译也。”北宋时期，澧水流域车溪洞土酋向克武率领土人归附宋朝。宋代开宝五年（972 年），朝廷下旨改车溪洞为柿溪州，授土酋向克武为柿溪州宣抚使，允其子孙世代承袭。向克武遂设柿溪州宣抚司衙署（在今桑植县上洞街乡政府）。桑植县《向氏族谱》记载了这一史实：“肇自祖公，向姓讳克武，于唐末宋初客游南楚，因入溪峒。是时大乱，土宇瓜分。流寇马殷占据湖南，称为楚王。公遂隐居山峒。公本盛德长者，乃为土众推（戴）为部落（酋）长。越十余载，天下宗宋，四海一家，万姓一体，公率各峒酋首倡向化，调征苗叛，得蒙嘉奖‘忠顺’，以为各峒酋长，仍住车溪峒，改为湖南柿溪州，（钦授向克武）为（柿溪州）军民宣抚使。”向克武死后，其子向万民袭职，忠心辅国，仁德爱民。后因无嗣，传弟向万才。宋代景祐五年（1038 年），奉旨征辽疆几载，因功授奖回司。向万才死后，向永通袭职，劝人以耕织桑农为务。向永通死后，其子向世禄袭任，为官廉明。向世禄死后，向天福袭职，抚民如子。

宋代，澧水北源活动着另一支向姓土人。据桑植县《民国向氏族谱》载：五代辰州沅陵县莲花池土王向宗彦后裔、巴蜀盘龙洞主向秀发长子向思胜于南宋建炎年间奉令来到桑植征苗。向思胜对土人、苗家予以宽待，澧水源头土酋、苗酋来附者达 52 处。向思胜率领土人、苗家入朝服化，因功被授“桑植等处土官职衔”，颁发印篆一枚，拥有上、下桑植地。桑植县凉水口镇麻家湾村尚有桑植土司始祖向思胜墓址。《宋史》载：南宋绍兴七年（1137 年），“湖外自靖康以来，盗贼盘踞，钟相、杨太山、雷德进等相继叛，澧州所属尤甚，独慈利县向思胜等五人素号溪峒归明，誓掌防拓，卒能保境息民，使（雷）德进贼党无所剽掠，（向）思胜后竟杀（雷）德进”[1]。向思胜协助官军招复土人山寨 40 余栅以后，在澧水北源荒溪茶盘口修筑了老司城（遗址在今桑植县沙塔坪乡茶盘口村官屋场）。

2. 土酋覃姓迁徙情况

西汉学者刘向在《世本》中说：“巴郡南郡蛮本有五姓：巴氏、樊氏、瞫氏、相氏、郑氏，皆出于五落钟离山。”巴人起源以后，溯清江，顺溇水，迁到澧水流域。土家人说覃即瞫，为古代“巴人五姓”之一。复旦大学谭其骧教授在《近代湖南人之蛮族血统》中说：“覃氏蛮，东汉时著于溇、澧之间。章帝建初三年，溇中蛮覃儿健等反。”汉代，覃儿健起义军被官军镇压以后，其部族部分逃往关陇地区。唐代天宝年间，唐玄宗御驾幸蜀，陕西省南郑县覃汝先率领民军千余远迎，皇上嘉其忠贞，旌以施州行军总管之职。宋代，覃仕魁为都督，领兵镇守施州城。后来，覃氏后裔迁回故乡溇澧流域。清《同治来凤县志》明载：“覃汝先，不仕，隐居陕西南郑县，生二子：长伯坚，次伯圭，受世职。征四川吴曦有功，俱授行军总管。（覃）伯圭之后为茅岗司。”[2]清《光绪永定县乡土志》载：“宋哲宗时，有覃汝先者，生元符元年戊寅，倜傥有志略。绍兴中，杨幺据湖为乱，诸洞蛮时时窃发。（覃）汝先承制分征剿抚，并施诸蛮畏服，论功授武毅大夫，镇守施州，子伯坚、伯圭。（覃伯）坚为行军总管，（覃伯）圭靖蛮有功，仍镇施州。”[3]覃伯圭生子仕魁。覃仕魁子覃友仁于南宋祥兴年间率兵由施州追贼至麻寮，卜居添平，以功授安抚使，封怀远将军。覃友仁长子覃绪祖为行军总官，自麻寮迁徙至石门县添平后，子孙世代定居于此。覃友仁次子覃福祖，生于元代至元八年（1271 年）。娶李氏为妻，于元代至元二十八年（1291 年）在石门县所市生子覃添佑，又名覃荣，故清《光绪永定县乡土志》载：“明初，有覃荣始为茅冈土酋。”

二、元明清时期土司制度

元朝统一全国以后，重新划分行政区域。中央设中书省，地方设行中书省，这是我国行省制度的起源。元代，行省下设路、府、州、县各级地方政府。从元代起，中央王朝始在少数民族聚居地区推行特殊的地方行政制度——土司制度。“土司制度”是指元代以后在少数民族聚居地区实施的与内地府、县相比在政治、经济上享有特殊待遇，土司官吏由中央政府指定少数民族首领充任而且可以世代承袭的政治制度。元朝统治者在唐宋时期羁縻州、县制度的基础上，创立蒙、夷分治之法，设置土司机构，官有土官、流官之分，始有土司之名。元代初期，朝廷对愿意归附的少数民族首领委以宣慰使、宣抚使、安抚使等土司官爵，土司制度基本形成。明清时期，土司制度日臻完善，朝廷对土司的建置、裁撤、官职、衔号、选任、袭替、朝贡、赋税、义务、征调等做了具体规定，加强了对民族地区的控制，起到了维护中央王朝对民族地区统治的作用。

1. 土司建置沿革

元明时期，澧水流域虽然设置桑植土司、柿溪土司、茅冈土司、慈利土司、麻寮土司和添平土司等土司机构，但是时并时分，时升时降，建置沿革非常复杂。

（1）桑植土司沿革

元朝初年，曾置上桑植、下桑植二长官司，隶属新添葛蛮安抚司。元朝中期，废二长官司，改置桑植安抚司。明《弘治岳州府志》曾载："元（代）元贞初，升（慈利）县为州，属澧州路，于州西北四百九十里置桑植安抚司。"[4]元朝元统三年（1335 年），向思胜四世孙向仲山奉命调征"鹅梯寇"有功，始授为桑植宣慰使，颁发印篆一颗，管束土酋苗民。因为地处偏僻，遂迁至澧水中源北岸台地修建旧司城衙署（今桑植县两河口乡旧街村尚存木构屋宇、封火砖墙的古建筑群）。管辖地域即今桑植县打鼓泉、两河口、陈家河、凉水口、岩屋口、蹇家坡、河口、上河溪、谷罗山、沙塔坪、苦竹坪、巴茅溪、四方溪、龙潭坪、细砂坪、八大公山、五道水、桥自湾、洪家关、芙蓉桥等乡（镇）。据《明史・地理》和明代《隆庆岳州府志》载：吴王丙午年（1366 年），桑植宣慰司归附，改置桑植安抚司。明代洪武年间，桑植土司介入明初夏得忠起义，曾被废除。明代洪武二十三年（1390 年），向仲山之子向思富前往麻寮所署说他父辈原为桑植安抚使，愿意归顺。麻寮所土官代向朝廷上疏状。永乐四年（1406 年），复设桑植安抚司，以土酋向思富为桑植安抚使，隶属九溪卫。向思富死后，其子向万成袭任。其孙向永政袭任后，调征洪江等处。嘉靖年间，向仕禄袭职后，调征倭寇有功，受奖赐后回司。清朝顺治四年（1647 年），桑植宣慰使向鼎归附，仍授原职，颁给印篆。清朝康熙年间，桑植宣慰使向长庚迁徙司署至澧水中源夹石河段，修建正街、下街、义学和万寿宫。现在，桑植县新街乡政府驻地尚存新司城旧址。

（2）柿溪土司分设

元代，土人向定安于元至元年（1335 年）征调有功，钦授柿溪宣抚使，允其子孙世袭。元代至元六年（1340 年），传子向仕德，有恤民之心、安民之略。向仕德死后，其弟向仕金袭职。明代洪武三年（1370 年），向仕金归附明朝，仍授柿溪宣抚使。明代宣德初年，"仕金卒，子仲贤、仲贵争袭。明代宣德四年（1429 年），改柿溪宣抚司为长官司，而分为二：（向）仲贤为上峒长官司，（向）仲贵为下峒长官司，皆三年一朝觐"[5]。据清代《同治桑植县志》记载："上、下二峒长官司俱服桑植司调遣。然不受署置，亦互结姻戚，与其置长官司异。"[6]说明上峒长官司和下峒长官司虽然隶属桑植土司，但是具有相对独立性。上峒长官司衙署在柿溪宣抚司旧治（在今桑植县上洞街乡政府驻地），下传15世。下峒长官司衙署设在下峒街（在今桑植县两河口乡），世袭12代。

（3）茅冈土司设置

元朝末年，土人覃福祖生子添佑。明朝初年，土酋覃添佑归诚后，跟随明军征讨汉王陈友谅有功。据《大庸县志》载：明朝初年，茅冈土民暴动，覃添佑奉命自石门县率领土兵镇压，被授为首任茅冈安抚使，封为“开国镇夷将军”，修建茅冈土司王堂“七进衙署”和三街六巷（在今永定区温塘镇茅岗村），统治当地土家先民，为茅冈土司始迁祖。清代《光绪永定县乡土志》保存了设置茅冈土司的罕见史料：“（覃）福祖卒明洪武四年，子（覃）荣，字添佑。明初归诚，随征陈友谅有功。时茅岗蛮作乱，（覃）荣率兵往征，招抚酋领，屡著奇功，授为茅岗安抚使，封开国镇夷将军，令世守其地，是为茅岗土司之祖。子（覃）文聪袭职，慈利土酋向天王煽惑诸蛮，时出攻掠。文聪独恪守臣节，保境息民，朝廷嘉之，封怀远将军。子（覃）朝岁贡方物，奉法安民。”[7]覃添佑之子覃文聪世袭茅冈安抚使职务以后，于明代洪武年间参加镇压土家人向大坤起义，朝廷封他为“怀远将军”。覃添佑的孙子覃朝袭任茅冈安抚使以后，守法安民，并向朝廷进贡地方物产。明代正统年间，因为地域狭小、土民贫穷，茅冈安抚司被改置为茅冈长官司。《明史·地理》和清代《同治永定县志》都载：永定卫管辖大庸所和茅冈长官司。覃添佑的重孙覃仲春世袭茅冈长官司长官职务以后，为人忠厚，谨慎自守。明代嘉靖年间，茅冈长官司覃尧芝带领800名土兵，跟从明军经略胡宗宪征剿东南沿海倭寇有功，被朝廷嘉封为“怀远将军”，所得赏赐甚厚。其子覃承坤随父征剿倭寇有功，被朝廷嘉封为“指挥使”，多次获得奖赏；不久，世袭茅冈长官司职务，赐服晋阶。清代顺治四年（1647年），茅冈长官司长官覃荫祚披发投诚，归附清朝。大清经略洪承畴赏给“开国忠藩”匾额，朝廷仍授茅冈长官司职务，给予印信。又湖广都指挥使司孙世昌赠以茅冈长官司“西藩重镇”匾额，并且修建罗塔坪六神庙，内供六位大神。清代雍正年间，朝廷在土家地区“剿抚兼施”和“恩威并用”，实施“改土归流”政策：一方面部署兵力，以防诸土司前路；另一方面又调衡州副将周一德领兵驻扎九溪卫，澧州、永定两营兵马听其节制。永顺、茅冈等土司和九溪卫麻寮所、添平所土官在外有重兵压境、内有土民控告情况下，被迫自请改土。清代雍正八年（1730年），废除了永定卫和大庸所。《清史稿·土司》载：“雍正十二年，茅冈土司覃纯一纳土，石门天平所、慈利麻寮所相继请设流官，分其地属石门、慈利、安福三县。”清代雍正十三年（1735年），拨慈利县十都、十一都、十二都、十三都和八都、九都、十四都部分地及茅冈长官司地设置永定县，属澧州直隶州管辖。朝廷赐予覃纯一敕书一道、部签一纸，准其子孙世袭茅冈千总职衔，仍居原署。茅冈土司从明初起，土人覃氏世袭土官共计 13 代。茅冈土司世袭顺序为：覃添佑—覃文聪—覃朝—覃仲春—覃昊—覃良佐—覃尧芝—覃承坤—覃宗伊—覃瞻廷—覃荫祚—覃洪治—覃声极—覃纯一。清代“改土归流”以来，永定县土家祖先繁衍了众多后裔，形成土家族与白族、苗族、回族等世居少数民族杂居局面。

茅冈土司辖区界址是：东至黑枞关（在今永定区三家馆乡），西至桑植县湾子口、利福塔镇，东北至教子垭和桥头乡，西南至鸭坪和永顺县桃子溪乡。

（4）慈利土司覆亡

元末大规模农民起义爆发以后，慈利土酋覃垕联络夏克武、田大、八古皮等人纷纷加入陈友谅起义军，攻占元朝统治者设在慈利境内的茅冈宣慰都元帅府，茅冈宣慰都元帅吴邀弃官逃难。朱元璋称吴王位后，派遣湖广行省平章杨璟率兵到湘西北镇剿农民起义领袖陈友谅旧部以及元代残余势力。慈利宣抚使覃垕归附明军，仍置慈利宣抚司。“高皇帝即吴王位（1364 年），大败（陈）友谅于潘阳。诸苗大恐，跳岸走。而慈利土官亦以故元所授参政照会三道来献，即置慈利军民宣抚司，以（土官覃）垕为宣抚使，垕贡马二十匹。”[8]元代至正二十四年（1364 年）三月，“湖广行省参政杨璟率师由松滋至澧阳等处招抚，驻师三江口。慈利军民宣抚使覃垕、夏克武等诣军门谒见”[9]。甲辰年（1364 年）十一月，“置慈利军民宣抚司，秩正三品，以其土酋覃垕、夏克武为宣抚使司，田重祥为同知宣抚司事。时（覃）垕等归顺，以故元所授参知政事照会三道来上，乞改置官司。上从其请，且俾因其俗而治之”[10]。明朝初年，慈利大旱。但是，明朝统治者仍然苛索军粮。明洪武三年（1370 年）四月，覃垕被迫率领土民起义，占领覃家城、茅冈寨等城堡。《明史 · 土司》还载：“洪武三年，慈利安抚使覃垕连构诸蛮入寇，征南将军周德兴平之。”[11]洪武四年三月，在数路大军合围之下，才将覃垕起义军镇压。覃垕被剥皮致死，慈利土司制也被废除。

（5）麻寮土司演变

元代至正年间，镇国将军唐国政率兵征苗，分关设隘，始落慈利县十七都五里坪麻寮寨，始设土司，创建司署，从此唐姓子孙世袭土官。元代至正二十四年（1364 年），唐国政之子唐涌袭职为麻寮宣抚使。《明史 · 地理》明载：“吴元年正月，改（为）黄沙、靖安、麻寮等处军民宣抚司。”当年，各个峒长一齐作乱，唐涌在慈利县十七都花桥坪设云阳寨（在今湖北省鹤峰县走马镇花岗村），被土人推为云阳寨主。后建衙署，名曰南府（在今湖北省鹤峰县走马镇花桥村）。据《明史·湖广土司》载：元代至正二十六年（1366年），改为麻寮长官司。明代洪武元年（1368年），唐涌分兵防御麻寮土司关隘，倡义起兵，且战且守。洪武二年（1369年），徐达丞相屯兵三江口，麻寮土司唐涌投诚徐达驾下，纳土归附，仍授麻寮长官司原职，敕赐铁券、号纸。据《明史·地理》载：洪武四年（1371年），改麻寮长官司为麻寮千户所，蒙徐达丞相题奏，授封唐涌为麻寮所正千户职，设立衙署于车儿坪（在今鹤峰县走马镇所坪村），守御鹤峰、慈利土家人聚居区。洪武十六年（1383年），其子唐贤袭父原职。

（6）容美土司兴亡

据《元史·武宗本纪二》记载：元代至大三年（1310年）十一月，“四川行省绍庆路（在今重庆市彭水县）容米洞田墨，连结诸蛮，攻劫麻寮等寨。方调兵讨捕，遣千户塔术往谕田墨施什用等来降。宜立黄沙寨，以田墨施什用为千户”。元代《蒙兀儿史记》亦载：至大三年（1310年）十一月，“容美土司田墨施什用杀千户及戍卒以叛，劫掠麻寮等寨”。元代至顺二年（1331年），设置容美洞长官司，田先什用任长官司长官。《元史》又载：元代至正十年（1350年），升为“容美洞军民总管府”。元代至正十五年（1355年），改为“容美洞宣抚司”。元代至正二十六年（1366年），容美洞宣抚使田光宝归附吴王朱元璋。《明史·湖广土司》载：“丙午（1366年）二月，容美洞宣抚使田光宝遣弟（田）光受等，以元所授宣抚敕印来上，命（田）光宝为四川行省参政，行容美洞等处军民宣抚司事。”据《明太祖实录》载：洪武元年（1368年），改容美等处军民宣抚司为黄沙、靖安、麻寮等处军民宣抚司，以田光宝掌司事。洪武七年（1374年），“诏置容美宣抚司家乡寨、五里白崖、椒山玛瑙等处，水浕源通塔坪、石梁下洞、五峰石宝六长官司”。洪武十四年（1381年），置施州卫军民指挥使司，将容美宣抚司从四川行省划归施州卫隶属。永乐四年（1406年），置湖广容美、忠建、施南、散毛四宣抚司经历、知事各一员。从此，容美宣抚司被列为施州卫四大土司之一。明代崇祯十三年（1640年），田玄由容美宣抚使晋升为容美宣慰使，其下属椒山、五峰、石梁、水浕源四长官司晋升为安抚司，玛瑙、石宝、下洞、通塔坪四个副长官司晋升为长官司，直至清代雍正十三年（1735年），容美宣慰司“改土归流”。奉旨将原容美土司地加大岩关外近关50里内之山羊隘地和原属长阳县渔洋关之地，设置鹤峰州和长乐县（后改名为五峰县），隶属宜昌府，结束延续400多年的容美土司世袭统治。

2. 土司政治制度

土司实行军政合一的集权制度。土司王既是各自辖区的最早行政长官，又是本辖区的最高军事首领。由朝廷任命的武职土官有宣慰使、宣抚使、安抚使、长官等，由省都指挥使司领之，其品级因朝代不同而略有差别。土司委任的官职有土知州、土中军、土经历、总理、家政、舍把、旗长、峒长、寨长等。总旗为土司军队基层单位“旗”的长官，由土司王庶兄弟或本地大姓有威望者担任，管理差役，训练士兵。桑植土司基层组织健全，有三个土知州、六个长官司。清《同治桑植县志》载：桑植土司“土知州有三：曰安定州、龙潭州、化被州。长官司有六，有名无地，皆土司自署。置土中军止一人，其下分十四旗，每旗有总旗管之，所领或百余人，或数十人，用则为兵，散则为农。土人有罪，小则土知州治之，大则土司自治。若客户犯过，则付土经历”[12]。

土司承袭制度实行世袭制。袭职是父死嫡长子承袭职务，无子的兄终弟继，或由妻、婿、侄继承。袭职者无论是谁，均须上报朝廷。袭职者持有依据，元代为银牌，明代为铜印，清代为土司印、号纸。如茅冈长官司承袭世系为：覃添佑—覃文聪—覃朝—覃仲春—覃昊—覃良佐—覃尧芝—覃承坤—覃宗伊—覃瞻廷—覃荫祚—覃洪治—覃声极—覃纯一。

由于土司承袭，封建等级制度是土司统治时期政治的显著特征。土司王自称“本爵”，土民称之为“爵爷、土王、嘎墨”。称其妻为“夫人”，称其妾为“姑娘”，称其子为“官儿”，称其女为“官姐”。房屋建筑等级极为严格。土司衙署“绮柱雕梁，砖瓦鳞次。百姓则叉木架屋，编竹为墙。舍把、头目，许竖梁柱，周以板壁”[13]。土司王外出巡游，所到之处，土民必须下跪迎接。“土司出，其仪威颇盛。土民见之，皆夹道伏。即有谴责诛杀，惴惴听命，莫敢违者。”[14]

残酷的刑罚是土司对土民实行野蛮统治的重要手段。各级土司王操生杀予夺大权。“刑杀任意，或抄没其家资，或缚而之鬻境外为奴婢。”俗言：“土司杀人不请旨，亲死不子忧。故土民畏之。”[15]土司设有监牢和刑场。土司刑法有斩首、宫刑、断指、割耳、杖责等。行刑时，都由土司王亲自监处。土民若被关进监牢，就要戴上铁链和木枷等沉重的刑具。

土司军事制度独特，各级土司拥有由一定数量土兵组成的武装力量。土兵是土司镇压各族人民反抗的工具、维护其统治的支柱。土兵建置单位有“旗”和“营”两种，如桑植土司有东、南、西、北、神、灵、先、顺、威、龙、虎、戎、宗、客 14 旗。土司实行寓兵于农制度，闲时习武，忙时耕耘。土司重视土兵训练，有时组织围猎，把军事训练与土民狩猎结合起来，以培养土兵勇敢善战精神，并在校场坪、搏射坪等练武场所进行兵器和战术的训练，提高土兵“钩镰枪弩之技”。朝廷多次征调土兵抵御外国侵略者或者镇压农民起义，而土司王则以“供征调”表达效命朝廷的忠心。明代嘉靖年间，倭寇侵略我国沿海地区，明世宗调湖广土兵抗倭。据清《光绪永定县乡土志》载：“明代嘉靖三十四年（1555 年），茅冈长官司覃尧芝及子覃承坤奉朝廷之命随经略胡宗宪征倭立功。朝廷封覃尧芝为怀远将军，覃承坤为指挥使。嘉靖三十七年（1558 年），宁波舟山倭寇侍险负隅顽抗。彭志显率领麻寮所唐仁、桑植安抚司向仕禄和下峒长官司向国用等六千土兵抵达。俞大猷指挥土兵趁雪围攻，焚烧倭营，杀死倭寇多人，取得舟山大捷，浙江倭寇全被肃清。“崇祯间，（桑植土司）向暹调赴彝陵，协剿流寇。”[16]以军功加衔回司。

3. 土司经济制度

土司制度是建立在封建农奴制经济基础之上的。土司既是政治上的统治者，又是各自辖区的封建领主。在土司辖区内，田土山林绝大部分都归土司所有。桑植土司山多田少，水田不到十分之一。土司时期，不许卖与汉民，田地皆归土人、苗家耕食。为了收取劳役地租，土司以服劳役为条件，将部分土地给土民租种。土民领得份地以后，就被束缚在土地上。除利用部分时间在自己份地上劳动外，大部分时间在土司、舍把、旗长的领地上耕种，成为封建领主的农奴。土民生男育女，都要上报旗长，立名于册，反映出土民处于农奴地位，他们与土司是一种人身隶属关系。据清《同治桑植县志》载：“其土民分属各旗，生男女辄报名书于册。长则当差，赋敛无名。”[17]劳役地租是封建领主剥削农奴的主要形式。“土司时，土司及土知州皆自有山及田，役佃户种者。佃户者，皆其所买人，如奴仆然。土民则自耕其土，土司如有横敛，则责之旗头，按户索取之，其役使亦无时。”[18]农奴不但要向封建领主服劳役，还要交纳一定数量的实物地租。土司规定农奴每户每年必须给大小土官馈送粮食、鸡鸭、肉肘等物品。实物地租并不固定项目，任意勒索。如养蜂之家每年都得交纳蜂蜜、黄蜡。

土司时期交纳税赋的税种主要是田赋，而且均折成银两。凡是土司贡赋，或每年一贡，或三年一贡，各因其土户谷米、牛马、皮、布皆折以银，而会计于户部。桑植土司境内凡有炉灶的得纳“烟户钱”。数个寨子称峒，峒长负有征收赋税之责。桑植土司有十八峒，明《万历慈利县志》载：“桑植安抚司……峒十一有八：桑植即司地，美坪、朝那、郡步、阿者、谢家、鱼龙、夹石、苦竹、捍坪、蚕辽、金藏、柘山、烂岩、黄家铺、板山、达那、孟迷，以上各设土酋一人钤束，名曰峒长。”[19]

三、清代土司机构“改土归流”

“改土归流”是指清政府废除少数民族聚居地区土司制度和卫所制度，改由中央政府委派流官直接进行统治的措施。这种在条件成熟地区改用流官代替土司的措施于明代在部分民族地区开始施行，清代雍正年间才在民族地区大规模地推行。土司制度和卫所制度在创建初期，虽然起过一定的进步作用，使地方统治者与中央王朝的关系更加密切，促进了各民族之间的经济文化交流。但是随着土司势力越来越大，土司官吏或者不听上级号令，或者发动叛乱，不仅阻碍民族地区生产发展，更不利于多民族国家统一。清朝初年，朝廷忙于统一国家，无力加强对民族地区的统治，仍然沿用明代的土司制度和卫所制度。各地土司只要“归顺”，准其袭职。随着国力增强、政权巩固、经济发展，清王朝不允许在统治版图里存在不服管束的土司机构。在这种历史背景下，为了加强在少数民族聚居地区的统治，清廷即在湖南、广西、云南、贵州、四川等民族地区大规模实行“改土归流”，废除土司制度，委派流官统治少数民族聚居地区。“废除土司制、实行流官制”政策是以和平方式进行的，是一次政治、经济制度的改革，具有深远的历史意义，起到了积极的历史作用。“改土归流”限制了土司的割据势力，加强了中央和地方的关系，巩固了国家的统一，加强了各族人民之间的联系，有利于民族地区生产的发展和人民生活的改善。

明末清初，湖广西部土家聚居地区经历“土流共管”时期，土司势力已经削弱。清代雍正年间，朝廷委派鄂尔泰办理“改土归流”事宜。清廷临之以兵，武力进剿，讨伐贵州部分土司，湖南多数土司落实“改土归流”政策，实行保甲制度。从雍正四年（1726 年）至雍正十三年（1735 年），清政府在湖南、贵州民族地区完成“改土归流”。在改土归流的过程中，清政府采取了“剿抚兼施”和“恩威并用”的政策：一方面部署兵力，以防诸土司前路；另一方面调衡州副将周一德领兵驻扎九溪卫，澧州、永定两营兵马听其节制，以防诸土司后路。又命令周一德、湖南按察使王柔、总兵刘策名分赴永顺、保靖和桑植等土司，晓以利害，争取土司请求改土。永顺、茅冈等土司和麻寮所、添平所土官在外有重兵压境、内有土民控告，在大势所趋、人心所向的情况下，被迫自请改土。桑植、保靖等土司不甘轻易放弃权益，对此迟疑不决。清政府根据土民控告，列其罪状，强迫改土。《清史稿·土司》载：“桑植宣慰司……向国栋残虐，与容美、永顺、茅冈各土司相仇杀，民不堪命。

雍正四年，土经历唐宗圣与国栋弟国柄等相率赴愬，总督傅敏入奏，乃缴追印篆，国栋安置河南，以其地为桑植县。上、下峒长官司，明置宣抚司，复改为长官司，而分其地为二。清康熙二年，向九鸾、向日葵归附。二十一年，给九鸾上峒长官司印、日葵下峒长官司印。雍正十三年，上峒司向玉衡、下峒司向良佐纳土，以其地属桑植县……雍正十二年，茅冈土司覃纯一纳土，石门天平所、慈利麻寮所相继请设流官，分其地属石门、慈利、安福三县。”[20]清《光绪湖南通志·武备志》载：“上、下峒长官司向玉衡、良佐纳土，奉旨给玉衡、良佐把总衔，世袭，分其地为四里，属桑植县，置巡检。石门县添平所、慈利县麻寮所相继请设流官，改土官千（户）、百户加千（总）、把总衔，世袭，分其地属石门、慈利、安福三县。”清代《乾隆桑植县志》记载：“雍正七年……割慈利县十四都及安福所旧壤五十里归并桑植，即于安福所筑城。”清代《同治桑植县志》又载：“（桑植）县治，故土司治，今文教宁远。十四里是安福城，则因安福所之旧嗣。又以上、下峒长官司土益之，编为四里。又割茅冈土司地益之，又割慈利县十四、（十）五都益之，今民地为外半县，分三溶土司地为内半县。”该志还载：“城池，旧安福所城……国朝雍正七年，与桑植土司改为桑植县，遂因其土城建治焉。”从古籍中可以看出，清代雍正年间，桑植土司和茅冈土司改土归流以后，废除了九溪卫和永定卫。清代雍正七年（1729 年），合并慈利县十四都及安福所旧壤与桑植宣慰司，以桑植司名改置为桑植县，改安福所治为桑植县署，隶属永顺府。桑植县第一任县令连际颖领银以后，将桑植县治定在酉水南岸山坡（在今桑植县东正街一带），把土夯城墙改建为砖石城墙，在东、西、北部均筑城门，还在东、南、西、北各设炮楼一座。城里划为东街、中街和西街，桑植县城初具规模。雍正十三年（1735 年），上峒长官司向玉衡、下峒长官司向良佐请求献土归流以后，加安福所、桑植宣慰司、茅冈土司泥湖塔等地为桑植县。桑植县分为内半县和外半县，其分界处有桑树埡，在今桑植县芭茅溪乡桑植坪村。拨慈利县十都、十一都、十二都、十三都全部和八都、九都、十四都部分地以及茅冈长官司地设置永定县，隶属澧州直隶州管辖。清代中期，永定县城东北部主要建筑有县署、典史署、学署、马王庙、城隍庙、文庙、武庙、文昌阁、普关寺、高真观、崧梁书院、城东书院，东南部主要建筑有营署、考棚、五通庙、八方阁和十多座石牌坊。

改土归流之时，清政府对土司、卫所采取区别对待政策，对自请改土的土司、卫所分别委以参将、千总和把总等官职，并准其世袭；对强行改土的不再封官，并令土司迁往河南等地，以防隐患。清《乾隆桑植县志》载：“（向）国栋承袭后，阻兵安忍，土民病之。雍正四年，土经历唐宗圣等赴愬，总督傅具奏，奉旨改土归流，摘取印篆，以（向）国栋置河南，桑植土司遂亡。”[21]清《嘉庆慈利县志》记载了九溪卫麻寮所改土归流的过程及其所辖十隘改为千总、把总的土官呈册：“（清）顺治四年，顺承王安边至澧，各所隘投诚披剃，仍因明制，赏给方印、号纸。雍正十三年（1735年），诸蛮向化，献土缴印，改千户为千总、百户为把总。颁给敕书一道、扎符一张，令其子孙世袭，如有年力精壮，准其随营效用。才具优长者，照以武职升转。令所城拨归鹤峰州，所官随处迁居，考试、纳粮、承袭俱在慈利。”[22]因此，麻寮所三十二员千总、把总基本定居在慈利县，繁衍了众多的土家后裔。

参考文献

[1] 脱脱等撰. 宋史（卷四百九十四）“蛮夷”.
[2] 同治来凤县志·土司志（卷26）.
[3][7] 侯昌铭撰. 光绪永定县乡土志（卷三）.
[4] 弘治岳州府志（卷十）.
[5] 陈天如等编. 乾隆永顺府志（卷九）.
[6][12][14][15][17]魏式曾，周来贺修. 同治桑植县志（卷八）.
[8] 毛奇龄撰. 康熙西河合集·蛮司合志.
[9] 明太祖实录（卷三十二）.
[10] 明太祖实录（卷十五）.
[11] 张廷玉等撰. 明史（卷三百十）“土司”.
[13] 同治保靖县志（卷十二）.
[16] 曾国荃等纂. 光绪湖南通志（卷八十五）.
[18] 魏式曾，周来贺修. 同治桑植县志（卷二）.
[19] 陈光前编纂. 万历慈利县志（卷十七）.
[20] 清史稿（卷五百十二）“土司”.
[21] 顾奎光修. 乾隆桑植县志（卷三）.
[22] 皇甫如森修. 嘉庆慈利县志（卷三）.

第六章　明清时期张家界市土家族的卫所机构

明清时期，朝廷设置军事机构“卫所”，加强对少数民族地区的控制。明太祖朱元璋称帝以后，于洪武九年（1376年），在全国设置十三个承宣布政使司，置左、右布政使各一人，主管全省民政和财政；另置都指挥使司掌管军政，设提刑按察使司掌管刑法。三者合称“三司”，互不统属，分别归属中央六部管辖。承宣布政使司之下设置府、县二级地方政权。洪武初年，由最高军事机构大都督府的大都督节制中外诸军。洪武十三年（1380年），改大都督府为前、后、左、右、中五军都督府，分别管理京都卫所和外省都指挥使司。都督府所管仅是军籍和军政，不能直接统率军队。军官的选授权在兵部，而军队的调遣和最高军事指挥权则在皇帝。在军队方面，自京都至府、县，创立卫所，按照卫、所两级进行编制。在军事重要地区设卫，在次要地区置所，由各省最高军事机构都指挥使司管辖各地卫、所，各省都指挥使司分别统于中央五军都督府。每卫5600人，长官称指挥使；每卫管辖5个千户所，每千户所有兵1120人，长官称千户；千户所管辖10个百户所，每百户所有兵120人，长官称百户。百户所管辖二总旗，每个总旗管辖五小旗，每个小旗有10名军士。卫所军士别立军籍，属于五军都督府。卫所长官负责平时训练卫所军士。一遇有警，则由兵部派遣总兵官统领。清朝初期，政府在湖广省少数民族地区实施“改土归流”政策，废除澧水流域的土司、卫所机构，改建州、县，委派流官统治。

一、九溪卫的演变

元世祖至元十四年（1277年），元朝在湖广行省置澧州路，领慈利等四县，还在今永定区茅冈置茅冈都元帅府。元成宗元贞元年（1295年），升慈利县为慈利州，并“于境内蛮獠溪洞安置安定（在今永定区）、柿溪（在今桑植县廖家村镇）二州”。在元末农民起义的打击下，元朝统治土崩瓦解。元代至正二十年（1360 年），陈友谅建立“大汉”政权，澧水流域各个土司为其驱使。朱元璋平陈理后，于元顺帝至正二十四年（1364 年）置湖广等处行中书省，改澧州路为澧阳府。同年六月，元代所授安定宣抚使向思明纳款归附，仍置安定、柿溪二宣抚司，命向思明及其弟向思胜领之。元末明初，慈利设置过靖安宣抚司、山羊宣抚司和茅冈宣慰司等土司机构。靖安宣抚司和山羊宣抚司的土官均为“巴人五姓”之一向氏，慈利一带有五代以来活动在湘西北的向宗彦、向思胜、向肇荣和向大雅、向大坤等“八耳锅”后裔。元代至正年间，向肇荣及其八子向大雅等分守靖安诸土司。元顺帝至正八年（1348 年），向肇荣为靖安都总管。至正十一年（1351 年），向大雅嗣袭了靖安隘故壤。慈利左师堂《向氏族谱》记载：“（向）大雅，字宜仁，公兄弟生当元末，举兵勤王。顺帝至正十七年丁酉十二月，随州人明玉珍袭据重庆，进陷成都。蜀中郡县相继降于（明）玉珍，公兄弟不能抗敌，最后亦降。统兵至龙潭坪，为八耳大锅。子三：良金、良银、良弼。（向）大望，字景仁，父既逃去，公与从弟（向）廷芳收寨兵，从征湘、汉有功……子三：彦才、彦奇、彦能，其后裔为山羊隘、桑植上洞、下洞各处。”后来，“八耳锅”之一向大雅长子向良金迁治至桑植西莲，设衙定居。明代洪武二年（1369 年），废靖安宣抚司置隘，并入麻寮隘丁千户所，旨授向良金为靖安隘土官百户。向大望长子向彦才于明代洪武二年任麻寮所山羊隘土官百户。

“慈利吴统志，元初因功授茅岗宣慰都元帅，世袭其职八十多年……元末爆发了全国农民起义，慈利安抚使覃垕以及夏克武、田大、八鼓皮等纷纷响应，一举推翻了元朝的统治和茅岗吴氏都元帅府，成为陈友谅起义军的一部分。”（大庸市民委 1985 年编《大庸土家族》第 34 页）慈利县三让堂《吴氏族谱》记载了元末茅岗宣慰司的史实：“吴后避居荆襄，由汉及唐，支庶蕃衍，遍满天下宇之，有吴姓自兹始。及宋社既墟地失其守，有（吴）永贵之远孙吴统志，喜慈阳山水之胜，因（宋）建炎南渡而居焉。惠多谋，娶妻向氏，贞静且哲，同子吴毓领家丁往岳茅岗朝臣，保奏安诸土峒苗夷。有元受命，以功授茅岗宣慰都元帅，赐三台印。统志卒，毓立；毓卒，吴秀立；秀卒，（吴）恭立；恭卒，吴敬立；敬生五子，名遵、远、进、达、邀。四长俱儒，五子吴邀聪明，袭元帅职。八十九年，世袭其爵，控制诸夷，有声兹土。至元末，因覃垕作反，杀至土峒，（吴）邀弃官逃难，四兄及举族悉隐……十三世，吴子仁，首氏，生子仲孙，乏嗣。程氏，生四子：文、行、忠、信。（子）仁祖，明皇甲辰年，于澧州徐丞相下，归附本所，领先祖旧口总旗。自备器械，管军守（曲溪）隘。”另据《慈利吴氏族谱》记载：“吴子仁，元末土司官，旧谱称苗峒酋长，势大难制。吴元年甲辰冬，各蠢作乱，（吴）子仁牒云阳寨主唐涌分把隘口。”从民族古籍来看：茅冈宣慰司吴统志的第十三世孙吴子仁后为麻寮所曲溪隘土官副千户。

明代，湖南地区隶属湖广省，省治设在武昌。省下设岳州、常德等 7 个府，共辖 56 个县；另设 12 个卫，辖 19 个千户所。明代，朝廷在土家人聚居区完善和发展了元代土司机构，在土家地区的边缘地带、土汉杂居之地设置卫所，驻守重兵，建立军事防御包围圈，防范土家民众反叛。各卫由朝廷直接派兵驻扎，开垦屯田，自征自食，且耕且守。千户所的千户、百户多为已经归顺的“土酋职官司”，朝廷划给土地归其所有。“官不请俸，职纪土官；军不支饷，名纪土军”（清《康熙九溪卫志》），实行“以土防土”策略。这种严密的军事防御与林立的关隘，不仅可以防止土家人民反抗，实现“土蛮不许出境、汉人不许入洞”的限制，而且可以加强对土司的控制。清朝初年，沿袭明制，对投诚的各地土司、卫所准其袭职。直到雍正年间，各土司、卫所机构才“改土归流”。明清时期，由于湖广行省多为民族地区，其地之民政与军务有关，故澧水流域土家地区土司分别隶于卫所，使土司机构与卫所机构结合在一起。朝廷设立土司机构与卫所机构并存、土官与流官参用这样一套封建军政机构，其目的是为了有效地统治土家、苗族等少数民族。明清时期，慈利县一带设置九溪卫，下辖麻寮、添平和安福三个千户所以及桑植安抚司，其演变历程及土官源流如下：

（一）九溪卫设置的历史背景

明朝建立以后，在土家地区建立一套统治机构：在土家人聚居区保留土司机构；在土家地区边缘地带把部分土司机构改置为麻寮隘丁千户所、添平隘丁千户所和西水千户所等羁縻卫所机构，以土官为主、流官为辅，土官千户、百户职位世代相袭；在比较进步的地区裁撤原来的土司，由中央派出流官担任知州、知县；废除敢于反抗朝廷的土司，改建卫所。慈利宣抚司等 4 个土司就是因为慈利一带土家人民反抗明朝封建统治而被改建卫所机构的。明初，慈利土家人民举行的三次农民起义促进了慈利土司机构的演变和卫所机构的建立。第一次是土家覃垕起义。朱元璋建立明王朝后，对湘西北土家人实行专制统治，使湘西北土家人产生了反抗情绪。另一方面，四川省明玉珍政权对酉阳、石柱、慈利、容美等地土司、土官授以印信，与明政权相对抗。由于各种因素影响，覃垕继续举起农民起义大旗。据慈利县高峰土家族乡《唐氏族谱》记载：“洪武二年（1369 年），覃三舍人、荆州左卫正千户赴任，回籍取土军。覃垕不肯，土官谋杀本官。有军人聂万凤具奏地方谋杀长官。”覃垕见势不妙，被迫走上起兵反明道路，自称“覃垕王”。起义军攻克了慈利县城，占据了慈利等县。覃垕王带领土家人民揭开明代农民起义序幕以后，明太祖急命湖广行省平章杨璟率军抵达慈利县境，战斗首先在覃家城（今慈利县零阳镇永安村）展开。《明太祖实录》记载：“初，（杨）璟兵攻覃垕寨（今慈利县零阳镇永安村），贼众下山迎敌。官兵击败之，乘胜追至半山。山势陡峻，视其寨，三面岩险而下俯江水。一面有路，仅通一人。官军不可上，乃回驻山下，而贼亦恃险阻自守。未几，以三千人下山挑战，官军又击败之。贼复遁入山，璟遂以兵逼之。”起义军被围后，“（覃）垕诈降，璟使部卒往报，为所执。太祖遣使让璟，璟督战士力攻，贼乃遁（《明史·杨璟传》）”。1370 年，覃垕又发动茅冈、温塘、索溪峪、容美等地土家人民反抗明朝统治。据明代《万历慈利县志》记载：“庚戌（1370 年）……十月，（覃）垕及茅冈诸寨夷复出为寇。”明廷被迫在第二年再次派军征讨。《明史》记载：“慈利土酋覃垕连茅冈诸寨为乱，长沙洞苗俱煽动。太祖命（周）德兴为征南将军，帅师讨平之……追数征蛮事，谓覃垕之役，杨璟不能克，赵庸中道返，功无与德兴比者。”[1]这次征剿，明军在索溪峪百仗峡与起义军大战一场。据慈利县杉木桥镇《郑氏族谱》载：“（洪武）四年，添平所龙溪隘土官百户郑权蒙总兵官调取，夹攻覃垕、田大于百丈峡，捕解回隘。”覃垕在索溪峪百仗峡受挫以后，仍然退守在温塘、茅冈同明军作殊死斗争。著名学者顾炎武在《天下郡国利病书》中说：“洪武中，山酋覃垕连构诸峒为乱，寻致荡平，獠夷率服。洪武三年冬，覃垕叛，以江夏侯、左丞周德兴率兵至慈州。垕恃巢穴险固，分党守其害。德兴命奇兵破其数栅，直捣温汤（塘）。垕犹率众守关，德兴拔其关，贼乃大溃。明年三月，擒垕以归。”[2]周德兴利用覃垕女婿朱思济诱俘覃垕。《民国慈利县志》记载：“龙岩寨（在今慈利县金岩土家族乡），明初朱思济诱覃垕处也。”覃垕被俘以后，于公元 1371 年阴历六月六日被剥皮致死。第二次起义是九溪起义。《明史·土司传》记载：洪武十八年（1385 年），“命楚王（朱）桢将征南将军汤和击斩九溪诸处蛮僚，俘获四万余人”。《民国九溪卫志》亦载：“（洪武）十八年，九溪蛮作乱，楚王（朱）桢率征南将军汤和、副将周德兴平之。”第三次是安福所夏得忠起义。顾炎武在《天下郡国利病书》中说：“洪武二十二年（1389 年）春，千户夏敬思（又名夏得忠）诱九溪洞蛮复叛。上乃命东川侯胡海讨平之，乃建九溪、永定二卫，以塞溪峒襟喉。”[3]《光绪湖南通志》也载：“（洪武）二十二年二月，湖广千户夏得忠结九溪蛮作乱，靖宁侯叶升同胡海等讨之。潜兵出贼后掩击，擒得忠，斩之。置九溪、永定二卫。”朝廷为了防范土家人民再次起义，遂在慈利江垭溇水河畔设置九溪卫军民指挥使司（“九溪”指喝堡溪、索溪、输赢溪、斗溪、仁石溪、张马溪、冷水溪、野牛溪、湖鲁溪），控制永顺、保靖、桑植和容美诸土司，归属湖广行省都指挥使司管辖。《明史》载：“九溪卫，洪武二十三年（1390 年）六月置，有九渊、野牛、三江口、闸口四关。所属曰守御添平千户所，在卫北，洪武二年置。曰守御安福千户所，在卫西北，洪武二十三年九月置。曰守御麻寮千户所，在（九溪）卫北，洪武四年置。曰桑植安抚司，本桑植、荒溪等处宣抚司，在卫西北，太祖丙午年二月置。后废，永乐四年十一月改置。”[4]明代《万历慈利县志》又载：“九溪卫城，在县西北二十二都。旧无城，洪武乙巳（1389 年），上命东川侯等讨夏得忠，唯立栅守御。次年，指挥吕成、韩忠等始筑之。周回千丈，计九里三十步，高一丈八尺……属湖广都司，领经历司一、镇抚司一、千户所四、百户所四，外辖安抚司一。峒一十有八，各有酋长帅之。卫置官无定员，今存者指挥使一十一人，同知一十人、佥事六人、镇抚二人，千户正一十人、副二十有二人、百户二十有九人。原额旗军二千八百六十人，户一千一百，新增操备、舍余五百五十又九人。”[5]清代《康熙九溪卫志》还载：“九溪，古索口市也，在慈利县西北九十里、二十二都。明洪武中，命东川侯等讨夏得忠，立栅守御。其地扼要，为诸溪所汇，堪控制苗蛮。后因遍设卫所，遂于兹置卫，名九溪卫焉。至庚子，指挥吕成、韩忠始筑卫城。城内官置指挥、千（户）、百户，世职提防。军置四所，军卒轮流把守，官有俸，军有粮，一出本卫屯堡，自征自食；一出外属州邑，分解协济。”[6]九溪卫署设在城北部八宝街，居住军政官吏，主管辖区政治、军事。九溪卫城堡共有四个大门，四门城上皆有高楼。东门称“朝天”，南门称“迎薰”，西门称“定边”，北门称“拱极”。明代景泰四年（1454 年），设“九永守备”，驻扎九溪卫城。清代顺治十七年（1660 年），裁九永守备，设协镇一员、中军守备一员、两千总、两把总，统领官兵，驻防卫城。清代雍正八年（1730 年），裁撤九溪卫。九溪卫的设置对土家地区经济发展、文化繁荣具有重要的历史作用。位于今慈利县江垭镇九溪村的九溪卫古城残存南、北两门以及部分明代房屋，南北城墙芳草萋萋，北门残留长达千米的城墙全用石头、砖块垒就。在卫城街巷绵延民居中，可见百年老宅、木雕窗、封火墙等 10 多栋明清时期土家建筑。2011 年，“九溪卫古城”被湖南省政府公布为省级文物保护单位。从 2017 年 10 月起，慈利县文物局和湖南大学考古系考古专家共同组成考古队，对九溪卫古城址进行为期半年的考古工作，发现一批文物古迹。他们认为九溪古城保存完整，具有代表性，是全国不可多得保存较好的卫所遗存，对研究古代卫所制度具有重要意义，建议九溪卫古城申报第八批全国文物保护单位，为申报中国历史文化名镇做好准备工作。

（二）麻寮隘丁千户所

九溪卫麻寮所与土司机构有渊源关系，是由土司机构演变而来的，具有土司、土官性质，正如《民国九溪卫志》所述：麻寮所“土官性质与其他职官不同，然亦朝廷命官也”。麻寮所与土司机构有继承关系。土司制度是对土司与土官两种统治制度而言，盛行于元明清三朝。土司制度是在南方少数民族地区经济落后条件下，朝廷在政治招抚之后实行的特殊政治制度。元末明初，慈利一带曾设慈利宣抚司、麻寮长官司、梅梓长官司和靖安宣抚司等土司机构。后因爆发三次农民起义，麻寮长官司演变为九溪卫麻寮所，梅梓长官司演变为麻寮所梅梓隘，靖安宣抚司演变为麻寮所靖安隘，台宜长官司演变为九溪卫添平所。这是历史事实，不可埋没。《民国九溪卫志》说明了这一史实：“添平、麻寮二所，初本土司，且设在卫所先。”而且麻寮所和添平所原来属于土司的实质性制度保留下来了：一是土官采用长子世袭制，还有朝廷薪俸。虽属九溪卫管辖，土官任职直达湖广都司。二是与汉官待遇不同。除自备钱粮外，还向官府交纳钱粮。三是按时朝贡，向朝廷领取回赐。正因大体照旧，朝廷自始至终把麻寮、添平二所当作土司对待。清代《康熙九溪卫志》说：清初，朝廷对九溪卫指挥、千户和百户等官做过调整，对麻寮所和添平所还是采用“所隘土司，节制仍旧”的办法。明代洪武二年（1369 年），麻寮土司王唐涌归附明王朝，置麻寮隘丁千户所，由唐涌任正千户，建衙署于所坪（在今湖北省鹤峰县走马镇所坪村），辖今慈利县西北部、桑植县东北部和鹤峰县东南部。明《万历慈利县志》载：“麻寮隘丁千户所，旧志洪武二年开设，地名樱桃隘。在县西北三百里、十七都。切邻边境，最为要害。因以土酋为千（户）、百户，土民为隘丁，兼以汉官协守，复以百户分戍诸隘，隶常德卫，后改隶九溪卫。厥官若兵皆自食其力，衣粮、器械不仰县官，唯幕职俸例于九溪（卫）支给。”[7]明代《隆庆岳州府志》亦载：“麻寮守御千户所，在慈利西北、十七都。洪武时，以土酋为千（户）、百户，土人为隘丁，汉官协守，复以百户分戍诸隘，隶常德卫，后改九溪卫。其官兵悉自食其力，惟幕职禄给于九溪（卫），设官则土、汉杂用焉。”[8]清代《嘉庆慈利县志》又载：“明洪武十三年，诸蛮初平，叛服无常。乃设所隘世职，以严守御。麻寮所一所、四厅、十隘，正副千（户）、百户共三十二员，其千户汉、土杂用，军一千一百二十名。自食其力，驻扎山洞。外捍蔽石、慈、九、永，内控容美、桑植、永顺一十八土司，俱属湖广都使司节制。”麻寮所唐氏是土著民族，清《康熙九溪卫志》载：“麻寮所隘，肇自大汉延熙二年（239 年），投诚诸葛武侯，因受世袭土职。至明洪武二年，唐勇纳土投诚。敕赐铁券，驻扎山峒，永镇诸蛮，封武德将军。”[9]慈利《唐氏族谱》记载了麻寮千户所首任土官正千户唐涌的生平事迹：“唐涌，（唐国）政长子，字南泉，号宁宇，别号景平。生于元泰定二年。于至正二十四年，系吴元年甲辰岁袭职，年已四十矣。时峒长齐乱，公设云阳寨主，为麻寮都督总管守御所。又以龙潭、天星岩为二大寨，分把诸路关隘，苗蛮靖氛。一日，宿于拦渡江下，闻九处猿啼，爱而乐之。又居舍于大路滩。翌日，游览属境，创立衙署，名曰南府。周围数十余里，筑堑掘壕，副员军丁守汛防御。以大岩关之内设靖安隘把总，把守虎把渡……明洪武元年闰七月，太祖高皇帝御宇一统。右丞相徐达讨剿岳、常、澧、安，公乃分土防御关隘，倡义起兵，且战且守。洪武二年，夏明升余党为寇，丞相兵屯三江口。公统所隘军属投诚徐达、邓愈二公驾下，纳土归附，仍授原职……蒙徐（达）丞相题奏，诰封武德将军，授麻寮都督总管守御所掌印正千户职，管辖四厅十隘，守御夷蛮诸峒，颁给铁券、方印。诰命其部下厅隘千（户）、百户职，同授爵秩，遇警听调。”其土官世袭情况是：唐涌—唐贤—唐斌—唐盈—唐雄—唐冠—唐大全—唐大节—唐幸恩—　唐幸爵—唐臣—唐仁—唐秉辅—唐国祯—唐宗韬—唐宗略—唐麟徽—唐德昌—唐仁爵—唐贤圣—唐维朝—唐世官—唐传玉。

明代嘉靖年间，日本倭寇侵扰我国东南沿海地区。明世宗任命尚书张经为总督大臣，征调湖广土兵抗倭。嘉靖三十三年（1554年），保靖宣慰使彭荩臣率领土兵奔赴苏州一带抗倭，麻寮所土官千户唐仁亦率兵参战，取得了“王江泾大捷”。《民国九溪卫志》记载了这一战功：“嘉靖十三年，海寇猖獗，张经总督军务，大征各卫所土兵、狼兵协剿。（唐）仁檄率土兵往战，辄有功。”[10]嘉靖三十五年（1556年），永顺、麻寮等地土兵围困勾结倭寇的海盗徐海、陈东于沈家庄。《民国九溪卫志》记载了唐仁诱捕徐海的战略：“（总督）胡宗宪继总军务。（唐）仁请见，陈方略。宗宪奇之，延入幕，参赞军事。贼势方炽，八路交集，仁或亲督战士，或决策帷幄。时陈东、徐海有隙，宗宪要（徐）海降。令缚（陈）东及麻叶以献，又令东党攻海，海投水死。未几，复诱获汪直，诛之。仁实与谋焉。”[11]嘉靖三十七年（1558年），彭志显率领麻寮、大喇、镇溪、桑植六千土兵焚烧倭营，倭寇多被杀死，取得了“舟山之捷”。慈利《周氏族谱》载：“都司调本所督军正千户唐仁、本隘唐荣督率十隘官兵一千，周勇督领所部弓弩手十五名、枪刀手十名、铳手五名，随本所征浙江舟山所巢。腊月二十九日子时，放火烧巢。一鼓而擒，攻城而进，所获甚多，斩首数人。”嘉靖三十八年（1559年），唐仁征杭州城，平贼有功，战死疆场。钦命浙江巡抚建立忠臣祠楼、石柱牌坊，赐书“海上知名”匾字。

明末清初，李自成、张献忠领导的农民起义爆发，土家先民奋起响应。

崇祯十六年（1643 年），李自成部将马守应等攻陷澧州城，麻寮所千户唐国祯奉命率兵前往澧州城保护明宗室、华阳王朱敬一，而麻寮所署被起义军烧毁。“崇祯十六年（1643 年），袁（宗第）、塔（天保）、游、佘贼反澧，（唐）国祯公统隘员军丁至澧护王。贼诡退，公在澧未归，贼等潜突自北至所坪，烧毁二十八座官署。两所虽能对敌，绝难取胜。请求于王，调九、永等卫兵同剿，贼始平。”[12]明朝灭亡以后，麻寮所千户唐宗略率领土兵投诚了清王朝。清代顺治二年（1645 年），李自成侄儿李过与高必正率领农民起义军攻陷九溪卫城，占据慈利县城，九溪卫一带土家人民纷纷响应起义军，清代《康熙九溪卫志》记载了明末清初农民起义军攻陷九溪卫城的过程：“有高、李二贼至添平所。一年之后，贼复南行。既而袁、张、牛、马诸营驻扎宿师，始破卫城。贼数营乃居住西山，倚持险要，盘踞五载。”麻寮所千户唐宗略又奉清王朝之命，率领土兵前往镇压，遂在慈利县通津铺修建新所署。“大清顺治年间，九溪苗贼猖獗，（唐）宗略公奉旨调征，复迁通津铺而建署焉。”[13]其所辖四厅十隘各署从慈利县十七都、十八都、十九都等处陆续迁到慈利县二十二都、二十三都、二十四都和二十五都等地（即今慈利县东北部和西北部）。慈利县苗市镇《唐氏族谱·所衙记》也记载了麻寮所迁署到今慈利县通津铺镇所坪村的史实：“（唐）涌公于（元代）至正年间立为云阳寨主。于洪武二年助粮佐征，荷蒙皇恩，封为武德将军。设立衙署于所坪，把守容、桑等处。大清顺治年间，因九溪苗贼猖狂，我祖（唐）宗略公奉旨调征，于是建署于通津铺。历经两朝而南北衙署巍然犹存，岂不盛与？厥后，雍正年间辞职，而官署稍朽。我（唐）世官公于道光二年重修。”清代雍正十三年（1735 年），麻寮所改土归流，其地大部分改归慈利县，大崖关以北的部分改属鹤峰州。慈利县杉木桥镇发现了麻寮所土官千户唐德昌墓碑等民族文物。

麻寮所四厅、十隘三十二员正副千户、百户中，大部分是土官，其源流如下：

（1）麻寮所四厅：麻寮所清军厅首任土官副千户为唐清，佐贰厅首任土官副千户为唐才，管操厅首任土官副千户为卓文德。巡捕厅首任副千户为刚洪，清代“改土归流”时千户是刚应烈。

唐清是唐涌亲弟，据《唐氏族谱》载：“唐清，（唐国）政三子，字北泉，号胜宗，别号澄江。吴元甲辰年入籍慈姑州，今慈利十七都。驻扎天星寨，自卫一方，今黄莲蓬、李家坪、官屋场等处。洪武己酉二年，右丞相徐达征夏明升寇党，屯兵三江口。贼兵木石甚危，难以进兵。约吾祖（唐）胜宗统兵三万七千应援，剿灭。徐丞相奏准敕诏一道，封世袭延安侯，敕赐尚方宝剑一口，武德将军唐清准此。”清军厅土官副千户世袭情况是：唐清—唐永高—

唐思旻—唐昶—唐渊—唐明德—唐明善—唐夔—唐希皋—唐锵—唐之屏—唐嘉升—唐膺简—唐祚戎—唐开疆—唐鸿兆—唐业麟—唐弥光—唐岐峰。

佐贰厅土官副千户世袭情况是：唐才（唐涌次子）—唐之远—唐朝良—唐立政—唐用—唐惯—唐悦—唐鉴—唐嵩—唐玉—唐继斗—唐膺龙—唐宪高—唐安邦—唐世爵—唐代诰—唐启哲—唐文雅。

卓氏远祖为四川省巴县人。宋代靖康年间，高祖卓汝周因金人南侵，迁居大庸天门山。六传至卓子成，迁到慈利九溪。始祖卓汝周七传至卓文德，于明代洪武二年（1369 年），被封为麻寮所管操厅首任土官副千户。据慈利县西河堂《卓氏族谱》载："（卓）文德公与弟文庠公，于元末至正甲辰年（1364 年），同唐涌等倡义平苗。逮明洪武二年乙酉岁，合众投诚，同日授封正副千户、百户三十二员。吾文德公授麻寮所管操厅副千户，文庠公授麻寮所显信校尉镇抚司正百户，赐铁券。封文德公为武德将军，子孙承袭，世守其土。清沿其例，赏给方印、号纸，至雍正十三年乙卯，诸蛮向化，献土缴印，凡十五传，共三百六十七年。以祖宗之战功，为子孙之衣冠。嗣后改千户为千总、百户为把总，颁给敕书一道，札符一纸，令其子孙世袭。"慈利县杉木桥镇赵家铺村发现了麻寮所土官副千户卓文德墓碑。清代康熙年间，官操厅副千户卓启祥迁署至慈利县二十五都阳虎坪（在今慈利县东岳观镇枫坪村）。官操厅土官世系为：卓文德—卓槐—卓权—卓仁—卓景春—卓隆—卓思恭—卓荣政—卓大宝—卓世懋—卓嵩—卓之璠—卓自扬—卓自焕—卓启祥。

（2）梅梓隘：明清时期，梅梓隘土官正百户为赵氏，土官副百户为周氏。慈利县赵姓人是土家人。慈利《赵氏族谱》说出了其为土著人的真话："赵至宋，化家为国，俨然皇族。吾今日之赵氏岂其苗裔欤？然吾不高攀。大抵为土著，慈利是可断言。按旧谱：赵维兴，宋末人……宦湖南入籍大庸。生子龄，又徙慈利，生四子……赵禄，明洪武二年，征苗有功，封昭信校尉、麻寮所梅梓隘正百户。"《赵氏族谱》还有明太祖于洪武二年给麻寮所梅梓隘正百户的敕书。梅梓隘正百户衙署在慈利县二十三都赵家坪，在今慈利县通津铺镇。《赵氏族谱》还载："我祖道臣公……生维兴、维观。兴公于宋季宦游湖南，爱山水之清丽，乐风俗之浑朴，遂宅古大庸天门山，生二子：遐、龄。龄公转徙慈姑州黑龙泉，生厂、禄、炘、煊四公。厂公于明初以明经出宰顺天府宛平县，解组归黑龙泉。禄公具文武才，征苗有功，封昭信校尉，镇守麻寮所梅梓隘，落业三语泉。"其土官正百户世袭情况是：赵禄—赵均宝—赵天林—赵诚—赵之任—赵彦椿—赵文见—赵朝盛—赵廷臣—赵之藩—赵如云—赵宪章。

梅梓隘首任土官副百户是周亮。慈利县至德堂《周氏族谱》载："周亮，祖母吴氏，魁梧越众，膂力超群，有古将之风。因云南边寨苗寇侵疆，奉先朝朱太祖命，同所君唐随征剿有功，职授世袭百户……”其土官副百户世袭情况是：周亮—周永华—周元臣—周勇—周绍政—周流—周一国—周长爵—周汝杰。

（3）九女隘：九女隘土官千户向飞雄的祖先是定居本地的土家人。慈利县左师堂《向氏族谱》记载：“九女隘属慈邑西北古夷地也。向氏得守此土，始自汉章武年间。（向）明德以部长助武侯征服南蛮，封土官把守隘口，由晋而隋而唐、宋、元，代有伟人，详载县志。明初，（向）孟祥公协征倭寇，调讨海贼有功。洪武时赐敕札券、铜符，授千户职，永镇九女隘。既清雍正十三年，各土司均改土归流，缴印解职，复敕千总职衔，子孙世袭。”其土官千户世袭情况是：向飞雄—向文明—向大高—向汉宗—向海深—向永—向孟祥—向荣华—向斌—向世武—向世廉—向万忠—向万全—向廷位—向元承—向国忠—向紫宸。

（4）青山隘：土官正、副百户均为刘氏，宋为九溪部长，元为安抚司。明年，刘敬甫为麻寮所青山隘正百户。《民国九溪卫志》载：“青山隘土官百户。十二世（刘）世达以功授土官百户……二世（刘）朝将归清。”其土官世系为：刘敬甫—刘世达—刘志贵—刘得神—刘永华—刘广—刘名立—刘大海—刘良辅—刘尚德—刘安楚—刘朝将—刘应元—刘汉文。《民国九溪卫志》还载：“青山隘副百户……（刘）世贤为（刘）敬甫次子，以功授百户，至（刘）国政归清。”慈利《民国刘氏族谱》也载：“（刘）敬甫，（刘）印富长子。明洪武初，与麻寮土司唐涌等内附，改授公守御司，赐地青山。麻寮旋设所，青山遂名隘，属麻寮所。”其土官世系是：刘世贤—刘志温—刘志禹—刘得拳—刘得君—刘永保—刘宽—刘宰—刘名月—刘名照—刘大麟—刘良材—刘良臣—刘尚龙—刘安起—刘国政—刘国联。

（5）樱桃隘：樱桃隘正百户是邓氏，首任正百户邓梦友先在人潮溪创建衙署，其墓碑至今仍在桑植县白石乡南滩草场，后住杨柳坪，故慈利白石《光绪邓氏族谱》载有世家对联：“樱桃署杨柳，奕奕簪缨宏世业；貔虎隶麻寮，洋洋干羽沐和风。”清代“改土归流”时，正百户是邓永爵。慈利《光绪邓氏族谱》还载：“始祖（邓）梦友公于吴元甲辰（1364 年），由吴迁楚。率军纳附，编授麻寮所樱桃隘正百户职事，已（遂）家于兹土矣。逮洪武二年（1369 年），投诚徐丞相、征南将军邓愈，剿土酋覃垕有功，仍授原职，注（驻）防守御。又于二十二年（1389 年），奉东川侯胡海檄征土蛮夏德忠等，赏给功牌。越明年，复以调征西川，平服诸寇，颁赐方印。俾得外备石、慈，内控容美、桑植土司，并苗疆猺道，隶常澧常（德）府，后隶九溪卫。迨后三代祖邓道鉴公，奉总兵赵调征广西，功授前军督府，题请发号纸回营守边，代荫世职，而前朝之恩不已渥（峨）哉。躬逢大清圣朝定鼎，（邓）光先公于顺治八年（1651年）统率军舍投诚归顺，蒙皇恩仍授原职。至十代祖（邓）师圣公，于康熙十八年（1680年）年奉钦命宁南大将军、顺承王给委任事，抚招人民，著有劳绩，用加升赏。”樱桃隘首任土官副百户是黎志立。慈利土家学者吴恭亨曾经题词：“黎于溇北，土著高门。”黎氏始祖黎天赐为土著人。慈利《黎氏族谱》记载：“黎志立，字学礼。明洪武二年，充麻寮所唐勇总旗，获叛寇唐恭奴、夏得忠。丞相徐达题奏，论功颁给诰命一道，置樱桃隘宇边……尔麻寮所樱桃隘土官黎志立，质廪端方，膂力刚劲，素练兵机，久识地利。既率众以坚守，复助粮以佐证。宣此功能，允宜擢用。尔宜永御诸夷，益精武事。毋忘朕训，以建奇勋。”现存通津铺镇燕子村黎志立墓碑碑文也载：“自我（黎志）立公与忠公、权公始生；生而沉毅，才兼文武。前明初奉徐丞相札，调征土叛蛮洞有功，实授樱桃隘百户职司。”樱桃隘土官副百户黎氏衙署设在黎家坪，在今慈利县通津铺镇。其土官副百户世袭情况是：黎志立—黎谦—黎广—黎永珊—黎甫—黎宪威—黎元佐—黎正亨—黎拱宸—黎之毅—黎拱垣—黎之屏—黎维纯—黎之俊—黎显福—黎文炳—黎定荣—黎成祖—黎邦献。

（6）在所隘：麻寮所在所隘土官百户为李氏，清代《嘉庆慈利县志》载有麻寮所在所隘正百户李世禄之名。另据慈利《观物李氏族谱》记载：“李文广，父李侗，兄文道。于宋淳熙时，文道任武陵刺史。文广在任时，土蛮为患正烈。文广以同族之类，便用恩信招抚，蛮尽归服，故全境都得安宁。宋光宗绍熙授（李）文广为镇抚司、武德将军之职。俾令镇守斯土，赐业袭，遂占慈利十里、县北二十五都观物坪。坪初无名，因府君服官，以居故名。李干，为李嗣胤公次子、膺臣公嫡孙，为始迁祖李（文）广十三世孙，世袭（麻寮所）在所隘昭信侯。十八世（李）元圭房世袭在所隘百户也……慈利俗云：土著姓皆有分，唐氏以所，王氏以甲，卓氏以家，李氏则以房，李氏旧分三房。”其土官百户世袭情况是：李膺臣—李嗣胤—李干—李时用—李极—李梁—李世禄—李元圭—李长贤。

（7）曲溪隘：曲溪隘土官吴氏原为元末土司官，明为麻寮所曲溪隘土官副千户。明代洪武二年（1369年），颁铁券，文曰：“敕封吴子仁，驻扎山峒，永镇诸夷，与世同休。”慈利土家学者吴恭亨在《明土千户吴君墓表》中写道：“自石门以西、慈利以北，蔓延渫、溇二流域，为土著五、六百年。一姓计口至十万者，明千户吴君子仁苗裔也。君祖（吴）道隆当元季寇扰，挈其（吴）道辅徙慈姑州，道隆居溇北，道辅在澧南，遂同焉著籍。吴元年甲辰，君与平苗乱，论功颁铁券，世成曲溪、拦刀两隘。生四子，曰：文、行、忠、信。

君即行也，宣德初袭职为千户，夫人唐氏、向氏、曾氏。”慈利县国太桥乡平溪村和杉木桥镇月亮村仍存麻寮所土官千户吴亮墓和吴大泽墓等民族文物。其土官千户世袭情况是：吴子仁—吴行—吴亮—吴永端—吴大泽—吴廷用—吴宗尧—吴一极—吴国藩—吴长祚—吴长琏—吴汝楫。

（8）拦刀隘：拦刀隘土官千户亦为吴氏。明代正统三年（1438年），曲溪隘土官百户吴亮驻拦刀隘（在今鹤峰县走马镇所坪村）。明代弘治六年（1493年），其子吴永端驻慈利二十二都平溪（在今慈利县国太桥乡），并且兼任拦刀隘百户。明代天启年间，吴一极次子吴国缙单独袭任拦刀隘土官百户。慈利《吴氏族谱》记载了清朝给拦刀隘土官正百户吴载韬的敕书。其土官百户世袭情况是：吴国缙—吴长琏—吴汝梁—吴载韬。

（9）山羊隘：山羊隘首任土官正百户向彦才为“八耳锅”之一向大望长子。据鹤峰《向氏族谱》载：“山羊隘，古夷地也。有明洪武年间平麻寮寨，爰设所隘，防御土、苗，遂改为麻寮所，下属十隘……山羊隘向。各有旗丁、军属，官不支俸，军不给粮，以本地之产膳。所隘军丁专以刀耕火种，所植惟秋粟、龙爪谷而已。赋税则有秋粮，牛角尖之外五隘免五征五，内五隘则有免七征三之例……今日之山羊司即古之山羊隘也。吾祖（向）彦才公自明洪武丙辰年为山羊隘百户。历两朝经四百余年，世袭十三辈。乾隆二年，诸土司向化，改设郡县，前各所隘职衔已为冗员，添平、麻寮两所二十隘正副千（户）、百户六十三员，一并裁汰。经总督部院迈（柱）题，请沿茅冈司世袭之例，复荷皇恩，准授以世袭千总、把总职衔，各给专敕一道。”明代洪武二年（1369年），湖广平章杨璟移咨明军大都督府，题请授向彦才为山羊隘（在今鹤峰县走马镇铁炉村）土官百户，子孙世袭，掌印守边。后驻慈利县十七都唐家坪，在今慈利县三合口乡。其土官百户世袭情况是：向彦才—向初文—向钧佐—向永斌—向辅—向大绍—向明表—向阳春—向维一—向绍勋—向九锡—向文玉—向文明。

（10）靖安隘：靖安宣抚司原建治所在鹤峰县城东三里张爷庙。元末，靖安宣抚使向大雅卒，传长子向良金。后因容美土司强占辖地，遂迁治所于今桑植县西莲，设衙定居，辖今西莲至里溪。明代洪武二年（1369年），废靖安宣抚司，置靖安隘（在今桑植县官地坪镇），并入麻寮隘丁千户所，旨授向良金为靖安隘土官正百户。向良金死后，传子向祥。明代洪武年间，朝廷颁发铁券：“敕封向祥驻扎靖安隘，与镇诸蛮，与国同休。”其土官百户世袭情况是：向大雅—向良金—向祥—向拳甫—向永忠—向瑄—向世瑛—向昂—向廷辅—向汲—向元桐—向永爵—向日功—向九富—向子瑛—向庆历—向祚华。

（11）黄家隘：黄家隘土官正百户为唐氏，后住安家坪（今慈利县象市镇）；

土官副百户为赵氏，后住黑龙泉（今慈利县杉木桥镇）。明清时期，黄家隘土官正百户世袭情况是：唐全（唐贤次子）—唐之华—唐朝龙—唐安宇—唐世雄—唐本忠—唐汉—唐一德—唐荣—唐如斗—唐思先—唐光爵—唐大戎—唐昌祚—唐文举—唐运兴。慈利《赵氏族谱》载："赵炘，洪武二年，随兄助阵立功，封忠显校尉、麻寮所黄家隘副百户。赵栖，洪武九年袭职。"其土官副百户世袭情况是：赵炘—赵栖—赵一亨—赵试秀—赵万里—赵思信—赵舟—赵胜宗—赵正忠—赵国用—赵良翰—赵琦—赵一元—赵一普—赵世铭—赵玺—赵景川—赵光典。

（三）添平隘丁千户所

宋元时期，石门县曾有龙阳和天平等土人寨子。明代洪武时期，改"天平"为"添平"，创建所署，守御边陲，土家历代祖先覃氏世居其地。清代《同治石门县志》记载："添平所署原在邓坪富石堡台，因蛮贼侵毁，徙瓦店头、寨坪、夏家溶，俱不吉。后迁河南刘家坪，台宜后枕，渫水前带；上为苗蛮之咽喉，下为岳澧之屏障。元末，置土司守御。土城周三百八十丈、高六尺，土门一。覃氏世居其地，明授千户，领百户，戍鹞儿等十隘。"可见，元代至元十二年（1347 年），土酋覃绪祖为行军总管，从麻寮徙居天平，在邓坪富石堡台（在今石门县磨岗隘乡王家渡）创建衙署。吴元年（1364 年），设立台宜长官司。明代洪武二年（1369 年），土酋覃添顺被授予添平所土官正千户职，迁所衙署至台宜寨前刘家坪（在今石门县所街镇留驾坪村）。添平所衙署是一座轩敞宏伟的城堡，由明代中山王徐达题写"公侯干城"玉字匾额，有大堂、二堂、文会堂和守训楼、永贞楼、讲艺楼等民族建筑。添平所直辖七个都，包括今石门县西北部的所街、雁池、磨冈隘、水南渡、苏家铺和袁公渡等乡（镇）。明代《隆庆岳州府志》记载："添平所，即宋添平、台宜寨。甲辰归附，洪武改。元代，夏克武举土酋覃（添）顺为寨官。二年以今地为所，仍以覃添（顺）等土酋为千户，领土兵守之。后分百户十人驻各隘以备，隶常德卫，更隶九溪卫。其酋长、隘兵任其耕艺，无租税，幕职禄给于九溪。设官土、汉杂用，千户四员。覃文孙，父（覃）添顺，宋施州总管（覃）伯坚四世孙。其先徙居添平，及（覃）添顺拓地益广，所统益众。元季依台宜为寨，洪武归附，至（覃）文孙征容美、安福有功，奏添平所改隶九溪卫。"[14]《明洪武实录》卷四十三载：洪武二年六月，"置天（添）平千户所，时隘丁寨土酋覃（添）顺归降，遂置千户所"。明代《万历慈利县志》亦载："添平隘丁千户所，在县北一百五十里，乃古添平、台宜寨，甲辰年归附。洪武元年，土官夏克武举土酋覃（添）顺为寨官。二年肇设今地为所。仍以（覃添）顺等土酋为千（户）、百户，领土兵守之，复分百户十人住各隘操备，隶常德卫，后改隶九溪卫。其酋长、隘兵任其耕艺，无赋税，若幕职俸例于澧州慈利县支给。正德中，千户覃善教重修。隘十，曰：鱼洋隘、走避隘、细沙隘、遥望隘、鹞儿隘、中靖隘、磨冈隘、石磊隘、长梯隘、龙溪隘，以上各以百户一人领隘兵分戍。”[15]清代《同治石门县志》记载了添平所土官千户覃添顺及其子覃文孙的生平事迹：“元至正间，覃添顺会同唐、郑、陈众姓，招集义勇，逐除保聚。明初，效用徐丞相部下。洪武二年，蒙军民宣抚，举充台宜隘员，申复总兵官杨平章璟，移咨湖广等处行中书省，转咨大军都督府。照详奏，准覃添顺授添平所千户之职，诏武德将军。唐武、郑礼英、陈祥等授各隘百户之职，诏命昭信校尉。注册军丁一千一百名，分布鹞儿、龙溪、忠靖、长梯、磨冈、遥望、鱼洋、石磊、细沙、走避等隘，把守关要，听候调发。敕命世袭掌印，管军守边……覃添顺，添平所土官正千户。洪武四年，调取夹攻覃垕、田大于永定百丈峡，捕获解官。五年，调征上、下酉州，擒获苗寇解官。十一年，调征上下监厂、铁门关苗寇，招抚答谷聚种张鸭儿等，安民乐业，受赏封武德将军，旧志作覃顺。覃文孙，添顺子，添平所土官正千户。洪武中，调征容美等峒，获苗唐大孙等官。二十二年，调征安福叛贼夏得忠，攻天火岭、石硝、柿溪、恶者等峒，又攻贺石关，屯驻永顺。八月，后攻桑木关、桑植等峒，擒获苗蛮百名，受赏。招抚溃散人户徐九长等八十九户、男妇二百八十九名。”添平所世袭土官千户世系为：覃添顺—覃文孙—覃绳武—覃昊—覃禹元—覃毅恭—覃善政—覃世奇—覃继勋—覃宗藩—覃光国—覃祚昌—覃家彦—覃声振—覃庆永。

根据清代《同治石门县志》和《民国九溪卫志》等史志记载：明朝初期，添平所首任千户和百户是：清军厅土官副千户柳世华，管操厅土官副千户王赵夔，巡捕厅副千户覃志兴；镇抚司唐胜孙；鹞儿隘土官百户唐武，长梯隘土官百户覃券，磨冈隘土官百户唐宗源，遥望隘土官百户曾伏孙，石磊隘土官百户宋天荣，忠靖隘土官百户陈祥，渔洋（阳）隘土官百户邓添礼，走避隘土官百户王添宝，细沙隘土官百户伍彦材，细沙隘副百户盛华，龙溪隘土官百户郑仁拳。

九溪卫添平所和麻寮所在官制、兵制、学制、赋制、贡制、征调等方面与湘鄂西各土司同制同俗，与其他“卫所”不同。但是，学术界有人忽视九溪卫添平所和麻寮所的土司性质。其实，顾炎武在《天下郡国利病书》卷七十八中早已阐明：九溪卫“苗獠出没，初立添平、麻寮以捍于东，其隘各十。添平、麻寮皆守御千户所，每所掌印土官千户一员……每隘各土官百户一员掌印，以防守容美夷寇，籍隶土军皆石门、慈利二县民充之……添平所土司放纵，据石门半境而不服徭役。”石门《覃氏族谱》记载的明朝万历皇帝处理石门县知县冯汝器夺添平所土官千户覃宗潘印引起纠纷的谕旨佐证了添平所土司性质及其民族类属。明神宗旨批：“土官世辖土军，此我祖宗‘以夷治夷’之深意也。今一旦改推选之制，夺土印而与汉官，彼上下素不相习，其肯帖然听命乎？地方官不识大体，轻变祖宗成法，生事起衅，渐不可长。”圣旨一下，吏部、兵部转发湖广衙门，遂将添平所印归还土官。可见，添平所是与其他地区卫所机构大相径庭的军政机构。清王朝建立后，添平所土官千户覃祚昌归附清政府。据清代《康熙九溪卫志》记载：“覃祚昌于顺治四年投诚。康熙十年，叨沐皇恩，颁给所印。照沿历朝旧制，管军守边。其本所地方，东抵澧州界，南抵九溪、慈利县界，西抵各土司界，北抵渔洋关、长阳、松滋县界。四至周围，千有数百余里，此形势之大略也。至于户口，原辖土军一千一百。”清代“改土归流”之时，添平所大部分归属石门县，小部分改属鹤峰县。

（四）安福守御千户所

安福千户所原为西水千户所，由土家酋长夏克武首任西水千户所千户。元代至正二十四年（1364 年），吴王朱元璋派遣湖广行省参政杨璟率军至三江口（在今慈利县零阳镇）招抚，当地土家酋长覃垕、夏克武率部谒见，纳降归附。杨璟奏设慈利宣抚司，以覃垕为慈利宣抚使；在慈利县十四都、西水之北岸（在今桑植县城澧源镇高家坪）设置西水千户所，以土酋夏克武为西水千户所千户，率部驻守。据明代《安福所志》记载：“吴元甲辰（1364 年）年间，旧设西水千户所。西南岸瓦窑岗（在今桑植县城）古称安福隘，皆系夏氏千户世土，土官、土民不敢擅便。奏闻太祖皇帝，仍旧扶同夏氏土官世守其地。”明代《嘉靖澧州志》亦载：“（西水）所治，洪武四年设于西水之北，正当诸夷峒之口。以土官夏克武为千户，领土军守之，隶大庸卫。二十三年，其子得中叛，毁于兵火。既平，复以西水西地瓦窑岗更置。千户所设官垛军守御，改隶九溪卫，千户正、副十人，百户十人，领旗军隘丁二千二百四十人、户五百六十。”清代《乾隆桑植县志》又载：“元末，千户夏昌珪（即夏克武）驻劄安福地。”西水千户所土官世袭两任，第二任土官千户为夏克武长子夏德权。后因土官夏克武次子夏得忠率领九溪土民起义，遂改西水千户所为安福千户所，所署迁往瓦窑岗。由湖广都司委派汉族将士驻守，首任汉族流官千户为李谯。明代洪武二十三年（1390 年），九溪卫左所千户李樵在西水西南岸瓦窑岗始筑安福所城（在今桑植县城）。明代《隆庆岳州府志》详载："安福守御千户所，洪武四年创于西水之北，当诸夷峒口。以土官夏克武为千户，领土兵守之，隶大庸卫。洪武二十三年，子得中叛，调汉官守御，改隶九溪（卫），而九溪前所亦调此协守焉。所署毁于得中叛时。后兵既平，复以酉西地瓦窑冈创，为有吏目幕厅、军储仓。"清代《乾隆永顺府志》卷十二明载："洪武年间，酉水千户夏得忠诱九溪洞蛮为寇，命靖宁侯叶升讨平之。开创城池，改设安福守御千户所。"安福所辖地十二处，包括今桑植县东南部和东北部。其中，朱家台、洋公潭、兴旺塔、康三峪在今桑植县城郊区；位于十九都的赵家岗在慈利县。史学家顾炎武在《天下郡国利病书》卷七十二中说："置安福所以控于西，其关有四。安福千户所，防御桑植二峒夷寇，四关为九渊、闸口、野牛、三江口。每关旗甲一人，督同哨、獠人把守其所。"明代《万历慈利县志》也说："安福守御千户所城，在县西北二百九十里、十四都。周围三里四十步，高一丈七尺。洪武庚午（1390 年），九溪左所千户李樵始筑之。有东、西、北三门，其南之前，阻山不通门，余各有楼及窝铺二十间，以宿司昏者……（明）正德中，指挥常明重修，隶九溪卫。千户正、副十人，百户十人，领旗军隘丁二千二百四十人、户五百六十。今见在者一千一百八十有二，户三百有六十。"[16]

二、永定卫的设置始末

明朝初期，封建统治者镇压三次土家农民起义以后，在今张家界市城区设置永定卫，管辖大庸所以及茅冈长官司，隶属湖广都指挥使司节制。

（一）永定卫的变迁

明代洪武初年，慈利宣抚使覃垕起义以后，明太祖朱元璋命令湖广行省参政杨璟率师前往镇压。洪武二年（1369 年），杨璟派兵征剿覃垕王起义军至永顺宣慰司羊峰山，最早在土家地区设置军事机构羊山卫（在今永顺县松柏乡）。以常德卫指挥黄常兼署羊山卫事，编栅为城，简兵戍守。明太祖认为卫治险远、运粮困难，于洪武三年（1370 年），召黄常至首都南京，亲自讯问方略。黄常奏对明确，请求迁羊山卫治至澧水河畔。明太祖同意迁徙羊山卫治至澧水之阳，因临近西边大庸溪之大庸坪（即今永定区枫香岗乡玉皇洞东边坪地）而改名为大庸卫。清代《嘉庆永定县志》卷三记载："改卫曰大庸者，或以大庸溪之近。"洪武四年（1371 年），常德卫指挥张胜在"天门（山）南峙、福德（山）北盘”的军事要地古城堤一带修筑城池。洪武九年（1376年），大庸卫署迁往此城，衙门设于卫城南隅卫官巷，故明代《万历慈利县志》卷十载：“大庸卫在永定城内，洪武九年开设。”清代《光绪永定县乡土志》亦载：“(洪武）九年，置大庸卫。”洪武二十二年（1389年），西水所夏得忠率领九溪土民起义，攻占慈利县城等地。靖宁侯叶升会同东川侯胡海率师十万往征，在大庸卫、天火岭一带，擒获夏得忠等人。因为明代初期澧水流域土家先民多次起义，为达“永远安定”之目的，地方统治者决定屯兵驻守，“控制蛮夷”，上奏皇帝，请求更改大庸卫之名为永定卫，明太祖准奏。于是，以大庸卫治改设永定卫署。为了防范夏得忠余党袭击，于洪武二十三年（1390年）迁徙卫治至永顺宣慰司之芋岸坪，仍然名大庸卫，控制永顺、保靖、桑植诸土司。洪武三十一年（1398年），卫治迁回到大庸卫旧城址，恢复永定卫名。永定卫城设在慈利县西南部十二都，即今张家界市中心城区所在地。永定卫城址东临东门溪，南至南门口，西临西门溪，北至北门口。清代《康熙永定卫志》记载了永定卫设置的过程：“明洪武二年（1369年）己酉，于永顺宣慰司境内置羊山卫，在今治西八十里。设排栅城，简沔阳、黄州、襄阳、安陆兵等（共）为戍守。后（皇帝）以此地险远，运饷维艰，召指挥黄常至南都，亲讯而然之。遂移今地，改卫名大庸。至（洪武）四年，常德卫指挥张胜筑城。(洪武）三十一年，更名永定（卫)，领左、右、中、前、后及大庸守御六千户所，并黑松、后坪、金藏、桑溪、龙虎、茅岗六隘。指挥黄常环甃以砖，周二千一十丈有余，约九里百二十步，高二丈四尺。雉堞一千六百五十，高四尺。窝铺六十有二。门五：东朝阳，南朝天，西镇彝，北无名，各有楼。其小东门，指挥周辅、吉世英、丁贵创，无楼。”[17]《明史·地理五》亦载：“慈利……西南有永定卫，洪武中置。二十三年八月，徙于永顺宣慰司之芋岸坪。西北有龙伏关，东南有后平关（在永定区后坪镇)、黑崇关（在永定区三家馆乡)，谓之永定三关。所属曰大庸守御千户所，本大庸卫，在（永定）卫西。洪武九年四月置，三十一年改为所。曰茅冈长官司，在卫东北。”[18]明代《万历慈利县志》又载：“永定卫城，在（慈利）县西南一百八十里、十二都，即大庸卫旧城。乃洪武辛亥（1371年）常德卫指挥张胜始筑者，高二丈四尺，周围五里二百二十步，东、南、西、北各有门，门上有楼，凡四门……以后复建年次无考，属湖广都司。领经历司一、镇抚司一、千户所五：曰左、曰右、曰中、曰前、曰后，百户所五十。外辖大庸所并黑松、后坪、金藏、桑溪、龙虎、茅冈等关隘凡六处，置官无定员。今存者指挥使五人、同知六人、佥事九人、经历一人、镇抚一人、千户正四人副七人，百户一十九人。原额旗军五千六百人。”[19]清代《同治续修永定县志》卷二还载：“永定卫本元所置，至是徙于永顺宣慰司之芋岸坪……其属曰大庸守御千户所，本大庸卫，在永定卫西。曰茅冈长官司，在卫东北。”明清时期，先后担任永定卫指挥使的有胡福、彭荣、刘士能、刘忠、杜咸、邓兴等外地汉族人。清代雍正八年（1730年），裁撤永定卫。雍正十三年（1735年），拨慈利县十、十一、十二、十三都的全部和八、九、十四都的一部分以及永定卫、大庸所地置永定县。如清《道光永定县志》载：“（清代雍正）十三年，题请更设永定县，割慈利地三分之一，与安福附近永定卫地合而成之。”永定区除温塘、罗水、罗塔坪、青安坪、三家馆、桥头和教字垭等西北部乡（镇）曾为茅冈土司辖地外，其余均为卫所地区。

（二）大庸所的由来

明代洪武二年（1369年），设置羊山卫。清代《光绪永定县乡土志》载：“洪武二年，降慈利州为县，置羊山卫。”[20]后来，羊山卫更名为大庸卫。洪武三十一年（1398年），改大庸卫为大庸守御千户所。大庸所署向西迁移三十里，在武口寨遗址上另建大庸所城，因大庸溪而得名。明代《弘治岳州府志》卷之十记载：“大庸守御千户所城，（明）洪武初，名大庸卫，在今永定卫地。洪武三十一年，改（大庸卫）为所，始迁于此。正千户武才筑砌之。周围五百丈，计二里二百八十步，高一丈。”明代《嘉靖澧州志》亦载：“大庸守御千户所城，在慈利县西南一百一十五里、十三都、永定卫西。本大庸卫，洪武三十一年改为所，隶永定卫。周围二里二百八十步，有东、西、南、北四门，门上各有楼一。有故台二座，洪武戊寅（1398年），千户武才始筑之者，城外地皆属慈利县。”清代《道光永定志》卷之三又载：“大庸所，在（永定）县城西三十里，以（大庸）溪名。明洪武时，千户武才筑。周五百丈，广二里二百八十步，高一丈。门四，各以方名，遗址尚存。”清代雍正七年（1729年），废除大庸所，其地改属永定县。大庸所古城为宋代武口寨遗址，位于慈利县十三都，在今永定区后坪镇武溪村。现存古城残墙500米，仍有东门、炮台、教场、会馆、关庙、大王庙及永宁寺等古代建筑。城中青石板街道为明清时期大庸所军屯处，驻军千余人。城中仍有几条老街，两旁木结构旧房屋未被拆废，城西武水溪边还有古代石桥。

参考文献

[1] 张廷玉等撰. 明史（卷一百三十）“周德兴传”.
[2][3]顾炎武撰. 天下郡国利病书（卷七十三）“湖广”.

[4][18]张廷玉等撰. 明史（卷四十四）“地理五”.
[5][7][15][16][19]陈光前撰. 万历慈利县志（卷十六）“卫所”.
[6] 董儒修纂辑. 康熙九溪卫志（卷一）.
[8][14]隆庆岳州府志（卷六）“军政考”.
[9] 董儒修纂辑. 熙九溪卫志（卷四）“麻寮所志”.
[10][11] 陈宗瀛，羡邹甫纂. 民国九溪卫志（卷三）“人物”.
[12][13] 中共鹤峰县委统战部，县史志编纂办公室，中共五峰县委统战部，县民族工作办公室. 容美土司史料汇编，1984：478.
[17] 杨显德纂辑. 康熙永定卫志（卷一）.
[20] 侯昌铭编纂. 光绪永定县乡土志.

第七章 民国初期张家界市护国护法战事始末

1915年12月，中华民国大总统袁世凯宣布恢复封建君主制度，自称“皇帝”。袁世凯倒行逆施，激起全国各族人民反抗，爆发护国战争。孙中山发表《讨袁宣言》，联络中华革命党人举行武装起义，开展护国运动，捍卫共和国。1917年8月在广州召开的非常国会，决定成立“护法军政府”，选举孙中山为大元帅。孙中山大元帅揭起“护法”旗帜，发动维护《临时约法》的护法战争，委任唐继尧为靖国军总司令，程潜为湖南省护法军司令。1920年11月，孙中山在广州掀起第二次护法运动，就任“非常大总统”，制定打倒北洋军阀、实现民主共和的目标。民国初期，澧水流域各族人民积极参与护国、护法运动，反对袁世凯复辟帝制和北洋军阀血腥统治，为孙中山领导的民主革命做出历史贡献。

一、罗剑仇参加反袁护国的民主革命

罗剑仇，号赞候，湖南省大庸县天崇乡（今二家河乡）木讷里人。1915年，罗剑仇在上海会晤孙中山的追随者程潜，加入中华革命党人组织民义社。后于10月回到家乡，进行反对北洋军阀统治的斗争。1915年12月25日，蔡锷将军回到云南省首先宣布独立，反对袁世凯称帝，组建护国军，担任护国军第一军总司令，兴师讨伐四川省的北洋军阀，拉开护国战争序幕。消息传到大庸县，罗剑仇立即响应蔡锷号召，于1916年1月宣布成立“湘西护国独立军”，集结土家、苗族民众1500多人起兵反对袁世凯称帝，设司令部于大庸县木讷里，罗剑仇任司令，王耀茹任副司令，郑文光任参谋长，吴让伦、覃楚江任副参谋长，刘杰任秘书长，屈髯任稽查处处长，杨占廷、刘汉光、许春初分别任团长，贺龙、李吉宇、田竹卿、李国正、甘老七、甘老九、刘老四、田月楼、吴佩卿等16人任营长，丁昌铨任副官长，刘云山为标统。队伍很快发展到2000多人，但是武器很差，只有20多枝来复枪、毛瑟枪、九子枪和 10 多支荆州啄子（火枪），其余都是刀和矛。为了改善装备，护国军在司令部附近刘家大屋自制一些猪儿炮、棕树炮和土炸弹，准备出征。同时向蔡锷发电，呈报编制人数，请求给养。

3 月初，蔡锷回电，以护国军总司令名义，委任罗剑仇为湘西护国独立军司令，命其策应贵州护国军司令王文华，向麻阳县进军，与黔军夹击袁世凯所属第 6 师马继增部。3 月中旬，罗司令率部去麻阳县，途经永顺县、保靖县，侧击进攻湘西的北军。至保靖县时，西路黔军已克黔阳、洪江，东路黔军已克晃州、沅州。湘西各县拥袁的政府军加强了防卫，罗司令被阻于西水河边，难以进击，乃回师攻打防守力量薄弱的永顺县城。3 月 17 日，进驻松场、王村，勒令地方官绅缴枪纳粮，照会永顺县知事车赓反袁，交纳军费 2000 元。车赓是江西省南昌人，开始非常自信，在接见表示愿交纳军费、以避战火的商会代表时，说他即将请来绥靖镇兵，一定守住县城，拒绝了护国军的照会，随即亲自巡城，顾盼自雄，大有与城池共存亡之气概。3 月 19 日，护国军攻打永顺县城，旗帜如林，炮声震耳。城内警备兵 60 多名、绥靖兵 30 多名，在永顺县警备队队长谢伯纲带领下，分守五门。罗司令指挥将士破城而入，击毙警备队长谢伯纲、排长谢流壁和队兵、镇兵 300 多名。知事车赓抱头鼠窜，逃到邮局，换了一件邮差的黄绨袍，爬上天花板，躲进一个装药渣的篓中。第二天，护国军撤退，众人上去一看，其已像一条僵死的老蚕，忙灌姜汤，将他救活。当夜，他携带小老婆乘船逃掉。护国军没收车赓的钱财，充作军饷，并且张贴布告，说明打击对象是贪官污吏，为百姓铲除祸害。这时，黔军已经攻克麻阳、辰溪。退到辰州（今沅陵县）的北洋军队派出一支 200 多人的队伍，乘大庸城内空虚，准备偷袭大庸县木讷里。罗司令闻讯，于 20 日中午火速撤出永顺，开回大庸。他预计北兵偷袭庸城，必经沅陵而来，沿三十六绞下岩板溪出峪。便与众军官商议，于 21 日驰往天门山下岩板溪设伏，派人装扮成砍柴的守候在三十六绞，给北兵带路。三十六绞是条羊肠小道，处在两山相夹、长达十余里的深涧右侧，自上而下拐了 36 道弯。岩板溪在其下端，两壁青山茸茸，阴森可怖。护国军埋伏在这里，堆放着石块、木头守候。这天中午，北洋士兵果然来了，由伪装的砍柴人把他们带到岩板溪自生桥时，两面山上伏兵齐出，步枪、猪儿炮、棕树炮一齐开火，把北洋军队伍切成两段。敌人先头部队四散奔逃，后续部队占领山腰的燕子洞进行顽抗，他们武器精良，居高临下，火力猛烈。护国军屡攻不克，伤亡较大。岩板溪的敌人掉头反扑，护国军战士纷纷跳下山头肉搏，喊杀之声，震动山谷。战士黄辉书腿部负伤，忍着疼痛奋勇还击，夺得九子枪一支。激战半天，北洋军死伤 30 多人，护国军死伤 20 多人。一部分北洋兵于黄昏时冲出山峪，向大庸县城逃窜，在岩板溪口前，烧了龙老七的屋，到白羊坡烧了王耀茹的屋，一路上见人就杀，把人头挂在树上示众。大庸县知事方驾舟，派出警备队接应他们进城。罗司令怕腹背受敌，当晚把部队撤回木讷里。北洋军后续部队于次日全部进城，闭门固守。

方驾舟迎接北洋士兵进入大庸县城，护国军将士大为恼怒，遂于 3 月 22 日夜晚包围大庸县城。攻击重点放在西门，北占紫舞台、凤湾，南占长岭岗、鲤鱼池，司令部设在教场街罗振兴家。当时，护国军人数虽多，但是武器低劣，又未经过训练，战斗力不强。围了三天，冲不进去。常澧镇守使王正雅得到方驾舟知事告急信后，速派李副团长率领武字营 3000 士兵增援，占领大庸县城紫舞台制高点，沿城墙 360 个雉堞，加强防守；同时从东门偷偷绕到北门，抄到后溶，对聚集在教场的护国军主力实行反包围。城内北洋军士兵看见援军到来，从西门冲出，直攻教场，一路烧杀，教场成了火海，从西门口至无事桥数百栋民房，化为灰烬。护国军在白龙庵吴聋子汇丰银行与敌激战一天，死伤 600 余人。北洋军士兵冲入天主教堂，将 20 多个老百姓和彭牧师一并杀害。罗司令的士兵向西撤退之时，放火烧了河街。北洋军跟踪追至木讷里，将罗司令及其外祖父弟兄（刘明灯、刘明烛、刘明燃、刘明煌、刘明燎、刘明燧）的房屋全部烧掉。罗剑仇奉命率兵于 4 月向永顺奔逃，经保靖、花垣到贵州省铜仁，与护国军右翼东路司令王文华所部黔军会师。

4 月 26 日，程潜以护国军湖南省招抚使身份在靖县召开护国军湖南人民讨袁大会，全省 48 个县的代表参加。会上宣布湖南省独立，推举程潜为护国军湖南省总司令，把湖南人民反袁斗争推向高潮。罗剑仇派代表参加这次会议，接受护国军湖南省总司令部领导。程潜决定把湘西地区作为湖南反袁的根据地，遂命罗剑仇率部回大庸县，扩大势力。5 月，罗剑仇回大庸时，途经永顺县野猫塌，拜访帮会首领熊孝卿，共商反袁驱汤大计，得到熊孝卿的支持。熊孝卿武功精湛，野猫塌上下七保的武装力量都归他掌握，一呼百应，很快召集 500 多人，参加护国军。罗司令任命熊孝卿为团长，护国军发展到 3000 多人。回到大庸，罗剑仇继续招兵买马，筹集粮秣，打富济贫，惩办贪官，杀掉西教乡团防局长杨尧渠、天南乡团总赵子厚、官尹乡团总周部堂。但因队伍庞杂，不少土匪混入，匪性难改，抢劫掳掠，为非作歹之事时有发生。其部属吴佩卿、庹拉统带兵抢劫唐家溪，捉拿妇女 40 余人，分别配给众头目和部分士兵，在教字垭放鞭炮，拜堂成亲。新任西教乡团防局长覃辅臣，请常澧副镇守使卿衡率部开来，正值他们大摆喜筵，一时枪声大作，吴佩卿等人措手不及，扔下妇女，逃出教字垭。

6 月 2 日，罗司令率民众千余人第二次围攻大庸县城，占据城北紫舞台和城东回龙观等高地，用棕树炮轰击城内县衙，轰垮了普光寺的耳房，知事石梁和警备队长周朝武率部逃往澧州。城内武字营士兵抵抗两天，眼看武力不支，遂向澧州告急。王正雅施缓兵计，委派唐荣阳为调解使来大庸县和解。武字营退回澧州，护国军进驻大庸县城，由唐荣阳兼县知事，护国军司令部与县知事合署办公。不久，唐荣阳自觉孤立，回澧州去了。罗司令委派吴树勋为知事，废除袁政府各种政令，打开监狱放出犯人，去除贪官污吏，安定百姓，同时筹款筹粮，训练军队。

护国军兵员激增，给养供应不上，罗司令乃派出军队，对城乡豪绅指名摊派。慈利、大庸边境发生了护国军掳掠财物行为。一些豪绅向常澧镇守使王正雅控告。王正雅派兵捉住掳抢的护国军士兵，在澧县枪毙。王正雅于 7 月 20 日率领 4 个营，从岩口、潭口、老鸦口三处进兵围剿，攻入阳湖坪后，因屈髯是护国军稽查处长，便将屈家坊的房屋全部烧光。罗剑仇大怒，一面指示在长沙的参谋长郑文光活动于省政府，多方开脱，指示胞弟罗端候到上海各报游说湘西护国军的反袁功绩；一面组织 10 个营的兵力，撤出大庸县城，奋勇迎敌，将敌人赶到慈利、大庸交界的溪口，激战两个昼夜。敌军大败，退回澧州。王正雅在进入大庸县境时，途经黄家铺王家垴。这里王姓颇多，因为家族关系，多附会王正雅，为其提供粮饷，富者求其庇护，使得罗司令十分恼怒，在追赶武字营时，将王家垴的房屋全部烧毁。8 月 23 日，罗司令乘胜追击，与王正雅再战于三江口，准备攻占澧县县城，捣掉王正雅的巢穴。王正雅战败以后，非常着急，赶忙电告省政府请求增援。

1916 年 5 月，拥袁的湖南都督汤芗铭宣布湖南独立。而王正雅早已“反正”，罗剑仇不买他的账，仍然追赶不已。湖南护国军总司令程潜也不买汤芗铭的账，宣布汤芗铭罪状 10 条，于 7 月 5 日将汤芗铭驱赶出长沙，推举刘人熙为湖南都军兼省长。刘人熙接到王正雅对罗剑仇的控告和兵败的告急，与军界官员商议，认为罗剑仇的军队早就造具官佐目兵履历表册，呈报省政府备案。同时，他的护国独立军司令的称号，早就得到蔡锷将军承认，不能当作土匪看待。于是谕示岳常澧宣慰使林德轩，立刻前赴澧州彻查实情，分别调解，并且分电王、罗司令暂行停战，听候查办。罗剑仇接受调停，率师 3500 多人回到大庸，整顿军纪，大义灭亲。四舅刘老四、表弟刘子鸿是护国军起义骨干，因为奸污妇女违反军纪，他执意严惩，虽然舅父、姨母多次说情，也不宽恕，亲自审问属实，就地正法。7 月底，在西门外召开盛大的追悼会，以慰藉阵亡者家属，激励士气。对于王正雅的诽谤，罗司令很不服气，组织撰写“湘西护国独立军司令罗剑仇启事”一则，刊载在 8 月 25 日的湖南省《大公报》上。全文是：“敝军自奉督军电令，驻扎大庸，昼夜整饬，静候编遣，限守雷池，未逾一步。苟于驻地外，行为枉正，有称敝军名义者，非是匪徒假冒，即系奸人诬陷，驻防各军皆有维持治安之责，务望痛切勒办，以靖善良，除害造福，不无感佩，此布。”

8月上旬，王正雅撕毁协议，派参谋吴馥生、营长黎炳炎率领炮队围攻大庸县城，罗剑仇与贺龙率兵同敌激战。

8月18日，护国军湖南省总司令程潜，鉴于“挞伐既张、逆焰旋息”，通电全国，自行取消护国军湖南省总司令职务。

8月23日，谭延闿继任湖南督军，指令省军第4师师长陈复初于9月在桃源县收编湘西护国独立军，罗剑仇调任湖南省督军府顾问官。

二、贺龙创建湘西讨袁护国民军

1914年秋，年仅18岁的贺龙经桑植县留日学生、中华革命党人陈图南介绍，加入孙中山组建的中华革命党，投入孙中山领导的民主革命斗争。入党以后，贺龙服从孙中山领导，反对地方军阀统治，接受任务，前往沅陵、大庸等县团防局开展兵运工作。

1915年12月25日，蔡锷在云南省宣告独立，讨袁护国战争开始。贺龙积极响应，奉命带着几十个乡友赶到石门县泥沙镇，会同大庸县（今永定区）吴佩卿等人策动兵变，夺取枪支。1916年1月21日，贺龙与陈图南、谷绩廷、吴卓然、张智、谷彩之等人组织“湘西暴动”，夺取石门县泥沙镇团防局的80条枪，一些土家青年跟随贺龙参加反袁护国战争。贺龙队伍乘胜冲进南北镇，夺取团防队的40多支枪。几天以后，队伍发展到300多人，取名为“湘西讨袁独立军”。贺龙等人发动万余群众于1916年1月两次围攻保袁武装驻守的石门县城。后北洋军阀派兵镇压，导致石门县城失守。这次“护国举义”是贺龙领导武装斗争的开端，是贺龙戎马生涯的起点。

贺龙回到桑植县洪家关以后，准备重新拉起队伍，举行武装起义。1916年3月16日，贺龙与韦敬斋、贺勋臣、贺占清、韦寿荣、田子云等21位青年志士，带了1支火枪、3把菜刀、3把马刀，从洪家关出发，经过樵子湾等地，深夜刀劈芭茅溪盐局税卡，砍死税警队长姜玉清，夺得12支枪，并且烧掉账据，把盐分给群众。次日，在归途中又缴分水岭团防分局沈典三的4支长枪。3月下旬，贺龙在洪家关领导千余农民起义，成立“反袁护国独立营”，贺龙担任营长①。事后，贺龙率领反袁民军攻克桑植县城，处死恶霸朱海珊，

① 张家界市军事志编纂委员会编：《张家界市军事志》，2009年印刷。

宣布桑植独立、讨袁护国。4月，组织大庸、慈利、永顺、桑植、龙山五县农民联合暴动，先后攻占永顺、龙山、桑植三县县城，护国队伍达到万人，威震湘西地区。4月下旬，孙中山派遣程潜在湖南靖县召开全省讨袁大会。贺龙被罗剑仇委任为湘西护国军第一梯团第二营营长，贺龙组建的民军被编入护国军序列。

三、护法的湘西靖国军与湘军之战斗

民国9年（1920年），湖南省省长兼督军张敬尧下台。谭延闿第三次任湖南省省长兼督军以后，提出“湘省自治”主张，扩充兵力，争夺地盘，各派军阀进行割据。湖南省是南北要冲，护法战争首先在湖南省境内进行。

谭延闿认为常澧镇守使王正雅已拥护孙中山，乃于1920年7月命令湘军警备司令李韫珩、五区司令刘叙彝、七区司令陈嘉佑等部围剿澧州。7月19日，王正雅率部撤离澧州，退向慈利。7月22日，王正雅被其副使卿衡部喻光明营长刺杀于慈利县猫儿峪。王正雅长子王育瑛（又名王春初）于7月27日在慈利县江垭镇举起“倾家复仇”大旗，统领其父旧部9个团、7000余人，组成“常澧护国军”，自任司令兼常澧镇守使。王育瑛在江垭誓师起兵，所部经杉木桥、东岳观，挺进垭门关，攻打驻守慈利县城的卿衡部3个营。7月29日，贺龙所部攻打北门，黄虎所部拦截东门，周朝武所部进攻西门。贺龙率部首先向慈利县城发起炮击，消灭北门守军1个营，黄虎、周朝武分两路相继向东门、西门发起进攻。激战一天一夜，卿部溃不成军，卿衡带领残兵越墙逃向常德。王育瑛攻占慈利县城以后就传一首战斗歌谣：“贺龙黄虎周铁鞭，大炮架在垭门关；一炮打到羊角山，卿衡吓得喊皇天。”

常澧护国军占据慈利县城以后，王育瑛一面安定商民、处理后事，一面整训军队，准备迎击。8月，湖南省省长兼督军谭延闿责令王育瑛所部限期缴械，听候收编。王育瑛采纳贺龙建议，立即派人向护法军政府大元帅孙中山求援，并且表示拥护孙中山，愿率所部讨桂援粤。孙中山派遣革命党人林修梅前往慈利县，并且电告湖南当局：“王育瑛派员来，自请援粤。文以其颇知大义，遂令林修梅亲往该处视察一切。”9月，林修梅来到慈利县。10月5日，王育瑛率领贺龙、王恩渥、王育琦、周朝武等人发出通电，将常澧护国军改称“湘西靖国军”，拥戴南方护法将领林修梅为总司令，王育瑛自任副司令，委任贺龙为湘西靖国军第三梯团团长。孙中山复电鼓励，并且致电谭延闿称：林军讨桂是湘军的光荣。但是谭延闿不予理睬，反而通电讨伐湘西靖国军，派遣湘军第一旅旅长宋鹤庚、五区司令刘叙彝、七区司令陈嘉佑、八区司令田镇藩、辰沅靖清乡督办蔡钜猷、湘西镇守使陈渠珍以及卿衡等各军司令分路出兵镇压湘西靖国军。10 月 8 日，湖南省议会致电林修梅，声讨王育瑛。

在孙中山支持下，林修梅高举“援粤讨桂”旗帜。10 月 13 日，湘西靖国军 7000 余人向常德进攻，于次日在热水坑击败五区司令刘叙彝的先头部队。17 日逼近常德城下，王育瑛于次日亲率一营枪兵进逼小西门等处，贺龙组织敢死队千余人猛攻大西门，但是尚未攻克常德城。19 日，湘军第一旅旅长宋鹤庚所派援兵赶到，激战数次，湘西靖国军不支，伤亡很大，向后退却。10 月 22 日，刘叙彝、宋鹤庚兵分两路追击：一路由常德向热水坑尾追，一路由桃源绕至慈利溪口，以断绝王军退路。同时，李韫珩部亦由石门分兵两路进逼慈利，右路经东岳观于 22 日攻占垭门关，炮击县城；左路由猫儿峪、茶林河攻占县城。湘西靖国军从慈利县城向溪口、江垭败退。28 日，宋鹤庚旅在慈利县城东门外用木排架设浮桥，以利湘军向江垭追剿。卿衡部由常德经临澧向慈利进击，陈渠珍部在大庸堵击王部，对慈利形成包围。湘西靖国军退出慈利县城以后，主力驻在溪口、渔浦一带，另一路退守桑植。

10 月初，宋鹤庚旅唐生智团驻兵甘堰为正面，李韫珩部从慈利县而上，刘叙彝部从桃源县黄石而上，联合围剿溪口。2 日拂晓，唐生智团一部在野牛铺渡过澧水向溪口猛攻，唐生智团第三营击溃渔浦王军以后在澧水上游攻击，占领溪口。王军三面受攻，势不能敌，遂向大庸县撤退。3 日，唐生智团占领大庸县，王军败退桑植县、鹤峰县边境。林修梅率一部继续在湘西地区活动，改称湘西讨桂军，自任总司令。

12 月中旬，王军开始反攻。贺龙于 12 日击败陈渠珍，占领桑植县城。王育瑛部于 17 日到石门县南北镇一带活动。12 月 22 日，兵分两路：一路于当日进占石门县泥市镇，于 30 日占领澧州，于 31 日占领临澧县；另一路于 24 日占领大庸县，于 28 日进攻慈利县城，李韫珩部撤向澧州。

1921 年 1 月，湖南省省长兼督军赵恒惕命令部队围剿王军。1 月 15 日，李韫珩部围攻澧州。王军修复城墙，连战五个昼夜。湘军攻城不克，遂令湘军第八混成旅旅长唐荣阳率部赶赴澧州会剿。19 日，唐生智、何键、刘兴等部击败王军一部，占领石门县城。唐荣阳旅第一支队唐振铎于 22 日在凉水井一带与王军一部接战，于 23 日占领慈利县城，王军向溪口溃退。1921 年 2 月初，湘军总指挥赵恒惕调集大军围攻澧州。2 月 18 日，王育瑛部终因众寡悬殊，在澧州失败，被湘军第八混成旅收编。贺龙所部返回桑植之时，打败陈渠珍所设伏兵。湘西靖国军支持孙中山领导的护法运动，征战半年，贺龙所部做出较大贡献。这次湘西地区政变，震动湖南。虽然湘西地区政变失败，但是迫使第三次担任湖南省省长兼督军的谭延闿弃职。

参考文献

[1]《土家族简史》编写组. 土家族简史. 长沙：湖南人民出版社，1986.
[2]《贺龙传》编写组. 贺龙传. 北京：当代中国出版社，1993.
[3] 朱泽云. 贺龙元帅的前半生. 北京：当代中国出版社，2001.
[4] 戴楚洲. 张家界旅游指南. 北京：华文出版社，2001.
[5] 桑植县地方志编纂委员会. 桑植县志. 深圳：海天出版社，2000.
[6] 湖南省大庸县地方志编纂委员会. 大庸县志. 北京：生活·读书·新知三联书店，1995.
[7] 张家界市军事志编纂委员会. 张家界市军事志，2009.
[8] 慈利县政协. 慈利文史资料（第二辑），1987.

第八章　新中国成立后张家界市土家族成分识别历程

澧水流域自古以来就是土家祖先繁衍生息之地，元明清时期是土司和卫所土官管辖的土家地区。中华人民共和国成立初期，党中央、国务院民族工作部门组织民族工作者依据民族特征开展民族成分识别工作，澧水流域党委、政府开始识别土家成分的漫长历程。1952 年，大庸县教育科向国韩等人对土家人进行初查，要求识别土家成分。1954 年，鹤峰县有民众要求政府承认土家人。1956 年 5 月，中央民委派出以副主任谢鹤筹为首的中央土家识别调查小组，进行为期 3 个月的土家成分识别调查以后，向党中央呈报了《关于土家问题的调查报告》。1957 年 1 月 3 日，中共中央统战部正式确定土家族为单一的少数民族以后，湖南省于 1957 年 5 月组织“湖南省湘西土家族访问团”到湘西各县访问。1957 年 12 月，桑植县登记土家族 43 965 人，大庸县登记土家族 5000 多人。1957 年 5 月，湖北省视察团的民族工作组在鹤峰县对土家人进行调查。1957 年 11 月，鹤峰县委成立民族调查工作组，进行土家成分识别工作。1958 年 2 月，鹤峰县委宣传部印发《土家族调查登记宣传提纲》，全县登记土家族 51 611 人。此后，由于“反右派”斗争扩大化和“文化大革命”的严重影响，党的民族政策被破坏，澧水流域各县识别土家成分工作被迫停止 20 多年，多数群众的土家成分没被各级政府民族主管部门认定。

党的十一届三中全会召开以后，国务院逐步落实党的民族优惠政策，重新开展民族识别工作，湘鄂川黔四省边境邻近地区部分群众恢复土家族成分工作提上议事日程。1979 年 11 月，国家民委下发〔1979〕民政字第 166 号文件《关于抓紧进行民族识别工作的通知》，要求解决民族识别工作中的遗留问题。该通知指出：“为了进一步加强民族团结，充分保障少数民族的平等权利，必须继续把民族识别工作抓紧加快进行。”1981 年 11 月，国务院人口普查领导小组、公安部、国家民委联合发出〔1981〕民政字第 601 号文件《关于恢复或改正民族成份的处理原则的通知》。该通知指出：“凡属少数民族，不论其在何时出于何种原因未能正确表达本人的民族成份而申请恢复其民族成份的，都应当予以恢复。”1982 年 5 月，国家民委发出的〔1982〕民政字第 86 号文件《关于民族识别工作的几点意见》提出四点意见：一、民族识别必须坚持历史唯物主义，根据马克思主义关于民族形成问题的理论，结合我国少数民族的实际情况进行。二、要进行全面的认真细致的调查研究工作。三、民族识别工作既是一项细致的科研工作，又是一项政策性很强的政治任务。四、民族识别的组织领导工作，仍然由所在省、自治区民族事务部门负责。1982 年 6 月，湖南省人民政府办公厅湘政办发〔1982〕33 号文件转发了省民委等单位《关于恢复或改正民族成份几个具体问题的请示报告》。因为湖南民族地区在“反右派”斗争中和“文化大革命”期间没能识别部分群众的少数民族成分，产生一些历史遗留问题。所以，根据国家民委、湖南省民委和湖北省民委关于恢复少数民族成分工作的文件精神，澧水流域各级党委或者政府民族工作主管部门结合本地实际，运用马克思主义民族理论，以现实特点为主，参酌民族历史和族源，积极稳妥地开展恢复少数民族成分工作，恢复、更改符合条件的部分群众的少数民族成分，形成各民族交错杂居的局面。至 2000 年全国第五次人口普查时，澧水流域鹤峰县、桑植县、永定区、武陵源区、慈利县、石门县 6 个区（县）共有土家族 150 多万人，成为中国土家族聚居区的四大流域之一。

一、鹤峰县土家族调查识别工作概述

1979 年 9 月，鹤峰县委统战部部长田冬生参加国务院组织的全国少数民族参观团以后，向鹤峰县委书记张明尧、县委副书记李忠诚做了汇报，引起县委领导对民族工作的重视。县委常委会议研究决定，由县委副书记李忠诚牵头，组织工作班子，专抓落实民族政策和识别民族成分工作。11 月，县革命委员会发出通知，要求全县各地开展少数民族普查登记工作。到 1979 年 12 月为止，全县少数民族人口普查结果为：鹤峰县总人口 181 676 人，少数民族共有 110 467 人，占全县总人口的 60.8%。其中，土家族为 97 019 人，占总人口的 53%。

1980 年 1 月 20 日，湖北省委统战部领导何定华、湖北省民族宗教事务处副处长章孟林等人接待赴省汇报民族成分识别工作的鹤峰县委统战部部长田冬生、秘书乔士楚，给予支持和肯定。

1981 年 2 月，鹤峰县委统战部在 1981 年工作计划中，把民族成分识别列入工作内容。1981 年 5 月，鹤峰县委统战部在《关于加强统战工作的报告》中明确指出，鹤峰县经 1979 年的民族普查登记，民族成分认定基本上是准确的，今后不得任意改变个人的民族成分。凡要求改变为少数民族成分的，都应有历史依据。鹤峰县认定为土家族成分的主要依据是：

（一）世居在容美土司所管辖的范围以内；

（二）是容美土司时期及其以前的强宗大姓的宗系；

（三）虽不是强宗大系，也必须是在土司制度废除以前就在这里居住的姓氏宗系；

（四）本人的父系或母系一方属于上述情况并承认是土家族的，可随父或母一方为土家族成分。

1981 年，鹤峰县委统战部对走马、梅坪、铁炉 3 个公社群众的民族成分鉴别进行复查。走马、梅坪、铁炉 3 个公社在明代洪武十三年（1380 年）以前，属于麻寮土司辖地，为唐氏土官世袭。洪武十三年，改麻寮土司为麻寮隘丁千户所，下辖四厅十隘，正副千户、百户 32 员。除多数千户、百户为土官世袭外，其余为“汉、土杂用”，隶属九溪卫管辖。清代雍正十三年（1735 年），麻寮所千户唐世冠“请求解职，献土归流”。一部分划归湖南省慈利县，另一部分（即走马区）与容美土司合并，设置鹤峰州，隶属宜昌府。这一地区史称卫所地区，汉族和其他少数民族进山时间较早，民族特点不够明显，民族意识较为淡薄。根据走马、梅坪、铁炉三地土家历史和现实特点，鹤峰县政府民族事务科提出认定土家族的依据，报县委批准。县政府于 1982 年 3 月发出《关于走马、梅坪、铁炉公社进行民族成份鉴别的通知》，该通知指出：“凡在明代洪武十三年（1380 年）以前，就在走马、梅坪、铁炉定居下来的土官、土民的后裔，现在具有民族意识，自愿申报土家族成份者，应当承认为土家族。”

为了做好第三次人口普查，鹤峰县人民政府于 1981 年 10 月批转县民族事务科《关于结合人口普查做好民族成份复核工作的意见》，对做好民族成分复核工作提出 5 点意见，要求全县各地参照执行。在 1982 年全国第三次人口普查时，鹤峰县执行国务院职能部门关于恢复或改正民族成分的规定，恢复民族成分工作告一段落。

二、桑植县部分群众恢复土家族成分工作的过程

1981 年 6 月 9 日，中共湘西土家族苗族自治州州委统战部部长龚葆桂来到桑植县检查民族工作时指出：“要搞好调查，把情况搞清楚后，向省、州政府汇报，待省、州同意后，开展登记。”鉴于上述情况，经桑植县委研究决定，由县委常委、县委统战部部长彭辉军负责，并抽出谷臣章、向洲河、谷忠诚、

谷忠湘等 4 人组成桑植县民族考察组。经过 7 个多月时间，外调周围 7 个县，内查 43 个公社、253 个大队。采取看史料、跑现场、召开民族人士座谈会、个别走访老人等方法，对桑植县民族成分基本查清。县民族考察组根据调查情况，以县委、县人大、县政府名义于 1982 年 3 月写出《关于请求恢复桑植部分群众土家族民族成份的报告》，向省委、省政府、省民委及州委、州政府、州民委做了专题汇报。1982 年 4 月 3 日至 6 日，湖南省民族事务委员会政法处彭继宽处长来桑植听取桑植县关于土家族成分调查情况汇报后指出："湘鄂川黔四省土家族的状况分为三种类型：一类是土家语言比较完整，民族特征比较显著。二类土家语言基本消失，只保留称谓和少量词汇，还不同程度地保留民族特点。三类土家语言基本消失，但是具有一定的民族意识。桑植属于第二类，应该恢复。但是必须向国家民委汇报后，再进行登记。"1982 年 4 月，国家民委邀请湖南、湖北、四川、贵州四省民委和湖南湘西州、湖北恩施地区、四川涪陵地区的有关负责同志以及中央统战部、全国人大民委、中央民族学院、中国社会科学院民族研究所的有关同志在北京召开湘鄂川黔四省边境邻近地区部分群众恢复土家族成分工作座谈会。1982 年 5 月，湘西土家族苗族自治州召开民族工作会议，州委统战部部长传达了国家民委〔1982〕民政字第 240 号《湘鄂川黔四省边境邻近地区部分群众恢复土家族成份工作座谈会纪要》和湖南省委指示精神。州委副书记做了会议总结，他说："民族成份的恢复是关系民族政策落实的大事。州委非常重视，最近开了两次会，进行研究。州委认为，根据国家民委的纪要和省委的指示精神，要把工作做好。这一工作政策性很强，如果搞好了，有利于民族团结。因此，要求你们回去后，根据《纪要》和省委指示精神，把它搞好。"省民委副主任车大光在会上指出："省委对部分群众恢复土家族成份工作非常重视，省委领导研究过四次。并建立领导小组，抓好这一工作。但要充分认识恢复部分群众土家族民族成份的重大意义，要贯彻积极慎重的方针，一定按时按质完成登记任务。"1982 年 5 月，桑植县委、县政府召开了区、社党委书记及县直机关负责人会议，传达了州民族工作会议精神，县长周远民做了总结。他说："恢复部分群众土家族民族成份，是桑植人民政治生活中一件大事。因此，要求各级党委和政府以饱满的热情、积极慎重的态度，把这一工作做好。必须明确恢复的范围，县委决定在全县范围内进行登记。必须按照《纪要》精神，掌握恢复土家族成份工作的标准。"会后，从县直机关抽调 60 多名干部协助公社搞好登记工作。经过一个多月时间完成登记任务。这次登记 160 838 人，加上原来登记 43 965 人，全县土家族人口达到 204 805 人，占全县总人口 405 843 人的 50.6%。桑植县委上报州委、省委同意，批准了桑植县部分群众的土家族成分。

三、大庸县部分群众恢复土家族成分工作的历程

1982年3月，大庸县委成立土家族成分考察识别工作小组，由副县长叶玉明、县委统战部部长刘凤霞负责，并且组成127人的工作班子，在全县开展民族识别工作。1982年3月，国家民委政法司副司长张尔驹和中央民族学院王炬堡等领导同志组成的考察组在大庸县调查土家族的风俗习惯和语言。罗塔坪乡、青安坪乡、三家馆乡和温塘等乡镇896人能说土家语，罗塔坪乡燕子湾村覃德润能用土家语哭嫁。大庸县人民政府领导向湘西自治州人民政府呈报了大庸县人民政府庸政发35号《关于大庸县恢复部分群众土家族成份报告》。1982年11月，湘西土家族苗族自治州人民政府以州政发〔1982〕69号文件对大庸县人民政府报告作了批复，同意按照血缘关系恢复覃、向、彭、田、庹、甄等姓部分群众的土家族成分。大庸县人民政府根据州人民政府批复精神对恢复全县部分群众土家族成分工作做了部署。在民族成分恢复过程中，县委统战部部长刘凤霞和向国韩等同志研究恢复土家族成分的标准，罗塔坪等属于土司地区14个乡（镇）的群众自报，以生产大队为单位进行登记，由乡（镇）政府汇总后报县政府审批。从1983年3月至11月恢复土家族成分97 851人。1983年大庸县政府设置县民委后，县民委一方面做好温塘等14个属于土司地区乡（镇）的扫尾工作，另一方面做好全县其余属于卫所地区的乡（镇）覃、向、彭、田、庹、甄等八姓土家群众的登记工作，由乡（镇）政府呈报，由县政府发文审批，又恢复16 807人。凡是干部、职工要求恢复民族成分的由县民委审批，1986年至1987年恢复15 685人。因此，大庸县从1983年至1987年，共恢复土家族成分232 099人，占全县总人口的65%。

四、慈利县部分群众恢复土家族成分工作的艰难历程

1986年2月，国家民委〔1986〕民政字第37号文件《关于恢复或改正民族成份问题的补充通知》对恢复民族成分的审批权做了调整。1986年6月，国家民委〔1986〕民政字第252号文件《关于我国的民族识别工作和更改民族成份的情况报告》指出："更改民族成份的问题，现在也已基本解决。今后主要解决遗留问题。"从此，慈利县、石门县和沅陵县恢复土家族成分工作不仅提高了科学的标准，而且掌握了充足的证据。慈利县委、县人大、县政府、县政协对恢复少数民族成分工作十分重视。十一届三中全会以来，曾经35次到地（市）、省甚至国家民族工作部门汇报恢复部分群众土家族成分工作，向省委、省政府拟写了12份请示、报告，向省人大、省政协、全国人大、全国

政协提议案、提案 6 份。在国家民委〔1986〕民政字第 252 号文件《关于我国的民族识别工作和更改民族成份的情况报告》下发之前，慈利县委统战部已于 1985 年 9 月向省委统战部、省民委、国家民委呈报了《关于要求开展少数民族调查的汇报》。1986 年 7 月，慈利县委、县人大、县政府向省委、省人大、省政府及国家民委呈报了《关于慈利县土家族成份复查情况的报告》，要求恢复 30 多万群众的土家族成分，解决历史遗留问题。慈利县恢复土家族成分工作从 1982 年开始。同年 3 月，国家民委政法司副司长张尔驹和中央民族学院王炬堡等领导同志组成的考察组在石门县召开石门、慈利两县土家族成分调查座谈会，会议向国家民委提出恢复土家族成分的要求。慈利县溪口区部分群众到湘西土家族苗族自治州所辖县、市取得生产队、大队、公社三级证明材料，恢复了 39 411 人的土家族成分。1985 年 12 月，由县委发文成立了慈利县少数民族成分调查领导小组，由县委副书记朱国军任组长，副县长卓德元、县政协主席汪春初和县委统战部副部长卓尚渊任副组长。下设办公室，抽调掌握大量资料的戴楚洲等人到县民族调查办开展民族识别工作。1986 年 7 月，慈利举办了“全县民族复查工作干部培训班”，湖南省民委派省民族研究所所长彭继宽在培训班上做了题为《土家族的基本特征》专题报告，然后考察了国太桥等乡群众的风俗习惯，写出了《慈利县国太桥喻家咀乡土家族特点保留情况调查报告》。1986 年 11 月，卓尚渊为县委、县政府拟写了慈发〔1986〕32 号《关于请求批准我县部分群众恢复土家族成份的报告》，上报到了省委、省政府、省民委及国家民委。1987 年第二季度，县民族调查办和县文物管理所创办了“慈利县土家族展览室”，展出了民族古籍、土家服饰及土王墓碑拓片等文物 1 万多件。1987 年冬，国家民委、民政部来到慈利听取成立大庸地级市意见时，慈利县提出的条件是要解决慈利民族成分问题，在落实民族政策时，四个区（县）都应该享受相同的民族自治地方政策待遇。1988 年 2 月，常德地委统战部民族宗教科负责人请示省民委以后，到慈利县甘堰等乡镇进行了实地调查，并写出了《慈利县部分群众早已恢复土家族成份的情况调查》。1988 年 4 月，戴楚洲为县委统战部拟写了慈统字〔1988〕1 号《关于慈利县一部分群众早已恢复土家族民族成份但未得到上级认可的情况报告》。1988 年 9 月，戴楚洲又为县委、县政府拟写了慈发〔1988〕29 号《关于请求解决慈利县土家族成份遗留问题的报告》，请求省、市民族工作部门承认慈利县已恢复的 39 000 多人的民族成分，并且请求省委、省政府根据国家民委〔1986〕民政字第 252 号文件精神，解决慈利县土家族成分恢复工作中的遗留问题，批准尚未恢复的 28 万多土家族群众的民族成分。因此，1988 年 10 月 29 日，常德市民族宗教事务处发出了常民宗字〔1988〕1 号文件《关于对慈利县一部分群众恢复土家族民族成份问题的答复》，对慈利县溪口、阳和、许家坊、甘堰、金岩、索溪峪等乡镇在1984年前恢复和更改了成分的39 411名土家族群众，只要符合国家民委1981年联合发出的民政字第601号文件规定，应予承认。对于1984年后严格按照国家民委〔1986〕民政字第37号《关于恢复或改正民族成份问题的补充通知》精神，恢复和更改的48 000多人的民族成分，同样予以承认。所以，在1990年第四次全国人口普查时，慈利县16个少数民族的人口为82 828人，其中，有土家族80 613人、白族1295人、苗族740人、回族81人、满族28人、侗族19人。

根据省人民政府〔1990〕37号《省长办公会议纪要》精神，省民委和市民族侨务局组织的以阳盛海为组长，李定仁为副组长，梁先学等8人为成员的省、市少数民族人口问题联合检查组于1991年11月对慈利县少数民族人口和民族成分遗留问题进行了检查。县委、县政府领导做了《关于请求恢复慈利县部分群众土家族民族成份的情况汇报》，县民委呈送了《慈利县土家族概况》一书后，检查组成员深入到象市、通津铺、东岳观、国太桥等10多个乡（镇）调查，获得了大量的第一手资料。检查组认为慈利县第四次人口普记登记的82 828名少数民族是按照国家民委有关文件精神批复的，是经过常德市民族宗教事务处发文批准的，可以作数。对尚待恢复土家族成分的28万多名群众的历史族源、现实特点和民族意识做出了三个肯定的结论，并向省民委党组写出《慈利县民族成份问题检查汇报》。1992年7月，省民委阳盛海、李定仁等领导再次赴慈利县对民族成分遗留问题进行检查，县民委戴楚洲汇报了《关于慈利卫所机构中土官的补充资料》，叙述了九溪卫麻寮所十隘土官的源流及外地土司后裔在慈利县的分布情况。1992年10月14日，湖南省民委发出湘族字〔1992〕47号文件《关于慈利县民族成份遗留问题的批复》。经省人民政府同意，批准慈利县330 865人为土家族。慈利县委决定成立“慈利县核实土家族成份工作领导小组”，从乡到县逐级审核，由县民委批准。户籍部门再根据民族工作部门批准的证件更改为土家族成分。随着少数民族人口的自然增长及民族成分遗留问题的解决，至1997年年统时，慈利县已有少数民族390 450人，占全县总人口的56.92%，是全省7个少数民族人口过半县之一。其中有土家族387 379人、白族1979人、苗族920人。

五、武陵源区部分群众恢复土家族成分简况

因为索溪峪镇原为慈利县管辖，所以，慈利县委统战部抓了索溪峪镇民

族识别工作。湖南省民委和大庸市民族侨务局组成联合检查组于 1991 年 11 月和 1992 年 7 月对索溪峪镇民族成分遗留问题进行了检查。1992 年 10 月，省民委发出湘族字〔1992〕48 号文件《关于武陵源区民族成份遗留问题的批复》，批准索溪峪镇 9102 人的土家族成分，致使武陵源区少数民族人数增加到 41 719 人，其中，有土家族 40 815 人、白族 761 人、苗族 113 人。

六、石门县部分群众恢复土家族成分工作始末

石门县位于湘西北，是土家先民聚居之地。在改革开放时期，石门县委、县政府，积极落实党的民族政策，深入开展部分群众恢复土家族成分工作。

（1）各级加强领导，按照程序办事，在省政府领导和省民委安排下进行恢复土家族成分工作。党的十一届三中全会以后，石门县部分群众要求恢复土家族成分。1980 年 12 月，在石门县第八届人代会上，又有人大代表提出议案。1981 年 6 月，县人大派员赴省民委汇报石门县民族识别问题。1982 年 3 月，国家民委政法司领导前来石门县调查土家族成分识别工作，县委负责人汇报部分群众要求恢复土家族成分的意愿。1982 年 5 月，湖南省民委副主任车大光到常德地区召开石门县、慈利县民族鉴别会议，传达《四省座谈会议纪要》。之后，湖南省民委向省政府汇报，省政府决定着手解决石门县民族识别问题。1984 年 9 月，省民委领导前往石门县安排民族成分调查工作。1984 年 10 月，石门县委、县政府成立石门县民族调查工作领导小组办公室，抽调 20 名干部进行调查、登记民族成分工作。12 月 26 日，县委领导一行 10 人去省民委汇报，省民委副主任车大光认为："石门材料扎实，可以拍板定案。质的问题已经解决，主要是量的问题。"并且建议去永顺、桑植、大庸和湖北长阳学习取经。1985 年元月，县民族调查组第二次赴省汇报，省民委指出："石门的情况，一次比一次深，一次比一次新，越来越清楚，民族意识明显，有语言，有特点。根据纪要精神，明显可定。"1985 年 3 月，国家民委副主任刘三元等一行 8 人赴石门县考察，对石门县民族识别工作给予肯定。1985 年 3 月，省民委派彭继宽等人组成考察组前来石门县磨岗隘区等地考察，认为其保留了土家特点，并且研究土家后裔识别标准。4 月 10 日，省民委党组指示：扩大调查面，增加调查人员。4 月 15 日，石门县民族调查工作领导小组下发《关于开展民族登记几个具体原则的通知》，铺开到 26 个乡（镇），结果全县登记土家族 289 515 人，县民族调查组赴省民委汇报登记结果。7 月 25 日，根据省民委意见赴湘西自治州民委请专家鉴定。鉴定结果认定"石门材料扎实，条件符合，积极上报"。1985 年 9 月 5 日，石门县政府以〔1985〕石政报

字 9 号文件上报常德地区行署，并且转报湖南省政府抄报省民委等单位。1986 年 7 月 18 日，石门县政府石政报〔1986〕58 号文件《关于请求复查我县恢复民族成份工作的报告》报到湖南省民委并报省政府。

（2）领会文件精神，按照规定办事，紧扣国家民委〔1981〕民政字 601 号文件和《湘鄂川黔四省座谈会纪要》（以下简称《纪要》），开展自报，组织公议。为了准确掌握政策，一边请示省民委，一边给地委汇报，一边赴湘西州、大庸县、桑植县、鹤峰县、五峰县、长阳县等地学习取经。举办骨干培训班，学习《纪要》和 601 号文件，明确进行民族成分普查工作的步骤、作法，即按群众自报、小组公议、乡村审定、报县批准。在添平土司管辖区的各个乡（镇）、村成立调查领导小组和培训调查专干，历时 3 年，进行重点调查和全面调查等登记工作。严格按照国家民委〔1982〕240 号文件，定出“四不”原则：不以姓定族；不凭族谱方志记载定族；不以申报要求代替民族意识；不混淆汉官后裔与土民后裔界线。

（3）依靠群众，追根溯源。全县共调查各姓氏族谱 1584 套、7506 本、各类碑刻 1638 块。其中，影响较大的有覃友仁、覃添顺、易淑贞、陈天锡、陈文宾、王添宝、陈义柏、覃权甫、覃正寅、覃秀、陈恩炽、文大秀、文彦、盛华、伍彦材、曾广、邓均忠、唐紫林、覃纯武、覃继勋等 40 余家。查出向王宫、向王殿、向王天子庙、覃土王庙、夏氏一郎庙、郑土王庙、陈土王庙、文土王庙共 58 处。走访老人 34 963 人次，撰写调查记录 3647 份，收集各类民歌 20 000 多首，史料、文字材料 263 万字。为了弄清族源，统计全县姓氏 401 姓。土家族姓氏有：覃姓 46 142 人、陈姓 40 362 人、王姓 29 105 人、唐姓 24 642 人、向姓 14 002 人、黄姓 11 686 人、伍姓 10 539 人、郑姓 10 704 人、吴姓 9304 人、文姓 9055 人、邓姓 8141 人、丁姓 6640 人、曾姓 5780 人、盛姓 3787 人、万姓 2717 人、夏姓 2064 人、邢姓 1584 人、柳姓 1154 人。

（4）划清界线，确定民族成分。由乡（镇）民族领导小组成员担任审定核心成员，各村民族领导小组成员参与本村审定，审查各村公议结果。县民族领导小组下发〔1985〕12 号文件，作为乡镇、村组公议和审定的政策依据。按照申报、公议、审定三大程序，逐级审理，登记造册，上报审批。

（5）省、县政府及其民族主管部门发文审批：从 1985 年 9 月起，石门县民族调查工作领导小组分村批复恢复民族成分。1986 年初，对皂市区和 10 个乡（镇）进行登记，批审其土官后裔有民族现实特征者 52 542 人的土家族成分。1987 年，因省民委计划核查，又将县民族调查工作领导小组批文全部换为石门县政府批文。所以，石门县当时的批复是在国家民委〔1986〕252 号文件之前已经批复 343 741 人。其中，土官后裔 20 8275 人，土民后裔 73 607

人，血缘 61 859 人。审批完毕以后，按摸底数，留下 83 396 人的遗留问题。

1991 年 8 月，常德市人大常委会报送《应尽快解决石门县的民族问题》。遵照湖南省省长办公会议〔1990〕37 号纪要，由省民委副主任车大光、龙尚明和常德市人大、市政府的民族工作部门负责人以及省民委业务干部共 11 人组成“省、市少数民族人口问题联合检查组”于 1991 年 10 月在石门县 10 多个乡镇进行检查。详细查看资料，适当查看古迹，根据历史事实，注重现实特点，听取各级汇报，一共检查 6 个区、18 个乡镇、21 个村，走访干部群众 2000 多人次，召开座谈会 41 次，检查涉及的土家族人口达 30 多万人。检查组结论认为：“石门县的土家族历史基本是清楚的，并且在生产生活、风俗习惯、民族文化、宗教信仰等方面还保留了一定的现实特征。从现实情况看是少数民族人口较多的地区。”1992 年 6 月，湖南省民委又派阳盛海、李定仁和吴万源等专家再次赴石门县对民族成分遗留问题进行复查。湖南省民委报请省政府批准以后，于 1992 年 10 月下发了湘族字〔1992〕46 号文件《关于石门县民族成份遗留问题的批复》，对石门县 341 200 人的土家族成分予以认定。2000 年第五次全国人口普查统计，石门县已有土家族 387 480 人。

参考文献

[1] 黄光学. 中国的民族识别. 北京：民族出版社，1995.

[2] 《土家族简史》编写组. 土家族简史. 长沙：湖南人民出版社，1986.

[3] 彭振坤. 历史的记忆. 贵阳：贵州民族出版社，2003.

[4] 黄柏权，戴楚洲. 湘鄂西土家族. 北京：民族出版社，2003.

[5] 湖南省民族研究所组. 湖南民族关系史. 北京：民族出版社，2006.

[6] 吴远干，戴楚洲. 慈利县土家族史料汇编. 长沙：岳麓出版社，2002.

[7] 桑植县地方志编纂委员会. 桑植县志. 深圳：海天出版社，2000.

[8] 湖南省大庸县地方志编纂委员会. 大庸县志. 北京：生活·读书·新知三联书店，1995.

[9] 钟以耘，龚光美. 鹤峰县民族志. 北京：国际文化出版公司，2001.

[10] 邱渭波. 常德土家族. 哈尔滨：北方文艺出版社，2005.

下　篇　民族文化

第九章　张家界市土家族文学

土家先民在历史长河中创造的土家族文学，分为民间文学和文人文学。

一、土家族的民间文学

民间文学是在土家大众中流传的口头创作。土家族的民间文学内容丰富，形式多样，有民间歌谣、民间故事和民间谚语“三大集成”。

民间歌谣分为专门类和一般性两大类。专门类歌谣有《梯玛歌》《摆手歌》《哭嫁歌》《哭丧歌》《上梁歌》《薅草锣鼓歌》等，在专门场合唱。一般性歌谣包括劳动歌、仪式歌、时政歌、生活歌、情歌和儿歌等。

创世史诗《摆手歌》是土家古歌总汇、土家文学精品，在土家族文学史上占有重要地位。《摆手歌》是土家梯玛和摆手舞掌坛师在摆手活动中唱的古歌。摆手歌有行堂歌与坐堂歌两种：行堂歌是伴随摆手舞内容由掌坛师领唱的歌，跳什么唱什么，一人领唱众人吆喝；坐堂歌则是梯玛等歌手坐在摆手堂唱的，有独唱、对唱、盘唱等。摆手歌包括四个方面：一是人类起源歌，土家语叫“墨日里日”，内容有《张古佬制天，李古佬制地》和《雍尼补所尼》等古歌，叙述人类治天治地、创造万物的过程。二是民族迁徙歌，土家语叫“翁左你业沙”，唱土家先民在武陵山区寻找安身住处的经过，如“千潭万水走过来了，千山万岭走过来了，麂子走过的山路，猴子爬过的岩坎，鲤鱼漂过的险滩，都有他们的脚印”。三是农事生产歌，土家语叫“杰谢日业沙”，记录了土家人的农事活动，包括烧山、挖土、下种、锄草、做秧田、插秧、踩田、秋收、冬耕、打铁、纺纱、织布等。如《丰收歌》唱道：“合合也……合，谷子线线这么长，一线就有三百粒。”四是英雄故事歌，记述了土家英雄人物的业绩，是极有价值的英雄史诗。如《将帅拔佩》《洛蒙挫托》和《日客额地客额》等。2008 年，“土家族摆手歌”被国务院公布为“第二批国家级非物质文化遗产项目”。2009 年，“土家族摆手歌”被湖南省政府公布为“第二批省级非物质文化遗产”。

民族史诗《梯玛歌》是土老司（土家语叫梯玛）在祭祀仪典时演唱的土

家语敬神古歌，内容包括人类起源、民族迁徙、生产劳动、饮食起居和生儿育女等，具有较强的文学性。梯玛是土家族宗教职业者，凡是土家族的祭祀、还愿、求雨、送亡人等宗教活动均由梯玛主持，土家人认为梯玛是神与人之间的沟通者。梯玛从事宗教活动时，身穿八幅罗裙，手持八宝铜铃和法刀，边舞边唱，其所唱念吟诵的歌词即“梯玛歌”。梯玛神歌取决于所主持活动仪式的性质，即不同活动唱不同的神歌。如祭亡人时唱“送亡人歌”，土家语叫“补此思歌”；梯玛在村寨挨家逐户贴避火符咒时唱“避火咒语歌”，土家语叫“迷鸡沙”；与人消灾、求子时唱“还愿歌”，土家语叫“服司妥歌”。2006年，“土家族梯玛歌”被湖南省政府公布为“第一批省级非物质文化遗产”。2008年，“土家族梯玛歌”被国务院公布为“第二批国家级非物质文化遗产”。

劳动歌是土家人的农业歌谣，知识性较为突出。土家人习惯于换工互助，聚众劳动。在采茶、捡茶籽、挖地、播种、栽秧、薅草等劳动中，鸣锣击鼓，伴之以歌，为劳动者消疲助兴，场面极为热闹：“九月十月到了哇，桐籽可捡了；王家向家都喊来，王家向家都帮忙哟。块块大的先打哟，块块大的先捡哟！背的人要使劲背，捡的人要使劲捡哪！”薅草锣鼓歌又称“挖土锣鼓歌”，是土家族人劳动时用锣鼓伴唱的古老歌曲，起源于汉代。清代《同治桑植县志》记载：“夏日薅草，集垄上俯仰挥锤。两个对讴，庄谐间作，锣鼓应之，名曰打锣鼓。大抵根据说部成词，与打丧鼓略同。此农家娱乐，用以激励劳动者也。”《民国慈利县志》亦载：“四月农忙，薅草分秧；又或植物，采茶条桑；是利用众，击鼓其镗；桴落歌纵，慷慨激昂；搬演故事，贯珠引吭；琐琐琐琐，如数家常；歌声鼓声，乍抑倏扬；鼓奋力奋，厥进排墙；朝暾合作，到夕阳黄；田歌之乐，乐且未央，又可目之为劳力之鞭后。”薅草锣鼓歌是土家人集体创作的将生产、诗歌与音乐相结合的民间文学。土家族人在挖土、薅草、插秧、采茶时，请两名歌师在劳动队伍前方唱歌，一人敲锣，一人打鼓，两人对唱。其内容有《歌头》《请神歌》《扬歌》和《送神歌》四个部分。《歌头》和《送神歌》多为约定俗成的民歌。如“早晨起，雾沉沉，雾雾沉沉不见人。东边一条红云起，西边一朵紫云开。红云起，紫云开，唱歌儿郎下地来。歌台立山寨，众人把歌赛。放开嗓子嗓放开，薅草歌儿唱天外”。《请神》有固定歌词，先请歌娘歌爷，再请五方神、太阳神、土地神和八部大神等。如请歌娘歌爷的唱词道：“歌声传到九州城，惊动天下唱歌人。天下歌手都赶到，围着歌台笑盈盈。歌台周围唱歌人，内三层来外三层，台上台下把歌唱，五湖四海传歌声……从此山歌传后人，世上歌声闹沉沉。歌台搬到土家寨，土家有了唱歌人。”《扬歌》是薅草锣鼓歌的主体部分。既有固定的唱词，也有即兴创作；既有土家故事《百果花》《东山郎西山妹》，又有《三国演义》《说唐》《杨家将》和《说岳全传》等内容。歌师还可根据土家族人的劳动干劲进行褒贬，如“薅草几十人，妇女有干劲，赛过穆桂英”。看见大家都鼓劲了就唱：“天上云赶云，地上人追人；个个追得汗淋淋，浑声都是劲。你追我又赶，锄头似雨点；大家都想往前赶，人人赛神仙。”傍晚收工之时，就唱《送神歌》等。薅草锣鼓歌唱腔很多，有“九板十三腔”。鹤峰县薅草锣鼓歌的体裁有穿号子、挽号子、雁将班、荷叶锣鼓、讲书锣鼓等。2008 年，“土家族薅草锣鼓歌”被国务院公布为“第一批国家级非物质文化遗产扩展项目”。2009 年 5 月，桑植县土家艺人毛志家等人演唱的《薅草锣鼓歌》在中央电视台播出。

仪式歌在婚丧喜庆等活动中传唱。在婚俗方面有《哭嫁歌》《拦门歌》《回煞歌》《闹房歌》等；在建新房时有《上梁歌》《华堂歌》和《热火坑歌》等；在丧俗方面有《哭丧歌》《丧鼓歌》《跳丧歌》《散花歌》等。《哭嫁歌》是土家姑娘出嫁时唱的仪式歌，是土家妇女集体创作的成果。《民国慈利县志》载：“嫁前十日，女纵身朝夕哭，名曰哭嫁。且哭且罗离别辞，爷娘兄嫂以次相及。嫁前一日，曰填箱酒。女宾吃填箱酒，来必陪哭……及夕，具酒馔飨女，名曰陪十姊妹。”哭嫁歌内容有《哭开声》《哭祖人》《哭父母》《哭哥嫂》《哭姊妹》《哭叔伯》《哭姑姑》《哭舅父母》《哭姨父母》《娘哭女》《十剪》《十绣》《十想》《十送》《十碗菜》《十杯酒》《哭梳头》《哭戴花》《哭穿露水衣》《哭离娘》和《哭上轿》等。哭嫁仪式中，最热闹的场面是“陪十姊妹”和“陪十弟兄”，都要唱出一组歌来。如《陪十弟兄歌》唱道：“桑木扁担软溜溜，挑起歌本寻对头；今晚歌本刚到手，唱到月落鸡开口。”新娘在出嫁前的那天晚上，少女九人陪新娘坐在堂屋中间桌子旁边，轮流歌唱《陪十姊妹歌》。首先由新娘哭唱开台歌：“橘子开花叶儿细，听我哭唱十姊妹；一盏油灯堂前挂，十位姐妹到奴家；明天姐儿出闺门，哭唱俺的知心话。”然后，依次盘歌：“一个梨子分十片，摆到姊妹桌面前；抠了籽籽吃尽的，唱的歌儿句句甜。”还有《安席哭》《二妹哭》等。《陪十姊妹歌》好似巴人竹枝词，因此古人吟诗赞道：“十姊妹歌歌太悲，别娘顿足泪沾衣；宁山地近巫山峡，犹似巴娘唱竹枝。”2006 年，“土家族哭嫁歌”被湖南省政府公布为“第一批省级非物质文化遗产”。2011 年，“土家族哭嫁歌”被国务院公布为第三批国家级非物质文化遗产。《上梁歌》是土家人修新屋时，待新屋屋架立起以后，择定良辰举行上梁仪式时唱的歌，分为请鲁班、架梁、开梁口、上梁、赞梁粑和祝幸福等套式。仪式开始以后，从屋架上放下绳子，把画梁徐徐拉上去合榫。这时，由掌墨师与请来的贺梁人唱起《上梁歌》：“上一步，望宝梁，一轮太极在中央，一元行始呈端祥。上二步，喜洋洋，乾坤二字在两旁，日月争辉照华堂。”上梁以后唱《点酒词》："一点酒点上天，惊动天上老神仙。二点酒点下地，地脉龙神来接气。三点酒点龙头，代代儿孙做诸侯。四点酒点龙腰，代代儿孙做阔老。"上梁快结束时就赐主："一赐金，二赐银，赐你一个聚宝盆。聚宝盆聚金银，一个早晨聚四两，两个早晨聚半斤。"最后，新屋主人上梁抛梁粑粑，帮忙的人就唱："主东粑粑对你抛，抛了一对又一对，代代儿孙出富贵。"丧歌是土家民间文学的组成部分，"开场"和"收场"有固定唱词。吊孝的《丧歌》由歌师领唱，吊者跟唱，可以分为《跳丧歌》《丧堂孝歌》和《散花歌》。《丧堂孝歌》除请神、唱亡人生平和送亡人等外，还唱《十月怀胎》《亡人终身》《散花调》《二十四孝歌》等内容。

土家情歌分为《结交歌》《初恋歌》《热恋歌》《相思歌》《接郎歌》《送郎歌》《离别歌》等，其演唱形式有独唱、合唱和盘唱等。青年男女相会后，用情歌试探是土家人的风习。土家地区山清水秀，隔岭遥对是初恋者理想的试探环境："口唱山歌给妹听，看妹知情不知情；点灯还需用灯草，唱歌还要妹接音。"初恋情人如漆如胶后，就会表达海誓山盟之情："池中鸳鸯成双对，园中蝴蝶双双飞；鱼儿永远不离水，哥哥永远不离妹。"热恋情人订婚以后，自然常来常往，离别时就会油然而生依依离别之情："送郎送到枫树坪，抱着枫树诉衷情；莫像枫树早落叶，要像松柏万年青。"土家情歌反映了土家男女从初恋到结婚的恋爱过程，歌颂了对爱情的忠贞不渝和对幸福生活的执着追求，显示了土家族人的恋爱道德观和文学才华。张家界民歌如同风景名胜一样享誉海内外。溇水流域多为五句一首"五句头歌"，阳和土家族乡李强光能唱 500 多首土家语和汉语夹杂的情歌。

经过长期的历史积淀，土家先民创作出了能感染人的民间故事，包括神话、传说、故事、笑话和寓言五个部分，具有鲜明的民族特色。这些富有吸引力的民间故事世代流传，经久不息。神话有《涨齐天大水的故事》《巴务相》《八部大王》《大二三神》《五谷神》和《桩巴龙传说》等。《涨齐天大水的故事》说：开天辟地的时候，有七个力大无比的兄弟。母亲生了病，想吃雷公肉，七兄弟设法把雷公捉住了，锁在铁柜里。他们出去后，雷公向其弟妹罗公罗娘讨得了水和火，炸开铁柜逃跑了，要玉皇大帝为他报仇。玉皇大帝大怒，涨了七天七夜的齐天大水，罗公罗娘躲在葫芦里得救了。山上的喜鹊、斑鸠、麂子和乌龟都劝他们成亲，他们不答应。他们后来通过滚磨子、烧火堆、绕古王界转试探天意，终于成婚。他们成亲以后，生下一个肉坨坨，天下掉下一把刀，将肉坨坨剁成一百二十块，与三背泥土和匀撒出去，就变成了土家；与三背嫩苗和匀撒出去，就变成了苗家……从此繁衍了人类。《桩巴龙传说》是个古老的神话。自洞庭湖溯澧水而上有一条龙卷风、冰雹、洪水灾害带。当祖先对这些灾害不能科学认识时，就认为有神怪在作祟，希望有一种更强大的能够制伏这种神怪的力量，于是产生桩巴龙（没尾巴）传说。石门县太平镇是桩巴龙的故乡，传说遍及全县，老少皆知，澧水流域几个（区）县也流传这个传说。传说很久以前，石门县境自生湖边住着母子二人，子拾一蛋，吞后化为蛟龙。母亲误伤其尾，成为半人半神的桩巴龙，撞山穿洞，湖水下泻，成穿山河。龙随水流，母亲追儿，死于途中，留下穿山洞、身子坪、死娘（子良）坪等地名。后来，桩巴龙到处为患，倒房屋，毁良田，淹死百姓。观音老母用铁链锁其心肝，囚于江西省桂花井中，铁树开花水倒流才许其翻身。桩巴龙别无所求，唯求每年清明节为母扫墓。观音老母感其孝心，答应他的请求。从此，每当清明前后，石门境内从皂市到维新、太平有条线路总会遇到恶风暴雨、下冰雹的天气。每年四月，沿澧水、沱水（穿山河）、渫水一带遭遇雹灾，伴有狂风暴雨，冰雹大如柑橘，小如黄豆，房屋被打烂，庄稼被毁。土家人说是桩巴龙给母亲挂清来了。穿山河边有其母墓地，墓前原有石碑、石柱，石柱和墓毁于“文化大革命”时期，石碑尚存，字迹风化。此传说产生后，不断演变，异文较多。1986 年印的《中国民间故事集成湖南卷·石门县资料本》收有关于穿山河的传说 2 则。1988 年印的《中国民间故事集成湖南卷·常德分卷》和 2002 年出版的《中国民间故事集成·湖南卷》各收相关传说 1 则。2002 年，石门县土家人唐天泰等编有《孽龙故事》一书。2009 年，“桩巴龙传说”被湖南省政府公布为第二批省级非物质文化遗产。人物传说有《相单程》《向王天子》《八耳锅》《覃垕王》《彭公爵主》《向老官人》《田好汉》《九节牛角》《梅嫦打虎》《将帅拔佩》《科洞毛人》《顾公寨》《刘王寨》《鲁大王》《孙九大人坐台湾》《刘明灯》《鹊才覃金瓯》《蛮王城》和《呵达选婿》等。如《八耳锅》说：“元朝末年，明玉珍起义后，向氏大雅、大元、大亨、大利、大贞、大乾、大坤、大望八兄弟，为躲朝廷追捕，被迫分散。他们把锅打成八块，各拿一块，以后相聚时以锅块为记。《覃垕王》故事梗概为：相传明朝初年，湘西大旱，地里颗粒无收。百姓饿死不少，覃垕的娘也饿死了。一天晚上，覃垕的娘托梦，叫他在坟前种上楠竹，在堂屋神龛上供三支柳木箭，练三年六个月的武。等到鸡飞狗上屋时，就打开大门，把箭射向京城，射死皇帝。次日开始，他在嫂嫂的支持下，关门练枪练箭。练了三年，楠竹也长成大腿粗，嫂嫂天天送饭送烦了。有一天，嫂嫂把鸡赶得满天飞，把狗放在屋顶上。覃垕看见鸡飞狗上屋了，拿起桃木弓、柳木箭朝京城连射三箭。因为没到三年六个月，那三个箭都没射中皇帝。明洪武朱元璋急派十万大军捉拿覃垕，在慈利县灭亲垭捉住了覃垕。次年六月六日，覃垕遇害时，天昏地暗，昼夜不明。忽然，从他身上飞出两条金龙。皇帝见状，于每年六月六日脱下龙袍让位一天。从此，土家族人每年农历六月六要敬覃垕，晒龙袍，也就是土家节日“六月六”的来历。《向王天子》故事梗概为：相传明朝初年，土家首领向大坤父子五人周游各地，招了不少人马，最后来到莽莽青岩山（即今张家界森林公园）。当队伍到“止马塌”时，马突然停步。大坤猛然醒悟，这是建国立业的地方，“天子国”就定在这里。父子几人扯出“天子国”大旗，向大坤自封“向王天子”，三儿一女封为龙、虎、豹、凤四大将军。然后，把旗子插在索溪峪插旗峰。一会儿，笔架山的石碑上现出“万岁牌”几个字。周围四十八洞的土家人闻讯，纷纷投奔向王。不到三月，聚兵三万。一年以后，明朝将军汤和、邓愈前来征讨向王天子，向王召集四十八洞首领商议抵抗明军。双方在喻家嘴、干溪沟、百仗峡、插旗峪、树旗峪、卸甲峪、袁家界、金鞭溪等地打了无数仗，不分胜负。最后，向王因为寡不敌众，粮尽水绝，被敌人追至天子山神堂湾险境。这里山陡路绝，洞深无底，他与壮士们跳下万丈深渊而英勇牺牲。传说四十八将军死后，个个化成岩石。《鹊才覃金瓯》里的覃金瓯是永定区西溪坪人，生于嘉庆年间。他读私塾，颇有文才，平时诙谐幽默、才思敏捷，出口成章，常以诗对或笑话挖苦别人，抨击贪官污吏，鞭挞人间邪恶，在土家人中流传他的故事多达几十则。如《四百石谷》说：西溪坪有个田财主，为了光耀门庭，竟用四百石谷买了个“拔贡”官当。庆贺之时，田某请覃金瓯题匾，覃写了“德弼硕容”四个大字。覃金瓯授意油漆工匠将四个大字中的“四”“百”“石”“谷”四小字漆上彩金，其余部分漆上平光金。田财主以为颂扬自己道德高尚，十分高兴。可匾挂了半年，平光金褪色了，彩金依然光彩夺目，金匾成了“四百石谷”的字眼，把田财主用钱买官的丑事暴露出来。山川景物传说有《张家界》《金鞭岩》《望郎峰》《三姊妹山》《万岁牌》《笔架》《天子山》《将军岩》《天子洲》《百丈峡》《插旗峪》《三女峰》《天门山》《杜子补天门眼》《玉皇洞》《血门沟》《南武当》《龙头胜境》和《石门山的传说》等。土家风俗传说有《土家人为什么过赶年》《四月八的来历》《六月六的来历》《哭嫁的根巴》《接亲告祖》和《覃姓土家人不吃团鱼》等。

笑话是以引人发笑为特点或者以尖锐讽刺为主要内容的短小故事，包括家庭笑话、行业笑话和政治笑话等。土家族笑话是土家族民间文学独特的讽刺艺术，情节简单，叙事明快。《宝贝疙瘩》叙述一个财主每年正月初一早晨敬菩萨，先在大门内放一个圆石头，回来一进门就说：“今年生意越做越大，进门就是宝贝疙瘩。”有一年，一个长工把石头烧得很热，财主进门弯着腰捡石头时大喊：“今年生意——哎哟！拐哒！”《害得我挨骂》说的是：一个瓦匠吃饭时，故意说吃到了猪油渣。老板得知后，骂老婆为什么大手大脚。老板娘指着瓦匠的鼻子说："我早就把猪油渣吃完了，你为什么说吃到了猪油渣？害得我挨骂？"《抬猪》说有个地主婆探亲时，请两个后生抬她上山。正值六月天气，两个后生累得上气不接下气。地主婆一边扇扇子，一边跟两个后生讲白话。她问前面的后生："你姓什么？""我姓抬。"后生顺便答道。地主婆又问："你有几兄弟？""有两兄弟。""你大哥叫什么名字？""抬虎。""你叫什么名字？"后生大声说道："抬猪。"《看你煮不煮稀》说的是永定区土家族张毕聪的故事：长工张毕聪功夫苦，一日三餐只吃九碗饭，地主刘仙妹还心疼。有一天，刘仙妹说："从明天起改为两餐。"一天两餐，张毕聪每餐吃了五碗饭。刘仙妹着急了，又对张毕聪说："从明天起，每天吃三餐稀饭。"张毕聪每餐喝了七碗稀饭。后来，他在堂屋板壁上写了一首打油诗："三三进九你不依，二五一十你煮稀；三七还你二十一，看你煮稀不煮稀。"刘仙妹看到后，叹了口气。只好恢复一日三餐干饭，还合算些。《倒夜壶》说的永定区土家族覃远亮的故事：清朝末年，覃远亮做长工时，什么事都要做，连地主覃二公的尿壶也要他倒。有一天，覃远亮耕田回来时，带回一条黄鳝。他把黄鳝放进夜壶里，用盖子盖着。深更半夜时，覃二公提起夜壶就拉尿。黄鳝被热尿一冲，从尿壶里溜了出来。覃二公吓得手一松，尿壶掉在地上摔成几块。堂客覃二婆从梦中惊醒，忙问出了什么事。覃二公慌慌张张地说："有蛇，有蛇。"覃二婆听说屋里有蛇，吓得钻进被窝里面。慈利流传的《写文章与生孩子》故事讲的是：从前有个书生茶饭不思，非常着急。妻子问他："你为什么这样着急，是不是生病了？"书生答道："明天赶考时要作文，你看急不急？"妻子又问道："写文章比生孩子还难吗？"书生接着说："写文章比生孩子还难啊！女人只要肚子有货，就生得出孩子。我肚子里没货，怎么写得出文章来呢？"

民间谚语是用一句结构完整的俗语概括深刻哲理，文字精练，耐人寻味。土家地区民间谚语富有特色，包括生产谚语、生活谚语、时政谚语、事理谚语、修养谚语和社交谚语等。澧水流域土家族民间谚语有：拉额拉巴夺，萨里洛巴车。（走路要看路，讲话要看人。）萨里洛他黑，沙些洛他格。（讲话不要伤人，有事不要怕人。）米戊卡岔夺，洛日黑岔夺。（烧火柴要好，做人心要好。）棉花他哩车格车，阿西度阿西达。（纺棉绩麻手不停，盖的穿的全是新。）

二、土家族的文人文学

"竹枝歌"源出土家先民巴人踏啼之歌，是古代巴人七言诗歌体裁。西汉扬雄所作《蜀志》称"讴歌"为巴人之歌。东汉何晏也说："巴子讴歌，相引牵连手而跳歌也。”唐代诗人顾况首次提出“竹枝词”曲牌。唐代诗人陈基把竹枝词称为巴人调：“竹枝已听巴人调，桂树仍闻楚客歌。”宋代乐史撰的《太平寰宇记》曾载：“巴之俗……男女合唱竹枝歌。”宋代郭茂倩所辑《乐府诗集》也载：“竹枝本出巴渝。唐贞元刘禹锡在沅湘以俚歌鄙陋，乃依骚人《九歌》作竹枝新词九章，教里人歌之。”“竹枝词”原为竹枝歌，是土家地区流传的民间歌谣。唐代中叶以后，文学家刘禹锡吸收土家族民歌的营养，创作独具一格的文体“竹枝词”，名震诗坛。唐代永贞元年，刘禹锡参加王叔文领导的政治改革“永贞革新”。失败以后，刘禹锡贬任朗州（在今常德市）司马。刘禹锡在武陵地区为官十年，创作了十几首竹枝词。土家先民好巫，每淫词鼓舞，必歌俚辞。刘禹锡从事于其间，听见土家先民唱巴歌，乃依骚人之作为新辞。这种由文人依着民间歌调填写的民歌体竹枝称为文人竹枝词。北宋欧阳修等撰的《新唐书》明载：“（刘禹锡）斥朗州司马。（朗）州接夜郎诸夷，风俗陋甚，家喜巫鬼。每祠歌竹枝，鼓吹裴回，其声伧伫。（刘）禹锡谓屈原居沅、湘间作《九歌》，使楚人以迎送神。乃倚其声，作《竹枝辞》十余篇。于是，武陵夷俚悉歌之。”如《竹枝词》：“楚水巴山江雨多，巴人能唱本乡歌。今朝北客思归去，回入纥那披绿萝。”唐代顾况、李益、白居易和刘商等诗人或居住或来往武陵地区，创作了许多反映武陵风情的竹枝词。如白居易在《竹枝词》中写道：“江畔谁人唱竹枝，前声断咽后声迟；怪来调苦缘词苦，多是通州司马诗。”唐代进士刘商曾写《秋夜听严绅巴童唱竹枝歌》：“巴人远从荆江客，回首荆山楚云隔；思归夜唱竹枝歌，庭槐叶落秋风多。曲中历历叙乡思，乡思绵绵楚词古；身骑吴牛不畏虎，手提蓑笠欺风雨。”唐代诗人刘长卿写道：“南过三湘去，巴人此路遍。”唐代澧州诗人李群玉还说：“十年侣龟鱼，垂头在沅湘；巴歌掩白雪，鲍肆埋兰芳。”宋代黄庭坚又说：“竹枝词出自三巴，其流在湖湘耳。”宋代陆游、苏辙、范成大等诗人也创作过不少竹枝词。陆游到了秭归县后写道：“天年痛饮蜀江边，金杯却吸峨眉月；竹枝歌舞新教成，凄怨传得三巴声。”苏辙游览长江三峡后写道：“扁舟日落驻平沙，茅屋竹篱三四家；连春并汲各无语，齐唱竹枝如有嗟。”范成大在夔州写道：“当筵女儿歌竹枝，一声三叠客忘归；万里江边有人到，绣罗衣服生光辉。”竹枝词是一种运用于各方面的民歌，调式各有不同。它以正月为盛，吹奏竹枝，歌舞相配。竹枝词是自由吟唱的山歌，可以随时随地吟唱。如唐代于鹄写的《巴女谣》就是牧牛山歌：“巴女骑牛唱竹枝，藕丝菱叶傍江时；不愁日暮还家错，记得芭蕉出槿篱。”又如刘禹锡曾写一首劳作山歌：“山上层层桃李花，云间烟火是人家。银钏金钗来负水，长刀短笠去烧畲。”竹枝词是感情深切的情歌。清代嘉庆年间，鹤峰县贡生洪先绪的《容阳竹枝词》写了土家恋人迎亲礼俗："隔宵相约赴城阃，拣出蒙头格子巾；明日笙歌迎彩仗，听郎说是隔年春。"清代光绪年间，永顺县土家族诗人向晓甫写的《锄草歌》描绘了土家人打"薅草锣鼓"的生产习俗："邻家锄草唱山歌，奖赏红绸五尺多；欲唱唐书愁记少，临行仗胆约哥哥。"竹枝词多为夜晚唱的悲凄之调，以苦怨著称。顾况在《竹枝词》中描绘巴人夜唱竹枝歌的情景："帝子苍梧不复归，洞庭叶下楚云飞。巴人夜唱竹枝后，肠断晓猿声渐稀。"白居易的《竹枝词》尤为明显："竹枝苦怨怨何人，夜静山空歌又闻。蛮儿巴女齐声唱，愁杀江南病使君。"竹枝词传承至明清时期，得到发展和普及。据明清时期《慈利县志》《永定县志》《永顺县志》等古籍记载，仅武陵地区土家先民就创作了数百首竹枝词，语言流畅，通俗易懂，极有文学价值、美学价值和史学价值。土家族竹枝词的主要题材是写民俗、爱情、生活、景物和市井风情，带有浓郁的地方特色和民族特色。明代容美土司庠生田九龄写了一首较早的竹枝词："郎去湘江经几秋，西风北雁又南洲；含颦日月江头望，不见郎舟见客舟。"清朝末年，永顺县土家族诗人彭勇行创作的四十多首竹枝词构成一幅土家风情长卷画轴："新春上庙敬彭公，唯有土家大不同；各地也嗬同摆手，歌声又伴呆呆嘟。"清朝末年，永顺县土家族诗人彭勇功创作的五十多首竹枝词，展示土家风俗画图："听说人家嫁女娘，邀呼同伴暗商量；三三五五团团哭，你一场来我一场。"清代光绪贡生彭施铎创作十二首溪州竹枝词，具有土家特色，如推介土家纺织工艺的《闺女织花》写道："土王祠畔柳丝斜，闺女人人会打花；花样打成皆并蒂，不知持赠与谁家。"向晓甫创作十八首溪州竹枝词。描写巫师正月祭祀人类祖先傩公、傩母的《干龙船》写道："干龙船到画堂中，既上花鞋又上红（布）；祝罢傩神无别事，一门清洁谢主东。"清朝道光年间，慈利县魏湘写过多首抬毛菩萨会旧习俗的竹枝词："三月朔日天气新，满街彩仗似云屯；游人争集朝王塌，击鼓焚香迎土神。"又云："东门城外好楼台，竞把临街格子开；日午忽听箫鼓沸，回龙寺里逐瘟来。"清代同治年间，慈利县刘启培写了一首歌颂勤劳村妇的竹枝词："蚕吐新丝棉吐花，花花拾入老农家；辛勤最是乡村妇，日夜纺绩谁人夸。"清朝末年，慈利县土家族学者吴愈材长期生活在索溪峪一带，写下十多首风景诗："怪鸟奇花生别姿，春光明媚踏青时；满村竞醉治聋酒，社鼓咚咚唱竹枝。"王日修创作了十九首竹枝词，将永定城与南京市的历史典故和名胜古迹对照，大加褒扬："登台也喜唱南词，一阙桃花感旧时；可惜巴渝杂歌舞，昆生妙谛未全窥。"罗光普的《永定竹枝词》描写了永定城南门码头风光："城南一带并河房，晓起人家市尽张；二月新丝五月谷，风帆不断往来商。"罗光典的《永定竹枝词》反映土家先民种麻、栽桐等农事活动："白云岭上放梅花，茅舍榆篱住几家；终岁生涯何所寄，半栽桐树半栽麻。”丁启性的《永定竹枝词》如流水行云：“万山深处古庸城，文物衣冠渐得名；客过前村忽回首，柳阴风送读书声。”杨启棻的《留别大庸》写得情意绵绵：“天门高峙锁烟岚，斗大山城俯碧潭；判断莺花春几度，一家人住小江南。”汤立贤的《永定竹枝词》一枝独秀：“荷花生日荷花香，堰满荷花晚纳凉；一叶扁舟波上下，郎依船首妾依郎。”清朝末年，鹤峰州吴裕民的《鹤峰竹枝词》描绘了鹤峰州的自然条件和劳动场景：“栽秧薅草鸣鼓锣，男男女女满山坡；背上儿放阴凉地，男叫歌来女接歌。”

竹枝词具有三个特点：第一，竹枝词为整齐的七言四字句。“竹枝歌”是七言四句体民歌，是优美的山歌形式。顾况首次提出“竹枝词”曲牌，既有新体之意，也有歌词之意。其所以是新体，是因为不同于七律，是没有律诗格律的自然之声。这种七言四句形式以前四字和后三字为小顿，且歌唱时和声。如五代十国时期孙光宪竹枝词写为：“门前春水（竹枝）白苹花（女儿），岸上无人（竹枝）小艇斜（女儿）；商女经过（竹枝）江欲暮（女儿），散抛残食（竹枝）饲神鸦（女儿）。”清代万树在《词律》中说：“所用竹枝、女儿，乃歌时群相随和之声。”也就是说“竹枝、女儿”是竹枝词的衬词。第二，竹枝词采用双关寓意的表现手法，常有谐音体。刘禹锡所作：“杨柳青青江水平，闻郎江上唱歌声。东边日出西边雨，道似无晴却有晴。”双关谐音以“晴”寓“情”，表现男女相恋内容。第三，竹枝词唱法不尽相同，既有抒情、欢快的，也有庄严、悲苦的。清代道光年间，五峰县贡生田泰斗的《五峰竹枝词》写了土家先民“陪十弟兄”婚俗：“箫声隐隐烛辉煌，十个儿童巧样妆；绝妙风流名色艳，华筵都唤状元郎。”彭勇行描写土家族人在老司城跳摆手舞的竹枝词：“福石（城）绣屏屏绣多，浪击石鼓声声和；土王宫里人如海，共庆新年摆手歌。”

元代成宗年间，土家学士田希吕在天门山下创办天门书院。慈利学官王元明兴学传道，培养土家人才，并且编著《达意集》二十卷。元末进士、翰林杨翀著有《鸡肋集》，元朝灭亡后，隐居慈利聚奎书院讲学。元顺帝至元进士张兑著有《溪堂集》行世。

明代，九溪卫进士周叙著有《唐诗类编》《钦恤录》《石溪集》和《洛阳花木记》等诗文集。九溪卫进士刘瑄著有《古今诗选》《明诗增删》《憨园集》和《刘他山制艺》等诗文集。容美土司连续 6 代人中出了田九龄、田宗文、田玄、田甘霖等 9 位诗人，他们的 3000 多首诗是土家文学的代表作。

清代，土家文人学者不胜枚举。桑植县道光贡生彭莲峰著有《招月楼诗赋》《半年先生赋》和《烟海吟》等诗文。清末湖南四大文人、石门县阎镇珩著述颇丰，刊印《六典通考》《北岳山房文集》《北岳山房骈文合刻》和《越游日记》。清代咸丰年间进士、石门县黄道让写有《重登岳麓》和《放歌少作》等诗文。慈利县三官寺土家族乡土家学者吴愈材在清末考察索溪峪一带的山水风光及民族风情后，撰写了极有文学价值的《不息园诗文刻二卷》《不息园杂诗杂记二卷》《索水志一卷》和《烛撤金莲》。永定区土家作家庹悲亚出版了《淡默轩诗集》《淡默轩丛稿》《退园诗话》《神州唱和集》和《新注千家姓》等书。永定区土家诗人杨良翘存诗近200首，辑为《梅溪诗草》。桑植县土家族女诗人彭春芝作诗百余首，她在慈禧当朝之际写下《咒慈禧》："清风何凄切，慈禧徒伤悲；海军费用尽，倭来无抵御。无数条约订，丧权辱国威；心怀木兰志，征战莫迟疑！"桑植县土家族女诗人刘霜环文笔出众，尤以诗赋见长，以文会友，唱和赠答，汇成诗集《山花集》。

（一）古代文人

田九龄（1530—？），字子寿，为今鹤峰县容美镇人。曾拜华容县孙云梦太史为师，得到指点。在与汉族名师和司内文人唱和交流中，他吸收他人之长，成长为容美土司历史上第一位诗人。田九龄以游历、交友为乐趣，留下脍炙人口的诗词，在已收集到的存诗中属于赠答唱和之类的有近50首，涉及40多人。除交游诗外，田九龄还作了近30首吊古抒情诗，如《古意》诗："奇兵十万拥雕戈，一夜秋风瀚海波。谩讶天南多戍妇，月中犹自隐嫦娥。"田九龄原有诗文20卷，其五世重孙田舜年得其第七、第八两卷，仅剩七言律诗58首、七言绝句47首、五言绝句8首，共113首，以《紫芝亭诗集》刻于《田氏一家言》之中。田九龄开容美田氏诗风，以下有田宗文、田玄、田信夫、田甘霖、田舜年等相继迭起，代不乏人，构成容美土司田氏土家诗人群。清《宜昌府志》称："容美司以诗名家，自子寿（九龄）始。"

田宗文（1561—1590），字国华，是一位才情超逸、佳构盈笥的土家族诗人。其父亲田九龙，随父抗倭，战功最著，才略瑰奇，博读群书，终得兄职弟继。田宗文是16世纪中期人，其作品以其住斋名曰《楚骚馆诗集》，录诗85首。田宗文的诗歌题材以思亲怀故、别友寄思、游山览胜方面的居多。清人张旋均《湖北先贤诗佩》谓田宗文"遗诗二百首，华容友人孙羽侯序之"。

田玄（1590—1646），字太初，号默颠，鹤峰县容美镇人，是容美田氏诗人群第一个具有土司王身份的诗人。明朝天启五年（1625年），田玄承袭土司职，惠军爱民，延师教子，励精图治，发展基业。田玄富有才智，满腹经纶，著有《秀碧堂诗集》和《金潭咏》等书。

田甘霖（1612—1675），字特云，鹤峰县容美镇人。清代顺治十四年（1657

年）袭任容美宣慰使之职，致力重建容美。他创建学宫，倡导学习汉文化。田甘霖是容美田氏诗人群存留作品最多的一位，《敬简堂诗集》中存其诗作 152 首。回司不到 10 年，又碰上了“三藩之乱”，吴三桂起兵云南，入四川、下湖南，称帝衡阳。容美处于其势力范围内，弹丸之地，焉能撄其锋？田甘霖接受了吴三桂所给的“容美路都统承恩伯”的封号。他年老体衰，心力交瘁，把军政事务交给长子田舜年。

田舜年（1639—1706），字韶初，容美宣慰使，鹤峰县人。清代康熙十四年（1675 年），田舜年承袭土司职，因袭击吴三桂叛乱有功，被授为骠骑将军。康熙十八年（1679 年），受到康熙皇帝召见，开西南土司陛见的先例。田舜年的诗文甚富，著有《自鹿堂诗集》《田氏一家言》《古城记》《容阳世述录》《二十一史纂要》《六经撮旨》《许田射猎传奇》等书。田舜年用“文取武夺”办法开拓疆土，既结束司内割据局面，又使容美成为鄂西南诸土司辖区最大的土司。田舜年酷爱戏剧，建有戏厅和戏楼，办有声色皆佳的戏班，能编能演。田舜年请孔尚任的挚友顾彩排演《桃花扇》，促进容美戏剧繁荣。

陈光泰（1749—1877），石门县人，清代乾隆年间贡生，存诗词 20 余首，如《湘南吊古》《登天门台》《春日送江石人归省》《赋得春郊饷耕徒》等。

覃远琎（1821—1891），字玉次，石门县人。清代咸丰元年（1851 年）中湖南举人，复登壬子科（1852 年）进士；历任得州知州、广西按察使兼左右江兵备道。覃远琎善写诗文，著有《程墨文》《程墨诗》各 1 卷，还有《杂文》1 册和《小瀛洲七律百首》，如《晚眺》《感怀》和《租基碑铭诗》等诗。

田金楠（1856—1925），慈利县人，为清代光绪岁贡。曾任渔浦书院山长及湖南省特别议会会员。毕生致力著述，颇负盛名，大型组诗《湘游杂诗一百首》，多颂扬辛亥革命史实。另还著有《半有堂文集》10 卷，尚有《半有堂诗集》《消寒唱酬集》《俟园日记》《晚清庐联》及《东溪草堂图题》等书稿。

吴恭亨（1857—1938），慈利县象市镇土家学者，清廪贡生，后为柳亚子等人组织的南社诗坛成员。其人著述颇丰，共有诗集、文集、对联话、日记、族谱等凡 26 种，合为《梅晦堂文集》丛书，如《悔晦堂诗集》《新乐府》《欧战杂诗》《庚子陷狱记》《沪宁革命始末记》《荆军书牍》和《民国慈利县志》。1984 年，岳麓书社再版了吴恭亨编的《对联话》，尚未刊者有《扫叶山房诗集》《四杂》等多部。

（二）现当代文人

黄玉英，土家族，1919年出生于桑植县凉水口镇。民国时期，黄玉英创作了几十首竹枝词："春风春雨满竹枝，千枝万枝寄相思；阳春白雪且莫唱，唱个桑植竹枝词。"女诗人黄玉英为优秀女教师，与诗人李梦麟为夫妇。她积50年心路历程，编成诗集《绿窗痕》，分为《旧痕》《新痕》和《余痕》3集，收录诗歌近450首。

吴明仁，土家族，1934年出生于慈利县杉木桥镇。为中国散文学会会员、中国通俗文学研究会会员和湖南省作家协会会员，曾任慈利县政协副主席、张家界市政协常委。其先后在中国文联出版社、作家出版社出版《大漠风情》《湘西乡谭》《春歌集》《书缘》《不散的情结》和《偏又相逢》等6本文学作品集，并且多次获奖。

胡柯，土家族，1935年出生于永定区；先后当过文学专干、报社编辑。1964年调入湘西州文联工作，从事专业创作。1988年，任《雪峰》文学杂志主编；1963年，发表处女作《外村人》后，陆续发表《彩凤》《嘎咕人》《乡娘》《换》《桐花岭》等5篇小说；十一届三中全会后，不仅写中短篇小说，而且发表了长篇小说《映花河畔》《叛将风云》和《雾山野男女》；中短篇小说集《鸳鸯岭》和《落雨的太阳》相继出版。其小说创作共达百余万字。

李文锋，土家族，出生于永定区，曾任张家界市人大财经委副主任、张家界市文化局副局长等，现供职于张家界市文化新闻出版局。李文锋为湖南省作家协会会员，出版了诗集《匆匆人生》《美神颂》，散文集《张家界的旋律》《东南西北》，长篇小说《红河水》《市长候选人》《半步官阶》，短篇小说集《红月亮》《灵琴》，还出版了《商战奇谋》《倾听命运》《说长道短》《品位张家界》《张家界名片》《张家界览胜》和《天下第一奇山——张家界之旅》等著作，是一位多产作家。

金克剑，土家族，1948年出生于永定区；1980年，调大庸县文化馆，任副馆长；1992年，创办《张家界旅游》杂志，任主编；九三学社张家界市委副主委、张家界市政协常委、中国少数民族作家学会会员、湖南省作家协会会员、湖南省民间艺术家协会理事。在各种刊物发表散文100篇、小说20余篇、纪实文学20余篇，共计250多万字；出版专著《人文张家界》和《张家界的故事》。

覃儿健，土家族，永定区人。现为张家界市作协副主席，供职于永定区委宣传部。自20世纪70年代以来，先后发表《张家界的传说》《张家界掌故》《故乡的河》《一个乡党委书记的手记》《匪酋》《儿健随笔》等小说、散文；

主编《湘西大纪实》《文化张家界》《张家界笑话》《回首与凝目》四书。2009年，长篇小说《申诉》由作家出版社推出。该书是一部现实主义小说，讲述一位基层干部得罪贪赃枉法的上级领导，陷入一场牢狱之灾，踏上申诉之路。主人公申诉维权经历，一波三折。申正义之声，诉不白之冤，坎坷曲折、荡气回肠。

胡家胜，1964年出生，土家族，永定区文联作家，中国少数民族作家学会会员、湖南省作家协会会员；出版中短篇小说集《汉子·女人·河》、散文集《流浪的云》、人物传记《彩色之梦》；发表小说《金色草垛》《牛客》和散文《白岩情歌》《袁家界散曲》等100多篇作品。

姚雅琼，土家族，永定区人。湖南省作家协会会员，供职于国家电网公司湖南电力公司张家界电业局；曾在《中国作家》《读者》《散文百家》《湖南文学》《光明日报》等报刊发表小说、散文、诗歌60余万字。其作品被选入《散文百家百期精华》《中国文坛新锐文集》等10多种文集，多次在《中国作家》《光明日报》等举办的文学作品大赛中获奖。出版的散文集《栀子花儿开》荣获第三届国家电力系统文学作品大赛著作奖；出版的散文集《纸鸢飘飘》荣获第四届全国电力系统文学作品大赛著作奖。

余晓华，土家族，1958年出生于桑植县；桑植县文化馆馆长，中国作家协会湖南分会会员，中国民间文艺家协会湖南分会会员，中华炎黄文化研究会特约作家。《中国民间文学集成·湖南桑植卷》主编，《大庸市苏区革命文化史》责任编辑；出版小说《栎禾佬》《蓬竹青青》，散文《珙桐情》《贺龙桥》，中篇纪实文学《举世瞩目的亚洲第一洞揭秘》，报告文学《美从东方来》《一万个日日夜夜》《为了将军的重托》《宛若寻常一首歌》《在真理和人格的旗帜下》《他用血汗塑造共和国的税官》等先后发表在《湖南文学》《湖南日报》《中国税务》《中国老区报》《湖南报告文学集》。为电视连续剧《贺龙传奇》编剧。其作品多次获省内外文学奖。

王成均，土家族，1967年7月出生桑植县，湖南省作家协会会员，湖南省民间文艺家协会会员、桑植县文联副主席、桑植县政协人口环境委员会主任。1998年，小说《父亲山，母亲地》获世界福州十邑同乡总会举办的“冰心文学奖”小说征文一等奖。另有《无魂土》《湘西匪事》均获省级以上文学征文奖。散文《湘西辣椒》被《读者》转载。已经出版与人合著的《刘梅日记》。

谢德才，土家族，桑植县人。任过县教委秘书、县政府文教办副主任、乡党委副书记、县文联主席等职；湖南省作家协会会员、湖南省民间文艺家协会会员。他的文学作品《桑植女人》《感受凤凰》《桑植民歌》《风雨贺龙桥》《梅家山》《阅读井冈山》《感悟人生》《诚信》《应聘》《离婚》《马局长开眼》

《墙外那朵玫瑰》《野玫瑰》等陆续见诸《人民日报》《湖南日报》《散文》《芒种》《辽河》《散文世界》《青年文艺》《散文百家》《时代文学》《湖南作家》《海燕》《文学风》等30多家报刊。其中,《大山情韵》等作品获国家级和省级奖,《风雨贺龙桥》等作品选入《全国百人百篇散文选》《新世纪散文选》《中华散文经典》《千年游记》等。

向延波，土家族，1974年生于湖南省桑植县，大学文化，国家三级作家。当过教师，现任桑植县城管局副局长；发表各类文学作品百余万字；出版有小说集《无名指》《美人痣》；系湖南省作家协会会员。

鲁絮，本名鲁帮福，1980年出生于永定区，土家族，张家界市青年作家、词作家，现为湖南省作家协会会员、永定区文联主席；长期致力于文学创作，文艺作品多次获奖；代表作品有《小村石桥》《老兵泪》《小兵信物》《高山流水》《魂牵梦绕吊脚楼》和《逮哈子》等。

黄菲，笔名米米七月，1986年出生于永定区，土家族，毕业于怀化学院。2005年出版长篇伤世小说《他们叫我小妖精》;2007年出版长篇民俗小说《小手河》;2009年出版长篇小说《肆爱》。短篇小说见于《文学界》《青年文学》《民族文学》《散文选刊》《美文》《红豆》等刊。

胡少丛，土家族，慈利县许家坊土家族乡人，供职于张家界市武陵源区政协。长期笔耕不辍，创作大批宣传武陵源风景区的文艺作品，参与编辑《武陵源》《武陵源辉煌20年》《武陵源世界自然遗产地现状定期报告》等专著；出版《诗意旅程》《铭记武陵源》《梦萦三千峰》等文艺作品。《梦萦三千峰》是以武陵源风景区为主题的第一部长篇纪实小说。小说的背景和叙述的事件是真实的，而小说的人物、故事、情节既有生活原型，也有艺术虚构。作者试图用历史片段，呈现武陵源历史轮廓。《梦萦三千峰》还是一部充满诗情画意的小说。小说中不仅有如诗如画的景物描写和写景状物抒情的诗歌呈现，而且还有对人物的诗性刻画，为小说营造了诗画氛围。

李伊忠，土家族，供职于张家界市武陵源区政协，系湖南省作家协会会员、武陵源区作家协会常务副主席，在民俗散文创作和研究上颇有造诣。近年来创作颇为丰富，出版有作品集《品读家园》《故乡的分量》《湖南土家族风情》和《武陵源区地名》等书。

罗建辉，土家族，慈利县人。罗建辉创作了《眷恋》《誓言》等作品以后，被各级作家协会吸纳为会员。近几年来，创作《牛祭》《古沉船》等中长篇小说。在文学批评领域一枝独秀，发表了百余篇文学批评论文，文学理论研究论文《论诗眼》在全国获奖。罗建辉还发表了几百首古典诗词，传承古典文学精粹。

张天夫，1953年出生于石门县磨市镇，为中国作家协会会员、中国散文家协会会员、中国诗歌学会会员、中华诗词学会会员、湖南省作家协会会员和第七届政协石门县委员会副主席。诗集《天空未种》于2008年由作家出版社出版。散文集《天不在意》于2014年由安徽文艺出版社出版发行。张天夫担任总编纂的四卷本地方文化丛书《神奇石门》于2007年由大众文艺出版社出版；担任总纂的八卷本320余万字的《石门民间文学艺术集成》于2015年由湖南文艺出版社正式出版。《光明日报》2008年1月发表《常德赋》，被镌刻在中国常德诗墙。湖南省作家协会《文学界》杂志2008年增刊推出《张天夫专辑》。在《诗刊》2009年第四期发表《石门赋》《奇石赋》《品茗赋》《茶禅赋》“天夫四赋”，轰动全国辞赋界。《谒海瑞墓》《井》《秋声》《月之蚀》《壶瓶独卧》《好久没登泰山了》《再赋夹山》等作品发表在《散文》和《美文》等主流报刊。张天夫的《大爱赋》和《奇石赋》两篇辞赋入选江西高校出版社出版的全国《高职语文》教材，成为全国高等职业院校学生们研读佳作。散文力作《井》于2007年入选由中国散文学会主编、中国文史出版社出版的《中国当代散文精选》一书，登上中国散文界最高殿堂。2014年，张天夫的散文《禅无思》获得中国散文学会第六届冰心散文奖。

贾国辉，出生于1934年，石门县人。曾任石门县文化馆副研究馆员，系中国民间文艺家协会、中国民俗学会、中华诗词学会会员。20世纪50年代开始文学创作，在《湖南文艺》1954年第4期发表处女作《苦菜凉》。此后出版民间文学作品4部：《文艺湘军百家文库·贾国辉卷》《石门四大景点传说》《奇联妙对故事》《李闯王在湖南的传说》，还出版长篇小说《妈妈留下的丝包头》。系《石门县民间文学三套集成》主编、《常德地区民间歌谣集成》责任编辑。

唐明哲，1964年生于石门县，中国民间文艺家协会会员。对地方民俗文化有较深研究，所撰专著《湘北土家族探秘》全面地研究了石门县土家族的族源历史、风俗习惯、宗教信仰及土家语言，该书获得常德市社会科学研究成果1999年二等奖。唐明哲将民俗文化与中学语文教学有机结合，进行“民俗作文实验”，取得较大成功。主持研究的课题“民俗作文实验”获得常德市课题研究1998年二等奖，撰写的专著《中学语文民俗欣赏》由远方出版社于2002年出版，获得全国语文教学研究成果2003年一等奖。唐明哲2003年调进县政协文史委后，又对地域文化进行系列研究，《老街》《商号》《小镇旧事》《百年泥沙》《历史沉浮罗效之》《石门八大风味小吃》《揭秘洛浦》《石门黄家书香二百年》等发表在《石门文史》；《高峡百岛皂角湖》发表在湖南省政协《文史博览》2004年第9期；所编《神奇石门·民俗卷》等书于2007年由大众文艺出版社出版。

李传锋，出生于1947年，土家族，鹤峰县人。1973年毕业于华中师范学院中文系。1973年至1984年历任文学期刊《湖北文艺》《长江文艺》编辑、编辑部主任。1984年至1995年任通俗文学期刊《今古传奇》主编、社长。1988年始任湖北省文学艺术界联合会副主席，现任湖北省文联常务副主席、党组书记。其主要著作有：长篇小说《最后一只白虎》《林莽英雄》，中短篇小说集《退役军犬》《动物小说选》《红豺》，散文集《鹤之峰》《梦回清江》，文艺论文集《南窗谈艺》等。代表作《退役军犬》获第二届全国少数民族文学创作奖，部分作品曾获省、市文学奖。其创作情况被收入《土家族文学史》《中国当代文学史》《中国作家大辞典》等书。

向国平，鹤峰县土家族人，曾任县政协副主席。2001年，和邓斌合著文学评论《远去的诗魂》，由湖北人民出版社出版。《远去诗魂》一书荣获全国第八届少数民族文学创作“骏马奖”，向国平和邓斌均被吸收为中国作协会员。向国平还出版了《溇水民俗文化新论》《铁血红云》《光辉千秋》《贺龙在鹤峰》等6本书籍，共计200多万字。

龚光美，土家族，鹤峰县人，现为中国少数民族作家学会会员、湖北省作家协会会员。20世纪80年代初期开始史志编纂和业余文学创作，参编书籍有《鹤峰县志》《湘鄂西革命根据地史》《鹤峰县民族志》《美人赠我金错刀》和《沧海之恋》等10余部，发表史志论文、人物传记60余篇。爱好历史题材文学创作和民族史研究，曾获清江文学奖、湖北省第二届少数民族文学奖。

第十章　张家界市土家族艺术

民间艺术是劳动者为满足自己的生活和审美需求而创造的艺术，包括民间音乐、民间舞蹈、民间戏曲和民间工艺等艺术门类。土家族的民间艺术有音乐、舞蹈、杂技、戏剧、曲艺、工艺、绘画、雕塑和建筑等多种，民族特点十分显著。

一、音　乐

土家族传统音乐三大宝库包括民间歌曲、传统器乐和戏曲音乐。

（一）民间歌曲

人类最早的艺术品种之一民间歌曲简称为“民歌”，分为土家古歌、武陵山歌、城镇小调、劳动歌曲、风俗歌曲等六类。土家民歌结构有单曲体与联曲体两种形式。流传于桑植县的“桑植民歌”种类繁多，内容丰富；山歌高亢、明快；小调悠扬、婉转；加上歌中衬词，更显民族风格。桑植民歌歌词感人，极富韵味。如《马桑树儿搭灯台》《板栗开花一条线》《冷水泡茶慢慢浓》《四季花儿开》《上四川》《好郎好姐不用媒》《要当红军不怕杀》《做军鞋》《十颂红军》《门前挂盏灯》等。1980 年，桑植土家歌手尚生武、向佐绒参加了文化部举行的民歌会演，他们演唱的《太阳出来照山坡》《远看大姐穿身花》和《桑木扁担软溜溜》等民歌被录制在《民歌之声》唱片中。1987 年，土家歌手尚生武在波兰第十九届国际民间歌舞演唱会上演唱了《桑木扁担软溜溜》等桑植民歌，使桑植民歌首次登上国际舞台。20 世纪 90 年代，土家歌手尚生武、向佐绒、黄道英多次在张家界风景区为江泽民、李瑞环、朱镕基、李岚清和王兆国等党和国家领导人演唱土家民歌。2005 年，著名歌唱家宋祖英将桑植民歌《马桑树儿搭灯台》在奥地利维也纳金色大厅唱响后，桑植民歌更是享誉世界。2006 年，“桑植民歌”被国务院公布为“第一批国家级非物质文化遗产”。陈金钟、向佐绒、尚生武和谷彩花被公布为第一批和第二批湖南省级非物质文化遗产桑植民歌代表性传承人。

（1）土家古歌：包括梯玛歌和摆手歌等。“梯玛歌”是梯玛在做祭祀时演唱的歌调，如《请神歌》《祭祖歌》《求愿歌》《七姑娘歌》等。在土家族“舍巴日”祭祀中，梯玛头戴凤冠，身穿八幅罗裙，手摇铜铃和司刀，载歌载舞。“摆手歌”是在“舍巴日”祭祀活动结束后由歌师在众人跳摆手舞时用土家语演唱的歌曲，如《摆手歌》《挖土歌》《吆喝号子》等。

（2）武陵山歌：是武陵地区土家族人在山间、野外抒发情感的抒情歌曲。唱山歌者因景生情、即兴作词。山歌种类分为高腔山歌、平腔山歌、唢呐腔歌、三句子歌、四句子歌、五句子歌、六句子歌、连八句歌、采茶歌、砍柴歌、生活歌、仪式歌、叙事歌、时政歌、情歌、盘歌、牧歌等10多种。

（3）城镇小调：是流传在城镇、房内的民歌体裁，形式多样，有两句体结构、三句体结构、四句体结构和单段体、多段体等形式。小调以情歌题材居多，音乐感染力强。如桑植县《花大姐》《送情人》《嘀格儿调》《一根藤》，永定区《大四景》《小四景》，石门县《一笔写东南》《九岭十八岗》。特别是慈利县《灯草花儿黄》，歌词长达300多句，是一部土家长篇叙事诗歌。

（4）劳动歌曲：主要是薅草锣鼓歌、采茶歌和劳动号子。“薅草锣鼓歌”曲牌有桑植县“唢呐腔”“扬歌”，武陵源区有“请土地”“单七字板”“舵把子”，永定区有“平腔薅草歌”等，共几百首曲牌。“劳动号子”是土家先民在劳动时所唱的歌谣。由于土家族人与木材、岩石等打交道多，故劳动号子又以澧水号子、船工号子、拉纤号子、放排号子、拖木号子、拖石号子、打硪号子、打杵号子、打油号子、榨油号子和车水号子等为主。打硪号子是慈利县境内极具文化价值的传统音乐，是慈利范围之内流传的打夯号子的统称。打硪号子在修筑垸堤和台基活动中创造与弘扬，距今已有350多年历史。慈利县高峰乡打硪号子音域适中，曲谱有7种，分为抒情和叙事两个大类。澧水号子是以反映船工和纤夫们劳动场面为主题的民间音乐。澧水号子没有固定唱词，全凭先辈口授，大多是因时因地因人即兴而起，脱口而出，但是豪气冲天：“太阳出来红满天，船工汗水湿衣衫”，“山高水险不用怕，步步蹬稳往前爬”。他们在拉纤时由一人领唱，众人合唱，也有唱给船老板和他人听的：“高山乌云即刻到，拉纤好比过天桥；泥烂路滑难行走，汗水雨水流成槽”，“风儿吹来河儿弯，情哥搭信要鞋穿”。由于地域不同，澧水号子唱腔分为上河腔和下河腔两种。上河腔与下河腔同出一辙，平板与快板均可因时因地交替运用，只是声腔略有变化。“大河涨水好放排，头帮去了二帮来。高山有雨四处飘，船工好比坐天牢。”澧水号子记录了澧水船工们的泪与辛酸。“船到江心扯起篷，好似孔明借东风。何惧征途浪打船，急流险滩任从容。”澧水船工号子的演唱形式分为行船腔、休闲腔和表演腔。1956年，慈利澧水船工号子参加全省会演，获得好评。2006年，“澧水船工号子”被国务院公布为“第一批国家级非物质文化遗产”。如《澧水谣》唱道：

哎，划起来啰啰嘿，
隔山隔岭哟嘿哎又隔弯啰伙咳。
隔河隔水哟嘿啰嘿又隔滩啰嘿。
楠竹篙子呀节节黄呀哎，
撑起船儿哟走四方哎啰哎。
唱起那个号子啊声音尖啰，
打嗨船靠号子，
打嗨马靠鞭啦，
打嗨不怕风浪打嗨高过天。
过了九九哇十八滩，
细水细浪呀入平川。
划起来啰啰嘿，
拉起铁锚哟嘿哎扯起帆啰伙咳，
顺风顺水哟嘿啰嘿好行船啰嘿。
楠竹篙子呀节节高哎，
彩龙船儿哟两头翘哎啰哎。

（5）风俗歌曲：有婚礼歌、丧礼歌、喜歌等。“婚礼歌”有哭嫁歌、拦门歌、迎亲歌、婚典司仪歌、交拜歌、闹房歌等。“哭嫁歌”内容有哭爹娘养育之恩，哭哥嫂、姊妹难分之情，或哭骂媒人等。哭唱方式有一人哭、二人哭等。有的地方出嫁前兴唱《陪十姊妹歌》，即在堂屋中摆一张大桌，摆十碗菜，新娘坐上方中间，其余九位姑娘依次围席入座。右边第一个叫“安席”，左边第一个叫“收席”。新娘先哭《开台歌》，然后由“安席”接腔依次哭至“收席”作罢。“丧礼歌”有跳丧歌和丧鼓歌两种。跳丧歌由道士边唱边舞，以“开路”“跳神”“做道场”“拜五方”等程序为亡人送葬，既歌颂亡者功德，也历数土家祖先。丧鼓歌就是绕棺孝歌，有《叫歌》《摇丧》《吆姑姐筛锣》《四合一》《散花》《打夜鼓》等。土家族人遇到生子、祝寿、新屋落成等喜事时，常请歌师在家演唱“喜歌”。斟祝米酒的晚上，兴唱《怀胎歌》《闹五更》《爱才歌》《十爱姐》等“喜化鼓歌”。桑植县和永定区流行为老人做寿时唱“贺寿歌”。新屋落成时，就唱“上梁歌”。

（二）传统器乐

土家器乐演奏形式分为吹奏乐和打击乐两种，以打击乐为多，包括摆手锣鼓、播种锣鼓、薅草锣鼓、丧鼓锣鼓、打围鼓和打镏子等。土家族人跳摆手舞有“摆手锣鼓曲牌”，歌师演唱节奏有与鼓点节奏同步者和不同步者两种，舞者只听鼓点跳舞。吹奏乐有咚咚喹、土唢呐、吹土号、吹牛角、吹木叶、绷绷拖和响葫等。

（1）打镏子：土家语叫“家伙哈”。打镏子由头钹、二钹、大锣、小锣四种乐器组成。打镏子属双钹路子：大锣分句法，小锣指挥加插花，双钹演奏旋律。打镏子的音色、音响以及节奏变化丰富多彩，形成土家族独有的打击乐特色。土家镏子现存 300 多套传统曲牌，分为绘声、绘意、绘神三类，如《幺二三》《堆罗汉》《小纺车》《慢纺车》《白鹤起翅》《雁儿拍翅》《八哥洗澡》《鸡婆生蛋》《猛虎下山》《野鹿含花》《老牛擦痒》《喜鹊闹梅》《阳雀闹春》《鸳鸯戏莲》《画眉跳杆》《锦鸡出山》《鲤鱼漂滩》《观音坐莲》《满堂红》《新门进》《鹊桥会》《双齐头》等。近年来，土家族音乐家在挖掘曲牌及对外交流等方面做出一定贡献，使打镏子进入新的阶段：1985 年，楚德新、黄意声、田隆信创作的土家镏子吹打乐《毕兹卡的节日》获得全国民间音乐大赛表演一等奖。2000 年，楚德新受著名作曲家谭盾邀请组成“张家界民间打击乐团”，前往英国及荷兰参加国际文化交流。2004 年，楚德新与楚毅、楚俊、楚音共同编著《土家族打溜子艺术新论》一书。2006 年，“土家族打溜子”被国务院公布为“第一批国家级非物质文化遗产”。

（2）围鼓音乐：由五至七人组成，鼓师打“棋子鼓”指挥，两人击副钹，一人击大锣、一人击勾锣，另加二人吹土唢呐，成为吹打乐队。靠在鼓上发出的“鼓眼”表明演奏什么乐牌，演奏者围观鼓面，故称“围鼓”。清《嘉庆慈利县志》载：“设奠中堂，外作佛事、唱丧歌，并有打围鼓者。”清代土家人“婚丧祭盛鼓吹”习俗蔚然成风。围鼓乐牌有百余支，分为“撩子”“火钹”和“点子”三部分，有显现自然风光的《美柳景》《月儿圆》等，有展示动物形态的《狮子滚绣球》《河鹰展翅》等，有寓意吉祥的《龙摆尾》《红绣鞋》等。

（3）咚咚喹：是土家族人自制的三孔四音的单簧竖吹乐器，用嘴衔住上部舌簧处吹奏。取长约 15 厘米、围径 3 厘米细竹一节，在有竹节处设一开口活片作吹孔，并在竹管凿眼三个。咚咚喹有筒音宫和徵两种，能够吹出“1（筒音）235”四个音或“$\underset{\cdot}{5}$（筒音）$\underset{\cdot}{6}\underset{\cdot}{7}\underset{\cdot}{2}$”四个音。流传至今的咚咚喹曲牌有《咚咚喹》《巴列冬》《冬巴哈》《乃哟乃》《呆都里》《拉帕克》等 20 多种，并配有土家语歌词。2008 年，“土家族咚咚喹”被国务院公布为“第二批国家级非物质文化遗产”。

（4）吹木叶：土家族人可把树叶当作乐器，吹出悠扬歌声，曲目达几百首，如《木叶曲》《放牛曲》和《斗鸡曲》等。近年来，土家族演奏手赵绪鑫随张家界民间打击乐团三次出国演奏木叶，配合世界著名作曲家谭盾的交响乐《地图》在荷兰演出。

二、舞　蹈

舞蹈是以人的形体动作为媒质的人类有目的的行为，舞蹈动作源于生活。土家先民创造出了反映土家历史和生产生活的舞蹈，包括摆手舞、跳丧舞、铜铃舞、梅嫦舞、板凳灯、高煌灯、泼水龙、龙灯舞、狮灯舞和采莲船等。

（一）摆手舞

武陵地区盛行的“摆手舞”是土家族具有代表性的传统舞蹈，因其舞姿以摆手为主，故名“摆手舞”。它是土家族人祭祖先、庆丰年、迎新春的民俗活动，并发展为歌舞、戏剧、体育竞赛、物资交流等综合性的文化活动。土家族的经典舞蹈“摆手舞”按其活动规模分为“大摆手舞”和“小摆手舞”两种。按其举行时间分为“正月堂”“二月堂”“三月堂”“五月堂”“六月堂”等。每年农历正月初三至十七日，一村一寨的男女老幼聚集在摆手堂，先由“梯玛”（即土老司）手举扫帚，唱摆手歌。祭礼仪式完毕，由掌坛师带领摆手队伍举着龙凤大旗，鸣大锣，击大鼓，打镏子，扛神棍，吹土号，燃放三眼炮，在“喂嗬”声中入场，手脚呈同边动作，踢脚摆手，翩跹进退，成双成对，节奏鲜明。整个活动以祭典舞蹈、唱摆手歌等为表演形式，以讲述人类起源、民族迁徙、英雄事迹为主要内容。摆手歌有独唱、领唱众和、众人齐唱等形式，曲调随着舞蹈内容而变换。跳摆手舞不拘人数多少，少者数十，多则上万。

1. 摆手舞历史渊源

摆手舞历史悠久，源远流长。摆手舞起源于随周武王伐纣的古代巴人的歌舞。秦朝末年，刘邦反秦，巴人冲锋陷阵，以“巴渝舞”勇挫秦兵。后来，军事舞蹈“巴渝舞”逐渐演变成为土家先民祭祀活动。元明清时期，各地土司机构建立摆手堂，茅冈长官司摆手堂为七进皇堂，摆手舞供土司王娱乐。每到农历正月，土家男女齐集土王宫畔载歌载舞，向土司王祝贺新年。清代“改土归流”以来，摆手舞由供土官娱乐转为民间自乐。清代《乾隆永顺府志》记载：“每岁正月初三至十七日止，夜间鸣锣击鼓，男女聚集，跳舞唱歌，名曰摆手。”清代《同治桑植县志》也载：“土民赛神、摆手，为秋千之戏，至

（正月）十六日止。”土家文人留下了不少描写摆手舞的诗篇，清代向晓甫在《摆手堂》诗中写道：“摆手堂前艳会多，姑娘联袂缓行歌；鼓锣声杂喃喃语，袅袅余音嗬也嗬。”清代彭施铎在《溪州竹枝词》写道：“福石城中锦作窝，土王宫畔水生波；红灯万盏人千叠，一片缠绵摆手歌。”民国时期，大、小摆手活动在土家山寨已经普及，大摆手舞有祭祀舞、农事舞和战舞三大部分，如祭祀舞表演祭祀八部大王、兄妹成亲、土家迁徙等。现在，永定区茅冈村、慈利县三官寺、武陵源区军地坪、永顺县双凤村和来凤县舍米湖等地土家族人经常举行跳摆手舞活动。

2. 摆手舞分类

土家语称“小摆手舞”为“舍巴日”，每年农历正月初三至十七日举行小摆手舞活动，多在春节期间单日晚上表演。小摆手舞以同姓同祖或者一村一寨之人为单位，数十名男女老少聚集在摆手堂前围着篝火跳摆手舞，百余人围观。以前，凡百户之乡皆建摆手堂，土家语叫“月撮”。据《向氏族谱》载，清代晚期，桑植县上洞街、下洞街、老司城、旧司城及上河溪等地曾建有摆手堂。小摆手舞活动规模较小，时间较短，在摆手堂前进行，堂内供有土家祖先彭公爵主、向老官人和田好汉等各地土王。小摆手舞活动之夜，主持人“梯玛”先举行祭祖典礼，升龙凤旗，然后到摆手堂坪里，点燃用干竹扎成的火把。由一人在摆手堂坪中央击锣打鼓，其余的人由掌堂师领头，围成环形大圈，随着锣鼓扁冬节奏唱摆手歌、跳摆手舞。舞时手与脚顺向摆动，踢踏摆手，舞姿优美。“小摆手舞”舞姿有：“叶冬起也”，摆手人的手、肩左右扭摆。“查查起也”，是双手在胸前拍打三下后，再接摆手舞动作。“物打哈”即牛打架，其动作是两人面对面摆手，均抱腕。小摆手舞表演农事活动，表演内容为“大鹏展翅”“拖野鸡尾”“犀牛望月”“牛打架”“跳蛤蟆”等模拟动物动作和“砍火畲”“挖土”“种苞谷”“下种”“插秧”“薅草”“收割”“打谷子”“打粑粑”“钓鱼”“美女梳头”“纺纱”“织布”等100多个生产生活动作。

土家语称大摆手舞为“麦则嘿”。“大摆手舞”活动规模庞大，内容丰富，有闯堂进驾、开天辟地、人类起源、迁徙定居、耕作劳动、狩猎征战、扫堂送架等8个部分，表现土家先民跋山涉水、迁徙繁衍、农事活动、日常生活、战争场面等，展现一幅幅富有民族特色和生活气息的画卷。“大摆手舞”活动在大摆手堂前举行，大坪中间24米高的旗杆上挂着两面龙凤旗帜。大摆手舞的摆手堂建在背山面水、左右小丘的平地上，中央火树银花，并有各色小龙旗、小凤旗装饰的桅杆。摆手堂中央供土家远祖“拔普”（即八部大王）及其夫人“帕帕”神像，两侧屹立红、黑二位战将。八部大王庙门左边架一个牛皮大鼓和一面大铜锣。大摆手舞主要内容是祭祀“八部大王”并且开展各项活动，以一乡或数寨为单位联合举行，有上万人参加。大摆手舞活动按照三年两摆惯例，于正月初九至十二日举行，活动历时三天，以歌舞为主。届时，摆手堂附近许多村寨土家男女依照姓氏组成“排”，每“排”为一支摆手队伍。各排队伍进摆手堂后，由掌堂师统一指挥。各排人数不等，均设龙凤旗队、祭祀队、奏乐队、摆手队、披甲队、炮仗队。首列为龙凤旗队，白龙旗和红凤旗并排走在队伍前列。次列为祭祀队，由寨上德高望重老者20余人组成。他们身着长衫，手持齐眉棍、神刀等舞具，随总指挥掌堂师行祭祀事。之后为舞队，男女老少均着节日盛装，拿着朝筒，列队入场。继于舞队的是小旗队，凡户一面，颜色多彩。接着是奏乐队、披甲队、炮仗队。奏乐队分镏子和摆手锣鼓两种，再配以牛角、土号、咚咚喹等，奏出土家节日旋律。披甲队由身披“西朗卡普”的青壮年组成。炮仗队由鸟铳和三眼铳组成。按照以上顺序，各队进入摆手堂。进堂后先扫邪，后安神。祭祀时，祭祀人在梯玛带领下，齐唱神歌。祭祀完毕，礼炮三响，催人起舞。人们在掌堂师指挥下，变换舞蹈动作，时而单摆，时而双摆，时而回旋摆。除表演外，余众在摆手场周围围成大圆圈，配合表演者的动作或合唱或合舞。大摆手舞的表演节目共有七场、数十节：第一场闯驾进堂，是大摆手舞开堂序幕，分临驾、进发、闯驾、进堂四节。第二场纪念八部大王，分祭祀、弃子、团圆、赞妹、请兄、出征、冷待、比武、报复、行赏十节。第三场兄妹成亲，表演《创世纪》，分捉放雷公、齐天大水、兄妹成亲、人种延续、卵雨射日五节。第四场迁徙定居，表演《涉水过河》《乘船漂滩》《攀爬岩坎》《平地飞奔》《食野果饮山泉》《风餐露宿》《赞美地方》《架棚定居》《刀耕火种》等，分启程、涉水、爬山、定居、安家、斗兽六节。第五场农事活动，分备耕、挖土、撒种、栽秧、薅草、打谷、摘苞谷、收桐茶、织西朗卡铺、庆丰收九节。第六场自卫抗敌，叙述土家英雄“将帅拔普”战胜敌人的故事，分备战、初战、射帝、埋伏、牛阵五节。第七场送驾扫堂，出堂人员以神棍队、龙旗队、歌舞队为主，演唱节目有送驾、扫堂、嘱咐三段。

大、小摆手舞的乐器均是鼓、锣，其曲牌大同小异。大摆手舞全以锣鼓点子为曲牌，随着舞义的变换而定舞曲的快慢。摆手舞基本动作有“单摆”“双摆”“顺摆”“上摆”和“回旋摆”等。摆手舞动作韵律概括为四句话：走动顺摆，重拍下沉，双腿屈膝，全身颤动。摆手舞突出特点是“摆同边手”，即动作不论舞义变化如何，皆为同边手脚、同时同向。所唱摆手歌长达万余行，以五字、七字为一句，三句为一首，每首末尾附加一句“嗬嗬也，也嗬嗬”。前三句正歌由掌堂师领唱或由表演主角独唱，末尾附加一句由众人齐声合唱，全部用土家语演唱，句句押韵。

3. 摆手舞社会影响

土家族摆手舞不仅是土家族人祭祀祖先和民族英雄的活动，也是土家族人传承民族文化的载体，是研究土家族历史文化的范本，具有很高的艺术价值和很大的社会影响力。1981 年，《涅卡查涅毕兹卡》获得全国少数民族文艺会演优良奖。1983 年，土家族《摆手舞·粑粑哈》参加全国乌兰牧骑式演出队文艺会演，获得优秀节目奖。1988 年，岳麓书社出版《摆手歌》，《舍把乐》获得全国民间舞蹈会演优秀节目表演奖。2000 年，岳麓书社出版《土家族摆手活动史料辑》。2006 年，土家族《摆手舞》被国务院公布为第一批国家级非物质文化遗产。2008 年，湘西州田仁信和张明光被文化部发文公布为第二批国家级非物质文化遗产土家族《摆手舞》代表性传承人。来凤县多次举办土家族摆手节，永顺县多次举办土家族舍巴节。重庆市政府命名酉阳土家族苗族自治县为“摆手舞之乡”。2010 年，张家界市举行集体摆手舞比赛，共有来自市直单位、学校的 23 支队伍 900 多人参加。经过激烈角逐，张家界市委机关参赛队的《摆手欢乐歌》和张家界市旅游局参赛队的《摆手乐》获得全市首届集体摆手舞大赛金奖。

（二）跳丧舞

唱丧歌、打丧鼓、跳丧舞是土家先民“巴人”在长期生活中形成的文化内涵极为丰富的民间艺术奇葩，是土家族独特的丧葬仪式舞蹈，被外国学者誉为“东方迪斯科”。跳丧舞流行在湘西北桑植县、慈利县、石门县和鄂西南鹤峰县、五峰县、长阳县等县。因唱词结尾有“撒尔嗬”呼叫声，故又称为“撒尔嗬”或者“撒叶儿嗬”，即土家谚语所说：“你唱你的阳春雪，我跳我的撒尔嗬。”湘西北土家人把这种民间文化经典称为“绕棺舞”。跳丧舞以舞为主，以歌为辅，有时掌鼓、击锣二人坐唱，其余的人坐着唱和，此名“坐丧歌”；有时掌鼓、击锣二人坐唱，其余的人边跳边唱，此名“跳丧鼓”；有时多人围绕棺材转圈，边跳边唱，此名“转丧鼓”。这种歌舞在土家族聚居区世代承袭，数千年不绝。

1. 跳丧舞历史变迁

土家族跳丧舞源远流长，是古代巴人遗风遗俗。民族研究专家认为跳丧舞起源于古代巴人图腾崇拜和祖先崇拜，其源头是由古代巴人图腾舞蹈“白虎舞”演变而来的。远古巴人把白虎作为氏族图腾以后，“白虎舞”逐渐成为悼念死者的祭祀舞蹈。祝贺死者像巴人始祖廪君一样，魂魄化作白虎。跳丧舞动作摹仿老虎以及其他动物形象，再现土家先民狩猎习俗。还有专家认为跳丧舞源自周武王伐纣时巴人的《军前舞》和汉代的《巴渝舞》。《隋书》对土家丧礼做了最早记载："始死，置尸馆舍，邻里少年各持弓箭，绕尸而歌。"唐代樊绰的《蛮书》记载："初丧，击鼓以道哀，其歌必号，其众必跳……巴人好踏踢，代鼓以祭祀，叫哭以兴衰。巴人祭其祖，击鼓而祭，白虎之后也。"宋代《溪蛮丛笑》亦载："死亡，群聚歌舞。舞则联手踏地为节，名曰踏歌。"明代《万历慈利县志》又载："丧则歌鼓杂哀。"清代《长乐县志》也载："家有亲丧，乡邻来吊，至夜不去，曰伴亡。于柩旁击鼓，曰丧鼓，互唱俚歌哀词，曰丧鼓歌。"《民国慈利县志》还载："打丧鼓……一人死，棺敛讫。集众打鼓、说书，澈宵达旦，名曰伴丧。"

2. 跳丧舞表现形式

跳丧舞在土家族丧事活动中是不可缺少的组成部分。凡是土家老人寿终正寝，属于白喜事，必须跳丧。死者年岁越高，前往跳丧的人越多。不仅死者亲属前往吊唁，邻里乡人也都闻讯而至，踊跃参加，叫作"人死众家丧，一打丧鼓二帮忙"。民间云："半夜听到丧鼓响，不管南方是北方。你是南方我要去，你是北方我要行。打不起豆腐送不起情，跳一夜丧鼓陪亡人。"在死者面前高歌狂舞，是土家族人祭奠亡人、安慰生者的方式。跳丧舞具有娱乐性，民众自娱自乐，安慰生者。跳丧是"欢欢喜喜办丧事，热热闹闹陪亡人"，只有"走顺头路"的人才有享受跳丧的资格。土家族人用特殊方式化解死亡带给后人的哀伤，把老人正常死亡看作是走"顺头路"。老人走了不是悲事而是喜事，体现土家族人豁达的生死观，蕴含祖先崇拜的伦理观。土家族人对待生死的态度非常乐观，如丧歌所唱："人生命尽总难逃，纵有精神也不牢。犹如梅花遭雷打，恰似嫩花被风摇。罢了罢了真罢了，人生好似一春草。"

跳丧舞是土家族丧葬活动中跳的祭祀性兼娱乐性的民间舞蹈，以歌舞祭奠亡灵。跳丧舞多在死者出葬前夕进行，死者棺木前面的空出地方就是"撒尔嗬"歌舞处。夜幕降临之时，一位掌鼓者打鼓三下，首先领唱《开场歌》："我打起鼓来你出台，撒尔嗬哩！各位歌师都请坐，听我唱个开台歌。年纪已老掌不好鼓，声音不好唱不好歌。"成对的二歌郎、四歌郎或者八歌郎相应接歌，随着鼓点和唱腔变换舞姿，时而转肩擦肩，时而蹲地打旋。掌鼓者领唱，对舞者边跳丧舞边唱丧歌，时而高昂激越，时而低沉舒缓，唱着格调明快而独具民族特色和浓郁山乡气息的土家曲调。

跳丧舞的特点是手脚同边，动作刚劲。舞者头、肩、腰、臂、腿、脚齐动，跳着变幻多姿的舞步，动作姿态都是哈腰、屈膝、摆胯、绕手、顺拐，身体按节奏左右颤动，手、脚、胯向同一方向呈顺边运动。基本形态是两膝弯曲，双脚扣地；两肘弯曲，轻扣胸部。跳丧舞舞步步伐有四大步、八字步、左右移步、左右撒步、点步、踏步、摆身步、拧身步等。跳丧舞基本动作多样，有“一支箭”“滚身子”“虎抱头”“牛擦痒”“狗舂碓”“狗撒尿”“狗连裆”“大王下山”“四人穿花”“踏蹄相戏”“美女晒衣”“天女散花”“幺莲儿嗬”“将军拔剑”“双羊抵角”“猴子爬岩”“野猫戏虾”“双狮抢球”“燕儿衔泥”“乌龟爬沙”“凤凰展翅”“鹞子翻身”“白马悬蹄”“老虎下山”“犀牛望月”“鹭鸶伸腿”“蜻蜓点水”“古树盘根”和“幺姑姐筛箩”等几十种，粗犷豪放。

跳丧舞基本程序是开歌场、待师、跳丧、摇丧、哭丧、穿丧、退丧、奠酒、进贡、送神、收歌场等套式。跳丧舞通宵达旦，彻夜歌唱。清代土家族诗人彭秋潭在竹枝词中描述：“谁家开路添新鬼，一夜丧鼓到天明。”天亮结束时就“刹鼓”，唱《收场歌》：“天上锦鸡叫，地上子鸡啼；眼看天大亮，正是收场时。歌郎送出门，庄子返天庭；亡者安葬后，孝眷万年兴。”

跳丧舞是歌、舞、乐浑然一体的艺术，它的声腔以男嗓高八度运腔。从音乐、舞蹈到歌词内容，少有悲伤之感。跳丧舞的音乐基本形式是：旋律以“三声音列”结构为主，节奏为 2/4、3/4 和 6/8 拍。跳丧歌唱腔分为平腔、高腔两种。它的声腔歌调是古老的三声腔。除牛皮鼓作为间奏形式插入外，多为清唱。整个舞场随掌鼓人的鼓点和唱腔变换曲牌、节拍和舞姿。“丧鼓歌”属于古代巴人挽歌，其音乐原始古朴，曲调近似为商调式。音乐高亢欢快，舞步健美勇武。唱与跳同时进行，由击鼓之声烘托，唱者声嘶力竭，舞者翻云覆雨，场面气势恢宏。“丧鼓歌”是土家族民歌联唱，是土家族文学古籍，既有千百年来形成的固定唱词，也有歌师即兴创作。跳丧舞歌词内容十分广泛，富有文采，有歌颂土家祖先开疆拓土的，有反映土家先民渔猎活动、农事生产的。如撒尔嗬歌词云：“向王开疆辟土，我民守土耕稼。”丧鼓歌《开场歌》唱道：“天地开场，日吉时良。鲁班到此，修下华堂。秀才到此，做篇文章。歌郎到此，开下歌场。”土家的历史渊源、古代的历史演义、死者的生平事迹、真挚的爱情故事、社会的生活趣事都是歌唱题材，如《十想》《十梦》《十爱》《十劝》《十织》《十画》《怀胎歌》《探情歌》《探郎歌》《荷包歌》《螃蟹歌》《祭向王》《杨家将》《十绣香袋》《灯草花儿黄》《薛仁贵征东》和《郎在高山打伞来》等。“丧鼓歌”保持古代巴歌“竹枝”“杨柳”等曲牌格律形式。每唱完一首，大家高声合唱一句“跳撒尔嗬喂”，表示为死者家里“散忧祸”。跳丧舞曲牌有“叫歌”“将军令”“正宫调”“一字词”“节节高”“打安庆”等十多个，节奏明快，气氛热烈。跳丧的人为八人或者数十人不等。总之，跳丧舞不分亲疏远近、辈分高低，都可参与。

3. 跳丧舞持久传承

跳丧舞具有多重功能与价值。研究和利用跳丧舞，在土家族现代化进程中意义重大。现在，跳丧舞处境艰难，正在加速失传，这是现代人类社会发展的必然。跳丧舞已从丧葬活动中分离出来，成为一种颇具观赏性的民族舞蹈。长阳土家族自治县文化馆的文艺工作者在跳丧舞基础上创作出“巴山舞”，成为全县各族人民喜闻乐见的娱乐舞蹈。

2006 年，石门县申报的“土家族跳丧舞”被湖南省人民政府公布为第一批省级非物质文化遗产。2007 年 9 月，土家撒尔嗬荣膺中国群众文化政府最高奖——第十四届全国群星奖广场舞蹈比赛“群星奖”。2008 年 3 月，在第十三届全国青年歌手电视大奖赛中央电视台演播大厅里，湖北省巴东县谭学聪和同伴们把土家族撒尔嗬展现在全国观众面前，荣获原生态唱法优秀奖。2010 年 6 月 23 日，土家族撒尔嗬组合在中央电视台第十四届全国青年歌手电视大奖赛原生态唱法总决赛中，以总分 199.18 摘得原生态组金奖。2012 年 8 月，桑植县非遗保护中心申报的土家族跳丧舞被湖南省人民政府公布为第三批省级非物质文化遗产。2011 年，桑植县非遗保护中心申报的“土家族跳丧舞”被国务院公布为第四批国家级非物质文化遗产。2012 年 9 月，桑植县周纯勤被张家界市人民政府公布为张家界市第二批非物质文化遗产项目土家族跳丧舞代表性传承人。石门县陈本龙和刘远正被公布为第一批湖南省级非物质文化遗产项目土家族跳丧舞代表性传承人。截至目前，全国土家地区共有国家级撒尔嗬传承人 2 名、省级 3 名、市级 15 名。湖北民族学院土家族研究专家田万振出版专著《土家族生死观绝唱撒尔嗬》。石门县文化馆舞蹈干部龚兆芬整理的《跳丧舞》被收入《中国民间舞蹈集成・湖南卷》。侯碧云、向智新在《桑植民族舞蹈精选》一书中也写了《跳丧舞》。

（三）铜铃舞

土家族“铜铃舞”又名“八宝铜铃舞”，是湘西北土家族宗教职业者土老司（土家语称为“梯玛”）进行法事活动解钱、渡关、求子等祭祀仪式时表演的舞蹈。铜铃舞起源于唐宋时期，盛行于明清时期。宋代朱熹在《楚辞集注》中说：“昔楚南郢之邑、沅湘之间，其俗信鬼而好祀，其祀必使巫觋作乐、歌舞以娱神。”其娱乐歌舞即为梯玛表演的《梯玛神歌》。古代梯玛祭祖时念咒语，手舞足蹈，形成了土家族铜铃舞。铜铃舞集歌、舞、乐为一体，讲述土家人起源、迁徙、生产、生活，对研究土家历史渊源具有重要的历史价值。

铜铃舞是土家节庆表演节目，对活跃民族文化活动、促进民族团结进步事业具有一定的社会价值。铜铃舞表演中，铜铃声叮当，牛角号嘹亮，极具娱乐性，对于文化旅游具有极大的使用价值。

八宝铜铃原是土老司主持祭祀仪式使用的“法具”之一。铜铃道具刻有马头，安有木柄，长 30 厘米，木柄左、右两端各安 3 颗铜铃。铜铃道具象征土老司做法事的一匹宝马，马头颈部系的五色丝带象征马的鬃毛。其舞模仿表演“喂马”“洗马”“逗马”“牵马”“上马”“跨马”“奔马”“跑马”“勒马”“下马”“上天堂”“下地狱”“过天桥”“打秋千”“接孩子”等象形动作，再现土家祖先骑马迁徙、征战盛况，所以又称“马舞”。

铜铃舞动作特点鲜明，保持了土家族舞蹈的独特风格。原始舞蹈形式是舞者土老司头戴法帽凤冠，身穿八幅罗裙，腰系短刀，脚穿马蹄云鞋，左手持八宝铜铃，右手拿圆形司刀，边摇铃边抖刀边舞蹈边念唱《梯玛歌》，歌颂土家祖先创业功绩，祈祷先人安宁，祈求后人幸运。土老司翩翩起舞时，八幅罗裙撒开，如同孔雀开屏，绚丽多姿。间隙中间，吹牛角号，烘托气氛。

铜铃舞发展成为土家群众舞蹈以后，变土老司独舞为集体舞，分为立式铜铃舞和坐式铜铃舞。立式铜铃舞的铜铃只系七个，要求舞者摇铃一次，进退各三步后转体。如此周而复始，不停地行走舞蹈，动作较多。坐式铜铃舞的铜铃只系六个，舞蹈动作较少。跳八宝铜铃舞时，土老司按“人”字形线路走动，用铜铃敲击膝盖。数名演员以铜铃响声为音乐节奏，时而坐凳，时而立步。基本步伐有走十字步、踩三角、屈膝辗转、交叉撒步等。铜铃舞舞姿丰富，基本动作有扫堂摇铃、左右摇铃、八字步摇铃、十字步摇铃、踩四方摇铃、跳莲花摇铃、踩八卦摇铃、跳火坑摇铃、马步摇铃、跳马摇铃、转圈摇铃、勒马摇铃等。在舞蹈时，双膝微曲，顺拐摇铃，颤抖摆扭，粗犷有力。有的动作技巧较高，如“跳火坑”，腾空跳起，双腿向前，伸右腿跨过左腿，转身三百六十度。又如“打八铃”，全蹲，两腿交替向前伸出，双手交换不断敲打小腿、大腿和肩，动作难度较大，风格劲健。

关于土家族铜铃舞的来历，民间亦有传说。相传“八部大王”为远古时代土家祖先八个部落首领，后来，八位首领战死。后人为了纪念他们，制作八个铜铃，并穿八部大王穿过的八幅罗裙，骑着象征祖先骑过的宝马，手摇铜铃，翩翩起舞，高唱祭祖求福战歌。因为八个铜铃代表八个首领，就把这种舞蹈取名为“八宝铜铃舞”。按照土家习俗，只有土家人参加“八宝铜铃舞”活动，不准外族人参加，有“黄铜不沾铁，土家不沾客”（客意指外族人）之说。由于土家、苗家、汉人并肩战斗，共同对付敌人，结下深厚友谊，土家族掌堂师就把铜铃送给苗家和汉人各一个。所以，现在的八宝铜铃只系六个铜铃。随着历史发展，原为土家祭祖仪式的祭祀舞蹈“八宝铜铃舞”，后又成为象征民族团结的盟誓舞蹈，发展着的历史总为原来事物增添新的含义。中华人民共和国成立后，政府组织民族工作者挖掘、整理土家族文化，使铜铃舞登上民族文艺汇演舞台，多次获得省级、国家级奖项，并由一人表演的祀神舞发展成为多人表演的集体舞。由石远鳌编舞、李卓于作曲的《铜铃舞》获得 1980 年全国少数民族文艺汇演优良奖，使铜铃舞在民族文艺百花园中绚丽绽放。2009 年，“土家族铜铃舞”被湖南省政府公布为第二批省级非物质文化遗产。因受外来文化冲击，加之一批民间艺人年岁已高，传承土家族铜铃舞非常艰难，抢救少数民族文化遗产工作刻不容缓。目前，保靖县文化工作部门已经制定土家族铜铃舞保护计划，采取有力措施，保护土家族独特的舞蹈铜铃舞。

（四）高花灯

民间舞蹈“高花灯”又称“高皇灯”，起源于永定区谢家垭乡和沅古坪镇一带。永定区每年举行元宵节灯会的时候，有种花灯用五尺木托扎着灯笼，灯笼里点木油、蜡烛。夜晚起舞之时，烛光闪烁，犹如银带飘飞，使人眼花缭乱，那便是土家族娱乐性舞蹈“高花灯”。永定区沅古坪镇栗山村“高花灯”领队龚瑞珍老人每年领着 24 名队员参加张家界市举行的大型文艺活动。2006 年，“张家界高花灯”被湖南省人民政府列入第一批省级非物质文化遗产名录。2008 年，永定区秦太林被湖南省文化厅公布为第一批省级非物质文化遗产项目高花灯代表性传承人。

古老的高花灯以其悠久的舞蹈历史和多元的文化特征，被舞蹈界称为“中国舞蹈活化石”，极具学术价值和审美价值。相传高花灯起源于东汉章帝初年，“澧中蛮”覃儿健举旗反汉，与汉军“战于宏下（今沅陵县）”。土家先民用火把跳舞，为起义军呐喊助战。终因汉军势众，覃儿健与起义军全部战死。后来，土家先民每年都必在正月初一至元宵节打着火把，集会跳舞，纪念覃儿健起义。久而久之，火把演变成为高花灯，表演也有一定规矩。传说公元 683 年，武则天曾于长安举行过一次盛大灯会，宫内扎起高达五十丈的灯楼。唐高宗与武后坐在上面，皇子皇孙、宫娥彩女伴立两旁，同观花灯。各州文武百官奉旨备办各式各样花灯，前来表演。只有西南夷人以“高花灯”献于皇上，别具一格，引得武则天笑逐颜开，唐高宗传谕嘉奖，赐名“皇灯”，并且下发圣旨：以后非西南夷人不得玩此“皇灯”，违者以“冒皇”论处。之后，薛刚醉酒，大闹花灯，踢死太子，惊死老王，惹下弥天大祸，薛家满门抄斩，导致薛刚反唐。因此，凡是玩“高花灯”的，禁吃人家盘中荤菜、杯中之酒。

高花灯制作比较讲究，长方形灯笼需要木板、齐眉高的木棒、各色纸等。由木工先做好灯托，然后由纸扎艺人用篾扎好 12 或者 24 个精致的灯笼。其中，有伞形引灯 2 个。用灯代表光明，祈求月月平安。每年春节，沅古坪镇都要操练一番高花灯，辞旧迎新。表演时，由 12 人或者 24 人身着挑花边对襟衫，头扎挑花手巾，腰系挑花板带和摆带，脚穿布鞋，组成灯队。一人举着一个灯笼，在黑夜进行表演。

高花灯表演，由 12～24 人组成，配以锣、鼓、钹、唢呐等乐器。每人举着一盏纸扎灯笼，里面点蜡烛 2 根，顶扎 1 个木偶像，用五颜六色的纸剪成“八仙过海”“瓦岗寨好汉”“梁山英雄”和“耿氏送子”等戏文故事。12 个长柄大灯代表一年 12 个月，意味着月月平安无事；24 个小长柄灯代表一年二十四节气，象征春种秋收，风调雨顺。表演时，有一套程式，要求东起西落，进一个“半边月”，出一个“月团圆”，舞一个“太极图”。边舞边组成“单八字”“双八字”“连八字”“八卦阵”“四耳节”“六耳节”“九连环”“踩棋盘”“推骨牌”“滚柱头”“织篱笆”“过天星”“象棋盘阵”“一字长蛇”“二龙戏珠”“双龙出洞”“羊儿打架”“烈马回头”“狗寻骨头”“螺丝转顶”“荷花出水”“覃王点兵”等队形。

高花灯表演，进民家堂屋表演的，叫“愿灯”，多为祝福、还愿或为某家喜事演出。接灯人家设宴款待，但是表演人不喝酒，亦不吃盘中荤菜。“打吆喝”“吹口哨”只在屋外表演的，叫“众灯”，是让大家看的。其表现形式分为“民灯”和“战灯”。“民灯”展现土家先民迁徙、繁衍、劳动、生活等场景，“战灯”表演打仗、破阵。表演时随机应变，含有“进攻”“退守”“布阵”“破阵”等兵法内容。在黑夜，一人举一个点着双烛的灯笼，由头伞引路，锣鼓伴奏，和着“啊荷”声狂舞。

玩灯人进入接灯人家时，接灯人家在庭院或者坪坝上在东西南北中五个位置点上香烛（意为摆下阵势，有“双喜临门”“三星在户”之意）。玩灯队伍进入接灯人家时，必须按点香烛位置先拜五方。玩灯人履行“拜灯”规矩以后，主东收去香烛的为“和”。如果不收，灯班子进入阵中，先走“太极图”，然后以各个击破方法，玩遍每一香烛，就为“破”。破阵以后，踩出“上元一品”四字答谢东主。于是，越玩越快，花灯像龙蛇飞绕，观众看得眼花缭乱，玩灯人吆喝着无字歌，鞭炮齐鸣，观众拍手叫好。

高花灯由“旗伞”引头，以土家族无字歌“哦嗬嗬”指挥队伍变换队形。玩灯人拜五方后，绕成一个圈子，团团旋转。引头人一声“哦嗬嗬”，一解围，变成“半边月”；又一声“哦嗬嗬”，扭回头，形成“太极图”。形式多样，变化无常，黑夜远眺，灯火如流星穿插舞蹈，如斗转星移，令人眩目。旁边配以龙灯互舞，那激昂的锣鼓声、吆喝声、口哨声，掀起有节奏的声浪，热烈而又欢快。

（五）板板龙灯

慈利县“板板龙灯”是土家族人自编自演的娱乐性舞蹈，是独具土家特色的文体活动。板板龙灯分布在慈利县龙潭河镇周边几个乡（镇），表演艺术形式独特，是全国著名的民间舞蹈。“板板龙灯”由木板安上灯笼，组成龙身，长达千米。表演“板板龙灯”时，每人肩上抬着用枫木或者樟木做成的木板。随着锣鼓节奏，板板龙灯左右翻滚，时而龙腾虎跃，时而长蛇蜿蜒。

相传板板龙灯起源于宋代，是为纪念剿匪英雄“黑神都督”雷万春而开展的民俗活动。这种习俗代代相传，沿袭千年。宋朝初年，慈利县龙潭河匪首张大奎纠集一千余人，盘踞龙头山顶。张大奎怂恿众匪抢劫财物，虐待妇女。“赶天二公”李盛上京禀告朝廷，请求镇剿。宋太祖遂派高怀德元帅和郑於戈、潘荣贵将军领兵五千来到龙潭河攻山，但被滚木、烂石击败。高元帅命令李盛召集当地族长共商除恶良策。秀才朱名月献计以后，李盛发动百姓自备长木板，上点烛灯，连成“板板龙灯”，诱匪出山观灯。次年正月十五日，各家板板龙灯来到龙潭河比赛，内容是看谁家灯长，圈盘最大。久未下山的张大奎亲领匪队，前来观灯。玩灯农民冲断队伍，将其团团围住。郑於戈、潘荣贵率领官兵，趁机出手。张大奎见势不妙，拔腿逃向龙头山匪巢。逃到半山腰时，景龙桥的雷万春喝道：“张贼快快投降，免得老子动手。”张大奎举枪就杀，二人厮打一阵。因为天黑，雷万春虚踩一脚，被张大奎刺中胸部。张欲逃跑，雷抱腿不放，还用嘴咬。这时，郑於戈将军挥起一刀，砍断张的右臂，张匪就擒。流血过多的雷万春当场阵亡，潘荣贵命令士兵抬着雷将军，在板板龙灯引路下，回到军营。第二天，高帅令将张大奎斩首示众，沉尸龙潭河。命令李盛将雷将军葬在龙头山下，并建 “黑神庙”以示纪念。因雷万春皮肤黑，被宋太祖追封为“黑神都督”。自宋朝剿匪胜利以后，龙潭河一带每年正月十五组织玩板板龙灯。经过历代传承，玩板板龙灯目的逐步从庆祝胜利演变成为祈福迎春、盼望吉祥。时间不局限于正月十五，大年三十以及重大节日都可进行。板板龙灯原是家族性传承，现已发展成为以村为主，甚至以乡为单位组队。

制作板板龙灯极有讲究。“板板龙灯”龙身由数块上扎五方灯笼的木板组成，与龙头、龙尾脱节。板板龙灯龙头高过一丈，龙尾高约八尺。龙头和龙尾先用竹篾扎制，做成骨架，里装蜡烛，外用皮纸裱糊。舞板板龙灯的时候，烛光在龙头和龙尾闪烁。龙身由多块灯板连接而成，每块灯板上扎彩色灯笼 5

个，表示五谷丰登。每块灯板的彩灯形状各异，有圆形、方形、菱形、六角形等。灯板每块长约五尺六寸、宽约五寸、厚约一寸，其下有手擎长柄。两端钻有圆眼，两块板凳之间用根木楔穿插在圆眼中，连接成为一条长龙，短者数十节，长者可达数百节。

慈利县龙潭河、景龙桥、二坊坪、高桥、金坪等乡（镇）参加表演队伍少则数百人，多达数千人，场面宏大，蔚为壮观。在点灯和龙头点睛之前，进行祭祀活动，为百姓祈求风调雨顺、五谷丰登。天黑以后，主持人下令“点灯”并举着火把围绕坪里跑一周停下后，表演的板板龙灯才上灯，亮相坪中。发灯以后，龙头前由几名或者几十名力气大的人用粗绳向前拉，龙尾的人向后拉，前后形成角力，龙身才能起动。排在最前面一人举好龙头，最后一人举好龙尾。板板龙灯开始蠕动，昂头、摆尾、走圆场，组成一个巨大的滚动着的火轮。龙的前面抬着高怀德、雷万春的雕像作为吉祥物。表演板板龙灯的人很狂，高声呼叫，连走带跑。观看的人放鞭炮、打乐器。

板板龙灯玩法的以跑圈、走字为主。玩灯的时候，由龙头向四周扩散，不走回头步。起初是像蛇一样盘大圈，龙头顺左方向往内转，再从中间顺左反转向外，演变成为“和”“太平年”“福禄寿喜”“国泰民安”“祖国万岁”等造型。板板龙灯的高潮在“龙争珠”这一节。此时，一位漂亮的土家姑娘走入坪中，把彩珠抛向空中。顷刻间，呐喊声响成一片。最后，彩珠被姑娘的意中人夺去，板板灯也就宣告进入尾声。

慈利县板板龙灯在春节或者大型庆祝活动时表演，如纪念抗日战争战胜利、中华人民共和国成立。改革开放以来，已连续举行多年。1990 年，慈利县政府召开经贸大会期间，高桥镇组织一支由上千盏灯笼组成的板凳灯，入夜浩浩荡荡游遍慈利县城。有时像一条长龙，有时像一个火球，在零阳十里长街舞动，为数万客商瞩目。2003 年元宵节夜晚，由龙潭河镇上千人表演的板板龙灯在慈利县体育广场进行，并且上街表演。慈利县城数万市民汇聚街道观看，鼓乐开道，鞭炮相迎，锣鼓如潮，气势磅礴，热闹非凡。板板龙灯艺术价值独特，不但是珍贵的民族文化遗产，而且对研究历史学及民族学有着重要价值。2002 年，慈利县龙潭河镇被文化部授予“中国民间艺术之乡”称号。2006 年，慈利县板板龙灯被湖南省政府列入第一批省级非物质文化遗产名录。2008 年，被张家界市政府列入张家界市第一批非物质文化遗产名录。2011 年，慈利县龙潭河镇由于弘扬板板龙灯得力，被文化部命名“中国民间文化艺术之乡”。历史悠久的板板龙灯逐步形成民俗文化旅游品牌，成为全国独特的传统体育活动。

（六）泼水龙

土家族“泼水龙”又叫“浇水龙”，是土家族人祈雨求丰收的祭祀仪式，也是盛大的少数民族传统体育活动。“泼水龙”兴起于明清土司时期，现已发展成为对喜庆节日的庆祝、对美好生活祝福的民间舞蹈，流行于永定区尹家溪镇莫家岗村和西尹村一带。每年农历“六月六民俗文化节”，土家族人用脸盆、木桶、水瓢等容器端水围龙泼浇，边舞龙边泼水，越泼水龙舞得越欢，预祝风调雨顺，五谷丰登。

土家族泼水龙的历史可以追溯到宋朝。传说很久以前，有位阴阳先生从四川省峨眉山顺龙脉查到尹家溪莫家岗田家院子。阴阳先生说：“龙脉落户于此，头卧田家院子，尾靠马儿山。两只眼睛一只是田家院子水井，另一只是龙潭坪水井。这边水井打水，那边井中水动，莫家岗活龙活穴，今后定出天子，将取大宋江山。”皇帝闻此消息，急忙传下圣旨，命令地方官吏亲督民工挖断张林垭、玉山垭、女儿垭的山脉。民工白天挖，夜里涨，挖了七七四十九天，三个山垭纹丝不动。地方官吏亲自骑上八百里快马上京复旨。皇上大怒，当殿传旨，命令地方官吏想尽千方百计将莫家岗龙脉挖断，否则诛灭九族。龙神见皇上挖山决心不减，自语道：“不怕你千人挖万人挑，就怕你桐钉钉断腰。”不料，龙神的话被一位精通阴阳学的国师在观天象时知悉，连夜上奏皇帝。皇帝命令国师亲自于正月初一来到莫家岗，用桐木制作九九八十一根桐木钉，分别钉在张林垭、玉山垭、女儿垭的山脉腰上。如此一钉，那两口水井出了三年黄水，活龙变成死龙。为了祭祀龙神，莫家岗田、庹二姓此后每年都用山上的黄荆条、松树枝、葛藤扎成龙形，舞泼水龙祭奠龙神。若天数日不雨，舞泼水龙数日不停，直到感动龙神普降雨露，方肯停歇罢手。尹家溪邹氏家族历史上供奉“泼水龙神”。每逢天旱季节，土家先民抬出“泼水龙神”，伴随着泼水龙，游于溪畔、田野，进行求雨祭祀活动。1945 年 6 月，境内久晴不雨，旱魔肆虐，农田枯干。城郊数乡农民舞泼水龙，穿街走巷，锣鼓相奏，以求苍天普降甘霖。

舞泼水龙前，要制作龙。泼水龙是用柳树条扎成，由龙头、龙身、龙尾和滚宝组成。一般用麻作龙须，用葛藤、黄荆条、松树枝作龙身，以柳条为龙皮，分 9 节、11 节、13 节、15 节等不同长度，由 9 ~ 15 人参加舞龙。龙身为 12 洞，即每月 1 洞。龙头有眼、鼻、嘴、舌、角、须。龙尾翘上，能够摇摆。举龙头的人为有名望的土家长者。“龙宝”由柳条编成，如圆球状，在龙口前上、下、左、右飞舞，形成“龙抢宝”。

泼水龙在农历六七月烈日当空的龙日举行。舞泼水龙时，有锣、鼓、唢呐、牛角、钹等演奏的铿锵乐曲相伴。一人持“宝”在前，舞宝人以其拳术“四门架子”和“八虎拳”为主，以“苏秦背剑”“猛虎跳涧”“美女梳头”等为辅。舞泼水龙者头戴柳条圈，双耳紧裹，赤膊短裤。舞动时，水龙二侧设有鱼、虾、蚌蛤等执事陪舞。前有两名德高望重者，手持上写“殄瘟除殃，有求必应”排灯，两名童男童女手持上写“五谷丰登、六畜兴旺”灯笼，后随两人抬铜锣，一人背围鼓，伴着铿锵的锣鼓、激越的牛角、海螺号声以及悦耳的唢呐声。舞泼水龙有“二龙抢宝”“乌龙绞柱”“狂龙戏水”“狂水戏龙”“蛇蜕皮”“蛇钻洞”等 50 多种玩法。龙在“大雨”中盘绕腾挪，上下翻飞。

这天，土家山寨家家户户将装满水的水桶、水盆和泼水的水瓢、水枪等用具放在门前。开始之时，观众不得泼水，须等水龙到城隍庙参拜、沿街起舞之后。待吹牛角、吹唢呐和敲锣打鼓的泼水龙队伍来到家门，男女老少齐用水瓢、水枪、木盆的水不停地泼在水龙和赤身舞龙人的身上，场面非常热闹。泼水越多，舞者越起劲，龙舞得越欢。谁泼得多，谁家就会五谷丰登。泼水龙的参与者不受年龄、性别限制，男女老少均可玩耍。成人表演叫大龙，小孩表演为小龙，男人组成的称为公龙，女人组成的为母龙。舞龙当天，水龙狂舞，群体狂欢。因为舞龙者不能被水泼太久，必须及时换班。

泼水龙是永定区土家族古老的民间艺术，具有千年历史。泼水龙用独特形式反映土家族人崇尚自然和对幸福生活的追求，生动地体现民族文化与中国传统龙文化的融合。土家族泼水龙传承方式是非家庭性的。在传承过程中，以自愿为特征，多为松散型。泼水龙名师授艺多在农闲时，自愿学艺者集中起来上门请教。21 世纪以来，在上级政府文化主管部门的支持下，永定区尹家溪镇邹启祥对残存的“泼水龙”文化内涵进行了挖掘，培训“泼水龙”表演队伍。在继承传统演技基础上进行创新，提炼出“荷花升降”“兴云吐雾”“腾空穿跳”等 60 种花样，得出了“游、走、起、伏、腾、跳、滚、翻、穿、摇、盘、卧、首尾互看”16 字诀演技理论。其表演已成为张家界市节庆喜闻乐见的娱乐活动。2005 年 6 月 6 日，八条泼水龙在城区街道，欢腾飞舞，数万市民参与泼水戏龙。目前，能够参加表演的队伍发展到 400 多人。2008 年 6 月，“泼水龙”被张家界市政府列入张家界市第一批非物质文化遗产保护名录。2009 年，“张家界泼水龙习俗”被湖南省政府列入第二批省级非物质文化遗产保护名录。永定区邹启祥被公布为“第二批湖南省级非物质文化遗产项目张家界泼水龙代表性传承人”。

（七）花鼓灯

花鼓灯是在鹤峰县流传较广、深受当地土家族人喜爱的传统舞蹈。花鼓灯有文花鼓、武花鼓之分，花鼓灯究竟在鹤峰有多长历史，据 76 岁老艺人苏发福回忆，其爷爷幼小时就常看花鼓灯，由此推断花鼓灯在鹤峰至少已有 200 多年历史。花鼓灯分为两大流派，即以大岩关为界的关内花鼓灯和关外走马区花鼓灯。它们虽然都由旦、丑两角表演，锣鼓伴奏和由伴奏人员伴唱，但在音乐与表演程式上大相径庭。为了区别这两种花鼓灯舞蹈，通常把关外花鼓灯称为走马镇花鼓灯。花鼓灯主要在节庆期间表演。自正月初一开始，由民间艺人组成各路灯班相继出动，或沿村寨每家每户拜年，或于场坝垒桌为台表演，最热闹的是几路花鼓灯班子相约对台竞技。2013 年，鹤峰县花鼓灯被湖北省政府列入非物质文化遗产保护名录。

三、戏　剧

在古代土家戏剧中，茅古斯和傩愿戏是极有学术价值和文化价值的两种原始戏剧。明代以后，花灯戏、目连戏、阳戏等剧种传入澧水流域土家地区，成为土家地区富有特色的地方剧种。

（一）原始戏剧茅古斯

“茅古斯”是湘西北土家族处于萌芽状态的古代戏剧剧种，土家语称为“拔普卡”或者“帕帕格刺”，汉意即“浑身长毛的人”，因装扮毛人表演祖先故事而得名。“茅古斯”是土家族人在每年正月摆手舞活动中穿插进行的具有故事情节的原始戏剧表演活动，被戏剧界公认为中国戏剧的源头和“活化石”，从其服饰、道具到表演形式、表演内容，茅古斯再现了原始氏族社会至五代时期土家先民的渔猎、农耕等原始生产生活以及婚姻习俗。“茅古斯”流行于永顺县、保靖县、龙山县和桑植县、永定区。除此之外，民族节日和民俗活动等场合也有人单独表演土家族茅古斯节目。进入 21 世纪以来，有“茅古斯之乡”之称的永定区罗水乡党委、政府十分重视茅古斯的保护和传承，从资金技术、基础设施、项目申报等方面加大对茅古斯的扶持力度，提高茅古斯的影响力，使罗水乡成为全国民间文化艺术之乡。目前，罗水乡农民覃永年牵头成立张家界茅古斯文化传播有限公司，现有茅古斯舞表演队 3 支，表演者 100 多人。茅古斯文化传播公司实行以商业运作为主、公益演出为辅的经营模式，推出茅古斯、阳戏、花灯戏等土家文化艺术表演项目，打造民族文化旅游产业。永顺县和平乡双凤村茅古斯表演由《做阳春》《狩猎》《捕鱼》《抢亲》《教读书》五部剧目组成。

茅古斯诞生于原始社会，脱胎于原始社会巫舞，发展于梯玛祭祀仪式。在由梯玛主持的祭祀仪式中，由人们进行茅古斯表演。茅古斯的鲜明特点是结草为服，即表演者用茅草、稻草、棕片、棕叶、桐叶或者芭蕉叶结成服装，一般由五块组成：一块扎在腰间，成裙状；一块周围肋下，前遮胸，后盖背；两块搭肩系在左、右臂上；一块作头套以蒙面，头套上扎棕叶编制的二辫、三辫甚至五辫，辫象征犄角；以偶数代表兽，以奇数代表人，奇数往往多于偶数。龙山县坡脚乡茅古斯老艺人田其友说："土家族的祖先是毛人。在原始社会，毛人身穿茅草、树皮，吃的是野兽和野果。"

表演茅古斯，首先表演俄坐妥，即祭"梅嫦"。"梅嫦"是用草扎成的神像，是土家人最尊崇的猎神。土家人打猎前必须先祭"梅嫦"，愿"梅嫦"保佑猎物难逃，而且猎人平安。茅古斯使用道具是一根约四尺长、外缠茅草的木棍。表演时，它可是猎具、渔具，也可作农具。表演中常伴有"示雄""搭肩""转臂""甩摆""涮露水""左右抖摆"等动作。其形粗犷，语多俚词。据说这样做是为了博得女猎神欢悦。参加茅古斯表演的角色不分行当，表演者十多人至二三十人不等。角色为拔普卡（祖公）、拔帕尼（祖婆）、裸必爹（子孙们），俗称老茅古斯和小茅古斯。女茅古斯全身披毛，头戴树叶。茅古斯主角是男老茅古斯（拔普卡），因而土家人称茅古斯表演为"拔普日"，意为演老头子的戏。茅古斯表演的祭祀对象"梅嫦神"（土家人敬奉的女猎神）像是用七根茅草扎成草码的替代猎神，形为倒坠。茅古斯除祭祀猎神外，还祭祀彭公霸主、向老官人、田好汉等土家祖先神。

土家族人在盛大的"舍巴日"表演茅古斯，但多在小摆手舞接近尾声时出现。表演茅古斯的人不参加小摆手舞，化好装后，先在摆手堂外树下等候。正当摆手舞进行热烈之时，场外突然窜进一群"稻草人"。跳摆手舞的人立即停止，纷纷让路，散至周围，连续叫喊"祖先爷爷来了"。观众对茅古斯演员不能指名道姓，也不能妄加评论，因为人们认为茅古斯是土家祖先化身。表演茅古斯时通过农活动作和人物对话，再现土家先民生活情节。其表演顺序为"祭祖""打猎""捕鱼""耕作""接新娘"和"过年"等六个部分。每个部分又有几个小节，如祝万事如意的表演中，有打露水、修山、打铁、犁田、播种、收获、打粑粑、迎新娘等。茅古斯表演分多个场次，表演内容有"扫堂""祭祀请神""祭五谷神""捞虾""吹火""甩火把""砍火畲""挖土""撒小米""种苞谷""示雄""烧山挖土""栽秧""筛土灰""拖木""捡茶子""纺棉花""打糍粑"和"读书"等剧目。场上以动作表现故事情节，其形狂野；

微屈双膝、摇头晃肩的动作贯穿整个表演过程，展现土家先民原始形象。茅古斯有人物、对白、故事情节和表演形式，台词均用土家语问答。表演碎步进退、屈膝抖身、摇头耸肩、左右跳摆等动作，显出粗野、诙谐的民族气息。茅古斯动作原始粗犷，滑稽有趣，勾勒出土家族从远古走到现在的发展历史。

茅古斯表演基本照搬生活，即对生活情节和过程的模仿。在《实姐（打猎）》中就是“报信”“开山”“理脚迹”“围山”“倒杖”“分肉”“祭梅山”“封山”等捕猎过程再现。在《接新娘》中，角色由新娘、新郎和茅古斯组成。新娘以阔叶为头巾，以豆类为耳饰，以红色布饰为新装。两个茅古斯交手相握为花轿。在表演过程中，茅古斯抬着新娘在表演场所向四处奔跑，其余茅古斯相互争雄，示演土家祖先原始“争婚”情节，赢者为新郎。

茅古斯表演用竹棒、木棒、石块等作为伴奏乐器，根据不同场景，敲击各种节奏以营造气氛。茅古斯表演道具是一根三尺小棍，它随着故事变化一会儿被当作打鱼、捞虾的生产工具，一会儿变成与野兽搏斗的猎具。茅古斯演出有情节、有人物、有语言以及其他故事内容，具备戏剧形态雏形，因而是原始戏剧。

党的十一届三中全会召开以来，随着民族政策落实，茅古斯从摆手坪搬上文艺舞台。1983 年,《茅古斯》参加党中央组织的全国乌兰牧骑式演出队文艺会演。2006 年,《土家族茅古斯》被国务院公布为第一批国家级非物质文化遗产，其深厚的文化内涵和所承载的历史价值、艺术价值、民俗价值从中可窥一斑。2008 年 8 月 8 日，土家族茅古斯节目《欢庆》作为湖南省唯一节目参加北京奥运会开幕式前文艺节目表演，是让 800 多万名土家族人引以为豪的事。

土家族茅古斯具有重要的文化价值和学术价值。从文化人类学角度考察，茅古斯是弥足珍贵的文化遗产。从戏剧发生学来说，茅古斯是中国戏剧古根，戏剧专家赞它为“中国戏剧最远源头”。从宗教学角度考察，茅古斯保留自然崇拜、图腾崇拜、祖先崇拜等远古时期遗存的精神符号，其巫歌、巫词、巫术、巫祀为学者研究中华民族远古时期宗教信仰的珍贵“活化石”。

（二）神秘的傩愿戏

“傩”是迎神赛会、驱鬼逐疫的仪式。土家族傩愿戏又名傩堂戏、傩坛戏，是酬傩神的宗教仪式剧，是地方戏曲剧种之一。傩愿戏是还傩愿和傩戏总称，是在祭祀基础上吸取戏曲形成的民间戏剧。还傩愿是以许愿、还愿为形式，集驱鬼、祈福、娱神、娱人为一体。每年农历八月十五日至腊月二十四日，土家人请客老师若干人进行表演。土家人还愿者为求子、除病、祈寿举行的艺术活动，经过长期发展，形成30多个曲牌、200多轴剧目。傩文化由傩祭、傩舞、傩戏、傩技四大演出部分组成，傩戏是其主体部分，有故事，有对话。傩戏演员多是客老师，表演具有宗教风格。傩舞包括铜铃舞、刀梯舞、牛角舞等。在傩戏演出时，穿插绝活、杂技表演。傩技摸油锅、捧炽石、踩铧犁、踩火砖、滚刺床、上刀梯、下火海等功夫是神秘神奇的文化事象，具有人类学价值和艺术学价值。

（1）傩戏源流

傩戏历史悠久，源于原始社会的傩舞。傩舞发展对地方戏剧有直接影响。傩戏是在傩舞基础上发展形成的民间戏剧，表演具有简单情节。明末清初，傩舞吸取戏剧形式，演变成为傩戏，被戏剧史研究专家誉为中国戏剧的“活化石”。

土家地区早已流行傩愿戏，历史文献早有傩愿戏的记载。最早见于文字的是明朝天启年间容美土司田玄的《澧阳口号》：“山鬼参差迭里歌，家家罗邦截身魔；夜深响彻呜呜号，争说邻家唱大傩。”从诗中可看出当年盛行傩戏。据清代《乾隆永顺县志》载：“酬神必延辰郡巫师唱演傩戏，设傩王男女二神像于上……敲锣击鼓，人各纸面。有女装者，曰孟姜女；男扮者，曰范七郎。”清代《嘉庆慈利县志》又载：“为幼男童女除灾祈祥，命巫人酬神，金鼓竟宵，谓之还傩愿。”慈利县《向氏族谱》也载：“其俗信巫尚鬼，事向王、公安等神。以宿神傩愿为要务，敬巫师，赛神愿，吹牛角，跳丈鼓。”清朝末年，傩戏班子演员兼法事主持，边做“判卦”“绘符”“念咒”等法事，边演傩戏。傩戏在愿主家堂屋演出，背面祭着神像，三面向着观众。

（2）傩戏特点

傩戏演出形式特别，与冲傩等宗教活动融为一体。傩戏演出分为开坛、开洞、闭坛三个阶段。开坛和闭坛是迎神、送神的法事，打开洞门以后，就可演出傩戏。

傩愿戏是祭祀与戏剧相结合的艺术，在戏剧表演中夹杂还愿内容，可谓祭中有戏，戏中有祭。这种艺术保留着表演艺术由祭祀、歌舞、说唱向戏剧演变过程的面貌。傩愿戏载歌载舞的表演，形象夸张的面具，诙谐幽默的对白，在表演中有唱有帮，使演唱者与围观者产生艺术共鸣，思想感情融为一体，从而得到精神愉悦。这种具有乡土气息和民族情趣的傩愿戏深受土家族人喜爱，具有广泛的群众基础。傩愿戏富有原始色彩的内容与艺术为研究中国戏剧之演化、宗教之起源、民族之形成以及民俗学、社会学等方面提供活生生的例证。

傩愿戏有高傩、低傩和三元盘古傩三个流派。高傩流行于土家地区，低傩流行于汉族地区，三元盘古傩流行于白族地区。其共同点是敬奉三元（即三清），指元始天尊、灵宝天尊、道德天尊。高傩和低傩在做正朝时供放的木雕菩萨神像不一样。高傩供放傩公“东山圣公”和傩母“南山圣母”全身神像，低傩供放“武岳”和“青显”半身神像；高傩演出分三天和五天两种，低傩演出有二天与三天之分。傩愿戏无论高傩或者低傩，剧目相同，只是有的地方剧目残缺不全。

（3）傩戏内容

傩愿戏按其内容有正戏、后戏之分，即在朝科设置上都有“正朝”和“花朝”两大部分，分为请神、酬神、送神三段祭祀仪式。正戏在高戏台上演，是还愿仪式中戴面具表演的法事，传统剧目有24出“正朝”戏，名称为《启师开坛》《申发功曹》《判案招兵》《收坛镇恶》《劝茶敬酒》《下马问卦》《开山神将》《开路先锋》《白旗仙娘》《扎寨将军》《土地公婆》《姜女勾愿》《造桥仙师》《圆关解煞》《脱白穿青》《送子归家》《出猖逐疫》《送神归位》《安神谢土》《三妈土地》等。其形态多为妆粉角色的歌舞、百戏表演。后戏“花朝”在正戏之后表演，富有生活情趣，传统剧目四女戏有《孟姜女》《鲍氏女》《七仙女》《龙王女》。傩愿戏是佩戴面具表演的祭祀，在人物塑造上借助面具烘托，即木雕面具和兽皮面具。傩戏角色行当分生、旦、净、丑，均戴面具表演。木雕面具用樟木、丁香木、白杨木等不易开裂木头雕刻、彩绘而成，按照造型分为整脸和半脸两种，整脸刻绘人物戴的帽子和整个脸部，半脸仅刻鼻子以上。鹤峰县兽皮傩面脸谱造型注重人物性格刻画，根据不同人物选用不同兽皮。鹤峰县兽皮傩面具在全国也不多见，是古代巴人长期狩猎经济的产物，其独到的制作工艺与人物造型除宗教功能外，具有很强的审美性。

（4）傩戏音乐

傩戏音乐十分丰富。“还傩愿”中所用音乐泛称傩戏音乐，包括法师腔、角色唱腔和锣鼓伴奏三个部分。角色唱腔有正腔、小调两类。正腔诸种腔调统称“打锣板”，唱腔多按角色行当赋名，称生角腔、旦角腔、净角腔、丑角腔；有些地方以所扮角色名称冠称，如姜女调、青婆调、梅香调、浑童调等。演唱形式为锣鼓伴奏，众声帮和。唱调多为上、下句式结构，亦有五句为一曲者。唱腔有单板、双板、连板三种形式。傩戏小调多作剧中插曲使用。曲调短小，衬字较多。锣鼓伴奏乐器为打击乐器锣鼓钹和吹奏乐器牛角号，锣鼓演奏采用挤钹和“锣里藏音”，即在唱腔尾声中起锣鼓。

傩戏唱腔调式多样，以落5、6、2音居多。唱腔节奏以记谱为2/4拍者为多，少数为 1/4 拍。唱段还常出现 2/4 和 3/4 拍交替情形。正腔腔调唱词均以 7 字、10 字的对偶句式为主。

傩愿戏在不同地域与民间音乐相结合后，形成各自不同的唱腔特点，但是表演程式一致，俗称冲傩还愿，属祭祀戏剧。傩戏唱腔多达 120 种，有行当分腔，如生角腔有老生腔、小生板、土地板等；旦角有姜女板、绣花板、梅香板等；丑角腔有十八扯、货郎板、探子数板等；净角腔有开山调、扎寨调、花脸板等。

（5）传承弘扬

傩戏班以“坛门”组合，民间艺人以做法事开始，以唱《盘洞》戏结束。湘西北还傩愿演出经过发功曹、扎寨、请神、安位、出土地、点雄发猖、姜女团圆、勾愿送神等八大法事，有关剧目穿插其中演出。傩戏演出带有宗教色彩，扮演者系巫师。在举行傩事活动前，土家巫师布置一个傩堂，集编扎、剪纸、书法、绘画等艺术为一体。在堂屋里做内朝，堂屋外搭戏台唱傩戏。巫师头戴五佛冠，身穿法衣，手持朝笏、师刀、金帽、灵宝等。还傩愿程序复杂，内容有保儿愿、求嗣愿、求寿愿等。傩愿戏戏班称为傩坛，班主称为坛主或掌坛师，一个傩坛约有 8～10 名法师。傩戏以傩坛为载体。桑植县活跃着许多傩坛班子，比较有名的傩坛班子如澧源镇冯明柱班子，打鼓泉乡文为林班子，廖家村镇向宗锐班子，桥自弯乡佘岩清班子，凉水口镇田方前班子等。桑植县高傩有 50 多个班子，低傩有 30 多个班子。永定区教子垭镇等地流行土家高傩。慈利县龙潭河镇有茅山教和师娘教两派，傩技表演有开红山、上刀梯、下火海、刹铧、钉鸡等绝技。石门县傩愿戏艺人曾庆福擅长表演《姜女儿戏》。

为了抢救傩戏，武陵地区民俗专家推出一批研究成果。1998 年，岳麓书社出版桑植县尚立昆整理的《桑植傩戏演本》。2001 年，国际文化出版公司出版鹤峰县向国平、赵平国、陈鹤城合著的《鹤峰傩愿戏》。2007 年，中国文史出版社出版王文明、刘冰清、金承乾编著的《辰州傩歌》和《辰州傩戏》。保护傩戏工作也已引起武陵地区各级政府及其职能部门重视。2008 年，鹤峰县傩戏被国务院公布为第一批国家级非物质文化遗产扩展项目。2009 年，桑植县傩戏被湖南省政府湘政发〔2009〕9 号文件公布为第二批省级非物质文化遗产。桑植县冯明柱被公布为“第二批湖南省级非物质文化遗产项目桑植傩戏代表性传承人”。

（三）戏剧瑰宝花灯戏

花灯戏是武陵山区民间小戏剧种之一，土家族花灯戏是其一个支系。每年农历正月初三至十五，永定区、武陵源区、慈利县、桑植县、永顺县等地城乡都要举行迎新年闹春活动。民间戏剧花灯戏是土家族人喜闻乐见的民间闹春活动形式，分为启灯、出行灯、上元灯、元宵灯、收灯五个步骤。花灯戏有套完整出演程序。从正月十三日上元起，无论城里、乡下，家家户户挂彩灯、燃爆竹，在繁华路段、十字路口搭起一座座舞台。一对对化着妆的花灯男女，穿梭表演。

花灯戏因脱胎于灯节赛会而得名。花灯戏形成于清代咸丰、同治年间，是同土家阳戏、傩愿戏相结合发展而成的。当年，阳戏、傩愿戏已在一些地方演出，给花灯一定影响，于是以歌舞演唱为主的花灯在内容上有了新发展，即将民间故事和其他剧种的剧目改编为花灯戏演唱，如《香莲闯宫》《山伯访友》等。花灯戏唱腔曲调源于民歌、小调。对子花灯和花灯小戏的唱腔多半套用灯调，曲调保持民歌结构特点，戏曲化程度不同。花灯歌舞是集本地文花灯、武花灯、高花灯及傩愿戏、阳戏精华而形成和发展的。较长时期为花灯赛会中间表演某些小戏，如《打烟馆》《牧童放牛》《王三卖货》《王大娘补缸》《令歌烤酒》等。据清代《同治永定县志》卷六《风俗志》载："岁时初三日后，城乡即盛鼓吹，扮鱼龙、狮子、花灯诸戏，而初九日上九，十三名上元，十五元宵尤盛。"由此可知，花灯戏早在清朝中期已经蔚然成风，并已由歌舞花灯逐步形成具有一定故事情节的花灯戏。清朝末年，半职业性的花灯戏班为了适应喜庆佳节、酬神还愿、庙堂集会的各种演出活动，积极发展本剧种技艺，同时学演阳戏、傩愿戏，形成了花灯戏、阳灯戏、傩愿戏三戏同台共班的特殊组成形式，故在桑植县有"愿花灯"之称。民国时期，政府禁演花灯戏，艺人们曾将花灯戏改称为"红眼丝弦戏"，采用多曲组合办法，用汉戏、丝弦戏和灯调移植编演了《断机教子》《月下来迟》等剧目。20 世纪 30 年代，永定和桑植的艺人采用旧曲填新词办法创编了如《骂洋人》《红军威力大》等花灯剧目。20 世纪 50 年代，一些地区对传统的花灯戏进行革新。1958 年，桑植县成立花灯戏剧团，剧团演职员工对行当、音乐、灯服道效景诸方面进行改革，移植创编出传统剧目和现代剧目 100 多个。除在本县境内演出外，还到湘鄂川黔四省边界的几十个县市上演，深受各族人民喜爱。1978 年，湖南省举办文艺汇演，桑植县花灯戏剧团参演的抢扇等四个节目全被评为优秀节目。慈利县花灯戏改革取得可喜成绩，剧作家蔡上矢创编的现代花灯戏《砸石磨》在 1985 年荣获全国首届业余戏剧创作一等奖。永定区花灯戏以业余组织形式保持当地传统的二人（旦、丑）表演以及大筒、围鼓伴奏的特点，自娱自乐，至今不衰。自 1978 年起，永定区政府每年拨专款举办"元宵灯会"，每次参加灯会的花灯班子达 60 多个。他们遵循传统的习俗，正月初三起灯，走乡串寨登门献艺，直至正月十五汇聚城内大闹元宵，城中各条街道戏台锣鼓喧天，琴声、歌声、鞭炮声汇集一起，观众多达数万，通宵达旦，热闹非凡。永定区“元宵灯会”被文化部评为全国五个有影响的春节文化活动。永定区陈自文记录、整理原汁原味的土家族花灯词曲近百首，辑成《张家界传统花灯》，并对其品类及演变历史、艺术价值进行较为翔实的考证与阐述。2006年，贵州省思南县花灯戏被国务院国发〔2006〕18号文件公布为第一批国家级非物质文化遗产。2009年，湖南省人民政府把桑植县花灯戏公布为第二批省级非物质文化遗产。桑植县满员恒被公布为“第二批湖南省级非物质文化遗产项目桑植县花灯戏代表性传承人”。

富有土家特色的花灯戏分“单花灯”“双花灯”和“花灯”三种。单（对子）花灯只有“一旦一丑”，多由童男、童女扮演，俗称“二人转”。旦角叫花妹或幺妹，扮演者手执绸边花折扇和彩巾；丑角叫“赖子”或“花子”，扮演者戴瓜皮帽或扎头巾，手执大蒲扇。表演时，多是花子围着花妹转。双花灯有两旦两丑，同时上台表演。节目内容有“双采茶”“姐妹观花”“犀牛望月”“蛤蟆戏水”“白鹤亮翅”“蜻蜓点水”等，形象生动，优美动人。

花灯戏班由四人掌灯、两人拉丝弦、四人打锣钹、一个掌调师以及花子和花妹的扮演者一行十几人组成。传统花灯折子戏短小精悍，计有“牧童放牛”“槐荫会”“采桑会”“白牡丹”“放风筝”“捡菌子”“扯笋”“卖花调”“卖杂货”“十望郎”“接郎”“绣花鞋”“瓜子红”“大八颂”“送情人”“百日缘”“四季相思”“大四景”“五更望郎”“五更明月”“香莲闯宫”“山伯访友”“正月是新年”等上百个曲牌，歌词多为表现男女爱情生活小品及历史故事等。花灯戏文场音乐分为吹打曲牌和丝弦曲牌两种，主奏乐器是大筒。武场锣鼓为土锣土鼓。

土家族花灯戏唱腔分灯调和杂调两大类，共计100多支。灯调即花灯戏曲调，是花灯戏主要唱腔曲调，其歌词有高雅与俚俗之分，许多词出于文人之笔，有很强的文学性。灯调词格有五字偶句、七字偶句、十字偶句，也有长短不一的“五五七”“五五七五”“五五七七”等格式。花灯戏曲调有单句式、双句式、三句式、四句式结构。灯调依其表现特点分为“歌舞型”和“叙事型”两种。杂调是花灯戏唱腔音乐的组成部分，来自民歌、小调以及其他剧种的唱腔曲调，常用的有“大四平”“花魁调”“采茶调”“梁山调”“划船调”“板栗花”“桐子花”“四季花儿开”等。

土家族花灯戏唱腔具有三个特点：一是唱腔中衬字衬词多，有“哟嗬嗬”“衣儿呀”“呀衣哟”“呀得儿喂、喂得儿呀”“得儿一朵梅花”“得儿一朵莲花”等，每个“得儿”必用弹舌音演唱，使唱腔风趣；二是儿化音多，如“哥儿”

"姐儿""花花儿""树树儿""草草儿"等；三是一人唱、众人帮的唱腔居多。

（四）土家阳戏

2006年，永定区申报的"张家界阳戏"被湖南省政府列入第一批省级非物质文化遗产名录。2011年，国务院国发〔2011〕14号《关于公布第三批国家级非物质文化遗产名录的通知》又把"张家界阳戏"列入国家级非物质文化遗产名录，使土家族阳戏成为"国宝"。永定区符奇男被公布为"第一批湖南省级非物质文化遗产项目张家界阳戏代表性传承人"。土家族阳戏多次在中央电视台和湖南电视台播放，《中国文化报》《文化时报》和《湖南日报》等报纸竞相报道张家界阳戏剧团在农村演出的动人事迹。"张家界阳戏"这朵艺术奇葩绽放在奇山异水之间，与自然景观交相辉映，具有重要的艺术价值和审美价值。

"阳戏"全称"阳盘戏"，又名"柳子戏"，因是庄稼人在阳春三月表演的戏而得名。楚文化和土家族文化都给阳戏艺术滋养，在樵歌、秧歌、船歌、傩歌、采茶歌以及其他地方戏曲剧种影响下，形成流行于武陵地区的稀有剧种阳戏。关于阳戏形成时间，学术界有两种说法：阳戏萌于宋元时期，盛于明清时期。清代《同治酉阳州志》记载："州属多南巫，其女巫则谓之师娘子。凡咒舞求佑，只用男巫一二人或三四人。病愈还愿，谓之阳戏。"可见，"阳戏"与巫傩文化确有渊源关系，故可认为阳戏是在傩愿戏基础上发展而成的，阳戏源于傩愿戏，是傩愿戏不断演绎的产物，阳戏表演程式源自傩愿戏表现形式，阳戏打击乐器源自傩愿戏傩乐。还有许多民族研究专家认为：阳戏声腔吸收四川省梁山县灯戏腔调，习称"杨花柳"。清代《咸丰长乐县志》记载："演戏多唱杨花柳戏，其音节出于四川梁山县，又曰梁山调。"五峰县土家族诗人田泰斗在《竹枝词》中写道："一夜元宵花鼓闹，杨花柳曲四川腔。"自明末清初土家覃玉龙、覃玉凤兄弟从施州迁入澧水流域后，形成教子垭犀牛潭覃家班，至第四代覃保元始收外姓徒弟，培育杜从善、覃华堂、庹松侠、刘思之等知名艺人。

清朝中期，澧水流域普及阳戏。后经杜从善等几代阳戏大师改革，借鉴荆河戏演唱方法、表演程式、伴奏曲牌以及融合傩愿戏、花灯戏和土家民歌于阳戏中，使阳戏成为具有独特风格的土家剧种，积累了《秋江》《盘花》《捡菌子》《扯笋子》《槐荫会》《白罗裙》《双槐树》《双进京》《双揭榜》《铡阁老》《小红灯》《兰桥会》《打经堂》《打金银》《打芦花》《清风亭》《血丝玉镯》《打仓救主》《宁哥烤酒》《姐妹皇后》《谷屯子接妹》《一女嫁三郎》《春哥与锦鸡》

等 200 多个传统剧目，主要内容是反映家庭生活、劳动故事和男女爱情。从民间歌舞发展成为戏曲剧种，阳戏经历“二小”“三小”以及“多行当戏”等阶段。现在，阳戏角色行当分为生、旦、净、丑四行。其主腔有两种唱法：一是用平嗓平腔唱，尾音不翻高，称为“老柳子戏”；另一是用真假嗓结合演唱，尾音翻高八度，称为“新柳子戏”。阳戏伴奏分文场和武场，文场主要伴奏乐器是土制大筒，琴筒用桂竹做成，一端蒙以蛇皮。音色浑厚，瓮音明显，伴奏有“托腔”和“跟腔”两种。文场伴奏音乐有大起板、大开门、杨花柳、青丝纽、步步高、半边月、狗撕羊、蚂蚁上树、连升三级等。武场打击乐曲牌来自围鼓和荆河戏的打击乐曲牌，有机头、刹头、丁子、僚子等点子，民族特色十分浓郁。

在历史发展过程中，“阳戏”受武陵地区花灯戏、傩愿戏、辰河戏影响，形成北路阳戏和南路阳戏两个流派。北路阳戏流行在永定区、武陵源区、慈利县、桑植县、永顺县、保靖县、龙山县、古丈县、吉首市、凤凰县、石门县、鹤峰县、五峰县和来凤县等土家族聚居区。北路阳戏在表演艺术上具有独特风格，语言生动风趣，唱词通俗易懂。阳戏继承花灯戏、傩愿戏的传统表演手法，重做工而少武打，靠演员优美的唱腔、生活化的念白和细腻的表演取胜，适合表演文戏、家庭戏。旦角在阳戏中居各行之首，俗有“旦角半边围子”之说，意指旦角占全台戏一半。民间艺人田金之、童美之、李玉芳以及专业演员胡维星、丁祖雪、吴三洋、李银国、田贵明、郑菊庄、楚德新、周至家、符奇男、龚飞燕、欧辉平等人在阳戏方面造诣很深。北路阳戏唱腔按澧水河上游、下游又分“上河调”和“下河调”。“上河调”与“下河调”均分“正调”与“小调”两类。唱腔突出特点是：正调部分唱腔均用“真假声相结合”演唱，即尾腔翻高八度，美其名曰“金线吊葫芦”，如正宫调、悦调、阳调、阴调、四平调、七字调、八字调、采花调、金钱调、北河调、潼关调、小丑调和狗撕羊调等。小调演唱不用假声，采用民歌唱法，如薅草歌、磨子歌、唱古人、梁山调、观花调、猜猜调等。

中华人民共和国成立后，湘西州政府批准大庸县、吉首市成立阳戏剧团，演阳戏、丝弦等。后来，新编古装戏《桃花装疯》和新创剧目《土高炉上红旗飘》等分别在州、省获奖。20 世纪 80 年代是阳戏发展鼎盛时期，大庸阳戏剧团演出《宝莲灯》《生死牌》《爱扯谎的婆娘》等。剧团每到一地，观众争购戏票，剧团每天连演五场，演员整天不卸妆。各地业余阳戏剧团如雨后春笋建立起来，可见土家群众对阳戏的热爱程度。1984 年，大庸县文化局把王家坪阳戏剧团更名为“大庸阳戏二团”，所演《山伯访友》被湖南省电台录播，国家文化部刊物发表该团经验。80 年代以后，大庸阳戏剧团上演一批生活气息浓郁的土家现代戏以及根据历史故事改编的剧目《罗大将军》《贺龙与神兵女》等在群众中引起较大反响，获得国家文化部剧本银奖。新中国成立初期，桑植县洪家关打鼓泉等乡的谷志壮、刘芳豹等阳戏艺人热情讴歌新中国。1979 年，打鼓泉乡组建桑植县第一个阳戏剧团，创作《上川记》《大堂配》《复婚记》《红军渡》《奇怪姻缘》和《打鱼救生》等 40 多个阳戏剧目。2007 年，桑植县劳动局组建了再就业阳戏艺术团，培养了剪春花、熊金翠和向桂兰等阳戏表演新人。近年来，加强了土家阳戏学术研究，出版了《大庸阳戏丛书》《大庸阳戏新剧作》《大庸阳戏研究》《张家界阳戏新剧目选》《阳戏大家唱》和《桑植阳戏精选》等专著。

（五）佛教戏剧目连戏

目连戏是宣扬佛教经义、劝善惩恶的宗教性戏剧。桑植县目连戏是明朝初期传入土家地区的，原有 36 场，连演七昼夜，后与傩愿戏、花灯戏经常同演，使目连戏逐渐形成独特的地方风格，现收集有唱腔曲调 12 支，伴奏乐器为打击乐器和海螺。目连戏《目连救母》民间传演久远，情节为目连出世、青提亡夫、罗十经商、刘氏开荤、打僧骂道、罗卜返归、劝母归善、花园盟誓、堕入阿鼻、地狱受苦、过奈何桥、过滑油山、目连祈福、目连坐禅、十殿寻母、青提变犬、目连从佛、盂兰盆会、青提升天等。《姚秦寻父》是目连戏《目连救母》的姊妹篇。目连戏表演艺人向宏治和文为林又是傩愿戏、花灯戏艺人，他们表演的唱腔有相互融合的特点。

（六）鹤峰县柳子戏

鹤峰县柳子戏，起源于清代康熙年间，流传于走马、五里、铁炉等乡（镇）以及石门县。柳子戏属于土家族地方剧种。柳子戏音乐包括唱腔和器乐。唱腔有正宫调、八字调、蛤蟆赶钓调、悦调、悲调、阴调、神仙调；主要伴奏乐器是大筒胡琴，其他伴奏乐器有唢呐、笛子、鼓、锣、钹和棋子鼓等。柳子戏现存剧本有《打仓救主》《打金银》《打芦花》《打罐封官》《白罗裙》《双进京》《蠢子拜年》《丁贵讲书》《土台赠银》《二龙山》《槐荫会》《清风亭》《孝感天地》《大采桑》《蓝桥会》《二仙传道》《酒楼封官》《赶子上山》《铁板桥》以及小戏《凌哥拷酒》《扫地挂画》《谷屯子接妹》《王大娘补缸》等 100 多个。柳子戏角色行当分为生、旦、丑三类，生行为小生、正生、老生；旦行分花旦、正旦、婆旦。后受移植大戏影响，增加净角。柳子戏的服饰为传统戏剧服饰。柳子戏的道白多用当地汉语方言。柳子戏的道白唱词多为七字句和十字句。句首定韵，逢双相押，对唱时可各自换韵。柳子戏是中华戏剧宝库中仅存的土司剧种，其独特的戏剧音乐具有研究价值。1956年，鹤峰县建立柳子戏剧团。1980年，鹤峰县走马镇成立柳子戏剧团，演出《三娘教子》和《王木匠打嫁妆》等柳子戏剧目。鹤峰县柳子戏知名艺人有崔二弦、谭文友和董明生等人。谭文友和熊晓华等挚爱该剧种的艺人利用各种机会登台演出。赵平国、陈鹤城整理、出版《鹤峰柳子戏》一书，为其传承提供资料。2007年，鹤峰柳子戏被湖北省人民政府列入全省首批非物质文化遗产名录。

四、曲　艺

曲艺是流传于民间的具有地方色彩的各种说唱艺术的总称，由曲艺文学、曲艺音乐和曲艺表演构成，包括四大门类。澧水流域土家人创造了三棒鼓、渔鼓、金钱板（莲花落）、九子鞭、薅草锣鼓等民间曲艺。

（1）三棒鼓：是土家地区流行的曲艺，起源于元代。一般由三人组成，主角用三根鼓棒击打小鼓兼主唱，一人用槌打锣，一人杂耍。要者以抛木棒、小刀为主。木棒长约一尺，两端雕空，用钢丝串上数个铜钱；几把小刀柄上用布缠紧。被抛的几个木棒和小刀由艺人两手轮抛轮接，花样较多，被行家称为“抛梭织布”“关公背刀”“霸王背鞭”“美女梳头”“美女照镜”“女人筛米”“太公钓鱼”“喜鹊含柴”“犀牛望月”“跑马射箭”“雪花盖顶”“黄龙缠腰”“黑狗钻裆”“古树盘根”等。其中，以“冲天炮”“点主梁”最为惊险。击锣、击鼓的艺人边打锣鼓边伴唱，有时单唱，有时合唱。唱腔采用丝弦小调。唱词四句一段，每段四句字数分别为“五五七五”，每句最后一字押韵。如：“手拿刀三把，样样玩几下；要学姑娘梳头发，梳子手中拿。”正规艺班都有“固定唱本”，常以历史故事和男女爱情为主，如《抛刀词》《拜码头》《梁山伯与祝英台》《韩湘子》《天仙配》《白蛇传》《洛阳桥》《生死牌》《二十四孝》《十八好汉》《三国演义》《三打华府》《三打祝家庄》《四下河南》《大闹黄花院》《安安送米》《抓壮丁》《贺龙打龙山》《永定古庙》《天门山传奇》《玉皇洞轶事》等传统曲目。业余班子即兴编唱，演唱内容为开台词、恭贺词、生活歌、劝世文、见人逢等部分。如《开台词》唱道：“架架儿一散开，鼓儿上面盖；恭喜老板把年拜，添寿添福又添彩。”2009年，“土家族三棒鼓”被湖南省政府公布为第二批省级非物质文化遗产。2011年，“三棒鼓”被国务院列入第三批国家级非物质文化遗产名录。从前，三棒鼓艺人走村串门演唱，唱几句“见人头”。近几年来，土家族艺人在张家界市知名景区表演三棒鼓，吸引许多游客驻足观赏。

（2）渔鼓：是起源于宋代“瓦舍”、流行于澧水流域的曲艺。道情渔鼓伴奏乐器为一节长约二尺、粗约四寸的竹筒，一头用蛇皮蒙紧，还有竹板、竹筷、铜钹各一只等道具。渔鼓为一人说唱，以演唱为主，中间夹道白，表演特点是：说唱语言简单，适宜演唱章回小说、传奇故事等。渔鼓表演分开头、高潮和尾声三个部分。渔鼓音乐有九板十三腔，并吸收民歌元素。渔鼓说唱曲目有《渔鼓的由来》《源流词》《拜祖词》《恭贺词》《劝世文》《善恶经鉴》《十修》《十爱》《二十四孝》《三国》《说唐》《薛仁贵征东》《杨家将》《岳家军》《武松怒打观音堂》《天宝图》《三门街》《回娘家》和《孟丽君》等。如《永定十八坪》唱道：“大庸原名叫永定，天门山下旅游城；田园方整大溶坪，古时流传十八坪。”渔鼓唱词字数不限，上下句押韵，四句一段。如倒七字韵：“贺将军站在高山看，他好比孔明出祁山。龚仁杰贼子好大胆，他不要狗命想当官。” 2006年，“九澧渔鼓”被湖南省政府公布为第一批省级非物质文化遗产。2014年，“渔鼓”被国务院公布为第三批国家级非物质文化遗产。

（3）金钱板：是土家地区流传较早的曲艺。金钱板又名“莲花落”，因其道具为“钱”与“板”组成而得名。“板”是长约尺许、宽不足寸的两块竹板，竹板一端以铁圈串上数枚小钱。演员表演技巧在右手，俗称“左手拉过场，右手玩花样”。“竹枝遗风”金钱板曲调的音乐结构为上下句单曲体，音乐调式为五声“徵调式”和“宫调式”。金钱板演唱曲目有《二十四孝》《华盖录》等。唱词七字一句、四句一节，随机编唱，如《开台词》：“一根竹竿黑郁郁，手拿钱板走江湖；一拜街前和街后，二拜帮会大龙头。”也有固定唱词，如《茶根》《酒根》《烟根》等各类“根子”歌，又如《山伯访友》《桃园结义》等各类戏文歌。

（4）九子鞭：又叫“霸王鞭”和“金尺杆”，明代传入澧水流域，成为土家先民的曲艺品种之一。“九子鞭”道具制作简单，在长约三尺、围径三寸的竹竿两端钻上三个对开眼，各装三枚铜钱，并用彩带加以修饰。表演者右手执“九子鞭”，敲击肩、腕、肘、腰、腿、脚等身体部位，打出有节奏的声音。九子鞭有二十四式：头四式、足四式、身八式、二人对八式。九子鞭”过头顶击打后肩叫“雪花盖顶”；横胸前击打左右肩叫“花子打街”；击打左右腰部叫“黄龙缠腰”；击打左右小腿叫“枯树盘根”。其音乐采用民歌小调，节奏轻快，曲调单一，有《拜新年》《十二送》《十劝》《五更比古》等。澧水流域土家族人逢年过节或者办喜事时，一群群少男少女打九子鞭，即如民谣所说：“正月里来是新年，家家高兴人人欢；鞭炮声声锣鼓响，耍起金尺乐开颜。”

（5）满堂音：又名琵琶板，因其多在厅堂演出且吹、打、弹、唱同时发音而得名。鹤峰县满堂音最初为当地皮影戏的主要声腔，后逐步脱离皮影，演变成为单独的民间说唱，其音乐节奏轻快活泼，富有弹性，旋律舒展流畅，口语性强，乡土风味浓郁。加之艺人们自制的“土琵琶”，琴弦同度定音，无半音的演奏方法，使满堂音的调式特征和旋律色彩极具特色。满堂音仅存于鹤峰县溇水支流南渡江两岸，即五里乡和燕子乡的部分村寨。满堂音形成于明清时期。明代嘉靖年间，容美土司王进京朝贡途中，见皮影戏颇具艺术情趣，将其引入容美。在漫长的历史岁月中，皮影戏逐渐与当地傩戏和柳子戏同台演出，在本地语言韵调的熏陶中，吸收民歌的丰富营养，衍变发展成为独具鹤峰特色的满堂音。1953 年至 1966 年，鹤峰县成立自负盈亏的满堂音曲艺皮影队。1981 年，县文化部门协助五里乡文化站办起满堂音半职业剧团，时间长达 10 年之久，创作演出百余台满堂音曲艺节目。满堂音是具有数百年历史、流传区域却不足百里的稀有曲种，其音乐、语言、道具与容美土司文化有着悠久的历史联系，在以容美土司文化为代表的土司文化研究中，满堂音成为土司时期民俗演艺的代表作。

五、工　艺

明清时期，中央政府在澧水流域设立卫所机构，带来先进的手工业技术，促使产生脱离农业、从事匠作工艺的手工业者，促进澧水流域土家祖先兴办手工业作坊。因此，武陵地区史料出现“冶铁之工、斤斧之工”记载。土家祖先把有专业技术而且以此为生活的人称为“工匠”。“九佬十八匠”起源于明朝初年，是对靠手艺谋生的民间工匠的统称。永定区已经出土明代双耳缸形铜壶一把和清代提梁铜锡壶三把、折肩锡执壶两把、锡酒杯两个。明清时期，手工业者走乡串户，开店设行，服务土家先民。这些民间艺人的手工技术与土家先民日常生活密切相关，从每户要用的锅碗瓢盆到土家妇女戴的金银首饰，涉及生产生活的方方面面。他们不仅是民间手工业者，更是土家历史文化的传承者。土家族“九佬十八匠”是对能工巧匠约定俗成的总称，“九佬”是指阉猪、杀猪、骟牛、打榨、打墙、补锅、剃头、修脚、吹鼓手等九个行当手艺人的统称。“十八匠”为金匠、银匠、铜匠、铁匠、锡匠、木匠、雕匠、画匠、弹匠、篾匠、瓦匠、垒匠、鼓匠、椅匠、伞匠、漆匠、皮匠、织布匠、染布匠、弹花匠、铸造匠、剪刀匠和窑匠等，已不止“十八匠”，只是泛指而已。“九佬十八匠”对繁荣区域经济、解决就业起到重要作用。澧水流域土家工艺门类土家织锦、挑花、绣花、印染、编织、木作、雕刻、髹饰、烧造、铸锻、榨油和酿酒等虽经世代传承，但因多种原因，现在濒临失传。“土家工艺”亟待各级政府以及社会各界人士抢救，为海内外游客提供精美的民族工艺品。

（一）土家织锦

秦汉时期，土家祖先善织“賨布”。唐宋时期，土家先民向朝廷交纳的“土锦”后来演变成为“西朗卡普”。土家语称土家织锦为“西朗卡普”。土家语“西朗”汉语意思是“被（铺）盖”，土家语“卡普”汉语意思是“花”。“西朗卡普”的汉意是“土花铺盖”或者“土家织锦”。“土家织锦”是在斜织机上织成的，姑娘坐在坐板上手拿牛骨或者银、铜挑刀，在旁边篮里摆好彩线开始织锦。“西朗卡普”是以红、蓝、青色棉线为经线，以彩色棉线、丝线或者毛线为纬线，采用通经断纬、反面挑织的方法，以手工挑织而成锦布。土家姑娘通过积累，创造了200多种织锦图案，花纹以直线、几何形图纹为主。以土家习俗和名胜古迹为题材的有“张家界风光”“中国武陵源”和“迎亲图”等；以土家历史为题材的有“土王一颗印”和“四凤抬印”等；以土家族人生活器物为题材的有“龙船花”“棋盘花”“桌子花”“椅子花”“箱子花”“长命富贵”和“五子登科”等；表现动物题材的有虎头花、猴手花、马必（小马）花、燕子花和阳雀花等；表现植物题材的有梅花、韭菜花、玫瑰花、菊花、月月红、八角香花和胭脂花等。1955年，桑植县土家人杨金姑制作的土家织锦参加湖南省首届美展，获得一等奖。现在土家织锦提袋、土家织锦挎包、土家织锦壁挂已经成为游客的纪念品，并且出口创汇。张家界国家森林公园民族工艺厂生产“土家壁挂”“土家织锦袋”和“土家织锦方巾”等旅游工艺品直销景区。1994年春节，在国家经贸委等部门组织的首届全国城镇集体企业成果展览会上荣获“国家成果奖”。2001年，张家界国家森林公园民族工艺厂负责人杨仙桃选送的土家织锦被张家界市旅游商品开发领导小组办公室评为“张家界市优质旅游产品”。2006年，“土家族织锦技艺”被国务院列入第一批国家级非物质文化遗产目录。“土家织锦”大师叶水云被批准为第一批国家级非物质文化遗产代表性传承人。张家界旅典文化有限公司创建于2009年，拥有土家织锦制作、张家界民族工艺研究院、张家界民族画院等旅游文化企业。公司现有员工200余人，已经创建永定区、武陵源区和龙山县等5个土家织锦制作基地，年产值达1800多万元。已经开发“乖幺妹”土家织锦艺术品收藏、居家装饰、土家服装和实用类旅游商品200多项。2014年，在湖南旅游博览会上，旅典公司选送的2件作品双双获得铜奖。

（二）挑花

挑花是土家族姑娘在直纹平布上按照布纹的经纬十字交叉点用与底布颜色不一样的线挑成图案的民族工艺品。挑花针法以十字针为主，配以直针、空针、牵针、双面针。挑花按色彩分为素挑和彩挑。素挑用白色棉线挑在蓝布上，也可在黑色棉线挑在白色布上。彩挑绣品用彩色丝线在绸缎上挑花绣朵。挑花图案有八角莲、万字格、吉祥如意、福禄寿禧、龙凤呈祥、二龙戏珠、麒麟送子、野鹿含花、喜鹊闹梅、犀牛望月、土家迎亲、老鼠嫁女、狮子滚绣球和鲤鱼跳龙门等。挑花是土家族人不可缺少的工艺品，如挑花衣裤、挑花头帕、挑花枕巾、挑花帐檐、挑花被面、挑花窗帘、挑花围裙、挑花背带、挑花手巾、挑花衣裤、挑花褡裢、挑花包袱和挑花桌套等。土家少女送给小伙的挑花手巾、挑花鞋垫、挑花荷包、挑花腰带是难得的信物，有些姑娘还在送给情郎的挑花手巾上挑上诗画，如：“白日莫闲过，青春不再来；窗前勤苦读，马上锦衣回。”“春游芳草地，夏赏荷花池；秋饮桂花酒，冬咏白雪诗。”1982年，大庸县的挑花围兜、挑花手巾、挑花头帕和挑花鞋垫参加湖南省工艺美术作品展览。1983年，大庸县又有4件土家挑花参加全国工艺美术作品展览。1985年，桑植县2件挑花被面参加中央民族工艺展览，并且获准出国展览。1986年，桑植县文物管理所收集200多件土家挑花等文物。桑植县土家族女干部刘银凤收藏300多件土家挑花、绣花和土家织锦等民族工艺品。慈利县博物馆至今还珍藏着1000多件挑花工艺品。张家界森海民族服饰公司生产的挑花服装、民族服装、土家织锦、民族工艺包畅销全国旅游城市以及景区。2010年，永定区的龚安娥和李菊被张家界市政府公布为张家界市第一批非物质文化遗产项目“土家挑花”代表性传承人。

（三）绣花

土家语称绣花为“卡普查”。它是用彩色丝线、棉线、绒线，在绸缎或者布帛等加工好的织物上以针引线，按照设计要求进行穿刺，在绣料上将绣线织成各种花卉、动物、植物、图案和文字等的工艺。土家姑娘的绣花方法是将要绣的花用纸剪成花样，贴在绣花底布上，然后照着纸样用彩色丝线绣制，其花纹图案有喜鹊闹梅、凤穿牡丹、鸳鸯戏水、白鹤穿莲、鹭鸶采莲、蝴蝶恋花和龙凤吉祥等，绣制品为衣襟花、衣胸花、衣角花、袖口花。绣花工艺用于绣花鞋子、绣花鞋垫、绣花帽子、服装花边、帕子、荷包、带子、围裙、褡裢、门帘、桌布、被面、床单、枕套、帐檐。土家族人流行一首情歌："白布帕子四只角，四只角上绣雁鹅；帕子烂了雁鹅在，不看人才看手脚。"土家语"打司荷"是汉语荷包或者香袋的意思，其形状有方形、梯形和半月形等。香袋是土家族青年男女的恋爱信物，寄托土家少女的恋情，即如一首情歌所唱："小小香袋绣七层，内装麝香香喷喷；千两银子姐不卖，一片真心送情人。"现在，土家族刺绣工艺品已成为广大游客喜爱的旅游纪念品。绣云绣庄开发的"张家界风光"和"土家族转角楼"系列绣品获得国家专利局的设计发明专利证书，并且生产土家服装。张家界天奇旅游工艺品制作中心生产绣花包、蜡染壁挂等民族工艺品。

（四）印染

印染分为普染和灰染，材料取自当地植物和矿石，然后加工成为染料。土家圩场设有"印染行"，为民间染布和印花，颜料均为蓝靛，印成蓝、白两色之花。土家族人染制蓝印花布的方法独特。先把十张白皮纸先用猪血浸泡晒干，后用桐油浸泡晒干，做成纸版，再用刻刀在纸版上刻出花纹图案，这叫"花版"。染布时候，将花版盖在白布上，再涂上用石灰和豆粉调成的灰膏。灰膏干后，即把布置入染缸浸泡，浸透后捞出来，让它氧化，又放回染缸浸泡，这样反复五次。把染好的布晾干，用刀削去灰膏，蓝印花布就制成了。如果要把蓝印花布上光，就把晾干的蓝印花布放在弧形槽里，用凹形巨石反复滚动碾压，让蓝印花布变得平整光滑后，整个工序就算完成了。土家族蓝印花布用于被面、床单、枕套、门帘、窗帘上的图案为双凤朝阳、鹭鸶采莲、狮子滚绣球等，印在头帕、围裙、围兜、褡裢、桌布和包袱上的图案为花、鸟、虫、鱼等。2006 年，蓝印花布被湖南省政府公布为"第一批省级非物质文化遗产"。2008 年，蓝印花布印染技艺被国务院公布为第二批国家级非物质文化遗产。

（五）编织

土家编织分为竹编、藤编、草编和棕编。竹编工艺品有两大类：一种是编篾类，如筐、簸、箱、筛和凉席等；另一种是丝篾类，如花篮、背篓、饭篓、花架、斗笠、鸟笼、摇篮和晒簟等。"背篓"是土家族人不可或缺的生活用品，是土家族有特色的竹编工艺品，各式背篓展现出了土家独特的工艺。土家族人世代生活在山里，一生离不开背篓，并与其结下了不解之缘。土家姑娘出嫁，要有“洗衣背篓”作陪嫁；女儿生孩子，娘家要送一个“儿背篓”；走亲戚要背“花背篓”；砍柴要用“柴背篓”，扯猪草要用“胯皮背篓”。土家族也因此被世人誉为“背篓上的民族”。藤编工艺品藤椅、藤凳、藤席、藤箱和藤篮在张家界市土家族山寨随处可见。草编物品有草绳、草鞋、草帽、草提袋、草把龙和草蒲团。棕编物品有棕蓑衣、棕牛缆、棕垫和棕绳。

（六）雕刻

雕刻是用雕、刻创制方法的总称，指用可以雕、刻的材料，创造可视、可触的艺术形象。从使用功能看，雕刻分为建筑雕刻、家具雕刻、工艺品雕刻。土家雕刻有木雕、竹雕、石刻等。土家木雕分为建筑构件木雕、家具器物木雕、工艺品木雕和宗教祭祀木雕等四类。建筑构件木雕体现在房屋、亭廊、门窗等装饰品中，有雕梁、雕花栏杆、雕花门窗、雕花匾额、祠堂神像等。家具器物木雕有雕花牙床、雕花八仙桌、雕花太师椅、雕花茶凳、雕花茶几、雕花碗柜、雕花衣柜、雕花衣架、镂空雕花洗脸架、雕花屏风、雕花梳妆台等。尤其是雕花滴水牙床，雕工精细，图案精美，富丽堂皇，风格独特。所谓“滴水”，就是床檐，张家界老院子“五滴水”雕花床非常罕见。木雕造型、题材主要为土家族人喜闻乐见的事物，主要包括三个方面：一是吉祥图案，如喜鹊闹梅、蝴蝶戏花、鸳鸯戏水、野鹿衔花、凤穿牡丹、八仙过海、吉庆有余、五谷丰登、龙凤吉祥、松鹤延年、福禄寿喜以及十八罗汉排座等用象征、比拟手法创造的图案；二是戏曲人物、古代英雄、小说演义、神话传说、寓言故事等；三是表现土家族人生活的题材，包括耕种、收粮、桑蚕、纺织、畜牧、狩猎、裁缝、商贾、娱乐、爱情等社会生活的各个方面。此外，还有大量的飞禽走兽、鸡、鸭、鹅、兔、猪、牛、马、鹿、蝙蝠、鱼虾等以及植物花卉、蔬菜瓜果之类。木雕材料多用白杨木、黄杨木、樟木、梨木，雕刻形式多样，浮雕、透雕、圆雕都有。近年来，以树根为材料的根雕艺术也达到很高水平，在全国根雕大赛中获奖。张家界民族旅行社工艺厂生产的木雕、石刻等工艺品具有地方特色。张家界市联合旅游商品研究院开发的“元帅烟斗”系列产品有梨木和枣木，经过数道手工工序制成，获得国家专利局授予的实用专利。张家界市永兴玻璃有限公司总经理屈国聪收藏土家族木雕家具上千件。土家竹雕即在竹制实物上雕出各种花鸟、人物、动物、字画等装饰内容的竹工艺品，如茶盒、礼品盒、果盒、笔筒、竹筷等。土家石刻常以青石、墨石、大理石、龟纹石、珊瑚石和菊花石为材料。石刻有建筑石刻、摩崖石刻、工艺品石刻、墓碑石刻。土家石刻工艺用于石磨、石碓、石碾、石柱、石凳、石人、石马、石牛、石羊、石狗、石狮、石虎、石龟和石龙等。石匠的石刻工艺通过转角楼、店铺、祠堂、土王祠、寺观等建筑表现出来。土家族转角楼的雕龙刻凤和厅堂门前的石狮、麒麟不经精雕细刻是难以呈现的，故有“山歌好唱难起头，木匠难起转角楼；岩匠难打岩狮子，铁匠难打铁绣球”等土家民歌。工艺品石刻有线刻、浮雕和镂空雕等形式。张家界市现存的普光寺木雕、玉皇洞石窟寺、孙九大人石人石马和刘明灯家墓石雕群皆为雕刻艺术精华。永定区双溪桥乡徐树坡村古城堡、李氏庄园、天罗山寺庙和慈利县高峰乡康家坪冯家大院都有雕刻艺术精品。石门县城省级文物保护单位文庙的石狮、抱鼓、石龟和《清御制平定准噶尔诰成太学碑》等明清时期碑刻保存完好。古生物化石艺术品是用具有较高科研价值和收藏价值的古生物化石精雕细琢而成。多壁珊瑚化石图纹极像乌龟背的图纹，故名“龟纹石”，产于武陵源区天子山上，是3亿年前形成的海洋生物化石。龟纹石大都加工成为乌龟形状，由手工镂刻雕琢而成。游客游览天子山风景区以后，可在宾馆、饭店、商店买到龟纹石工艺品。桑植县古生物化石工艺品厂生产砚台、摆件、十二生肖等化石系列产品和菊花石石刻艺术品。桑植县民族工艺美术厂利用龟纹石生产的石砚和茶具，造型美观，工艺精湛。武陵源区神龙化石行利用龟纹石开发的“中华角石”获得张家界市经济委员会2006年度张家界市旅游商品优秀新产品三等奖。桑植县军凤化石工艺品公司生产销售用震旦角石化石、喇叭角石化石及三叶虫化石等各种化石、菊花石雕刻的砚台、摆件和插屏等化石工艺品。

（七）烧陶

土家族的土陶用泥土制成器皿坯子，上釉以后，放进窑里，用火烧制，即成陶器。器形有陶坛、陶罐、陶缸、陶壶、陶钵、陶杯、陶鼎、陶盘和酒瓶、花瓶等。土家祖先从新石器时代以来，一直制造陶器，有黑陶、灰陶、白陶、黄陶和彩陶，造型多样，工艺精美。张家界市已经出土许多陶器，还有为陪葬烧制的宋代魂坛（瓶）。湘西北是“中国紫砂陶之乡”，张家界紫砂陶产品和文房四宝已经成为旅客喜欢的土特产品。慈利县赵家岗土家族乡天娥村陶器厂是一家至今仍在制造陶器的集体企业。按照制陶工艺流程，第一道工序是做泥坯。如需陶器表面光滑，就在泥坯兑上釉料。釉料配方不同，烧制出来的器皿颜色也就不同，常见的有板栗色和青色两种。第二道工序是装窑。窑匠装窑技术决定一窑能出多少成品。把泥坯烧成陶器成品是最后一道工序。

（八）铸锻

澧水流域金属铸锻工艺闻名古今，成为历史文化遗产。澧水流域自古以来就有生产或者加工金子的艺人，土家先民把做金器皿、金耳环、金项链、金手镯、金戒指及其他黄金制品的手工艺人称为“金匠”。近年来，永定区曾经出土明代金耳圈 1 个。

造型精美的银饰是用白银制成的各种各样的装饰品。银饰采用各种加工工艺，錾花、镂刻是银匠缎造金银的技法，是将金银锤薄，再用錾子錾出浮雕效果，或者錾上美丽纹饰。永定区已经出土明代鎏金银耳环 1 个、梅花镀金银耳环 1 个、九花银簪 1 个和清代镶玉珊瑚银耳坠 1 个。改革开放以来，银饰式样逐步创新。银饰靠手工操作，加工工具有锤子、钻子、凿子、钳子和模子等。银饰从绘图到制作需要经过铸造、锤打、焊接、编结等 30 道工序。技术精湛的银饰种类繁多，按品种分为头饰、耳饰、颈饰、手饰、足饰和服装饰物 6 个大类。头饰包括银花帽、银凤冠、插头银花、儿童帽饰。耳饰包括耳环、耳线、耳钉、耳吊。颈饰包括项链、项圈、披肩、吊坠。手饰包括手镯、手链、戒指。足饰包括脚圈、脚链。服装饰物包括领花、领带夹、胸饰、袖扣、银纽扣、银牌、围裙链子。2008 年，张家界市旅游商品研究院投入大量资金开发以“武陵缘”品牌为主的银器系列。在 2008 年“张家界杯”第二届湖南工艺美术精品大奖赛中，张家界市旅游商品研究院负责人王振宇选送的银器工艺品“武陵缘——雕龙银斗”获得优秀奖。2009 年，慈利县政府把赵家岗和高峰等土家族乡文化站申报的“土家族银饰锻造技艺”列入非物质文化遗产名录。

澧水流域罕见用铜板或者黄铜板制造铜壶、铜锅、铜铲、铜盆、铜管等各种器件和修理各种铜器的铜匠。铜匠作业，之所以被称为“打制”，是因铜匠并不炼铜，只是以铜板或者铜片为原材料，用锤子等工具打出诸如铜锣、铜瓢、铜罐、铜锁和铜茶盘之类的器皿。铜匠按营业方式分，有两种：一种是没有店铺作坊的铜匠，挑一副铜匠挑子出门，走街串巷。有店铺作坊的铜匠都有自己的炉子，如加工铜烟壶、铜唢呐嘴，制作铜杯、铜器具，需要熔化各种铜原料。慈利县溪口镇铜匠谭福林的“铜匠店”位于溪口老街。加工器皿以铜壶为主，虽为手工产品，但谭师傅用沉淀 50 年的工艺制作的铜器非常精美——龙形壶嘴栩栩如生，壶口还有一个上下浮动的铜球。抛光的表面堪比明镜，雕刻的花鸟似要跃出壶身。一件铜器工艺品需要十几道的工序，8～10 天的工期。整个工序中，雕刻最为烦琐。在壶身画上图案之后，需把篆头紧靠壶身，用锤头敲打，从而走线。每雕刻一下，篆头走 2～3 毫米。

打铁或者锻造铁器的工匠被称为铁匠。铁匠以铁为原料，靠铁锤打造各式各样的生产工具和生活用品。打铁是辛苦的行当。打制一件铁具，不仅经过选料、加温、锤打、淬火等多道工序，而且凭借眼力，反复锤打，才能打造理想成品。铁匠用来打铁的工具有风箱、炉膛、铁墩、铁钳和铁锤等。铁匠都有铁匠铺，有座用来煅烧铁坯的火炉，在火炉的连接处有个手拉风箱。铁匠劳动强度很大，一手用铁钳夹铁，一手高举铁锤，在铁墩上把红铁锤成产品。铁匠打造的产品有挖锄、薅锄、镰刀、钉耙、耙凿等生产工具和菜刀、柴刀、斧头、凿子、梭镖、虎叉等生活用品。

（九）油料加工技艺

土家地区植物油料有食用油类的菜籽油、茶籽油和非食用油类的桐籽油、木梓油等农副产品。油料手工加工技艺有煮油和榨油两个大类。传统榨油方法因设备差异又可分为朝天榨榨油和撞榨榨油两个小类。

1. 煮油技艺

将成熟的油茶子捡回，放在房屋角落阴干，使水分渗出。然后移至阳光下暴晒，使外壳开裂。再剥出裸子继续燥晒，或用筛篮炕干。将干透的油茶子放进石碓，舂碎舂细。将舂好的油茶子面用棕袋装好，放在锅里用水煮开、熬透，水面就会漂起一层油花。将油层舀起，烧火再熬，将水分熬干，所得即为可以食用的茶油。这种方法原始粗放，出油率不高，但是简便易行，所以仍有土家族人使用。

2. 朝天榨榨油技艺

朝天榨俗称“雷公榨”，顾名思义其榨槽口向上，里置若干箍有榨料的圆饼和大小不一的楔子。油匠师傅抡锤自上而下锤击木楔，压榨出油。榨体为长约 3 米、直径 0.6 米左右的粗大杂木。其中部挖一榨槽，长度约为榨体的 2/3。槽底再开一个细槽，细槽两端底部各开一个孔洞，一个孔洞出油，一个孔洞滤渣，这就是油榨主体，俗称“榨壳”。整个榨体横置于坚固的支架上，榨槽除了箍饼和木楔外，还有两个木质圆饼。一个叫“底饼”，置于榨槽一端；另一个叫“赶饼”，置于箍饼和榨槽另一端，用以安放木楔。工作时不停地加进楔子，直到无以复加为止。由于抡锤力量有限，朝天榨出油率不太高。

3. 撞榨榨油技艺

撞榨又叫“撞杆榨”，是体积较大的木质油榨。其形制和原理与朝天榨相似，只是改上、下捶击为平行撞击，故榨体槽口由向上变为侧向。用以撞击木楔的工具是一根钵口粗的杂木长杆，叫作“撞杆”。撞杆重量极大，吊于梁下，一端对准榨槽中的木楔。油匠师傅双手持杆，先引杆向后，再猛力向前撞击。每撞击一次，木楔深入一下。一楔撞平，再加一楔。如此反复，直至槽中饼干油尽为止。由于撞干重大，运作起来动能也大。加上油匠师傅发力，撞杆榨出油率高，工作效率高于全凭油匠师傅自身力量的朝天榨。为适应这种巨大撞击力的工作状态，撞杆榨的设计也作相应变化。首先，榨身加长、加粗、加重，以增强抗撞击能力。其次，为满足榨身加长加粗的需要，改独木的单体为上下两合的双体，并加固两端，用铁箍圈使其更加牢固。最后，槽口由上向改为侧向，便于撞杆平行撞。

土榨法榨油是土家族人历代相承的传统技艺，不论菜籽油、茶籽油、芝麻油、大豆油和桐油，都用土榨法榨成。榨油作坊根据榨油程序配有全套设施：首先是烘窖、烘炕、烘笼等烤烘设施。其次是水碾、旱碾等粉碎设施。碾子碾磨技艺用于油茶籽、油菜籽和粮食的粉碎。土家地区村村寨寨原有“碾坊”。有水源的村寨在溪河边缘建有横式冲盘或者竖式冲鼓两种形的“水碾”。先修渠道，引水力带动水轮转动，水轮又与木轴相连。木轴安装齿轮，在地面上修建圆形石槽。水门放水以后，水力冲动水轮转动，带动地面石轮滚动，放在石槽的茶籽、菜籽、桐籽就被碾碎。用水动力原理对农作物加工的作坊，称为“水碾坊”。没有水源的作坊被称为“旱碾”或者“旱油坊”，即用牛或马拉着石轮碾碎油茶籽、油菜籽、桐籽、大米、玉米等农作物。“旱碾”结构为碾座、碾槽、碾盘、碾臂、碾轴。不论水碾、旱碾，都由碾盘、碾槽、碾轮三个大件组成，皆取之于坚硬的岩块，由岩匠钻齿而成。在生产力不发达时代，这种加工技术非常普遍。如今土家地区边远乡村仍然保留在“碾房”以水力将农作物予以粉碎的加工技艺。再次是火灶、木甑、枯圈、压板等蒸枯及包枯设施。最后是榨床、榨槽、楔子、箭板、铁箍、撞杆等土榨设施。榨槽是放置枯饼的容器。箭板用檀木等硬质木料做成，用以扎挤枯饼出油。撞杆长约 5 米，顶端镶铁箍，用以撞击箭板。

现在，张家界土家风情园、袁家寨子和湘西自治州博物馆等处还有土家撞榨。慈利县景龙桥乡太坪村撞榨坊里分布有木榨、蒸锅、烘槽、撞杆、碾子等实物。该村油匠师傅糜长生说，木榨榨油从筛籽、磨粉、蒸枯、包枯、上榨、插楔、撞榨到沉淀成油，有 10 多道工序。油匠师傅先将茶籽粉或者菜籽粉用铁锅炒熟，用起子起上来，倒进甑里蒸香，蒸到适当湿度，便用稻草做成枯饼。之后将枯饼放进榨舱体中，在枯饼一侧塞进木楔。油匠师傅用撞杆撞击上下两层木楔之间的三角形行楔，随着楔子被打入榨仓，榨仓中的木块对油饼产生挤压力量。两名油匠师傅荡起撞杆，一名油匠师傅掌尾，瞄准箭板，用力向行楔击去，行楔即向油仓嵌入。如此反复，茶籽油或者菜籽油从枯饼里溢出。随着撞杆撞击，锲子一点点吃紧，油匠师傅一次次更换楔子，枯饼一点点变薄，直到被榨干为止。用以榨油的各种原料，在上榨前都要经过先期处理。如收回桐籽以后，摊于场地晾晒 2 个月。等待桐籽开裂，剥出籽粒，放入碾子碾碎碾细。用筛子分出颗粒粗细不同的粉面，分别用铁锅炒成猪肝色，再用碾子碾成均匀的粉面，放在甑子上蒸。蒸的时候要等甑子来气，才能上粉面。上粉面的时候，要一层一层地上。一层来气，再上一层，如是者三。上的粉面不能加水，也不能久蒸，否则榨不出桐油来。茶籽加工技术和出油状况也是如此。土家地区油类产品中，最具特色和最负盛名的是茶籽油和桐油。

茶籽油原料是茶籽。茶籽树又名油茶树，山茶科属，是土家地区经济作物。茶籽树果实为椭圆形或圆球形，内含种子数粒。茶籽出油率 30%。茶籽油的主要成分是甘油酯和油酸，所含油酸高于菜籽油和花生油，而胆固醇含量极低，易被人体消化。因此，茶籽油具有抑制胆固醇增加和软化血管壁的作用，是理想的原生态保健食用油，是难得的无公害植物油。

（十）酿酒技艺

我国古代的酒有清酒和浊酒之分。战国时期，巴人善酿清酒。酿酒是土家祖先巴人的传统工艺。北魏郦道元著的《水经注》记载："江之右岸有巴乡村，村人善酿，故俗称巴东清郡出名酒。"宋代，酿酒技艺有了发展。宋史又载："颇兴榷酤（酒）……仍旧卖曲。"元明清时期，土家先民的名酒种类有咂酒、冬酒、糯米酒、苞谷酒、果品酒、药材酒、菊花酒、菖蒲酒、葛根酒、慈姑酒和虎骨酒等。

现在，土家族人不仅喜欢喝酒，而且也会酿酒，有自家配制白酒和甜酒的习惯。土家族称白酒为"烧酒"，不同的粮食可以制作不同的烧酒，如大米烧、苞谷烧、高粱烧、小米烧等。大米烧香醇，苞谷烧香烈、高粱烧香甜、小米烧香芬。白酒制作方法采用传统工艺，粮食蒸煮要熟透，敞凉温度要适宜，拌曲要适量均匀，发酵过程和蒸馏取酒要适当。整个酿酒过程注意水质选择，喜用山泉井水酿酒。配制"甜酒"是土家族妇女的拿手戏。甜酒用粳糯粮食做成，糯米甜酒特别香甜。她们在配制甜酒时，讲究清洁卫生。不仅所有器皿除污灭菌，而且对糯米除糙去杂。糙米要进行适当碓舂加工，然后反复搓洗，做到白净无杂。用甑蒸饭火功要适当，做到米饭不软不硬，粒粒可数。米饭冷却以后，拌上酒糊发酵。盛入缸里，倒入泉水，发酵 2 天后，即可食用。这样，做出来的甜酒，色、香、味均佳。不仅是用于宴饮的佳品，而且是一些副食的上等佐料。诸如甜酒冲蛋、甜酒汤圆、甜酒烹鱼、甜酒米豆腐等，都是甜酒配制的风味食品。不仅是祛病的保健品，而且是招待客人的饮料，深受食者和客人喜欢。

土家族人常以土灶煮酒，酿酒工艺可概括为糊化、糖化、发酵、蒸馏 4 个流程。

1. 糊　化

将原料玉米淘洗干净，然后置于缸中浸泡。水温 80℃左右，水面高出粮面约一根筷子，浸泡时间冬季 3 小时左右，夏季 1 小时左右。浸泡过程中，需要上下翻动，使里外温度一致，吃水均匀。浸泡结束，以水漂洗。将漂洗后的生粮倒入甑里干蒸，时间十几分钟。蒸时不加盖，上气要均匀。将干蒸后的玉米置于锅中煮粮，煮粮需用热水，水面高出粮面 0.6 米以上，温度冬天应达 98℃，夏天可低一点。不能长时间煮沸，严禁沸腾，达到基础温度以后即可熄火，加盖焖粮。3 天以后，见八成以上玉米粒裂口、变软，即可放焖水。放焖水后，将原料扒平，并在粮面上撒一层谷壳，敞盖散热，干吊 20 天。干吊结束，复蒸 2 天左右。归纳起来，“糊化”阶段包括泡粮、干蒸、煮粮、干吊、复蒸 5 个环节。“糊化”这道工序的目的，在于使原料粮中的淀粉结构软化、糊化，以增强对酒曲的吸收力。

2. 糖　化

清扫场地，将撮箕首尾相接摆成行，行与行之间留出走道。将糊化后的玉米依次倒进撮箕，每只撮箕要倒均匀。将酒曲粉拌入原料，下曲最佳温度为 45℃至 60℃。酒曲是含有大量微生物和酶类的发酵剂和糖化剂，所生细菌色微黄，形状如尘，一般用粮食副产品制成。拌曲通常分 2～3 次进行。拌曲要求均匀彻底，使每粒粮食均能裹上曲药。摊凉以后，夏天过 2 小时左右，冬天过十几小时，即将簸箕里原料依次倒入平地上隔出的“箱”内，倒时要首尾交错，倒平倒匀，使箱里温度保持一致，厚度约为半市尺。收箱以后，在原料面上撒一层谷壳，使箱里温度夏季保持在 25℃左右，冬天保持在 30℃左右，温度太低还需盖上棕垫保温。但箱里温度不得超过 40℃，要防止温度不一而“花箱”。“糖化”这道厂序的目的，是使原料中的淀粉变为糖，为接下的发酵奠定基础。“糖化”的 4 个环节为摊凉、撒曲、上箱和盖箱。

3. 发　酵

拌曲原料入箱以后，一般 24 小时后温度上升，口尝有果酸味，略甜，呈软糊状，即可出箱。这是第一个环节。入窖之前，在经过糖化的玉米中加入一些新的原料，以共同参与发酵的过程，用黄泥、石条、砖和木材等材料，挖砌成长方体的发酵容器，即酒窖。长期使用的窖壁和窖底会留富有多种微生物和大量霉类的窖泥，有这种老窖泥的酒窖，就是“老窖”。将原糟和配糟按照一定比例拌和后入池，入池温度不能低于 23℃，也不能高于 25℃。因此，入池前要在池底铺层谷壳；入池后要在料面盖层谷壳，并加盖棕垫之类，压紧，捂严实。入池封缸，标志发醉环节开始。这期间要注意密封和温度的情况。密封为防香气的外溢和有害细菌的入侵，也是调节温度的手段。发酵期的不同阶段都有不同温度要求，要密切观察检测，及时采取补救措施。发酵是酿酒的核心环节，是酵母菌将可发酵性糖转化成为乙醇的复杂过程，它包括出箱、配糟、入池、封缸和管理 5 个过程。

4. 蒸　馏

将蒸酒甑子洗净，防止异味窜入所酿之酒。然后，将发酵原料从窖中取出。向甑中倒料时要低倒匀铺，使原料疏松平衡。封甑以后注意检查有关部位，开始蒸气要小，缓通气路；再慢慢加大蒸气，平稳蒸馏，防止跑气逃酒，此谓“中气装甑，缓气流酒，大气追尾”。酒气通过导管进入接酒的冷凝器。开始流出的为酒精含量 75%以上的头酒，顺次流出的为酒精含量 60%左右的中酒，最后流出的是酒精含量 20%以下的尾酒。头酒和中酒分别接装，以备勾兑，尾酒留至第二次蒸馏。蒸馏是根据蒸馏物中各组成部分挥发性不同，通过加热煮沸，对液体混合物进行分离的方法。酒精的沸点 78.3℃，水的沸点为 100℃。故蒸馏物中酒精先达沸点。随着酒蒸气不断导出，混合液中水的比例增高，沸点逐渐增高，直至水的沸点 100℃。这也是头酒度数高，中酒居中，尾酒最低的原因。整个蒸馏过程包括上甑、蒸馏和接酒 3 个环节。

六、建筑艺术

建筑是凝固的历史，是造型艺术的一种。民族特色明显的土家建筑精品可以被归纳为“三大件”：转角楼、六角亭和花桥。

1. 转角楼

“转角楼”是土家族标志性建筑。武陵山区现存成千上万栋土家族转角楼。

在青山碧水之间、丛林密箐之处，一栋栋饱经风霜的土家族转角楼或依山靠峰，或傍河临桥，形成一道道亮丽的风景线。现在保存土家族转角楼较多的特色村寨地势较高，同姓同宗的组成土家寨子，常以姓氏作为寨名，如向家寨、覃家寨、田家寨、彭家寨……也有用土家语作寨名的，如麦寨（意为“太阳照到的地方”）、苦竹寨（意为“山坡上的寨子”）、龙山县捞车村、永顺县列必村等，土家情趣十分浓郁。也有用汉语作寨名的，如保靖县木芽寨、慈利县三官寺土家族乡吴王坡、桑植县峰峦溪、武陵源区索溪峪土家族乡双峰村和永定区四都坪乡、沅古坪镇及王家坪镇石堰坪、马头溪、紫荆塔、伞家湾等。有些山寨设有寨门，寨子中心辟有广场。寨子中央建有摆手堂，为土家族人跳摆手舞、祭祀中心。土家族人在正屋左右一头或两头，与正屋垂直向外延出一组或多组排架，每排柱子长短依地势高低而取舍，形成杆栏楼宇建筑，即“转角楼”。转角楼多为三排两间，上、下两层，亦有三、四层的，其屋脊必须低于正屋屋脊，寓“客不压主”，同时也是工艺需要。修得最多的转角楼是一正屋一厢房，土家族人称之为“钥匙头”。富有人家修的双厢走马转角楼为一正屋二厢房，围成“撮箕口”，甚至在口前加上“朝门”，形成“四合水”。转角楼最有特色的地方是司檐和龛子。山墙与挑檐相接，成为司檐，用于挡雨通风。龛子是土家楼阁的雅称，是转角楼的厢房，外有悬空走廊。吊脚的形式依地形有临坡吊、临水吊、半边吊、双手推车两翼吊等，林林总总，花样繁多。谓之楼，须有梯可上。就是楼梯也会令人眼花缭乱，目不暇接：有直上的、有斜上的，有暗上的、有搭上的，有石的、有木的，有从室里上的、有从室外上的……拾级而上至楼房，矮小的对子门两侧放小格窗棂。楼阁多为闺房，是土家姑娘绣花、做鞋、织“西朗卡普”的地方。走廊是由落地柱向外挑出的挂柱形成过道，有单面的、双面的、三面的乃至四面的，称为“走马转角楼”，需有较高木匠技艺者方可为之。民间俗语“木匠难起转角楼，铁匠难打铁绣球”说的就是这个意思。转角楼两边上端，檐角翘起，雄伟壮观。转角楼的挂柱下常饰以木雕金瓜，乡土气息浓郁。走廊装木花格，门窗除雕“回”“喜”字等吉祥图案，还以颜料作底，以光油掺入山漆，刷得光亮照人。别看转角楼“脚”参差不齐，柱子弯扭粗细不匀，眉毛枋凸翘平直不一，但是可谓形曲意直，韵到神足。土家民居的特点概括起来为“八字朝门青瓦屋，飞檐翘角转角楼”。2009 年，“土家族转角楼建筑艺术”被湖南省政府公布为“第二批省级非物质文化遗产”。2011 年，“土家族转角楼营造技艺”被国务院列入第三批国家级非物质文化遗产名录。

2. 六角亭

元明清时期，土家道路只有泥巴路、砂子路、石板路和猎路。每个土司建有用青石板铺面的官道，并且修建驿站和“六角凉亭”。土官出行，由轿夫抬轿。土家族人在山垭、山坳有风处修建“六角凉亭”，飞檐翘角。亭修木凳，以供行人歇息、纳凉和躲雨。土家凉亭形似“伞把柱”，以楠木作柱，上尖下圆，雕花镂空，工艺精细，古朴秀美。“修桥铺路造亭子”是善事，对社会有益处，所以，土家族人纷纷集资出力，修建花桥和凉亭，改善交通条件。有些路旁修歇墩、挖水井，供人歇息时乘凉、饮水。故土家歌谣唱道：“大路凉水凉悠悠，有人吃来有人修；我郎此回修一次，让它清凉又长久。”

3. 花　桥

土家“木屋花桥”是中国桥梁经典。土家祖先在溪河上面架的“花桥”木廊只有一层瓦屋，或者一层一檐。桥面上建廊者，意在保护桥梁免遭雨淋腐朽，又可供过往行人小憩。土家地区花桥设计独特，装饰华丽，由桥墩、桥廊两大部分组成，故称“木屋花桥”。桥墩用青色岩石砌成，以桐油石灰或者水泥缝合，呈梭子形上下排列。墩子铺设抱大桥木，以柏树、楠木为佳。桥木上面再铺横木板，厚约 6 厘米。横木板比桥木宽，两边等距离形成飞悬之势。花桥核心部分是桥廊，又叫桥屋。它架设在横木板上，由木质柱梁组成。要立中柱、立檐柱，两头边缘处立亮柱，上面穿棋筒架过梁。檐柱下脚部分安装坐板，亮柱下脚部分安装靠板，中间形成过道，宽 2 ~ 3 米。桥廊建设注重土家风格，屋脊堆制罗汉，四方飞檐翘角。翘角上有的搬鳌鱼，有的做喜鹊。桥头屋檐悬挂“积德留芳”之类的匾额。土家花桥是民间工艺经典，如今有能力设计、施工的匠师不多。此类桥梁佼佼者，当推龙山县洗车河花桥、桑植县洪家关贺龙花桥、慈利县溪口镇花桥、慈利县通津铺镇花桥、咸丰县丁寨乡十字路花桥、鹤峰县走马镇白果村花桥和永定区四都坪乡乌木峪花桥、王家坪镇马头溪花桥等。龙山县洗车河镇“洗车河花桥”由清代乾隆四十五年（1780 年）绅士萧家霖等人倡修。桥有三孔，为石磴木面花桥。桥顶画有太极图形；两边桥帘刻有各种花纹；走廊两边建有木栏杆，并设平板坐凳。慈利县溪口镇杜家溪修建于清代光绪年间的“土家木屋花桥”，四角飞翘，雕梁画栋。永顺县老司城附近保留多处木屋花桥。永定区王家坪镇马头溪村至今保留一座古老的“木屋花桥”。永定区四都坪乡乌木峪花桥为四扇三间，可供过往土家族人歇息。桑植县洪家关贺龙故居“贺龙桥”既长又宽，气势雄伟。石门县白云乡政府所在地仍然保留贺龙捐建的具有土家建筑风格的“白云屋桥”，为悬山顶吊楼式。张家界国家森林公园老磨湾西北 500 米处的土家花桥“展卷桥”，雕梁画栋、朱漆彩绘，由著名作家沈从文题写桥名。永顺县大坝乡向凤生在张家界森林公园美食一条街建一座土家花桥，长 25 米，宽 9 米，高 9 米，飞檐翘角，气势壮观，深受游客喜爱。土家建筑大师李宏进为宣恩县修建一座大型花桥，桥长 80.08 米，桥宽 10.08 米，5 墩 5 亭，一层双檐。花桥是飞架溪河之上、连接两岸的福利性建筑，属于地方善事范畴，常由一寨人或几寨人邀约捐资修建。花桥是尝“花”品月之地。村寨里的俊男俏女，会聚桥头，或者挑花绣朵，或者嬉戏聊天。坠入爱河的恋人，以歌为媒，借声传情，挑姣选郎，结对配双，成就一桩桩美事。

参考文献

[1] 张伟权. 茅谷斯研究. 武汉：崇文书局，2008.
[2] 尚立昆. 桑植傩戏演本. 长沙：岳麓书社，1998.
[3] 向国平，赵平国，陈鹤城. 鹤峰傩愿戏. 北京：国际文化出版公司，2001.
[4] 王文明，刘冰清，金承乾. 辰州傩戏. 北京：中国文史出版社，2007.

第十一章　张家界市土家族服饰文化

土家服饰是土家形象的标志，是土家文化的载体。土家服饰随着时代发展而不断发展。土家服饰分为古代土家服饰和近现代土家服饰两个发展阶段。

历史文献关于土家服饰的记载只有只言片语，土家地区出土的服饰弥足珍贵。先秦时期，土家祖先身穿“草衣”或者兽皮。《王氏族谱》载：“蛮人衣着草，居巢穴。”著名服饰研究专家沈从文在《中国古代服饰研究》一书中说：“约在原始纺织技术昌明之前，曾有一个手编织物做衣服的阶段。”永定区罗水乡土家族茅古斯的“草衣”多以茅草、稻草、棕叶、棕片编结。每服由 5 块组成，一块扎在腰间成裙状。秦汉以后，直至魏晋南北朝，古籍留下一点服饰史料，如《后汉书》载：武陵山区土家祖先以“賨布”为赋。《南齐书》亦载：“衣布徒跣。”张家界市城区出土的汉代铜俑头戴编织帽，下身着裙，左肋佩长刀，佩带挎右肩。土家部落首领八部大神神像上身穿素色短衣，下身为八幅罗裙。八幅罗裙由 8 幅打花土布做成 48 勾图案，土家语称它为“莎士格”。土家梯玛做法事时穿的八幅罗裙用赤、橙、黄、绿、青、蓝、紫、白 8 色 8 幅布料做成，下摆吊 8 枚方孔铜钱，裙片绘龙、日、月等图案，系在法衣内腰部，下垂及地。

元明清时期，土家先民服饰的特点为短衣短裙，衣裙尽绣花边，头裹刺花巾帕，高髻螺鬟，喜垂耳圈。明代，容美土司土家诗人田信夫的《澧阳口号》反映澧水流域土家服饰：“高髻螺鬟尽野妆，短衣穿袖半拖裳。儿夫不习衣冠语，逢着游人只道印。”据清代《乾隆永顺府志》载：“土司时，服饰不分男女，皆一式头裹刺花巾帕，衣裙尽绣花边。”该志还载：“（桑植县）土民散处山谷间，男女短衣跣足，以布裹头，服斑斓之衣。”1998 年，湖南省考古研究所考古专家在永顺县老司城紫禁山明代古墓中首次发现 8 块人物造像砖雕。8 位男性上身为麻布短衣，交领窄袖，两袖饰有花边，为 48 勾图案。檐子走线，对扣。下遮八幅罗裙，前后各由 4 块组成，每块接缝明显留线。八幅罗裙拖地，但无图案装饰。2000 年，张家界市文物工作队考古学者在市区紫舞路发掘了一具明代女尸，女尸下穿八幅罗裙，并盖土家织锦。根据历史文献和明代文物来看，土家先民男女不分的五色斑斓罗裙在明代已有改变。

由此可见，清代“改土归流”以前，土家先民多穿“琵琶襟”上衣，钉铜扣，衣边上缀银钩，下为八幅罗裙。上襟和下裙多用土家织锦缝制，五彩斑斓，别具一格。男人穿的“八幅罗裙”为直线素色，保留衣袖、檐子的部分图案装饰。女人日常服装“八幅罗裙”仍有48勾图案。石门县博物馆收藏的清代土家八幅罗裙用彩线绣有二龙戏珠和印花图案。清代“改土归流”以后，土家服饰被令改制而逐渐发生变化，因性别、年龄不同，服饰逐步有所区分。满族服饰进入土家地区，代替了八幅罗裙。土家男子改穿栏杆“满襟衣”，两袖挑有花边；便裤用白布做裤腰，裤腰宽大，裤筒短小，筒边绣有彩色花边，故清代《嘉庆慈利县志》记载：“庶民绣衣丝履，童子亦公然裘帛。”妇女改穿长衣，据清代《同治保靖县志》记载：“妇人穿长衣、长裙”，裙用土家织锦制作。清代《嘉庆龙山县志》也载：“土妇善织锦，裙、被之属，或经纬皆丝，或丝经棉纬。挑、刺花纹，斑斓五色。”总之，澧水流域古代土家服饰朴素无华，正如明代《万历慈利县志》所载：“衣服俭素，无丝纻文绮。至大家子弟，亦不敢服华衣以见人。”

现在，澧水流域边远村寨仍然保留土家服饰特点。土家老年男子头包青布帕子，额前包成“人”字形，仍穿“满襟衣”和稍短素色便裤。中青年男子穿高领紧身对襟衣，钉 7 对布扣。中年男子多为黑色，袖口、襟沿贴青色布条，腰饰如意钩。青年男子多为蓝色，镶花边。土家男子都穿用白布做裤腰的青、蓝布“抹腰裤”，裤口处，青年镶花边，中年男子贴异色布。土家妇女头缠青丝帕子，即《清代康熙慈利县志》载：“今近蛮峒妇人皆用方素蒙头。”也有人把头发梳成“粑粑髻”，插银簪，头上搭块挑花头帕。穿右开襟“外托肩”矮领衣，沿领口至前襟及袖口有不同颜色的宽布镶花边和绣花“栏杆边”，胸前系一挑花围裙。也有穿绲边挑花大襟衣的。裤子多为青、蓝色，镶有裤腰，裤口有不同颜色的宽边，接宽边处用色布缀 3 条梅花边。穿绣花鞋，缠白色裹脚布。戴金耳环，戴银手镯和金戒指。土家少女梳单长辫，扎红头绳，打花结，戴耳环。穿红色或绿色“外托肩”上衣，衣肩、胸襟及袖口缀 3 条五色梅花条，内穿白布汗衣。裤子膝部及边沿绣 3 条五色花边或以十字挑花美化裤脚。另一部分土家姑娘穿八幅罗裙、百褶裙或筒裙。手腕戴银手圈，戴金戒指；脚穿红布绣花鞋，穿白色袜子。土家男女儿童服饰多用花布做成，也有在素色布上绣花的。幼儿皆戴花帽，正面钉“八仙”和“银蝶”等银饰；春戴“紫荆冠”，夏喜“凉帽”，秋多“八角帽”，冬戴“虎头帽”。颈戴项圈，胸前套绣花围兜；手、脚戴银圈，上系 3 颗银质响铃。穿布质猫头鞋，绣彩色花草。

为了促进文化与旅游结合发展，推动少数民族文化遗产的传承保护，张家界福利芙蓉服装厂于21世纪初生产一批土家服装、导游员服装、讲解员服装、土家织锦马夹、挑花手帕、挑花围裙、挑花桌布等土家服饰。张家界森海民族服饰公司生产的土家服装、表演服装、土家织锦壁挂、土家织锦装和工艺提包畅销旅游市场。张家界森海民族服饰公司于2007年被国家民委确定为“十一五”期间全国少数民族特需商品定点生产企业。根据湖南省人民政府〔2009〕41号文件关于传承民族服饰的精神，张家界土家绣庄设计了导游员服装、讲解员服装、饭店服务员服装、演员服装、学生校服、政界要人盛装等土家族高档服装近百种款式，得到湘鄂渝黔土家族研究专家认同，市场前景较好。张家界锦绣民族服饰有限公司聘请《湖南民族服饰》一书主编何相频等民族服饰研究专家为顾问，把土家织锦元素融入土家服装，生产和销售旅游服饰、土家族服饰、表演服、工作服、棉衣等产品，年产民族服饰50万套。公司自有厂房2000平方米、资产已达1500万元。

第十二章　张家界市土家族饮食文化

土家饮食习俗与其世居环境密不可分，食物制作与烹饪具有民族特色。土家风味饮食分为饮料、饭食、菜食和副食四大方面。

一、茶　类

土家族茶文化历史悠久。土家茶类有青茶、茶果茶、红糖茶、蜂蜜茶、熬罐茶、鸡蛋茶、甜酒茶、糊米茶、姜汤茶、擂茶、油茶汤等。

（1）青茶：将采来鲜叶经高温杀青，经揉捻、干炒而成。饮用之时，用开水冲泡茶叶。“土家名茶”有：青岩茗翠、龙虾花茶、茅岩莓茶、五雷月眉、甑山银毫、月亮岩毛尖茶、毛坪毛尖、西连贡茶、白鹤井茶等。

（2）红糖茶：用开水冲泡甘蔗红糖几分钟后饮用。适用于治疗小腹泛痛、妇女经痛等症。

（3）蜂蜜茶：凡贵客来，家庭主妇必取蜂蜜，置于杯中，再用开水冲泡，端给客人饮用。适用于咽干口渴、大便不通等症。

（4）熬罐茶：土家老人常把陶罐置于火塘边缘，将茶叶放在陶罐中。加水以后，放在火边煨，直至茶浓为止。

（5）鸡蛋茶：贵客到后，主人先将三个鸡蛋煮熟，冲泡红糖茶水，为客人解除饥渴。

（6）甜酒茶：把糯米用水浸泡一天，滤干，放入甑中蒸熟。冷却以后，拌入甜酒曲子，盛入陶缸发酵。三天以后，即可饮用。

（7）糊米茶：将米烤黄，以沸水冲之，亦有人将米饭锅巴放在火里烧焦，冲开水当茶喝。

（8）油茶汤：先往黄豆籽、苞谷籽、核桃仁、花生米里加入少许芝麻，用茶油在锅内炒熟。后放茶叶、生姜、葱花、大蒜等佐料，倒入冷水。烧开之后再放炒米。

二、酒　类

土家族酒文化内涵丰富，有“无酒不成宴席”之说。土家族人用传统酿酒工艺酿制的酒类有米酒、高粱酒、苞谷烧酒、红薯酒、刺梨酒、桂花酒、药材酒、慈姑酒、虎骨酒、蛇酒等。酿酒企业酿造的“土家名酒”有毕兹卡酒、百根冰酒、杜仲酒、竹筒酒、湘酒王酒、湘西王酒、土司王酒、土家人酒、土家贡酒、土家醇酒和鬼谷神功酒等。

（1）米酒：将大米用水泡几个小时。将米放在蒸笼屉布上蒸熟后，放在盆里。温度降到约 40℃时，拌进酒药，用勺挖出一洞，洒些凉水，盖上盖子，放在约 20℃的地方。30 小时以后，装瓶存放。

（2）苞谷烧酒：先将苞谷（玉米）蒸熟，拌上酒引，发酵数天。再烧锅蒸，锅炉出的液体即为苞谷烧酒。

（3）刺梨酒：土家族人以野刺梨（又名刺莓果）经过酿制而成的低度保健酒，具有滋补健身、开胃消食等功效。

三、饭　食

饭食品种较多，有大米饭、小米饭、玉米饭，或大米拌红薯的“两合饭”，或大米、玉米、绿豆拌合煮的“三合饭”。夏天，土家族人爱喝大米拌绿豆煮的绿豆稀饭。

（1）鼎罐饭：土家族人多用铁鼎罐架在火坑铁三脚架上，把米和水放入鼎罐，盖上盖子，用火焖一段时间。把鼎罐取下三脚架，放在火边煨，不断旋转鼎罐方向。饭熟以后，即可食用。

（2）甑子饭：先把米在大铁锅里煮至半熟，舀入筲箕沥米汤。再把半熟米倒入锅中木甑，盖上甑盖。用火将甑脚水烧开，直至饭熟。

（3）竹筒饭：砍下桂竹一段，两端留节巴。在两头各据一个口子，用凿揭去竹片。装进少量米和水，放在蒸笼蒸熟。取出竹筒，揭去竹片，手端竹筒而食。

（4）社饭：土家族人在农历二月二日社日吃“社饭”。把一半黏米、一半糯米倒入锅里煮到半熟。然后，把事先炒香的野蒿菜、野胡葱、腊肉丁放进锅里拌匀，盖上锅盖，用火焖熟。

四、酸　菜

土家山寨家家户户腌制酸菜。土家族人爱吃酸菜，如酸鱼、酸肉、酸榨菜和酸胡葱等，以至民间流传一句俗语："三餐不吃酸和辣，走路脚软眼也花。"

（1）酸萝卜：先将干净萝卜切成条状。然后，将晒干的萝卜条、食盐和辣椒汁放入陶罐里腌几天。

（2）酸辣椒：往缸内倒入冷水，加入花椒、食盐，搅拌以后，静置几天。待缸水略有酸味，加入辣椒。压紧辣椒，盖上粽叶，再用石块压在上面。

（3）酸豇豆：先将新鲜豇豆晾干，再切成约 1 厘米长的颗粒。后将凉开水倒入瓶中，将豇豆粒放入瓶中，放生姜几片、辣椒几片，泡 3～4 天，就可炒食。

（4）酸洋姜：将洋姜挖出，晾晒数天，放入坛中。然后，倒立放入盛水碗中，十天半月即成。

（5）酸大蔸菜：将大蔸菜挖出，晾干，放入坛中，用布裹紧，倒立在盛水盘里，散发酸味，即可炒食。

（6）酸青菜：选用细嫩青菜，晾晒半天。把盐撒在青菜和蒜苗之上，放入坛中。数日之后，可用植物油炒。

（7）酸藠头：先将藠头放入容器，与盐拌匀，盐渍 3 天。后将藠头放入坛里，压上重物，腌渍 1 月。

（8）酸鱼：从背剖开鲤鱼，拌上食盐、花椒，把米粉放进鱼肚。再将腌好的鱼放进坛里，密封坛口。10 天以后，就可油炸酸鱼。谚语云："瓦罐腌酸鲤，嘉宾盐上珍。"

五、腊　菜

武陵山区交通不便。为了储存荤菜，接待客人，形成"冬至炕腊肉、杀猪过大年"习俗。

（1）腊猪（牛、羊、狗、麂）肉：每年农历腊月，先将鲜肉砍成四方小块，抹上食盐、花椒粉、五香粉，放在缸里腌制 10 天。然后，挂在火炕上用木柴、花生壳、茶籽壳、橘皮、柚皮等烟熏火燎。

（2）腊香肠：把猪瘦肉切成肉丁，拌入辣椒末、胡椒粉、花椒粉，灌入猪小肠。然后，挂在火塘熏烤半月。食用之时，取其 1 段，入锅煮熟。

（3）血豆腐：将捣烂鲜肉拌猪血、豆腐及辣椒、花椒等佐料，用手捏成圆陀，再用竹筛吊在火塘熏干。食用之时，用水煮熟，切成小片。

（4）灌肠粑：用猪血拌上糯米、食盐、香料，灌入猪大肠。然后，用竹筛挂在火塘熏烤半月。食用之时，放入锅里煮熟，再用刀切成细片，与蒜爆炒。

六、野　菜

武陵山脉山珍野菜“取之不尽，吃之不竭”。野蒿、蕨菜、薇菜、莼菜、香椿、野芹菜、野苋菜、野山菌、野木耳、鱼腥菜、马齿苋、鸭脚板、葛根应有尽有。清代《道光永定县志》记载的物产有藠、百合、枞菌、枸杞菜、石耳、香椿、蕨、葛、地米菜、竹笋等野菜。清代土家诗人向晓甫写的竹枝词《山味》描述了武陵山区野味盛况：“三月山蕨初出芽，枞林七月菌生桠；秋岭红熟果累累，白面狐狸味更佳。”清朝末期，武陵山区流行挑葱习俗。每年清明节前后，百花开了，野葱长了。土家姑娘拿着尖刀，背着背篓，三人一群，五人一伙，爬上山坡，挑挖胡葱。土家小伙吹着木叶，尾随其后。正如向晓甫的竹枝词《映山花》所写：“映山花开女儿忙，岭上挑葱葱味香；歌唱相联凭木叶，娇音吹断路人肠。”如果阿哥看中哪位靓妹，扯开嗓子就唱：“唱支山歌给妹听，看你明经不明经；点亮还要双灯草，唱歌还要妹接音。”阿妹慢悠悠地对答：“一莫焦来二莫愁，船到滩边慢慢游；性急难喝热稀饭，冷水捏粑耐烦揉。”阿哥受到鼓舞，大胆挑逗：“恋郎要恋胡子郎，胡子里面有蜜糖；睡到半夜亲个嘴，好比蓑衣盖酒缸。”阿妹羞涩地瞟过动情一眼，捧起腮帮，唱出含蓄情歌：“妹是河边一棵柳，根深不怕泥土瘦；吃用穿戴哪里来，成家全凭一双手。”阿妹唱完，扭头跑进树林。阿哥心领意会，穷追不舍。在人少幽静之处，阿哥向阿妹要得爱情信物——“一把野葱”。向晓甫的《挑葱》诗赞美了土家族挑葱会：“相偕女伴同挑葱，穿岩登山西又东；最爱娇音歌一曲，归来同唱《映山红》。”清代光绪庚子之年，武陵山区灾情严重，延误种粮日期。土家百姓被迫上山采摘野菜，以葛为粮。古诗《竹米颂》反映这一悲惨史实：“大运悠悠兮不齐，风雨五十兮愆期，禾黍无兮群悲苦，采蕨葛兮聊充饥。”

在原生态食品畅销的新时代，不仅土家族人爱吃野菜，大多数海内外游客也津津乐道。饭店里、酒店里野菜供不应求。旅游市场无限商机启发土家农民挖野菜，取葛粉，运到城里销售。张家界宏富食品厂生产的野葛粉获得湖南省第四届农博会金奖。张家界九天食品公司制作的山竹笋、野木耳、野蘑菇、葛根粉、蕨菜、香椿获得绿色食品认证。葛根粉被列为湖南省湘西地区开发产业项目，多次被省电视台报道。数千家商店里摆放着上万种野菜食品，既有消费者信得过的名牌产品“张家界野生三宝”——野葛粉、野蕨菜、野岩耳，又有葛根酥、蕨根糕等包装美观的深加工精品。

七、豆制品

土家族人爱吃用黄豆做成的豆腐、豆腐干、炸豆腐、霉豆腐、土家合渣、渣豆酱、豆豉、水豆豉、干豆豉、腊八豆。

（1）豆腐：把黄豆碾碎后，用水浸泡。把过滤的浆汁倒入锅中煮沸，盛入大缸点卤。点完卤水，始压豆腐。

（2）霉豆腐：将豆腐切成 3 厘米方块，装入木桶，让其发酵生霉。后用凉水泡在坛里，加上食盐、生姜片、辣椒、胡椒和少量白酒。密封 7 天以后，即可开坛食用。

（3）土家合渣：将黄豆在石磨上磨成豆浆，加水煮开。然后，放入菜叶煮熟。

八、名　菜

中国烹饪分为“湘菜”等八大流派，以湘西土家族苗族自治州、张家界市为中心的湘西山区风味菜肴属于“湘菜”范畴。根据饮食原料和风味特色，可把“土家名菜”分为水产、肉类、禽蛋、素菜等几大类型。土家宴席盛行“十碗菜”：一碗头子（肉丝炒黄花）、二碗笋子、三碗鸡子、四碗扣肉、五碗丸子、六碗羊肉、七碗肚子、八碗蒸杂、九碗干鱼、十碗虾汤。先上炒菜，次上蒸菜，再上干鱼，后上汤菜。

（1）土家鲊肉：先把猪肉切成小片，掺入米粉，用食盐、辣椒、香料拌匀。后将猪肉装坛压紧，盖上稻草，用篾绷紧，再把坛子倒放在盛水的盆里。肉粉略酸，蒸熟即可食用。

（2）腊味合蒸：先将腊肉、腊鸡、腊鱼盛入钵里，上笼蒸熟。再将腊鸡去骨，腊肉去皮，腊鱼去鳞；后将腊肉切成片，腊鸡、腊鱼切成条。取瓷碗一只，将腊肉、腊鸡、腊鱼皮朝下排放碗内，再放入猪油和肉汤。上笼蒸烂，取出翻扣在瓷盘中即成。

（3）燕麦粉蒸螃蟹：先将燕麦粉调水成糊于锅里，再将螃蟹倒入，盖上锅盖，用火煮熟。食用之时，加入油、盐和佐料。

九、火　锅

武陵山区海拔高，气温低。世居山里的土家先民形成用火锅炖菜肴的食俗，或放在宴席上，或放在火塘边。

（1）板栗炖鸭肉：将鸭肉切块，将板栗去壳，拌以炒熟的鸭肉，放入生姜、干辣椒壳，用火炖焖。

（2）岩耳炖土鸡：先把岩耳清洗多次。将土鸡切成块状。然后，把鸡肉放在油锅炒熟，加入姜片，烹入料酒。用火煨至鸡肉酥烂，再放盐、葱、蒜、味精，加入岩耳。

（3）黄鳝下莴叶：将去了刺的鳝鱼先放植物油炒熟炖汤。火锅汤开以后，边吃鳝鱼，边加莴菜。

（4）牛肉下粉丝：先将牛肉煮熟，切成小块。再在锅里煸炒牛肉和生姜、桂皮、辣椒、花椒，放盐、葱、蒜、味精。然后，加入慈利县岩泊渡红薯粉丝。

十、副　食

土家族副食品有粑粑、炒米、糖馓、粽子以及大米糖、玉米糖、红薯糖、麦芽糖、姜糖、米豆腐、牛肉米粉、麻辣牛肉等“小吃”。

（1）糖馓（又名团馓）：取糯米浸泡一天，放入甑中蒸熟。然后，用手放入竹制圆形篾圈模子，用板压成薄饼，趁热用食品红绘上字样和图案。冷却以后，从模取出，晒干即成。其食用方法有二：一是油炸，将糖馓置于油锅炸酥。既可干吃，亦可加蜂糖冲开水吃。二是烹煮。将糖馓放入锅中，加水煮熟，再放上猪油等，是土家妇女生小孩后的营养食品。

（2）糍粑：先将糯米浸泡，用甑蒸熟。再将糯米饭放入粑粑槽，两名男子各持粑捶打击，使之粘连成团。捣烂成泥状后，将其置于桌上。妇女手蘸黄油，捏成粑坨。摆整齐后，再用木板压扁，即成糍粑。糍粑冷却以后，把它泡在清水坛中。吃时，烧烤加热，蘸以红糖。

（3）叶儿粑粑：取糯米、黏米各半浸泡，放入石磨成浆。通过麻布过滤、沥干后，取其小团，捏成圆坨，中间掐空，放入肉馅，用芭蕉叶、粽叶或桐叶包裹，放入锅中蒸熟即食。

（4）苞谷粑：将苞谷脱粒，放入石磨磨成浆，加糖搅匀，用桐叶或芭蕉叶包成三角形，放入锅中，蒸熟即可。

（5）红薯粑：把放蔫的红薯洗净，切成薯丁，放入石磨磨成浆，将糯米粉与红薯浆和匀，再揉成团，放入锅里蒸熟即成。

（6）炒米：先将糯米蒸熟，冷却以后捏散，晒干。后将阴米籽倒入锅中拌油砂炒。筛除砂子，便是“炒米”，可既干食，也可加红糖冲开水吃。

第十三章　张家界市土家族建筑文化

建筑是凝固的历史，折射民族和城镇前进步伐。土家地区最早居住形式是穴居、巢居。随着生产力发展，巢居演变成为干栏式建筑。商周时期，始用瓦盖。元明清土司时期，土司衙署雕梁画栋，飞檐翘角。近现代以来，土家族人民在土家传统建筑转角楼基础上，吸收汉族的马头形封火墙和四合院等建筑技术，使土家建筑更为完备。

一、先秦时期土著先民住所

在人类历史长河中，住所不仅是人们繁衍、集会场所，而且是进行炊事、防御野兽侵袭的场所。石器时代，原始人类的居住形式主要有穴居、巢居等。从考古发现看，人类最早的住所是天然洞穴，形成远古人类穴居野外的文化遗址。湘西北天然岩洞较多，穴居习俗延续至今。巢居是在树上“构木为巢，以避群害”，为干栏式建筑源头。《庄子》曾载：“古者禽兽多而人少，于是民皆巢居以避之。”《太平御览》亦云：“散居山洞间，依树屋而居。”最早巢居依树架木为巢以居。直到清朝末年，湘西北偏远地区依然残存巢居树屋。《光绪龙山县志》还载：“民居中数十家，或架树枝作楼，或两树排比作门户。至崖尽处则万树葱茏，环拥于外，若栏栅然。”穴居和巢居对土家地区建筑文化影响深远。由穴居演进的地面台式建筑和由巢居演进的干栏式建筑构成土家祖先民居建筑主流。旧石器时代晚期，湘西北原始人类在丘陵地带搭起简陋的窝棚为居所，有的住木叉搭架、茅草盖顶的茅棚。临澧县官亭乡竹马村遗址发现了台式建筑。这一建筑遗迹是人工修筑而成的高台建筑基址，台基高50 厘米，为椭圆形。澧县彭头山新石器时代早期文化遗址发现了两座房屋遗迹，一为地面式建筑，四周发现柱洞 9 个；另一为地穴式建筑，火坑在室里北端。新石器时代中晚期，土著先民在斜坡上构筑居室，用离地大木代替天然树木，并且利用楼下空间饲养畜禽，巢居逐步演变成为干栏式建筑。现在，土家地区普遍存在的转角楼保留了干栏式建筑遗风。沅澧流域，气候炎热，雨水较多，地势低洼，虫蛇繁多。为了防潮、防虫、防蛇，土著先民以地下打桩而立木柱、在柱上架屋的方法营造村落。最早记载干栏式建筑的是《魏书》："僚者，盖南蛮之别种……依树积木以居其上，名曰杆栏。"干栏式建筑特点是以竖立的木桩为底架，桩下多有石基。在木桩上铺梁搭板，其上建长脊短檐房屋，分为上、下两层，上楼用梯。明代邝露在《赤雅》一书中说："人栖其上，牛羊犬豕畜其下。"刘锡蕃在《岭表纪蛮》说得更加详细："楼下的为两部，一部为舂碾室，农具、杂物亦储其间；一部为牲畜室，一家所饲鸡豕牛羊悉处其内。"

商周时期，建筑技术有所发展。桑植县庙湾商周遗址在房基地面出现铺垫红烧土块，用于防潮。溇水流域逐步出现半地穴式房屋建筑。部分房屋始用筒瓦是建筑技术的进步。1992 年，桑植县文物管理所考古工作者在澧源镇朱家台战国遗址中发现了房屋、瓦窑和水井，实属罕见。窑里发现的遗物为板瓦、筒瓦、瓦当三类。瓦当为泥质夹砂灰陶，有瓦钉孔。灶台四周分布着柱洞，房屋为西南向，由木柱支撑，屋里有灶台，证明战国时期土家地区已用瓦盖。明代《万历慈利县志》记载："白公城在邑东五里，四面有门，相传楚白公胜所筑。"筑于春秋末年的白公城城墙高 2 米，发现筒瓦、板瓦及铜箭镞等文物。

二、郡县时期建筑遗迹

中国古代的木构架建筑早在原始社会开始萌芽，经过奴隶社会到封建社会，逐步形成为独特的建筑体系，并对湘西北土家地区建筑结构产生深远影响。秦汉时期，木构架结构方式抬梁式和穿斗式已经发展成熟，木构架榫卯结合技术已达一定水平。中国建筑特有的"斗拱"在秦汉时期大量使用，木构架结构房屋形成悬山、歇山、硬山、庑殿、攒尖五种形式的屋顶。房屋墙体多用木骨泥砌筑，屋顶多以草盖为主，少数使用瓦盖。魏晋南北朝时期，出现道教和佛教建筑。秦统一中国后，在全国设置郡县，修筑城堡。湘西北设置黔中郡，郡治设在今沅陵县太常乡窑头村。唐《括地志》云："黔中（郡）故城在辰州沅陵县西二十里。"1986 年，中国社会科学院和湖南省文物考古研究所的专家在沅陵县窑头古城遗址发掘了40多座战国至秦汉古墓，出土了瓦、壶等文物，从而认定窑头为秦黔中郡故城遗址。黔中郡辖慈姑等县，据清《同治直隶澧州志》载："秦始皇二十六年庚辰（前 221 年），分天下三十六郡，置慈姑县，隶黔中郡……城在慈利官塔坪。"明代《万历慈利县志》亦载："（周）赧王癸未，秦白起伐楚，略取蛮夷地，置黔中郡。秦始皇庚辰，分天下三十六郡，置慈姑县……慈姑县按旧志在邑北二十四都，今犹有城址存，瓦砾堆积。”西汉建立以后，改黔中郡为武陵郡，共辖充县、零阳等县。1996年，桑植县两河口发掘3座东汉砖室墓，砖的纹饰为十字形等，与南岔东汉砖室墓相比，独具特色。

唐宋时期，砖、瓦、石灰、油漆等建筑材料的应用技术已经相当熟练，出现了各种形式的楼台殿阁和城池建筑，建筑工艺形成一定的风格，干栏式建筑日趋成熟。石门县夹山寺创建于唐代咸通年间，宋元曾经修葺，故有“三朝御修”盛誉。曾有九殿一宫，规模宏伟。其中，大雄宝殿为重檐歇山顶，布小青瓦，翼角翘起。慈利二中校园里的兴国寺始建于唐代，为五进建筑，现存殿花殿又名八角楼，为三开间砖木楼阁，上下两层通高12米，12个翼角下均作雕龙，屋面盖琉璃瓦。慈利县云朝山金顶佛殿再创于盛唐。位于永顺县老司城的祖师殿始建于五代后晋天福二年（937年），为双檐歇山顶。全为木质结构，正殿四柱，上架木枋，柱榫木枋承接处均无斧凿痕迹，迄今不偏，殿宇斗拱雄浑古朴，梁架结构具有民族特色。五雷山道观草创于唐代。普光寺最早道教建筑高贞观始建于南宋末年，为单檐歇山顶，其建筑脊栋下有攀间、驼峰、丹梁，柱基与木柱间夹质板，这在其他各殿绝无仅有。唐宋时期，干栏式建筑不断发展，历史文献仍有记载，如《旧唐书》：“土气多瘴疠，山有毒草及沙蛩蝮蛇，人并楼居，登梯而上，号曰干栏。”唐代元缜描述：“巴人多在山坡架木为居，自号阁栏（转角楼）。”可见，唐宋时期，干栏式建筑逐步演变成为土家转角楼。

三、土司时期建筑遗迹

元明清时期，朝廷在土家地区设置了桑植宣慰司、柿溪宣抚司和茅冈长官司等土司机构。土司衙署建筑风格最为鲜明，代表了该时期最高水平。明《乾隆永顺府志》载：“土官衙署绮柱雕梁，砖瓦鳞砌，百姓则叉木架屋，编竹为墙。舍把、头目许竖梁柱，周以板壁。”

元代元统年间，土酋向仲山钦授桑植宣慰使。勘地于两河口，修建土司衙署，形呈条状，为木构屋宇、封火砖墙的建筑群。现存部分砖木古建筑，“旧司城”“城门口”“衙门口”“主事殿”仍为当地土家族人惯用名称。

元代，土酋向安定钦授柿溪宣抚使。传至明代宣德年间，改为上、下峒长官司，向仲贤任职上洞长官司。司治坐北朝南，块石垒墙，木构板房，为土家风格建筑群，现为上洞街乡集镇。

明朝初年，土人覃添佑被授为茅冈安抚使。随后，茅冈市修建茅冈土司衙署“七进王堂”，里有门卫、花园、箭台、三宫六院、戏台，共有7个天井，整个建筑占地约 6 公顷，外有巡捕衙门等。街市依水而建，王堂依山而造，建筑材料为条石砌墙，庭院以块石铺地。司城东南回龙岗建有明代“覃氏园林”，面积约 6 公顷，融人工建筑于自然景观之中。茅冈古市还建有三神庙、回龙观、关帝庙、城隍庙、观音山寺、大朝山寺、温阳关、黑松关等建筑。

四、近现代土家地区建筑种类

鸦片战争以来，受外来文化影响，湘西北土家地区建筑类型日趋多样，共计城堡、市镇、衙署、摆手堂、转角楼、封火墙天井屋、书院、学宫、戏楼、会馆、寺观、祠庙、教堂、祠堂、塔坊、八角凉亭、木廊花桥、石拱桥、关隘、名人故居、革命旧址和陵墓等 20 多种。

摆手堂建筑分为土王祠及摆手场两部分：在牌坊形大门之内，由短墙围成又深又长的长方形摆手场地，末端为“土王祠”。门祠间有一条甬道，道旁古柳成行，可以悬挂红灯，凡是土家族人祭祖、祈年、神断、还愿、迎春、歌舞、竞技多在其间举行。土王祠为石瓦建筑，内设神龛一座，供奉土王、八部大王或彭公爵主、向老官人、田好汉等，有的供奉本地土王。朴实无华，别具一格。这些古代建筑保存着土家祖先流传下来的木雕、石刻、彩绘、岩画等民间工艺。龙山县马蹄寨、保靖县利湖和永定区茅冈等地均有摆手堂，土家语叫“舍巴挫”。

土家语称干栏式建筑转角楼为“吼嗄”，多为木质结构有钥匙头式、撮箕口式、四合水式、二屋吊式和平地起吊式等形式。

土家族人建房讲究风水，要请风水先生架罗盘，选屋场。房屋背山面水，后山厚实。朝向为坐南朝北，也有东西向的，让太阳能够照到前壁、后壁，谓之“晒壁”，以祛湿除阴。房址忌子午向，以“左青龙、右白虎”为最佳场所，并有“坟对尖山屋对垭”之说。

土家族人的住宅由正屋、偏屋、转角楼、朝门四部分组成，一般人家只有正屋。小康人家有正屋、偏屋和转角楼。富有人家加修朝门和冲天楼，豪门大户修四合院，砌以院墙，四面封砖，土家人称封火墙。土家民居以木结构穿斗房为主，间有穿斗、抬梁复合结构的民房，较为典型的有列夕彭氏木房，其排架系穿斗与雕花状相结合形式，别具特色。木屋瓦房一般为四排三间，也有六排五间的。“排”是用“穿枋”组合起来的一排架，再用“开间枋”把排联系起来，竖于础石之上，形成“间”。正屋规模有三柱四棋、五柱八棋、七柱十二棋等多种组合形式。棋以“满棋”者居多，也有“跑马棋”等。排越多间就越多，棋越多屋进深就越大。永顺樟木就有十二排十一间、三个四合天井的大院。土家民居以平房居多，柱径以粗为荣，柱高比值较大，具有粗犷之美。柱间尺寸喜“八”，以图吉利，如一丈二尺八、一丈四尺八等。房屋出檐喜宽，以防雨水洗蚀壁板。出檐有单挑、双挑、挑挂棋、配“托替”等表现形式。屋面盖青瓦，亦有盖石板、茅草、杉树皮的。为了保证结构稳定，木匠常用“迈柱脚”手法，以使周边立柱的“脚”达到向“四方八挓”的目的。为使房屋造型有变化，常用“抬檐冲脊”手法，以获屋脊、瓦坡面合理的弧线，这不但让建筑线条充满美感，还使檐口不至出现“偷水”现象。

在住房使用方面，以四排三间“一字屋”为例，正中一间为堂屋，正上方装板壁安“神龛”，供祖宗神位，是土家族人祭祀祖先、宴请宾客的场所。堂屋左右两间居室叫“人间”，供住人。一般长子住东头，次子住西头。人间以木板为界又分成前、后两小间，前面一间设火坑，火坑上方铺竹，木条、并且吊炕，供烘烤腊肉、玉米等用；后面一间为卧房，窗小且少开，有较强的秘密性。人间铺木地板，而且楼枕较高，以利通风防潮。堂屋后面有过道房，俗叫“抱兜房”，作放物或老人用房。偏屋也称为磨角，位于正屋的左右两边，作为灶房或碓磨坊之用。在正屋和偏屋两根脊线交点，立起一根“伞把柱”，成为土家匠师的独创。

桑植县两河口、慈利县岩泊渡、永定区尹家溪等土家城镇住房多为封火墙的天井印子屋，以天井过亭组合，有三进两亭甚至五进四亭。起伏的封火墙，高耸的过亭、精致的装修，显示其商贸城镇的突出地位。沿街土家民居多与铺面结合，柜台外露，饰以雕花栏杆等。沿河多成悬挂的吊脚楼形式，构成土家城镇古朴而美丽的人文景观。

参考文献

[1] 土家族简史编写组. 土家族简史. 长沙：湖南人民出版社，1986.
[2] 黄柏权，戴楚洲. 湘鄂西土家族. 北京：民族出版社，2003.

第十四章　张家界市土家族生育习俗

土家族人生儿育女的传统仪式分为怀孕、分娩、踩生、报喜、三朝、看月、满月、百日、周岁（又叫抓周）等。这类传统仪式产生于科学不甚发达的古代社会，在历史传承的过程中形成许多习俗和禁忌。有些习俗和禁忌以现代眼光看缺乏科学依据，有时代局限性；有些则已随时代进步而消失。

一、怀孕

土家妇女婚后怀孕叫作“有喜”，或曰“有四眼人”。全家人非常高兴，从生产和生活等方面优待孕妇、爱护孕妇。孕妇“有喜”以后就得保胎，应该减轻体力劳动，并且增加营养食品。禁在孕妇家里钉钉子、敲板壁、搬床铺、移家具，进行敲打声大的各种活动，以免惊动胎儿。不得向孕妇挥刀弄斧，以免惊胎。禁在孕妇家里动土。孕妇不能在太阳光下或者雨天走路，更不能走夜路，以防难产。孕妇不能横睡床上，以防横产。孕妇怀胎数月以后，不能搬运重物，防止早产等异常情况出现；也不得站在板凳上向上拿东西，以防流产。孕妇忌看别人举行婚礼，忌看他人婴儿。孕妇忌看死人灵堂或者死的牲畜，忌坐别人家里门槛。禁止孕妇跳跑、与人争吵。如果禁不好，要请土老司“安胎”。土老司画一碗“神水”放在神龛上，以保胎儿安全出世。孕期多吃五谷杂粮，禁吃刺激性食物。孕妇勤洗澡，讲卫生。婴儿诞生前夕，严禁丈夫进入孕妇产房。临产之时，产妇负担沉重，想方设法避凶趋吉。诞生礼是人生的开端礼，是人生礼俗的重大仪式。但因产妇的生理特性以及婴儿出生的某些禁忌，诞生礼仪式仅在极小范围举行，既为产妇驱邪，又为婴儿祝吉，带有浓厚的神秘色彩。

二、分娩

土家妇女生产婴儿叫作“捡生”。预产期按十月计算，一旦肚痛发作，就煮几个鸡蛋给孕妇吃。家人悄悄请来“捡生婆（娘）”接生，不让外人得知。迷信色彩较浓，危险性较大。“捡生婆”进产房后，要祭祀“催生婆”，保佑母子平安。捡生时，要把产房门窗开一条缝，以便小孩顺利降生。如果婴儿迟迟生不下来，又给产妇煮些吃的，叫作“催生”。接生时采用坐产式。若遇难产则用厚礼请捡生婆用一碗水念词敬神，有的用手挤压后扯出来，在旧时代难产死亡现象时有发生。婴儿出生以后，捡生婆用白线给婴儿结“扎脐带”。留一巴掌宽长，三五天后就会干掉，而不用剪刀剪断。给婴儿洗澡的水必须倒进厕所或者倒在火坑角落，严禁外泼。婴儿胞衣用背篓装着挂在不落叶的乔木树上，任其腐烂，或任鸟啄，以示上天保佑。婴儿若为男孩，则用父亲衣服包之，剪掉扣子以后，把婴儿包紧。婴儿若为女孩，则用母亲衣裙包之，切忌用女人裤片包裹婴儿。中华人民共和国成立以来，土家人一般把孕妇送到医院或卫生院分娩。婴儿出生以后，第一个外来人到产妇家里叫作“踩生”。产妇家留“踩生人”吃炒米茶和鸡蛋、甜酒、团馓等，使之愉悦。饭后，踩生人看婴儿，说些“长命富贵”“易养成人”之类的祝福话。第七天，还请“踩生人”吃饭，婴儿往往拜寄“踩生人”，两家认“干亲家”。婴儿出生那天，须用白纸剪成一个手执雨伞的老太婆像，俗称“阿密妈妈”，又叫“巴山婆婆”，土家语叫“莎帕妮”，贴在碗柜壁上，虔诚供奉。每天餐前供奉一次，120 天后则逢年过节或每月初一、十五敬祀一次，以保婴儿易养成人。

三、报喜

婴儿出生次日，产妇丈夫抱着一只鸡去岳母家里“报喜”，生男孩就抱一只公鸡，生女孩则抱一只母鸡，岳母家人不问就知生男生女。女婿进门就对岳父母说：“恭喜你们做了嘎公（即外祖父）、嘎嘎（即外祖母）。”见了舅舅和舅娘也要如此“恭喜”。女人生了小孩是大喜讯，必须及时向女家族人传播。岳家和女婿商定看月日期之后，逐户告诉婿家斟祝米酒（或写竹迷酒）的时间。女婿回家时，岳母回赠一只鸡，如果抱来的是公鸡，就回赠一只母鸡；如果抱来的是母鸡，就回送一只公鸡。寓意孩子长大以后成双成对，不会单身。岳母家里按照性别给外孙准备“看月（又叫望月）”礼物。

四、三朝

土家人把诞生仪式放在婴儿诞生后第三天，俗称“三朝”。嘎嘎、舅娘带着婴儿衣服、鞋袜、棉片、布兜和鸡蛋等礼品给外甥做“洗三”。白色衣服后背缝上菱形布片，称为“记忆片”。所谓“洗三”是将包婴儿的汗衫去掉，第一次给婴儿洗澡、穿衣服、穿鞋袜，戴上布兜和帽子。洗澡由捡生婆主持，嘎嘎当助手，用艾叶和槐枝煮水。除脐部外，给婴儿周身洗抹。洗后，用棉片包裹婴儿，用布带捆严实。否则，小孩长大以后会手不停脚不住，不干净，不老实，乱摸乱拿，胡作非为。包捆好后，给洗者“礼行钱”，设宴招待客人，俗称“三朝礼”。

五、看月

外婆家里准备鸡、鸡蛋、猪肉、墨鱼、甜酒、炒米、大米、糯米、红糖、团馓及摇篮（窝）、窝被、烘罩、衣服、鞋袜、帽子、背带等礼物，帽子上面缀有八块银片，镌有“长命富贵”等。然后，在吉日（一般选婴儿出生满十天）带领亲戚朋友抬着抬盒，挑着挑盒，去女儿家“看月”，为婴儿“打十朝”，送礼表示贺喜。嘎公、嘎嘎走在看月队伍前面。进门之时，鞭炮齐鸣。婿家父母在大门口迎接，见面之后就说：“把嘎公、嘎嘎破费了。办了金鸡白米，缝起五色毛衣。”亲戚入堂坐下，筛满堂茶，然后坐席。嘎公、嘎嘎和舅舅、舅娘坐上席，其他同辈客人坐朝席，两边则可随便。十碗菜肴，每碗第一箸是同席有身份的婿家长辈用筷子指点“请菜”，并且首夹一箸，其他人才可动筷。上第五碗菜“蹄花”时，由婿家嫂子或婶婶把包着的婴儿抱出，由女婿代表婴儿向亲友敬酒，并且展示婴儿面部。嘎公嘎嘎、舅舅舅娘立掏腰包，取出“红包”放在婴儿胸前衣里，称为“打发钱”。这天，男方亲友前来送礼祝贺，俗称“吃祝米酒。”歌郎歌娘唱一天两晚的“望月歌”，以示庆贺。

六、坐月

产妇分娩以后，要在家里坐休一月，不准出门，不得走进别人屋里，叫作“坐月”。坐月食物主要有鸡、鸡蛋、猪肉、团馓、糯米等。坐月时一日四餐，婆婆做好饭菜，服侍产妇。坐月禁忌很多。坐月时，丈夫不能进入产妇房行房事；产妇产后 3 天内不准出产房门、7 天内不得进灶房、30 天内不准进入堂屋，否则就会得罪祖先和灶神。产妇碗筷不能与他人杂用，不能吃鸡头、鸡屁股等。另外，产妇还要禁吃冷食、酸菜，禁用冷水洗衣。婴儿出生后 7 天内不能见天，外人也不得看产妇，特别是未婚姑娘不得进入产妇房，穿草鞋、蓑衣者也不得进入产妇房。不能在太阳下晒婴儿尿布，只能晒在后屋檐内，并不能在外过夜。禁到婴儿家里点火或借东西。

七、满月

婴儿满月那天给婴儿放脚，即把捆了 1 个月的婴儿手脚放开，穿上嘎嘎送的衣服。还要举行“出月祭水”仪式，产妇把婴儿抱到灶前作揖，意谓祭拜一家之主灶神或者火神。接着，就用右手在鼎罐或者灶上摸 3 下，用黑指在婴儿额头上画个“十”字，意即得到灶神或者火神保佑。之后，产妇带上两个熟鸡蛋、一把米、一炷香、一叠钱纸，抱着婴儿到水井边祭水。把小米撒在井里，点香烧纸，对井三拜。然后，洗洗手，喝井水，并用茶壶盛水回家给婴儿洗澡，洗去灾疫让其易养成人。婴儿“出月祭水”以后，产妇就背婴儿到嘎嘎家去，叫作“出行”。出行前要在婴儿额上用锅烟划个“×”字，算是“虎×”。婴儿用背篓背之，背篓里放只公鸡和一把小刀，婴儿放在上面，表示“婴儿骑凤到外婆家”。出门之时，点上布绳火把，借以吓走白虎。带上鸡蛋及团馓各四个、米一碗，给婴儿做伴。产妇和婴儿在娘家住 18 天后，由丈夫接回家居住。婴儿从嘎嘎家里回来以后，母亲选择属狗的日子，把小孩放进摇窝里睡觉，意即狗一样安然熟睡。多数婴儿在摇篮里度过几个春秋，祖母一边摇摇窝，一边为小孙子唱着古老的摇篮曲，催眠效果明显。夏天，在摇篮上围上半圆竹片，用薄布覆盖，以防蚊虫侵害。

八、周岁

小孩出生满百日时，由母亲抱着小孩从子时起，躲在床上，把帐门紧闭，并请土老司算命。如缺“木”就祭拜古树，缺“水”就祭拜水井。如果小孩夜哭不已，就用红纸写上“天皇皇，地皇皇，我家有个夜哭郎，过路君子读一遍，一夜睡到大天亮”的话，贴在十字路口。小孩满周岁时，有的地方举行“抓周（又叫娃周）”仪式，以此预测孩子将来的爱好。一般在地上放些纸笔、算盘、糖果及纸做农具等，大家争看小孩先抓何物。先抓纸笔，预示将来爱读诗书；先抓糖果，预示贪吃；先抓银钱，预示贪财；先抓算盘，预示经商；先抓纸做农具，预示农耕。父母心中有数，以便日后管教。小孩满周岁时，亲戚朋友前来馈送衣服、银饰和金钱等礼物。如送银质或镀金项圈、手圈、脚圈等“圈”“锁”，据说其作用是圈定、锁住性灵，使孩易养成人。

所送银制“长命锁”上写“五子登科”和“长命富贵”等字，还有一些颇有民族特点和季节特色的童帽紫荆冠、圈圈帽、冬瓜帽、凤尾帽、狗头帽等，用彩色丝线绣上喜鹊闹梅、凤穿牡丹、八仙、十八罗汉等银质饰品。小孩满周岁后，不能吃猪蹄叉、猪鼻子、猪尾巴和祭祖贡品，不准在屋内打伞、戴斗笠。

第十五章　张家界市土家族婚姻习俗

千百年来，一代又一代的土家祖先唱情歌、拜大年、打镏子、坐花轿、拜祖宗、入洞房，演绎无数动人的爱情故事，形成富有情趣的婚姻习俗。

一、婚姻形式

传统的婚姻形式有姑表婚、姨表婚、转房婚、填房婚、招郎婚、交换婚等。土家人喜开单向“姑表婚”，姑舅表兄弟姊妹之间有优先婚配的权利。据清代《乾隆永顺府志》载：“凡姑氏之女必嫁舅氏之子，名曰骨种。无论年之大小，竟有姑家之女年长十余岁必待舅氏之子成立婚配。”清代《同治龙山县志》载：如果姑家养有几女，“多以一妻舅氏子，而诸女乃别嫁，谓之还骨种”。至今还有“姑家女，伸手取；舅家要，隔河叫”的民谚。中华人民共和国成立以来，由于科学发展，土家族人从近亲结婚的不良后果中吸取教训，姑表婚仅在偏远农村流行。姨表之间优先婚配，与姑表之间无异，俗称“瓜藤亲”“扁担亲”。这种“姨表婚”世代相传，连续不断。土家人有“弟配兄嫂、兄纳弟妻”的“转房（坐床）婚”习俗，俗称“收继婚”。在阶级社会里，女子出嫁后被认为是夫家财产。因此，寡妇须留夫家转房。兄亡以后，弟娶嫂为妻，叫“弟坐兄床”；也有“兄坐弟床”的，如果弟弟不幸死了，留下的弟媳也被兄长收为妻室。如果寡妇与夫弟或夫哥关系较好、感情较深，双方自愿结为夫妻，既可节省大笔费用，又对养育子女有利，故有“肥水不流外人田”之说。还有“填房婚”习俗，如果妻子死了，妻妹或者堂妹可以续嫁姐夫。妻兄弟婚和夫姊妹婚是原始社会群婚制的残余习俗。土家地区曾有原始社会“普那路亚婚残余”。“普那路亚”意即“亲密的同伴”，是恩格斯在《家庭、私有制和国家的起源》一书中记述的“族外群婚”，这种婚姻在土家历史发展过程中留下痕迹。土家语称谓中，对伯父、姑父、舅父、岳父都称“卡客”；对伯母、姑母、舅母、岳母都称“麻妈”；对兄、堂兄、妻兄、表兄都称“阿可”；对弟、堂弟、妻弟、表弟都称“阿矮”；对姐、堂姐、妻姐、表姐都称“阿大”；对妹、堂妹、妻妹、表妹都称“安矮”。这些相同称谓表明土家人曾有血缘婚。“对偶婚”是向单偶婚的过渡环节，一男一女结为配偶，居住于女方家。土家地区一直存在“入赘（招郎）婚”，而且还有发展趋势。过去，土家青年家里太穷，不得已入赘。结婚时女家宴请宾客，宣布正式结婚，丈夫家庭地位较低，大权操于女方。家里重活主要由丈夫完成，农村流传一句俗话：“吃得四两姜，当得上门郎。”现在，有些男子真心真意入赘女家，有的情郎是为进入城镇。婚后，男女双方地位平等，与一般婚姻已无太大差别。土家人中还有“交换婚”，即有的父母用自己女儿与别人家里交换，为自己儿子换娶妻子；对方也是一样，也用自己的女儿为其子换妻。

二、婚嫁程序

清代“改土归流”以前，土家人婚姻比较自由。未婚青年男女道途相遇，无拘亲疏，以情歌为媒，唱山歌恋爱，从而建立美好的婚姻，即如土家情歌所唱：“大山捆柴只要藤，土家成婚靠歌声。”土家女子在婚姻上有自主权，每年正月跳完摆手舞后，已婚男女和小孩退出场外。未婚青年男女且歌且舞，自由选择对象，互相倾吐爱情，满意者互送礼品。经土老司允许、作证后便可订婚。若两男争爱一女，由男方比武判决，胜者优先，负者告退。订婚、结婚时不索取任何钱财。新娘袖系红绿丝线，由其兄或妹背引至男家。也有通过“认干妹”成亲的，即土家情歌《干姊妹歌》所唱：“干姊妹，柑子叶；白天陪着干妹玩，晚上抱着干妹歇（睡）。”“改土归流”以后，自由婚姻受到破坏，实行包办婚姻，男婚女嫁全凭“父母之命、媒妁之言”，受“门当户对”“财产多寡”限制，自由婚姻逐渐被买卖婚姻或者变相买卖婚姻所代替。婚姻礼仪也日趋复杂，形成了“求婚”“订婚”“拜年”“结婚”“回门”五大程序，如清《同治永顺县志》所载：“婚礼：男家择门户相偶，请媒妁至女家求亲。既允，乃备礼，送庚帖，馈以簪环衣服羊酒之属，曰定亲。女家以庚帖、巾扇答之。自此，亲谊往来，动必以礼。将娶，用礼物以通佳期，曰上头。或复以衣服簪环馈女家，曰过礼。迎亲之日，两家各开宴迎宾。”

（1）求婚：土家山寨有句俗话：“早苞谷早通新，早儿子早问亲。”父母在儿子年满十六岁后，就开始为儿子“访亲”。男方父母选中谁家的女孩后，就请媒人带把团圆伞，到女家去“提亲”。媒人到女家后，把伞倒立在大门外。女方收下媒人带去的礼物并且把伞顺立过来，就表示不拒绝，可以提亲。否则，媒人此后不要再登门来了。媒人第二次去时，则把团圆伞顺立在原地。女家把伞拿到火堂屋门边，说明提亲有了进展。媒人第三次去时，媒人则把团圆伞放在堂屋门边。女家人把团圆伞拿进闺房，并且杀鸡招待，说明大功告成，女家同意这门婚事。媒人便将喜讯速告男方，男家杀鸡备酒，招待媒人。

（2）订婚：女人放了口，男人落了心。“八字”能否相合，又是一道关口。求婚成功以后，男方挑着酒肉、衣服到女家取生辰“八字”，俗称“讨红庚”。女家把出生时辰用红纸写好送给男方，男方即请阴阳先生进行“合庚”。男女出生的年庚相冲是绝对不能婚配的。年庚不相冲即进行订婚仪式，俗称“放鞭炮”“插茅香”。订亲之日只能为双日，“破日除后，双日中选”。订婚那天，男方父母带上儿子，请人挑酒肉、粑粑、衣服、首饰、银钱、鞭炮、蜡烛四担礼物，跟媒人去女家。男方所挑礼物分送女家及亲戚，媒人一行四处道喜。然后，由女方家宴请外公、外婆、舅父、舅母、伯父、伯母、堂兄堂弟等亲友吃“订婚酒”共同祝贺。媒人一行饭后随即返回，至男家时，媒人鸣炮恭贺。

（3）拜年：订亲以后，男方于每年大年初一挑礼物去女家拜年。礼物有无尾猪后腿一只，猪蹄子用二指宽的红纸包一圈，年粑粑、团馓无数。男方还要给女方亲戚送腊肉一块、面条一包、糖果一包。女方父母及亲戚送钱作为回礼，女青年送两双新布鞋给男方。拜年时，女青年避见男青年，婚前年年如此。男女青年的结婚年龄为十六岁，有的只有十四岁，有的甚至更小。男方要求结婚的那年正月，须用一只带有尾巴的猪腿去女家拜年。女方如果同意该年结婚，同意“扫尾”，便把猪尾巴留下来。否则，把猪尾巴割下来用红纸包好放在送给男方的新布鞋里退给男方，表示推迟婚期、来年再议。土家青年多选在下半年结婚，因为农事活动基本结束。当结婚日期选好以后，男方请媒人带着酒肉和写在红纸上的结婚日子送到女方家里，俗称“报日”。女方选择吉日缝制嫁衣、蚊帐等嫁妆，曰“开剪”，开剪还要举行仪式。土家族姑娘从七岁到婚前重要功课就是织“西朗卡普”、挑花、刺绣，准备嫁妆和衣被服饰等生活资料。

（4）结婚：结婚时，女方只做“土花铺盖”，男方要出被里和“挡头布”。女孩从懂事后就开始学《哭嫁歌》。如果不会哭嫁，就会被人瞧不起、说闲话。哭嫁时，须用土家语。《哭嫁歌》的主要内容有《母女哭》《哭父母》《哭哥嫂》《哭姐妹》《哭叔伯》《哭媒人》《哭扯眉毛》《哭梳头》《哭戴花吃离娘席》《哭辞祖宗》《哭上轿》等。同时也哭自己的辛酸苦楚。哭嫁一般是七至十天，最长达一个月。要哭得口干舌燥嗓子哑、如醉如痴才算聪明能干，否则被人视为愚昧无知。哭嫁期间，家族亲友都要宴请出嫁女孩，曰“送嫁饭”。哭嫁时，亲友陪伴女孩互诉苦情，称为“陪哭”。男方须送“哭脸粑粑”到女家，参加哭嫁的人都要吃到。男女双方准备就绪以后，在迎娶新娘前三天，男家派人用几架抬盒抬酒、猪肉、衣服、首饰、粑粑等礼物，在媒人带领下，放着鞭炮送到女方家里，俗称“过礼”。婚前一天为女方的“戴花”日。女孩从前养

“女子头”，独辫，前额头发分两支搁放于耳朵上。此日要举行“簪花”的成年礼，新娘要“开脸”，又曰“上头”。女方请人用麻丝线扯去脸上汗毛，并把眉毛修成一勾新月，头发绾起粑粑髻，用黑纱网罩之，髻心绕以红头绳，插上银簪。前额头发下垂，头戴蒙帕，包成“人字头”。手戴手圈、戒指，耳朵吊银环。“戴花”这天，女方将全部嫁妆摆在室外，供人观赏。此日，同寨姑娘聚在一起与新娘惜别。女方亲戚朋友皆来送礼庆贺，吃“戴花酒”。开筵时，舅家人坐“头班席”，舅父、舅母坐“上马位”。“戴花”下半日，男方派执事、礼官、作揖童子、礼乐队、接亲客，持喜把、抬轿三顶及搬运嫁妆的“宝杆”绳索，备齐开门礼、满堂礼、背亲带、护身带、压轿米、照轿油、露水衣、露水鞋、差夫礼、满堂礼后就可出去迎亲。在启轿前，要杀只鸡，用鸡血滴轿一圈以驱邪。还要备猪头和鸡到土王庙里祭祀土王，新郎必须九叩八拜，否则将不吉利。敬了土王以后，接亲队伍敲锣打鼓奏乐鸣炮启程。此前，先派两人往女家“赶时候”，给女家报信。接亲队伍在傍晚到达女家门前，男方“督官”“礼官”燃放鞭炮以示到来。女方要行“拦门礼”，女方“拦门官”用桌拦门，男方“礼官”上前与“拦门官”互相敬酒后，由“拦门官”首先讲唱起来：“手持鸳鸯一酒瓶，东家请我来拦门；斟上三杯桃红酒，迎接督礼官先生。”“拦门官”问，“礼官”答，一问一答式地对唱起来。若“拦门官”讲输了，就得开门请接亲队伍进屋。若“礼官”输了，须给女方“三茶六礼”后方可进门，否则拒之门外，露宿达旦。有首土家民歌反映了拦门礼俗：“花花轿子来接亲，一张桌子拦大门；男女各请巧舌汉，盘天盘地盘古今。”此日男方请人挑上酒肉、衣服、首饰、礼物在媒人带领下送至女家，女方送两双“踩堂鞋”给男方。接亲的男青年中有数位新郎代表人，土家语叫“摸米”，汉意为“猫仔”。黄昏时候，陪嫁的姑娘们在手板上摸满漆黑的锅底灰，向心里喜欢的“摸米”脸上抹去。姑娘往小伙脸上抹黑，或一对一，或几个姑娘摸一个人。“摸米”躲避不及，被锅底灰抹成黑花脸，而且乐意被姑娘抹。男男女女，扭成一团，嘻嘻哈哈，激情澎湃。被姑娘们抹黑的小伙越多，说明被姑娘们看得起的越多。从表面上看，找“摸米”抹黑脸是为新郎新娘日后和睦，从实质看，是土家姑娘向男方小伙表示爱情，是重温曾经有过的自由恋爱之梦。出嫁前夜，女方家里举行陪十姊妹仪式，由九个未婚女青年与新娘围席而坐，轮流哭唱，新娘首先哭《开台歌》：“橘子开花叶儿细，听我哭唱十姊妹，姐儿明天出闺门，哭唱俺的知心话。”陪嫁姊妹哭道：“一个橘子十二瓣，今夜姊妹要分散；明日花轿高抬起，之子于归配美男。”《陪十姊妹歌》好似巴人竹枝词，古人写诗赞道：“十姊妹歌歌太悲，别娘顿足泪沾衣。宁山地近巫山峡，犹似巴娘唱竹枝。”第二天为男方“圆亲酒”，即结婚日。

公鸡才叫头遍就准备发轿，以逃避土司王索取“初夜权”。“赶时候”的人背上背篓，提上灯笼，肩扛带竹竿的蚊帐和门帘，鸣炮回男家报信。女方用红线绳将棉被等物绑在家具上，新娘穿露水衣（上轿衣）及露水鞋，怀佩圆锁，吃完离娘席后，由“送亲娘”拖拉出房，在堂屋中辞别祖宗，向亲友作揖告别。新娘手拿十二双筷子往前后各掷六双，同时念道：“手拿筷子十二双，我们姊妹捡一双；哥捡一双买田庄，弟捡一双压书箱；妹捡一双压花箱，我捡一双走别方。”然后，新娘由哥哥用“背亲带”背出大门至喜轿内。上轿时还用脚蹬三下轿杆。女家用“护身带”将新娘绑在轿上，接亲队点燃两只火把，鸣炮后启程。花轿出大门时，女家用扫帚扫三下，姑、婶、姨、嫂要拖拉轿杆使之连续进退三次，“拦轿”仪式收场，娘家正式发轿。同时，用扫帚在嫁妆上向后扫一下，据说是可避免将娘家的财气全部带走。轿出门后，女方来人抢走一只喜把，意即各留一半，接亲队伍在新娘花轿导引下隆重返回。若在路上碰上娶亲的，两辆花轿并排停放一下，两位新娘互换一只鞋后各自走开。花轿到达男方家口时，男方要用猪头和杀猪刀在大门外敬神“断煞”，土老司杀只雄鸡，将血绕轿淋一圈，随后将鸡向轿后抛出。新娘下轿时，要从轿门前的“七星灯”上跨过，据说使夫妇和睦相处。一人执白蜡叶丝毛草一束夹爆竹，点燃后噼啪作响，在新娘面前熏烧一阵，名曰“烧四眼”。男方请夫妇双全、儿女多、声望好的妇女两人做“圆亲娘子”，为新娘开好铺，接新娘下轿，扶新娘进门。新郎、新娘身披红布，脚穿“踩堂鞋”，男左女右并立堂屋中央。拜堂仪式开始，礼生高喊：“奏大乐！升炮！一拜天地！二拜祖宗！夫妻对拜!”名曰“拜堂”，均三拜三叩首。礼毕，新郎、新娘同时奔向洞房，争坐新床，新郎把新娘盖头揭开，新娘嫣然一笑。新娘新郎在洞房内共饮交杯酒，吃团圆（和气）饭，象征着团结友好，白头到老。接亲娘要陪同送亲娘用餐，送亲娘要喝“上马酒”。与此同时，接亲队伍与前来贺喜的亲友们开餐用饭。

新娘进男方家门时，男方父母躲在一边，避见媳妇，不能“碰红脸”，据说“婆媳见了面，家门不吉祥”。所以，土家族人拜堂时没有“拜高堂”这一程序。新娘在向男方亲友行“拜茶礼”前，首先拜见公婆，公婆当然会给新娘“打发钱”。古诗《拜翁姑》描写过新娘拜见公婆的情景：“满庭曙色映灯光，拜见翁姑出画堂；并座双双人似玉，隔屏有客费评章。”新娘的兄弟于此日穿草鞋赶到男家喝喜酒，名曰“赶脚酒”。此日，新郎也要插花，用一匹红布搭在肩上，亲朋至友姐妹舅姑分别给他头上丝帕上插“状元花”。当晚，全寨男女老少皆可“闹新房”，土家人认为“越闹越发，不闹不发”。前来闹新房的人可开新郎新娘的玩笑，要新郎、新娘装烟倒茶，讲“四言八句”，讲“五男二女”，欢歌笑语，热闹异常，直到深夜，人们渐渐散去。这时，新婚夫妻暂时不能洞房花烛，还要举行“童子尿”仪式。圆亲娘子带来一个童子，揭开马桶盖子，抓出里面糖果，然后童子往马桶里撒尿，唯愿引出吉祥。之后，所有客人走出洞房，新郎新娘就可同床了。第二天早上，堂屋里摆着桌子，桌上放着许多新鞋。新娘由新郎引着，端着茶盘向前来道喜的宿客长辈敬茶、送鞋，亲友们要给新郎新娘“茶钱”及“鞋礼”。这是物的交换，也是情的交流。

（5）回门：新婚后第三天早上，要“三朝回门”。新婚夫妇回娘家省亲、探望，回敬长辈，曰“回门”。回门之时，新婚夫妇用背篼为岳父母背着猪腿、酒、糖、团馓，一路窃窃私语，一路笑声不断。正如一首古诗所写：“面带桃花笑语温，三朝洗梳共回门。新人两个低声语，阿母遥看笑出声。”女方父母要给新婚夫妇打发钱，并教他们兴家立业，夫唱妇随。回门那天，赶回婆家，一般早去晚归。据说新房不能“空床”，只有路远的可以例外。

第十六章　张家界市土家族丧葬习俗

古代，土家祖先实行崖墓葬（又名悬棺葬）、水葬、火葬，后来渐多土葬。土葬出现，殉葬品即兴。由于武陵山区特定环境和文化传统，产生了历史上流行的崖墓葬。关于崖墓葬的历史文献见于唐宋以后。《朝野佥载》云："父母死……于临江高山半助凿龛以葬之，自山上悬索下柩。"慈利县甘堰土家族乡、溪口镇、高桥镇、龙潭河镇和永定区王家坪镇、桑植县龙潭坪镇等乡（镇）遗有百余座土家族崖墓葬，残存棺木、人骨、陶器等物。崖墓葬族属中古的"武陵蛮""零阳蛮""五溪蛮""澧中蛮"等。

土家族的丧葬习俗奇特。老人善终以后，请土老司办丧礼，做法事，后由道士主持丧葬仪式。澧水流域土家族人操办丧事的程序有亡人入殓、举办丧礼、送葬、安葬等，并且唱丧歌、跳丧舞。据明代《万历慈利县志》载："丧则歌鼓杂哀。"《民国慈利县志》亦载："打丧鼓……人死，棺敛讫，集众打鼓说书，彻宵达旦，名曰伴丧。"现在，土家老人死后，要为死者梳洗，再穿"寿衣寿鞋"。举行丧礼的灵堂设在自家堂屋，把棺材摆在堂屋正中两条长凳之上，头朝神龛，棺材脚下点青油灯。在灵堂大门上贴"当大事"三个字。延请道士做道场、念开路词、唱丧歌、打丧鼓、跳丧舞，停柩几天。打夜锣鼓时，鼓手击鼓领唱，众人相和。掌鼓师主持祭祀、击鼓、收鼓，丧歌也由他主持，丧歌包括"歌头""开场歌""交歌""收场歌"。

丧歌有丧堂孝歌、坐堂孝歌和绕棺孝歌，丧歌既有赞扬死者生平事迹，如"十月怀胎""妻哭夫"等，又有叙述祖先业绩，如"散花调"和"丧鼓词"等。"绕棺"又叫"穿花"，是土家丧葬活动高潮。"绕棺"人数为双数，在道士引领下，伴着鼓乐绕棺而舞，主要动作有"单穿""双穿""双龙抱柱""凤凰展翅""犀牛望月""猛虎下山""燕子衔泥""蜻蜓点水"等。随着鼓点锣钹加急，道士舞步也越来越快。绕棺包含乐观豁达的生死观、顺其自然的价值取向，文化内涵极其丰富。

石门县泥沙、中岭、南坪河、江坪河和南北镇等乡（镇）流行跳丧舞，故湖南省人民政府于2006年把土家族跳丧舞公布为第一批省级非物质文化遗产。跳丧舞又叫"撒尔嗬"，掌鼓者抡槌且敲且唱，成双成对的人在棺材前面相对而舞，手脚随着鼓点快慢而作变换，动作轻盈，步法灵活，跳丧舞种类有“四大步”“滚身子”“摇丧”“待尸”“撒尔嗬”和“燕儿衔泥”等20多类。2014年12月，国务院发出通知，公布第四批国家级非物质文化遗产代表性项目名单，桑植县跳丧舞入选国家级非遗代表性扩展项目。

治丧期间，白天吃“烧香酒”，晚上听丧歌。“大丧日”那天，亲戚朋友前来祭奠，在死者柩前作揖、跪拜，孝子还礼。“安葬日”早上，举行出柩仪式。送葬队伍上路，道士手执“子孙棍”开路，帮忙的青年男子护柩送葬，抬柩出门。此时，全家举哀，孝长子抱灵牌，孝子孝孙披麻戴孝，边哭边跪。送葬时，沿路燃放鞭炮，敲锣打鼓，一人在前沿途丢“买路钱纸”，到达坟地。挖坟井时，由孝子先挖三锄，然后，由挖井人挖成。挖毕，在坑内烧芝麻秆或草，叫“热井”。然后，掌坛道士在墓底用米画太极图、八卦，撒下朱砂、雄磺，以接龙脉。这时，火炮齐鸣，落棺于井。孝长子在墓上先盖三锄土，然后帮忙人推土埋葬，垒砌新坟。当晚，用稻草扎成节把，其节数与死者年龄相等，点燃以后，放在坟上。连送三夜，叫“送火把”。满三天后，亲属堆坟。

第十七章　张家界市土家族传统节会

土家族节日较多。凡属中华民族传统节日都要同欢共乐，但又掺入土家文化内容。土家族人祀祖颂功，历代沿袭，遂成节庆。土家族传统节会主要有：

农历正月十五元宵节，历史悠久。清代《道光永定县志》记载“元宵节数日，有龙灯、狮灯等戏，鼓乐齐喧。自（正月）十三日放灯，十五日罢灯”，清代《同治永定县志》亦载“岁时（正月）初三日后，城乡即盛鼓吹，扮鱼龙、狮子、花灯诸戏。而初九曰上九，十三曰上元（灯），十五元宵尤甚”，故俗话说，“三十的火，十五的灯”。党的十一届三中全会以来，张家界市永定区委、区政府和区文化局每年都在城区繁华街道举办大型“元宵灯会”，数十万市民、游客既可观灯，又可欣赏数千名土家人表演的花灯戏、阳戏、狮子灯、龙灯舞、摆手舞、打镏子、三棒鼓、渔鼓、采莲船等民族文艺节目。元宵灯会成为知名的节庆文化旅游品牌，得到张家界市委、市政府领导支持。“永定元宵灯会”于 2008 年被张家界市政府公布为第一批市级非物质文化遗产。

农历四月八日是土家族传统大节。这天，土家山寨杀猪宰羊，打粑粑，亲戚朋友设宴过节。关于四月初八的传说主要有两种：一种说四月八是牛王节。土家祖先在一次战斗中，被敌人赶到河边。一头神牛游了过来，土家先民拖着牛尾过河，脱离险境。以后，土家人就把四月八日定为祭牛王的日子。这天不仅让牛休息，还给耕牛喂好的饲料。另一说是嫁毛虫的日子，祈求无病虫害，五谷丰登。这天，土家族人用红纸写上“佛生四月八，毛虫今日嫁。嫁到青山去，永不回我家”，贴在自家房屋墙上。

历史悠久的土家族“女儿会”是俊男靓女聚在一起、谈情说爱的娱乐节会。届时，年轻姑娘结伴赶场集会，土家青年男女对歌传情、自由结交，所以称为“土家族女儿会”。其主要特征是以歌为媒，自主择偶。土家姑娘赶“女儿会”时，穿着鲜艳的土家服装，戴着贵重的金银首饰，用背篓背着土特产品上街赶集，借此寻找如意郎君，通过对歌形式寻找意中情人。“女儿会”实际上是土家风采展示会，姑娘们在集会上选个郎君，约定终身。现在，“女儿会”举办地点虽有变化，但是内容没变，就是土家姑娘把亲手绣的手帕、围巾等物品摆在面前，羞涩地等待小伙挑选。现阶段的土家族女儿会已经成为融节庆、旅游、文化、经贸于一体的综合性民族盛会，成为土家地区旅游名片。被誉为“东方情人节”的土家族“女儿会”保留了古代巴人原始婚姻习俗遗风，是土家山寨与封建包办婚姻相对立的恋爱方式，是土家族青年在追求自由婚姻过程中自发形成的以集体择偶为主要目的的节日盛会。“女儿会”每年集会一次，场期各地不一，有的地方在农历五月初三，有的地方在农历七月十二。每到女儿会这天，方圆百里的土家儿女前来赶会，以年轻的土家姑娘为主。土家姑娘精心梳妆打扮，把漂亮衣裳穿在身上，其穿法是长的穿在里面，短的穿在外面，让一层层镶边土家服装翻成笋壳状，叫作“节节高”。衣裳布料是土家姑娘自己用织布机亲手纺织的土布，然后一针一线缝成精美的衣服，为的是在“女儿会”上让小伙子赞赏自己心灵手巧。她们还要佩戴珍贵首饰，穿上轻巧的绣花鞋。土家姑娘头缠印花折叠帕，身着红绿花边衣，腰围黑色金丝绒绣花巾，首饰在晨光下闪闪发亮。她们背个精致的细腰花背篓，漫步在街场上。姑娘们把用背篓背来的土家特产、丝织锦帛摆在农贸市场街道两旁，自己坐在倒放的背篓上，等待意中人前来“购买东西”。有时，嫂嫂会在姑娘旁边帮忙“参谋”。男青年也赶土家族“女儿会”，他们在肩膀上斜挎一个空背篓，看似漫不经心，各处游荡。到了相中的姑娘面前，装作买东西搭讪，选购特产。卖东西和买东西的人都不在乎货物，“在乎山水之间也”。青年男女双方交易货物之时要进行感情对话。如果哪个小伙看上某个姑娘，就主动到姑娘面前购买物品。如果阿妹也对这位小伙有心，就会有意降价。这样，双双眉目传情，一见钟情，姑娘会将亲手绣的鞋垫等信物送给小伙。如果没有感觉，姑娘就会说出天价，让小伙知难而退。觉得合意的年轻人会手牵着手走出市场，走到溪边，走上山坡，走进树林“赶边边会”，用百灵鸟一样的歌喉，尽情对歌，唱出心中期冀。“赶边边会”就是青年男女有问必答的对歌会、相亲会，也称为“赶边边场”或者“赶风流场”。在山坡丛林中对歌问答，一般是女问男答，内容上至星星月亮，下至峻岭深潭，大到商贾务农，小到个人爱好。对歌随机应变，互表情意。男女初恋之时，唱的情歌比较含蓄。少女唱道：“石榴花开一树红，二人心思实相同；二人有心不开口，蚕儿牵丝在肚中。”小伙爽快答道：“鱼儿想水鸟想林，哥想情妹妹动心。雨淋芝麻难开口，纸糊灯笼心里明。”经过试探、初识，男女之间情意绵绵。达到高潮时，双方表达山盟海誓之情，定下美好姻缘。小伙动情唱道：“青布帕子五尺长，挽个疙瘩丢过墙。千年不准疙瘩散，万年不准女丢郎。”姑娘满口答应：“妹不丢来郎不丢，好比青藤缠石榴。青藤缠了石榴树，花落藤枯也不丢。”两人加深了解、彼此相恋之后，在土家宗教职业者土老司主持下举行婚礼，就可过甜蜜的夫妻生活。为了弘扬土家文化，打造旅游节庆文化品牌，张家界市民委、市旅游局、市妇联、武陵源区委宣传部、张家界市民族文化交流促进会和湖南省摄影家协会等单位于 2012 年 11 月底联合主办首届中国张家界土家族女儿会相亲活动。本次以“相约女儿会、情定张家界”为主题的“土家族女儿会”在武陵源区溪布街精彩上演。活动由“女儿会征文、摄影、微博大赛、相会相亲、篝火晚会、景区采风”等内容组成，来自全国各地的 2000 余名单身男女通过开幕式文艺表演、土家拦门、情歌对唱、送花传情、相亲游园、篝火晚会、抛绣球、点秋香、牵手宝峰湖、问缘宝峰寺等浪漫活动相亲配对。从 2013 年起，张家界市每年在农历五月初三举办“土家族女儿会”旅游节庆活动，逐步丰富土家族女儿会活动内容，不仅为海内外青年男女提供相亲平台，还要用土家族传统婚俗为中外配对情侣举办独特婚礼，打造全国乃至国际追爱之都和融节庆、旅游、文化、经贸于一体的民族盛会。

六月六，晒衣节。这个影响很大的民族节日是纪念土家族英雄覃垕王殉难的。据说，明朝初年，慈利安抚使覃垕率领土家先民起义，反抗朱元璋增派税役。明太祖先后派遣杨璟、周德兴率领官兵前来慈利、茅岗镇剿。覃垕被俘以后，被押送到南京。洪武五年农历六月六日，覃垕被剥皮致死，血溅其衣。土家先民把覃垕的皮晒干，扎成人像，穿上龙袍，还埋了四十八座覃垕王“衣冠冢”，表示怀念。后来，土家山寨家家户户都在六月六晒棉袍、棉絮以及书籍，形成“六月六晒龙袍”习俗，故清《嘉庆慈利县志》记载：“六月初六日，晒书籍，曝衣服，祀土地祠。”过节这天，家家户户办酒肉，做豆腐，请亲友共度节日。近年来，张家界市永定区委、区政府以及罗水乡党委、乡政府多次举行土家族六月六民族文化节，土家族人祭祀祖先，演茅古斯，玩泼水龙，跳摆手舞，弘扬土家文化，保护文化遗产。“土家族六月六”于 2008 年被张家界市政府公布为第一批市级非物质文化遗产。

七月半，吃新节（又叫祭祖节）。每年这天，土家族人备酒肉，煮新米，炒茄子、豇豆等新鲜蔬菜，请女儿、女婿、外孙回娘家过“吃新节”。农历七月，“新老亡人”回家看望。七月十五傍晚，人们在房屋门外坪地撒些酒、饭，烧钱纸，祭祖先，故土家族人有“年小月半大”的说法。

八月十五，中秋节（又称送瓜节）。每年农历八月十五日，土家族人包叶儿粑粑，女儿、女婿给岳父、岳母拜节。中秋皎月东升之时，全家人具茶水、西瓜、月饼赏月。土家地区曾有中秋节送“冬瓜儿”的习俗。据清《嘉庆慈利县志》记载：“有未得嗣者，是夜，亲朋觅瓜，张灯鼓吹，迎至其家，名曰送瓜。”若有数年不育夫妻，寨里几名土家小伙相互邀约，在农历八月十五日晚上去偷别人冬瓜，送给不育夫妇。其中，一人学婴儿啼哭，摘下一个白色冬瓜，一路念念有词，把冬瓜送到未育夫妇床上。夫妇二人在次日把冬瓜煮熟吃完，表示得了一个白胖胖的“冬瓜儿”。之后，生了孩子就请送冬瓜儿的人喝酒，以示谢意。

“过赶年”是土家族最隆重的民族节日，即比汉族人提前一天过大年。月大在农历腊月二十九日过大年，月小在农历腊月二十八日过大年。传说明代嘉靖年间，土家人正在准备过年，朝廷征调土家将士赶赴东南沿海抗击倭寇。为使奔向战场的土家官兵过完年再走，土司王下令提前过年。清代《长乐县志》记载：“容美土司后，则在除夕前一日。盖其先人随胡宗宪征倭，于古历十二月二十九日大犒将士。除夕，倭不备，遂大捷。后人沿之，遂成家风。”后来，土兵同朝廷将士一起把倭寇打败，并荣立“东南第一战功”。现在，土家族人过赶年时，远离家乡的亲人也赶回家中团聚。腊月二十九，土家寨子家家户户写春联，贴年画、点红烛。下午三点以后，土家山寨鞭炮声此起彼伏。土家长辈祭祀祖先，蒸甑子饭，烹饪“合菜”等菜肴。据说当年土家官兵一起过年，人数众多，须架木甑蒸饭。没有时间炒猪肉、豆腐、萝卜、白菜、青菜、粉丝，只好合在锅里煮成“合菜”（又称“贺菜”）。吃团年饭时，关着自家大门，不准外人进来。半夜三更以后，全家老少同桌吃“团年饭”，吃到天亮，预示来年越来越兴旺。腊月三十日，土家族人白天去祖坟送钱纸和灯。除夕之夜，全家人烧旺火“守岁”，长辈给晚辈“压岁钱”。“土家族过赶年”于2006年被湖南省政府公布为第一批省级非物质文化遗产。2011年，“土家族过赶年”又被国务院公布为第三批国家级非物质文化遗产。

第十八章　张家界市土家族民间礼仪

一、日常礼仪

土家族是注重礼仪的民族，具有重文明、讲礼貌的优良传统。张家界市自古以来为土家祖先生息繁衍之地，是土家文化与汉族文化的交流通道。土家礼仪源于《周礼》《仪礼》和《礼记》，以儒家文化为主流，兼有道家、佛家学说。礼仪习俗是土家族人在社会交往活动中共同遵守的行为规范和准则，包括社交礼仪、祭祀礼仪、狩猎礼仪、祝寿礼仪和庆贺礼仪等。

土家族人注重“社交礼仪”，既热情大方，又纯朴真诚。土家族人讲究请客、待客和做客之道。土家族人知礼好客，每逢农历四月八牛王节、端午节、六月六、七月半吃新节和中秋节等节庆，就要当面邀请客人或送书帖、请柬，故有“四月八四月八，吃酒吃肉想亲家”和“七月半工夫闲，接来麻妈（土家语，汉语意为姑娘）吃新粮”等民谣。土家族人出门做客，除拜年祝福外，一般不带礼物，但是讲究穿戴服饰等。到主人家赴喜庆宴得喊“请送恭喜”。主人待客，热情周到，尊老爱幼。每逢红白喜事，主人安排二至四名男女接客生在大门外右边接待客人，让客从左边进入大门，并送客人至中堂。客人坐左边，主人坐右边。客人落座以后，立即给客人沏土家族“三道茶”：先为绿茶，次为蜂蜜鸡蛋茶，再次为红糖炒米茶。若在新年或在春天，要给客人泡碗团馓或烧几个糍粑。若在夏天，就给客人一碗甜酒，以解暑渴。进餐菜肴一般以腊猪肉为主。请客就餐，主人起身，在右边引路。走到席前，主人后退几步，先请客人就座。客人坐在背靠神龛的上方，主人坐在下方。先给长者敬酒敬菜，再给小孩夹爱吃的菜。土家敬酒喜喝双杯，酒杯满酌；客人未干杯，主人不干杯。赈酒之日，筵席置于正堂屋中，三桌呈“品”字形。礼生邀请外公、外婆、舅父、舅母坐在靠正堂屋神龛的“上席”。席上摆着炒菜、蒸笼肉和干鱼等具有土家风味的“十大碗菜”。客人或主人谁先吃完，都要对还在吃饭的人说声“慢吃”，然后放下碗筷。饭后，小辈给客人端来洗脸水，请客人洗手脸。客人要离开时，还要送到门口或送土特产给客人。客人作辞，应说“多谢”。待人接物，彬彬有礼。熟人相遇，互相称呼，互致问候，互相作揖。对老者称公公、婆婆，对青少年称“阿可”（土家语，意为“哥哥”）

“阿达”（土家语，意为“姐姐”），若在早晨，要说声“您早”。若在平时，问声“您好”。土家族人尊师重贤，尊人为上。从前，小孩在私塾读书。讲课之前，学生先给老师敬鞠躬礼。讲课完毕，再给老师鞠躬。在路上碰上老师，一定问声“破嘎岔”（土家语，意为“老师好!”）并向老师鞠躬或者拱手作揖。每逢节日，给老师拜节，送腊肉、鸡肉、粽子、面条等节日礼物。学生升学以后，举办谢师宴，或去拜谢恩师，学生向老师行磕头作揖礼。这些礼仪至今尚存。

土家族人“祭祀礼仪”种类有祭天地、祭先农坛（即五谷庙）、祭城隍庙、祭孔圣、祭关公、祭文昌宫、祭毛菩萨、祭真武祠、祭杨泗将军、祭八部大王、祭祖宗、祭土王、祭猎神等。仪式共同点有五：一是行跪拜礼，献香、帛、爵。二是献牛、猪、羊、鸡及果品、五谷、茶叶等祭物，要赞祭品。盛装祭品为木、竹、铜三类器皿。木架牲，铜盛菜肴，竹装谷、枣、果。地点在祭坛或者祭堂举行。届时，鼓乐齐鸣，鞭炮竞发。三是宣读祭文或祭语。四是每行仪式之前，洗手薰臭，保持祭品清洁。五是肃穆。大型祭祀活动，规模大，人员多。跳摆手舞前，先由梯玛主持祭祀仪式，祭祀人跪下左腿，齐唱《梯玛神歌》。歌毕，将所奉团馓等供品呈于神案。请猎神仪式非常庄重，土家猎神“张五郎”是用花椒树蔸雕成的木偶，两脚朝天，供在家里。出猎在之前，要祭祀“赶仗”猎神张五郎。其做法是焚香念词，请神问卦：“奉请猎神张五郎，万岁赶肉公公，千岁赶肉婆婆，遇公吃公，遇母吃母，指头打头，指脚打脚。”接着，猎手部署赶仗事宜。

土家族人“狩猎礼仪”奇特。俗话说：“猎不离山”，安神、请神、赶山、开山、扫山、扫影、封山、谢神等狩猎仪式都要求神。

（1）安神：梅神制成以后，要“择期登位”。供奉神灵包括家神、灶神、梅嫦神、土地神，均以“大安日”为好。所以，要请内行择定日期。捧神人毕恭毕敬将神入供，接着念诵咒语。念完咒语，焚香化钱，奠酒三巡，收回供品，安神祀毕。

（2）请神：全寨猎队队员备好枪械，在坪坝集合。猎头交代相关事宜后，举行请神仪式。各地请神咒语大同小异，如宋氏《请神辞》。念完咒语，焚香化钱，施行大礼。仪式一过，猎头手势一挥，全队人马奔向目的地。

（3）开山：猎队到了营地，猎头清点香案、供品，行开山礼，有“小开山”和“大开山”之分。小开山的供品只摆一块豆腐、一坨“刀头”、一个粑粑，即可焚香。开山过后，若是山动兽出，猎头安岗布卡，挂簝施套，令猎队进入状态。

（4）封山：封山仪式是在猎事告捷时举行的。捆好猎物，清点人数，收回安放的猎具，猎头又搭起临时的梅山神台，将“五折码子”放在台上。封山仪式也分“大封山”和“小封山”两种。念完咒语、行香化纸以后，猎队回到村寨。

（5）谢神：猎队回村，无论何时抵达，都得及时举行谢神仪式。《打猎歌》反映了真实情景：“弟兄三五人层峦，觅见脚踪喜欲癫，猎犬紧追款款吠，归来半夜敬梅山。”猎队抬着猎物回村，须将猎物抬到梅山殿前。几位猎人扯毛粘血粘在神位之前。猎头焚香化纸，虔诚有加，酬谢梅神。酬神礼毕，部署分配事宜。

二、祝寿礼仪

尊老爱老是土家族人的优良传统，表现在为老人“祝寿”（又称做生）所演绎的人生礼仪上。多数土家族人只做“花甲寿”“古稀寿”，人活到80岁，便被誉为“老寿星”。俗话说：“生不接，年不请。”因此，祝寿都由发起人邀请。某位老人满六十岁、七十岁或者八十岁，亲戚朋友上门祝寿，所带寿礼为十来个鸡蛋或三五斤猪肉。有送辣椒、南瓜、烟叶的，也有送三升玉米、两升大米的。寿诞设筵招待来客，故有“赚钱的祝米赔钱的生”之说。寿诞礼俗有套仪规，先设寿堂，缀“寿”字，摆寿桃，点寿烛，中堂挂寿幕和寿匾，张灯结彩，布置一新。生日那天，寿堂正中摆一把寿椅，下铺红毯。司仪主持仪式，寿星老人坐在寿椅之上，儿媳上堂筛蛋，亲友、晚辈上寿。平辈只有一揖，子侄则为三拜。拜毕，行升寿匾礼。升寿匾后开席。宴后，贵宾留下，夜看“堂戏”。多年来，以“邀戏”“献匾”“献杖”几种礼俗较为多见。遇上哪家老人过生日，寨里长者会一家一家的邀约，凑钱凑米为老人点戏，也叫“邀戏”。戏班进寨，分头安排，张家包几人吃住，李家包几人吃住，不会临阵慌乱。所点戏剧内容多以喜气为主，如《杨令婆挂帅》等常被列入剧目。把寿星安排戏场中间座位，身旁摆方桌，放茶水、水果。女儿女婿、孙女孙婿等晚辈在送衣帽的同时，须“献匾”。送寿匾时要组织队伍，锣鼓、鞭炮、唢呐齐鸣。寿匾进屋，恭恭敬敬地挂在堂屋神龛上面，举行升匾仪式，颂唱升匾贺词，贺词要以匾上所刻为中心内容。“献杖”就是奉送拐杖。拜寿礼毕，接着献杖。献杖之人以孙辈为主，所献之杖多以“龙头杖”“弥勒杖”“如来杖”等包含恭祝长寿意境的为好。

三、庆贺礼仪

土家族人民间庆贺礼仪包括祝贺婚嫁、生育、建新房、迁新居和开张等喜事。

（一）建房礼仪

修房子是人生大事，古时礼仪隆重。土家族人立屋之时，通过建房礼仪表现热闹场面。

1. 择地

土家人修房子，第一件事就是选择屋场。一般选在台地上，坐南朝北，以图冬暖夏凉。后面要有靠山，前面不一定有水。如果有水，以慢水为佳。如有急水险滩，绝不可取，那叫“看水流舟”。而且，前面的水要横流而过，不可对着大门直冲而来。如果这样，叫“孽龙锁户”。

土家人修建的多为木房，以正屋、厢房、配楼、朝门合为整体。一般农户修建正屋，配灶房、猪圈等。小康人家除修建正屋，还配厢房和转角楼。豪门大户则修四合院，封砌马头形院墙，俗称“封火桶子”，它的防火、防盗性能极好。正屋的大小在于柱头和棋筒多少。常见的有三柱二棋、三柱四棋、四柱六棋、五柱八棋及七柱十二棋等。正屋两边配厢房，厢房前头配“走马转角楼”，厢房与正屋之接头转拐之处为“磨角”，多为磨坊、碓屋之用。“八字朝门”设在庭院外面，朝门设置有讲究，有的在正屋正面，有的在正屋左前方或右前方。它是由具体情况决定的，与大门对得太正，“冲撞神龛”。如对外看的方向有白色岩壁也不可取，叫“白虎对门坐，不死也脱壳”。

2. 砍梁

砍梁时，由一位亲戚或任意一位村民邀上几个青年带上香纸、蜡烛寻找，只要相中一根梁木，走上前去就砍。砍梁木要让它倒向东方，取“紫气东来”之意。砍倒之后，用红绸缠好，点上香烛，大放鞭炮，然后抬进修建工地。到了工地，立即放在木码上。若是放在地上，被人踩了，被人坐了，则前功尽弃，此梁作废，还得重新去寻。做主梁关键之处是画梁，画太极、八卦、军书宝剑，一律含高雅、华贵之意境。

3. 上梁

修屋“上梁”是房主人生大喜。立排扇、安棋筒后，选择吉祥时日上梁。上梁之时便是房主设宴招待亲朋之时。亲朋好友上门祝贺，赠送匾联、“梁泡”和钱粮等，俗称“镶火坑”。屋架立好以后，即由掌墨线者主持祭梁、开梁口、上梁、赞梁四个环节。建房师傅等待良辰一到，令众人用棕索、梯子将梁木升起，升至屋顶，搭在中柱顶头后“开梁口”，就是做“榫头”。开梁口时，掌墨师傅边起凿边颂唱：“先开东，主东金银满堂中。后开西，主东骡马南山栖……”开梁口凿下的木渣由木匠接好，然后从屋上抛下来，主人跪在地上、扯开衣衫接住，视为金银，取“梁上金银，永裕儿和孙”之意。“上梁”从上梯、攀枋、讲梁、甩梁粑、下云梯等诸多细节生发情趣。讲梁时，由东家礼官与掌墨师互盘互对，唱《讲梁词》：“各位亲朋请让开，我把主东请进来，请问主东，要富要贵？”主人答道：“富贵都要。”并且跪地扯开衣襟接住摔下梁粑。大厦落成，举行升匾礼仪。匾上书写“广厦庇寒”等四个大字。

（二）开张礼仪

1. 开张庆贺礼仪

中华人民共和国成立以前，商店开张，庆贺者纷纷。改革开放以来，个体工商户、私营企业主开业，被视为值得庆贺的事。店铺开张，必有庆贺。业主开张之时，常发请柬，请客人参加开张仪式，并且张贴对联，挑挂店招等。客人献花篮，送贺诗、贺联、贺幛，发贺函、贺电以示庆贺。

2. 开张启事

店铺开张，或者迁址营业，均写开业启事，贴在商店门前，也可通过媒介传播。开张启事均较简洁，写明商店开张时间、商店经营范围和服务宗旨等。必要的话，还可写上商店的地址、交通路线、电话号码以及邮政编码、开户银行和银行账号等，以便扩大业务。

开张启事有如下形式：

悦来茶馆今日开张，欢迎各方来宾品尝小坐。

有道是：

为名忙，为利忙，忙里偷闲，喝杯茶去！

劳心苦，劳力苦，苦中作乐，拿壶水来！

备有南北名茶、精美小吃，敬请光临。

悦来茶馆谨启

××年×月×日

3. 开张请柬

业主在店户开张之际，为邀亲朋好友参加开业仪式，往往发出请柬。请柬精美，文字简洁。邀请信行文措辞热情诚挚，显得好客有礼。请柬和邀请信均在开张之前若干天发出，以便受邀者早做安排。

例如：

请柬

××先生（女士）：

工艺编织商店即日开张，敬请台驾拨冗惠顾，不胜感谢。

×××
×××　　谨启
店址：紫舞路××号

4. 开张贺函贺电

祝贺店户开业函电不外称颂之语，但不宜过于矫饰。

例如：

××兄：

惠赐请柬拜阅。弟因公务在身，无法前来致贺，尚祈鉴谅。特致此函，祝愿贵店开张之喜，日后生意兴隆，财源茂盛。

专此即颂

近安！

××谨上
××年×月×日

5. 开张贺联

祝贺商店开张对联，将美好祝愿与经营特色融为一体，兼具礼仪和实用的特点，给商店增添风雅气氛，给顾客带来美好享受，亦借此做经营宣传和扩大影响。

（1）开业通用贺联。

柜台春风暖，货物任挑选。
商店百货全，经商通有无。

（2）行业贺联。

饭馆：

胜友常临可修食谱，入座饱餐过门大嚼。
高朋雅会任选山珍，有酒既旨每饭不忘。

酒吧：

一楼风月当酣饮，美味偏招云外客。
万里溪山豁醉眸，清香能引洞中仙。

茶馆：

烹雪应凭陶学士，陆羽谱经卢同解渴。
辨泉好待陆仙人，武陵选品顾渚分香。

6. 开张贺幛

祝贺店家开张的贺幛，围绕该店经营特点，除吉利称颂之词外，最好切合该店特点，语言为四字句，富有表现力。因为贺嶂挂在店堂之中，引人注目，给店家带来喜庆之色，并能招揽生意。

宾至如归。（旅店）

春华秋实。（水果店）

鼓乐琴韵。（乐器店）

艺术天地。（书画店）

巧夺天工。（工艺品店）

7. 开张贺诗

祝贺店家开张贺诗，即对店家开张祝贺之语，并称颂店家商品精良，祝愿店家财运亨通。

武陵美酒郁金香，玉碗盛来琥珀光。

但使主人能醉客，不知何处是他乡。

凉从荷叶风边起，暖向梅花月里生。

世味总无知此味，深知此味即渊明。

8. 幌子

幌子是店户用来招引顾客的布招。各家店户通过幌子，使行人知道该店经营的品种和服务范围。店户幌子是在旗杆上挂一块布，上面直书“茶”“酒”“药”等字样，以示这是一家茶馆、酒店、药铺等。店户开门营业之时就把幌子挂上，如酒家挂上酒旗表示营业了。幌子形式多种多样，无论是形式还是质地都有不同，店户标新立异，引人注目。

9. 店铺招牌

招牌表示店铺的经营范围，如酒家的“陈年老酒”，药铺的“道地药材”，布庄的“湖绉南绸”，香料铺的“成意高香”，点心店的“细皮薄脆”，饭馆标明菜系“正宗湘味”等。

10. 店铺门匾

门匾用来书写店铺字号。字号是店铺标记，起名范围较为广泛，除了运用常见吉利用语如茂昌、元亨、兴祥、恒通等外，不少运用地名、人名等，以标明店铺的性质、特点和业主，如“潇湘馆”（表示经营湘菜）等。

第十九章　张家界市土家族宗教信仰

土家先民经历“万物有灵”、图腾崇拜和巫术并存的历史阶段，民间信仰极为普遍。进入阶级社会以后，土家宗教又从民间信仰演变为多神崇拜。土家地区是多种宗教并存地区，既存在民间信仰，又存在主要宗教。土家族人既崇拜祖先、祭祀土王、信奉土老司，又信仰道教、佛教、基督教、天主教、伊斯兰教等。

一、民间信仰

民间信仰是宗教发展过程中最初的宗教形态，是在群众中自发形成的功利性较强的仪式活动。土家族人没有单一的宗教模式，长期信仰多神，其民间信仰的主要形式为图腾崇拜、自然崇拜、祖先崇拜和多神崇拜。

1. 图腾崇拜

图腾崇拜是原始社会最早的宗教信仰。原始人相信每个民族都与某种动物有亲属关系，此动物即为该民族的图腾。土家族的图腾崇拜主要是白虎图腾崇拜，土家先民巴人敬白虎，以白虎为图腾。《后汉书》载：巴人祖先“廪君死，魂魄世为白虎，巴氏以虎饮人血，遂以人祠。”湖南土家族人认为白虎神有两种：一为“过堂白虎”，一为“坐堂白虎”。“过堂白虎”凶恶，视为坏神，必请土老司“赶白虎”。土家族人信仰“白虎神”，如果“白虎”进门，就不顺利，俗言“白虎当坐堂，无灾必有祸”。因此，有婴儿的人家在男婴出生 3 天、女婴出生 7 天内，有 12 岁以下小孩的人家在秋收以后，要请土老司到家里渡关、赶白虎。其做法是：在门外坪坝中插一竹竿，上挂一只公鸡。土老司用白纸扎一白虎，放在纸扎船上。然后，在堂屋里作法，手执桃树枝在屋里到处拍打，边打边念，并撒五谷。听到屋外公鸡一叫，表示“过堂白虎”已被赶走。“坐堂白虎”是好神，视为尊神，必须敬奉。土家地区个别地方出现了犬图腾。

2. 自然崇拜

土家先民在生产力较低的条件下，把自然界“万物”都视为神灵的产物，因而产生了万物皆有灵魂的迷信思想，把命运寄托于神灵保护。如遇生病，即请巫师祭祀，以求保佑。

土家地区信奉的自然神有梅嫦神、猎神张五郎、阿密麻妈、傩神、太阳神、月亮神、火畲神、火塘神、火烟神、土地神、四官神、五谷神、舍巴神、毛娘神、灶神、门神、财神、井神、山神、树神、蛇神、龙神、风神、雷神、麻阳神、瘟神、茶神、田神、牛神、高坡煞、婆送嗄（烟婆婆）等。土家祖先巴人祭祀田神以祈求丰年，祭典非常隆重，故宋代《太平寰宇记》说：“巴之俗，皆重田神。春到刻木虔祈，冬即用牲解赛，邪巫击鼓以为淫祀，男女皆唱竹枝歌。”以上神祇按内容分为人神、动物神、植物神、山神、水神、火神、风神等。按性质分为两大类：一是人们爱戴的尊神，二是人们畏惧的邪神。有些原是汉族和其他民族的神祇，传入土家地区后，也为土家人所信奉，并成为各民族共有的文化现象。有些则是土家族固有的，如梅嫦神、巴山婆婆、毛娘神等。如梅嫦神是土家人敬奉的女猎神，相传她在狩猎时与猛虎搏斗，衣服被虎抓烂，赤身裸体，倒在死虎旁边。因此，猎者出猎前敬之时必须穿着整齐，不得袒胸露体，不准讲丑话，不准吹口哨等。石门县、慈利县、桑植县土家族人信仰猎神张五郎。张五郎木雕偶像形状是两脚朝天，双手朝地，表示身躯跌下悬崖，倒挂树上。猎人打猎之前，先向翻身倒祖张五郎问卦，口念诰词。又如阿密麻妈（又称巴山婆婆）是土家儿童的保护神。民间相传她是龙王天子原配夫人，因被龙王遗弃而逃到土家山洞，专为土家百姓抚养幼儿。凡是被她抚育的小孩都健康成长了。因此，妇女生小孩后，其家人剪一个打伞纸人贴在屋里碗柜门上，象征阿密麻妈。逢年过节，母亲必须虔诚敬之。这样，小孩不染灾病，易养成人。土地神是个多神系统，分为天门、城隍、桥梁、山林、田垄、当坊土地六种。中华人民共和国成立以前，土家村寨均建土地庙，立有“土地公公、土地婆婆”神像。此外，还有主管五谷丰登的五谷神、保护六畜兴旺的四官神、上天奏本的灶神、公断纠纷的灵官神。

3. 祖先崇拜

祖先崇拜是原始社会的一种宗教信仰，产生于氏族公社时期。祖先崇拜是土家宗教信仰最有特色的遗风之一。土家人认为，历代祖先是最亲近的人，他们去世后化为子孙的保护神拔普帕帕（祖先神），逢年过节或者重要集会必须敬之。土家祖先神范围宽广，包括氏族祖先、土司官员和家先神三种。土家地区民间信仰场所有向王天子庙和婆婆庙等。

氏族祖先神最著名的是八部大神。传说八部大神是土家八个部落酋长，他们为开拓湘西地区建有功业，故为土家子孙所祭，并在保靖县拔茅乡首八峒等地建有八部大神庙。明代《永顺宣慰司志》载："古设庙以祀八部大神。每年正月初一日，巫祀试白水牛，以祀一年休祥。"每年正月初，土家人以猪牛羊血祭祀八部大神，祀后在八部大神庙前举行盛大祭礼和摆手歌舞活动。民国《慈利县志·祠祀第八》也载："凤明寺，在骆家峪，祀八部大神。"此外，桑植县、永定区、慈利县、石门县等地供奉大二三神。《同治鹤峰州志》记载：大二三神为"田氏之家神"，民间传说大二三神是田姓氏族中三个顶天立地的英雄，后人按照他们的相貌用樟木雕塑红、黑、白三种脸谱的神像，立于庙内，世代供奉、敬香。再次，桑植县、永定区、武陵源区和慈利县等地至今保留了祭祀土家"向王天子"的习俗，天子山风景区及老木峪、龙尾巴建有五座"向王天子庙"，供奉向王天子夫妇神像。土家地区各大姓氏都将自己的氏族祖先作为尊神加以信仰，只不过名气有大小不同。名气大的氏族祖先有其传说和遗迹，名气小的其事迹消失。

祖先崇拜的第二类神是土王神。在土家人的信仰中，土王神是指各地土司最高统治者。土家地区自元代建立土司制度后，由土司实行军政合一的世袭统治直至清代"改土归流"，其统治达四百余年。土司王是统治一方的土皇帝，是土家先民首领，有功于国，有德于民，在民众中树立了极高的威望。土司王去世后，由于土家人的灵魂不灭观念，认为生前强大的人死后灵魂也是强有力的，于是产生了对土王的崇拜，土家村寨建立土王庙（又叫土王祠），如清《乾隆永顺县志》载："土王祠，阖县皆有，以祭历代土司，俗称土王庙。每岁正旦后、元宵前，土司后裔或土民鸣锣击鼓，舞蹈长歌，名曰摆手。"每次过年之后，土家后裔鸣锣击鼓，举行隆重的集体祭祀和歌舞娱乐活动。在摆手舞开始之前要祭祖先、祭土王，摆手人员要先绕土王祠一周，举行祭祀仪式。由于地域不同，各地有各地的土司，各姓有各姓的土王。湘西北以彭土司著称，指溪州刺史彭士愁（土人称"彭公爵主"），其左右丞相为"向老官人"和"田好汉"。湘西北土家族聚居村寨为其立庙，土王庙里供奉彭公爵主、向老官人、田好汉三尊神像，向老官人本名叫向宗彦，是土王彭士愁的文官，与彭士愁同供于土王庙里，站在土王左侧，手执大印。田好汉是土王彭士愁的武将，作战勇猛，屡立战功，与彭士愁同供土王庙里，站在土王右侧，手执大刀。正月初一至十五及八月十五，土家村寨祭祀土王。有的地方以田、向、覃三姓土王为主，土家后裔建立"三抚庙"，祭祀三位祖先。慈利县、桑植县、武陵源区、石门县曾有向王天子、七里公王庙三十多座，庙里供的尊神“七里公王”为明代添平土司王覃添顺。土王崇拜是土家原始宗教的一个重要内容，民间祭祀土王之风普遍流行。但土司制度发展到后期，土司王对土民的掠夺加重，各项制度阻碍了生产力发展，因此，民间反抗和揭露土司残暴罪行之事随之产生。土家族家先神是清代“改土归流”后随着封建地主经济发展而产生的祖先崇拜的主要形式，是将历代去世的本家祖宗奉为神灵，并在各家堂屋专设祖先牌位（俗称家先神龛），供奉自己的祖先。神龛上置有香炉，以供香火。神龛上方横写“祖德流芳”，中间竖写着祭祀牌位“天地君亲师位”（往后又写“天地国亲师位”），左侧是“九天司命太乙府君”，右侧是“××堂上历代祖先”。逢年过节，土家长者必在神堂上点灯，并用祭品祭祖。土家族祭家先神的习俗保留至今。

4. 尊崇梯玛

尊崇梯玛是中国土家族的原始宗教形式，它有着形成于原始社会的自然崇拜、图腾崇拜、祖先崇拜等原始宗教的共性，更有土家族独具的个性。土家族宗教仪式执行人梯玛，汉意为“敬神的人”，汉语称为“土老司”。梯玛用土家语唱《梯玛歌》，故被称为“歌师傅”。土家智者梯玛卜辞传达古代生产力信息，是中国巫傩文化的组成部分。梯玛是不脱离劳动的宗教职业者，与土家族人的日常生活有密切关系。土家族人称之为人与神之间的沟通者、人神合一的统一体。清代“改土归流”前，梯玛权力较大，是基层政权和神权的操纵者，不仅主持祭祀、驱邪、许愿、还愿、占卜、解结、度关、超度、赶鬼、求雨等民间宗教活动，而且还管土家村寨的婚丧、求儿女、治病、送亡人、解纠纷、娱乐等社会活动。土家妇女婚后不孕求子的，要请土老司“求儿女”。土老司在屋外草坪上搭台挂神像，头戴凤冠帽，身穿八幅罗裙，手拿八宝铜铃，披个麻布包袱，把事先用糯米粑粑做的“小人”揣在怀里，口唱“架起祥云上天去”，经过“女儿国”后，进入“南天门”，到达“天宫”，向天公、天母求得“金童玉女”。整个活动是用主人问、土老司答的对唱形式完成的。然后，土老司将“糯米粑粑”拿出来，送给待育夫妇分吃，算是从天公、天母那儿求来“真儿真女”。此后，主人等待生儿育女。也有向傩神娘娘许愿祈子的，夫妇去土王庙许愿后，将祈祷时用的灰碗置于傩神娘娘的神龛之上。生了子女之后，请土老司向土王“解钱”，还“喜傩神”愿。清代“改土归流”后，其职能减少，仅限于替人赶鬼治病、求福消灾、许愿还愿等祭祀活动。土家男女需经梯玛许可方能订婚。举行葬礼时，由梯玛“念经”。梯玛没有经书，唱词全凭记忆。从其宗教祭祀可以看出梯玛精通土家历史文化和风俗习惯，不仅掌握土家史实，而且能够表演茅古斯等各种土家舞蹈，为继承土家族传统文化做出历史贡献。

中华人民共和国成立前，土家祖先为了酬神还愿，多次开展原始宗教活动，土家语称为“梯玛日”，意为“梯玛跳神”。梯玛巫祀活动分为公祀和家祭两类。舍巴日（意为“摆手舞”）属于阖族公祀，举行地点皆在土家族“摆手堂”。清代《乾隆永顺府志》记载：“各寨有摆手堂……每岁正月初三至十七日。夜间，鸣锣击鼓，男女聚集，跳舞唱歌，名曰摆手，此俗犹存。”摆手活动由梯玛主持进行。祭祀时，梯玛用土家语唱《摆手歌》，然后带领众人到摆手坪跳摆手舞。许多土家先民还以户为单位在堂屋里面操办家祭。梯玛从事还愿活动之时，头戴凤冠法帽，身穿红袍法衣，手持铜铃、司刀。

梯玛信仰属于多神泛灵信仰，原始宗教与民间信仰交融，本民族神与道教、佛教诸神混杂，由天格、地格和人格组成的梯玛神系构成土家祭祀大观，表现在《梯玛神图》上，分为大、小两种，是梯玛祭祀神坛上使用的挂轴。大神图是主祭堂挂图，神案设在主人家堂屋里，小神图像是梯玛附属设施挂图，神案设在主人家大门口，梯玛神祇有天地公、天地母、九天神、雷公、祖先神、八部大王、彭公爵主、向老官人、冲巴妮、梅嫦猎神、四官神、土地神、五谷神等。梯玛道具包括服饰、法器和各种面具。服饰有凤冠、法衣和八幅罗裙等，法器有坛马、神旗、祖师印、八宝铜铃、司刀、牛角、竹卦和科书等。

土家族有语言无文字，故梯玛充当传承土家文化之角色。正是世世代代的梯玛心口相授，以梯玛法事和《梯玛歌》为载体，才使土家文化在历史长河中得以传承和积累，成为中华民族灿烂文化的瑰宝之一。《梯玛歌》规模宏大，长达数万行，洋洋数十万言。涉及民族起源、民族迁徙和生产生活、生儿育女等方面，具有传承土家文化、表达土家语言、调解社会矛盾、加强道德约束、兼营土家医药等社会功能。《梯玛歌》由土家巫师“梯玛”在法事活动中唱念吟诵的祭祀歌，其内容分为三大部分，积淀了大量的土家历史文化和艺术因子。一是《服兹妥》（意为“土家祭祖还愿”），用于“还土王愿”，内容有《报家先》《安正堂》《腊月堂》《报梯玛》《办传贺》《起马》《交和事钱》《过堂》《讨保佑》《拜男拜女》《搭桥》《送神》等四十九个。二是《杰洛方》（汉意为手诀），用于“解结”法事，主要内容有《请师傅》《叙情》《踩刀》《求卦》《画符》《拄印换身》等。三是《宋姆妥》（汉意为祖宗殡殓），用于土家族人“治丧”法事，有“宋姆列些”和“子姐莫是”等程序，带有浓重的表演性。《梯玛歌》形式独特，有讲有唱，有歌有舞，形成歌舞、音乐相结合的艺术形式，对研究土家族的历史、政治、经济和文化都有重要价值。可见，《梯玛歌》是土家族辉煌壮丽的长篇史诗，是研究土家族的百科全书，是内涵丰富的土家语辞典，是原始宗教的活化石。

随着社会环境变革以及“文化大革命”冲击，湘鄂渝黔毗邻地区“土家文化传承人”梯玛已经屈指可数。但是，湘西北仍有少数土家梯玛。中华人民共和国成立前夕，保靖县土家梯玛向宏清师从“梯玛大王”彭天禄，成为“沃沙派（意为背笼派）”传承人。桑植县小梯玛尚立昆拜“梯玛世家”向宏治为师，唱《梯玛歌》，跳《八宝铜铃舞》。近年来，土家族音乐家龙泽瑞对梯玛向光权演唱的梯玛歌进行音乐记谱、土家语记音，出版了《牛角里吹出的古歌——梯玛神歌》。中央民族大学出版社也于近年出版了土家族民间文艺家刘能朴编著的《梯玛》一书。继湖南首台实景民俗节目《梯玛神歌》文艺晚会在武陵源宝峰湖风景区向中外游客揭开神秘面纱之后，张家界盛唐旅游公司也在打造室内土家文化经典节目《梯玛歌》，使之成为张家界民族文化旅游的热点。

二、主要宗教

道教、佛教、儒教传入土家山寨较早，湖南一些州、县都有文庙、武庙、城隍庙。清代中期以来，帝国主义者侵入我国以后，基督教、天主教和伊斯兰教相继传入土家地区。

1. 道教

道教是中国土生土长的宗教，形成于东汉时期。土家地区道教宫观始建于唐代。唐代慈利县五雷山草创道观。宋代所建高贞观供元始天尊和太上老君塑像。道士何无瑕建立紫霞观，道教建筑有三官堂和三清殿等。明代，永定始建玉皇阁。明代，正一派在土家山寨发展广泛，全真道武当派也传入土家族地区。因此，明清时期，土家地区建了星德山道观、朝天观、万寿宫等数百座道观。

2. 佛教

佛教从晋代后传入土家族地区，以禅宗、净土宗和天台宗为主。唐代，慈利江垭建了兴国寺，慈利渠庸建了云朝山寺，天门山建了天门山寺，石门县建了夹山寺和洛浦寺。五代时，今永定区始建玉泉寺。宋代，在今张家界市境内建有铁佛寺、南岳寺、宝峰寺等寺庙，明代《万历慈利县志》曾载：“铁佛寺，原在旧县治，东西向。世传有铁佛一尊营基，因名。自宋咸淳元年（1265年），县为州，设僧正司以领诸山衲子观。”元明清时期，湘西北建了普光寺、福德山寺、高远寺、龙凤寺、燕岩寺、迎恩寺、龙凤庵等数百座佛教寺庙。

3. 基督教

《辛丑条约》签订以后，传教受到清朝地方政府保护，各国传教士争相涌进土家族地区，各基督教教会争相发展自己的势力范围。1901 年，基督教传入慈利县。1906 年，芬兰牧师安果南、梅先春在慈利县城修建基督教教堂，成立“基督教中华信义会慈利分会”。慈利总堂建立以后，设过溪口等 9 个支堂。1906 年，基督教传入永定。1916 年，永定建立基督教福音堂。后来基督教传入桑植等县。

4. 天主教

清代，天主教开始传入土家族地区。1903 年，西班牙神父安熙光、牧启甫等到慈利传教，并在县城建立天主教堂。1908 年，永顺县、保靖县设立了天主教堂。1915 年，天主教郭神父来到大庸建立天主教堂。1918 年，西正街建礼拜堂。

第二十章　张家界市土家族教育事业

在近代教育体系建立之前，土家族教育以独特方式延续。土家族教育分为古代教育、近现代教育和当代教育。

一、古代教育

土家族古代教育分为口传教育和学校教育。

（一）口传教育

口传教育是人类早期教育的主要方式。土家族口传教育通过家庭教育、家族教育和师徒教育形式进行。

（1）家庭教育：依靠家庭长辈对后代进行教育。婴儿周岁前后，训练走路，如“调摆手，嘎嘎走；出左腿，摆左手；出右腿，摆右手”。训练听力，如“大姐梳的盘龙髻，二姐梳的滚绣球”。稍大一些，教唱儿歌，如“大月亮，小月亮，哥哥起来做篾匠，嫂嫂起来纳鞋底，妈妈起来舂糯米”。

（2）家族教育：土家人聚族而居，家族教育具有重要作用。摆手舞掌堂师在摆手堂领唱《摆手歌》，向族人讲述土家祖先的起源、迁徙以及生产知识。

（3）师徒教育：土家手工技艺传承通过口传身授方式进行的，他们或一人教、多人学，或个别传授。师徒教育培养了一批歌师、药师和工匠等民间文化精英。

（二）学校教育

古代学校教育分为三个时期：一是羁縻时期；二是土司时期；三是清代“改土归流”之后到近代教育兴起之前。

（1）羁縻时期学校教育：自秦代至宋代，历代封建朝廷对包括土家先民在内的少数民族采取“羁縻”政策。汉代，皇帝命令郡、县设立学校。土家地区学校教育始于东汉光武帝建武年间。据《后汉书·宋均传》载：“宋均……至二十余，调补辰阳（县）长。其俗少学者而信巫鬼，（宋）均为立学校。”

据《东观汉记》载：东汉和帝永元年间，武陵郡太守应奉在郡治“兴学校，举侧陋”。此后，历代封建统治者利用教育对土家地区实施羁縻政策，正如《魏书》所载：“氐、羌、蛮、僚，风俗各异，嗜欲不同。圣人因时设教，所以达其志而通其俗也。”[①]学校教育限于郡治所在地。“其僻处山谷者，则言语不通，嗜好居处全异，颇与巴渝同俗。”（《隋书·地理志》）唐宋时期，武陵地区建立羁縻州、县，推行“巴酋长子弟量才授仕”政策。州设州学，县设县学。宋代，慈利县始建学宫。据明代《万历慈利县志》卷十记载：北宋徽宗政和年间，进士刘甸和刘畤兄弟在慈利县龙头坪紫霞观创建土家地区第一所书院——“清溪书院”，开土家地区兴建书院之先河。

（2）土司时期学校教育：从元代到清代雍正年间，朝廷对土司地区实行文化控制。府设府学、州设州学、县设县学，都以经史和六艺为教学内容，以生员（即秀才）中举为目的。生员攻读“四书五经”，练写应试科举的对策等文章。据明代《万历慈利县志》记载：“慈利州学在治西，元（代）至正辛卯（1351 年）毁于兵，壬辰（1352 年），知州樊益建。洪武九年（1376 年），知县叶守礼奏还旧治，新建。”据地方志记载，元明清时期，设有慈利县县学、石门县县学，均系地方官办“学宫”。清代顺治八年（1651 年），石门知县魏绍芳重建石门学宫（在今文庙）。清代康熙年间，田甘霖袭任容美宣慰使以后，首创学宫，兴办义学，招收土民子弟就学，开容美土司教育机构之始。土司时期土司子弟接受教育分为出司求学和就地兴学两种形式。

一是出司求学。元朝规定：五十户为一社，设立社学一所，使子弟入学。明代洪武二十八年（1395 年），明太祖下令“诸土司皆立县学”[②]。明成祖“永乐六年（1408 年）夏四月，设四川重庆卫酉阳宣慰司学”[③]。这是土司最早设立的学校。弘治十四年（1501 年），明孝宗下诏：“土司、土官子弟，凡要承袭土职者，必须入学。”[④]弘治十六年（1503 年），明孝宗又下令：“以后土官应袭子弟，悉令入学，渐染风化，以格（革）顽冥。如不入学者，不准承袭。”[⑤]在朝廷强制政策引导下，土司、土官子弟出司求学成为一种常见的求学方式。湘西北土司、土官子弟前往教育比较发达的附近州县宜昌、长阳、荆州、华容、澧州、慈利、石门等处府学、州学、县学还有卫所设学之地就读。[⑥]明代，

---

①〔南北朝北齐〕魏收著：《魏书·南蛮传》。

②《明实录》卷七十八。

③《明实录》卷七十八。

④ 清代《同治永顺县志》卷二十六。

⑤ 清代《同治酉阳直隶州总志》卷十五。

⑥ 卫所为明清时期实行的兵制。

九溪卫、永定卫和施州卫设立卫学，麻寮所、添平所和安福所子弟均到卫学就学。

二是就地兴学。元明清时期，土家地区兴学形式即为书院。元代大德年间，土家人田希吕在天门山麓（今永定区三岔乡水洋池村）创建“天门书院”，有讲堂和礼殿等建筑。元代末年，进士、国史编修张兑在慈利县水溪头创建“环溪书院”，翰林杨钠在慈利县三官寺创建“聚奎书院”。明代正德年间，添平所土官覃善良在所街衙署之右创建“有竹书院”。明代嘉靖年间，慈利县知县刘长春在县城北岸观嘉渚创建“月川书院”。明代中叶，九溪卫城东创建“九溪书院”。清代乾隆年间，永定知县郭六宰在文庙之前、普光寺之侧修建“嵩梁书院”。元明清时期，各地土司竞设书院，为土司子弟就学带来便利，因而出现一批文化程度较高的进士、举人，土官著述日渐增多。

（3）清代“改土归流”之后到近代教育兴起之前的学校教育：土家地区“改土归流”始于清代雍正五年（1727 年）。清代“改土归流”以后，土家地区教育迅速发展。清政府在土家地区设立各类学校，学校形式有学宫、书院、私塾三种。

一是学宫。清代“改土归流”以后，土家地区府、州、县皆设学宫。清代雍正八年（1730 年），永定卫学改为永定县学。清代雍正十一年（1733 年），桑植设县学。

二是书院。元明清时期，土家地区书院多数属于私办性质，有的书院由官方控制。自清代顺治以后，朝廷加强对书院监控，书院成为科举考试工具。桑植县有澧源书院、萝洞书院两所。大庸县有城东书院、瀛州书院两所。慈利县有羊山书院、九溪书院、道源书院、零阳书院、两溪书院、渔浦书院、溇江书院等八所。石门县有秀峰书院一所。清代道光年间，鹤峰州在八峰山北麓兴办鹤鸣书院（在原容美二小校址），修建五栋房屋。

三是私塾。私塾是富户捐资或以祠庙公款开办的对贫寒子弟施以免费教育的学校。招收七岁以上蒙童入学，进行启蒙教育，教材有《三子经》《百家姓》和《千字文》等。从清代中叶至清朝末年，石门县私塾有：土官后裔覃氏建添台书院于所街，举人黄照临建黄氏书屋于雁池坪，城关镇江氏建白云书屋于白云山麓，学人阎镇珩建北岳精舍于蒙泉等。

明清时期，学校教育和科举考试紧密结合，生员可以通过科举考试入仕，也可直接充任低级官吏。清政府在府、厅、州、县设置考棚（试院），开科取士。雍正十一年（1733 年），永顺府城修建考棚，进行科举考试，“永顺府城建考棚一所，照例岁科两试。府学各取十二名，县学各取八名”[①]。为在科举考试中照顾土家子弟，清政府出台科举考试“多取土童”政策，鼓励土童入学。于是，土童踊跃应试。如桑植县取土家子弟六名，“永、保、龙三县，亦多取土童，少取客童。以土三客一为率”。各县每届约有四人考中秀才。对于土籍、客籍的标准，清政府有明文规定：“在前朝入籍者为土，在本朝入籍者为客。”[②]在清政府怀柔政策照顾下，土家子弟考中科举之人较多。清朝后期，石门县产生覃远琎、陈际亨、阎其受三位进士以及四十八位举人。学校教育和科举考试的实施促进了汉族文化在土家地区传播，土家族人学习汉族文化者增多，进士、举人不乏其人。据记载：“雍正间设学额，乾隆间设庠生额，由是人知响学。富家以诗书为恒业，穷苦子弟争自摊磨，亦不以贫废读。”[③]清政府发展教育事业的政策措施，为统治者培养了一批人才，对促进土家地区经济发展、文化繁荣、科技进步发挥了重要作用。

二、近现代教育

近代，土家族教育发展分为清末“新政”时期、民国初年到抗日战争前夕和抗日战争时期三个阶段。

（一）清末“新政”时期的土家地区教育

清末推行“新政”，教育改革是重要一环，废除科举、兴办学堂、留学国外等举措层出不穷。1901 年，光绪皇帝颁布《兴学诏书》，要求把书院改设为中学堂和小学堂。1903 年，清政府拟订《奏定学堂章程》（癸卯学制）。该学制规定学堂立学宗旨为“以中国经史文学为基”。从 1901 年开始，土家地区教育事业呈现一派新气象。府、厅书院改建为中学堂，州、县书院改建为小学堂。与此相辅而行，一些私立学校相继开办，甚至出现女子学校。只是新办各种学堂仍按清政府规定的教学计划进行，纳入数学、物理、化学和生物等自然科学教学内容。1902 年，鹤峰县把鹤鸣书院改为容阳小学堂，1905 年又改为容阳第一高等小学堂。1906 年，慈利县知县袁世传把县试院改为慈利县官立高等小学堂。1909 年，慈利县溇江书院、渔浦书院、两溪书院相继改为高等小学堂。

---

① 清代《乾隆永顺府志·学校志》卷五。
② 清代《乾隆永顺府志·学校志》卷五。
③ 清代《光绪龙山县志·风俗志》卷十一。

（二）民国初年至抗日战争前夕的土家地区教育

自民国初年至抗日战争前夕，土家地区教育形式仍以私塾为主。中等教育处于草创阶段，仅永顺县、慈利县有四所中学。1913 年，开办鹤峰县立南关小学，学校设在回龙阁（在今鹤峰县走马镇千金坪村）。中国共产党在湘鄂川黔根据地开办红军学校二十多所，工农子女免费入学。

（三）抗日战争时期的土家地区教育

抗日战争爆发以后，外地部分学校迁入湘西地区，各类学校不断增多，教育事业发展较快。

（1）初等教育。抗日战争初期，冀、鲁、苏、浙、皖等省一批小学迁入湘西地区，初等教育空前繁荣，各县城乡都有小学，抗日救国思想深入民心。

（2）中等教育。抗日战争时期，沦陷区十所中学迁入湘西地区。1939 年，王春初等人在慈利县溪口镇创建“澧西初级中学”。1941 年，石门县创建“湖南私立九澧中学”，是澧水流域创办最早的完全中学。1941 年，长沙市兑泽中学迁入大庸县西溪坪。1942 年，开办大庸县立初级中学和桑植县初级中学。1943 年，设立鹤峰县初级中学。

三、当代教育

中华人民共和国成立后，各县人民政府接管中、小学校。各级党委、政府十分重视发展民族教育事业，修建各级学校，开办成人教育，完善教育体系，现代教育步入新的发展历程，取得显著成绩。

（一）初等教育

从 1953 年实施国民经济第一个五年计划以后，上级政府每年拨给澧水流域各县民族教育补助款。到 1965 年，澧水流域各县小学和中学有所增加。“文化大革命”期间，学校停课，管理混乱，基础教育进入低潮。

党的十一届三中全会召开以后，贯彻落实民族教育优惠政策。澧水流域各县进行教育体制改革，实行三级管理制度，民族教育进入新的发展时期。各级政府加大对民族教育经费投入，将民族自治地方义务教育纳入公共财政保障范围。从 1995 年起，国家下拨专款实施“贫困地区义务教育工程”。从 1996 年起，财政部设立“少数民族地区义务教育助学金”，用于家庭特别困难学生的学费补助。

（二）中等教育

中华人民共和国成立初期，土家地区中等教育、师范教育和职业技术教育得到初步发展。1953 年，湖南省重点办好永顺师范学校。少数民族学生报考师范学校，降低录取分数。实行第二个五年计划时，改永顺师范学校为“永顺民族师范学校”。

1978 年以来，湖南省财政厅除在对民族自治地方包干费中安排“少数民族教育专项补助资金”120 万元外，1982 年又追加 100 万元。湖南省民委从每年“支援不发达地区发展资金”中拨出 30%用于民族教育事业。从 1983 年起，湖南省政府拨出专款，每县办一所寄宿制民族小学、一所寄宿制民族中学，给经济困难学生每月补助生活费 10 元。从 1988 年起，给每个民族乡每年 1 万元教育补助费。

从 1990 年开始，民族地区教育进入狠抓“两基”阶段，即实现到 20 世纪末基本扫除青壮年文盲、基本普及九年义务教育。湖南省政府 1995—2000 年将每年给民族县每县 20 万元的“少数民族教育专项补助资金”改为“少数民族义务教育助学金”，并增加到每县 30 万元，用于少数民族特困户子女学杂费补助。

（三）高等教育

1985 年，湖南省政府发文批准新建“武陵大学”，设在大庸市卧虎山。1994 年，国家教委发文同意设置“武陵高等专科学校”。2002 年，武陵高等专科学校并入吉首大学，成立吉首大学张家界学院，为吉首大学下属公办民助二级学院。现在的吉首大学由吉首校区和张家界校区组成。

“张家界航空工业职业技术学院”创办于 1983 年，设有 7 个系，共有计算机网络技术、模具设计、会计电算化、市场营销等 28 个专业，是湖南省政府于 2001 年批准的全日制高等职业院校，由湖南省国防科学技术工业办公室管理。

由于历史、地理等多方面原因，少数民族学生在高考中竞争力不强，上大学比较困难。因此，我国贯彻落实大中专院校高考招生少数民族考生优惠政策：一是从 1992 年起，各个市（州）、区（县）民委按照湖南省招生办、湖南省民委文件精神，认真做好少数民族考生民族成分和户籍的审核工作。全国大学本科、专科、中专学校招收少数民族聚居地区和民族乡少数民族高考考生降低 20 分；少数民族散居地区农业户口少数民族考生降低 10 分，少数民族散居地区非农业户口少数民族考生降低 5 分。二是在民族院校和全国普通高等学校开办“少数民族预科班”和“民族班”，并且确定贫困地区“定向招生”专项计划。从 1994 年开始，湖南省在吉首大学、武陵高专、怀化师专、湘潭大学、湖南农业大学和零陵师专开办少数民族预科班。招收少数民族预科班新生时，随招生院校本科或者专科同批次录取，录取时降 20 多分。少数民族预科班分文科、理科，根据教学大纲教学。考试合格者，升入所在院校学习。现在，国家继续执行高等教育招收少数民族考生优惠政策。

第二十一章　张家界市土家族医药文化

土家族医药学是中华民族传统医药学的组成部分。千百年来，土家先民在防病治病的历程中，发掘了许多医治各种疾病的土医疗法、土药土方，提出了土家族医药学基本理论“三元学说”，养成了良好的卫生保健习惯，留下了珍贵的土家医药文化，包括人文医药、巫医、药物、疗法。经过无数代土家人家传、师传、“口传心授”，这些医药文化以“口碑古籍”形式传承下来。

由于土家族有语言而无文字，也就没有土家文字记载的医药古籍，只有明清时期的地方志中零星记载的土家医药内容。通过整理“口碑古籍”和民间医药抄本，我们发现源于民间实践的土家医药经过“药匠（土家人对医生的称呼）”探索，成为形式特殊、内容广博、民族气息浓厚的医药文化。土家医药发展分为秦汉至南北朝时期以及五代以来两个阶段。在秦汉至南北朝时期的漫长岁月中，土家先民在生产活动中“尝草识药”，治验疾病，经历本能经验积累、初期医疗活动以及巫医影响的过程。隋唐五代时期到清代雍正时期几百年间还是实践知识的累积阶段，只编《土王真药本草》，尚未形成比较系统的医药体系。清代“改土归流”以后，土家有识之士在前人识药治病的基础上，进行理论的总结和实践的验证，编著了《医学萃精》《二十四惊症》《三十六疾》《七十二症》《医方济世》《医方守约》《外科秘方》和《梧桐接骨术》等土家医药古籍，使土家医药进一步发展。土家族医药学的形成是土家先民与自然斗争的结果，山水文化、民俗文化、梯玛文化、观念文化等土家地区文化对土家族医药学的发展产生了重大影响。

从前，土家族人叫民间医生为“土医生”和“土郎中”，包括药匠、水师、“梯玛”三种，各成体系，相互配合，形成土家地区医疗队伍。土医生靠中草药、针灸针刺、推拿按摩、封刀接骨、梯玛法术为土家族人防病治病。药匠主治内科，主要疗法是推拿按摩。推拿疗法主治头痛、昏厥、呕吐、腹泻、腰痛、缩阴症、鼻出血等病。药物烫擦法分为药物干烫法和药物湿烫法，治疗皮肤麻痹、肌肉酸痛、关节痛、肚痛等病。成人感冒、身痛，药匠通过打火罐、烧灯火、刮痧等方法治疗，患者就会轻松。拔罐适宜治疗风湿麻木、跌打损伤、风寒感冒等病症。水师主治筋骨，疗法是封刀接骨。长疱、跌打损伤、骨折、断肢、筋扭以后，水师先喷一口水，令其一惊，出其不意，或者一刀，或者扳正部位，然后发药，口服加外敷，夹上夹板，数日痊愈。敷贴疗法常将药物制成膏药、软膏、水糊膏等，可治支气管哮喘、痛经、白喉、疥癣、烫火伤、肝炎、皮炎等病。水师正骨的秘诀在“药物”上，妙药“张氏麝骨精”吸收了水师许多秘方。梯玛疗法有手术外治疗法、药物疗法、精神疗法等，融药物、手术、精神疗法为一体，具有独特风格。手术外治疗法即开刀、扎针、止血、正骨等。针刺法可治脱肛、疟疾、失眠、遗精、血滞闭经、副鼻窦炎、咽喉肿痛等病；灸法可治腹泻、淋巴结肿大、小儿惊风、胃痛、带状疱疹、男性缩阴症等病。药物疗法既有内科的，也有外科的，所用药物品种繁多。

土家医生在长期临床实践中，积累了独特的诊断方法。通过看诊、问诊、听诊、脉诊、摸诊“五诊法”了解疾病发生原因，判断疾病症结，得出疾病的正确诊断和治疗方法。看诊，就是土医生看神色、看形态、看面色、看眼睛、看鼻子、看嘴唇、看舌苔、看耳朵、看头发、看皮肤、看手指、看手掌、看背腹。问诊除询问病人的年龄、婚姻、职业、家属、籍贯、既往病史、主要病症发病经过以及治疗效果等外，还包括问疼痛、问饮食、问二便、问筋脉、问骨节、问七窍、问妇女病。听诊虽然不是主要诊病方法，但可作为治疗某些疾病的参考，如听说话声、听咳嗽声、听肚响声、听呼吸声。骨断以后，药匠将特制竹筒贴于病人伤处下端，用手敲击患处上端，听是否有骨断的“擦、擦”响声。脉诊之时，号脉被视为重要脉诊方法。流传在民间的脉有骨脉、命脉、芳脉、虎脉、肘关脉、踏地脉、鞋带脉、指缝脉、地支十二脉。医生通过摸诊，触摸病人病处，如摸体温、摸额头、摸疱疮、摸肚子、摸疼痛部位、摸骨头等，了解病情，诊断疾病。

土家地区中草药十分丰富，是中药王国药都、民族中草药生态园。土家药物包括天麻、香仁、三七、中黄、吴芋、白薯、山姜、仙茅、麦冬、射干、黄檗、杜仲、厚朴、黄连、玄参、丹参、党参、灵芝、当归、贝母、半夏、木瓜、白芍、百合、枸杞、葛根、陈皮、金银花、何首乌、鱼腥草、银杏果、四两麻、山苍子、万年青等。人们走进土家族人聚居的集贸市场，就会看见牌号不一、规模不等的药店、药铺。土医所用土药共有 800 多种，可治多种疾病。肚子痛，吃点捣烂的蒜头；腹泻，喝点醋水；感冒，喝碗姜汤；长疱，摘蛤蟆叶敷；结膜炎，用茶叶水洗。这些土药土方不仅为土家族人带来了“福音”，而且也为中华民族医药宝库增添了新的血液。

土家医生用药具有四个特点：一是喜用鲜药。鲜药鲜用是土家医生用药的特色，对无毒或毒性小的药物，一般不经过特殊处理，直接用于病人，以获得最佳临床疗效。二是讲究药物配伍。土家族医药学认为，各种病症的临床表现、形成原因是不相同的，所以必须选择不相同的治疗药物组成土家方剂治疗，而组成方剂的药物必须按照主药、配药、引子药的原则进行组方。三是善用药引。土家医药很多处方标明药引。四是讲究剂型变化。土家药匠在长期的临床实践中，创造了各种适合临床病情需要和适合药物特性的剂型，使方剂更好地发挥药效，主要剂型有汤剂、炖蒸剂、散剂、酒剂、丸剂、煎膏剂、磨汁剂、鲜汁剂、佩挂剂、外搽剂、外敷剂、包裹剂等。

第二十二章　张家界市白族来源及其文化

澧水流域共有白族 16 万多人，聚居在桑植县芙蓉桥、刘家坪、麦地坪、走马坪、马合口、洪家关、淋溪河 7 个白族乡以及鹤峰县铁炉白族乡、五里乡、走马镇。

一、白族祖先来源

白族主要聚居在云南省大理白族自治州等地。澧水流域白族祖先是南宋末年从云南大理迁来的。据《白族简史》和《云南各族古代史略》载：南宋末年，蒙哥继承蒙古汗位。为了统一全国，元宪宗派遣军队从河北、河南、安徽等地向南宋进攻。由于长江天险，久攻不下，只好采用迂回包抄战略。令皇弟忽必烈和蒙古名将兀良合台率领大军从上都（今河北省承德市）出发，经山西、陕西、四川，渡金沙江至云南，于宋宝祐元年（1253 年）攻下大理国都城，设置云南行省大理路，并且利用大理原国王段兴智父子充当向导，平服其他部落。后来，忽必烈率领主力还师北上，留下兀良合台等将士镇守云南。宋宝祐六年（1258 年），蒙哥令皇弟忽必烈带领一路人马挥师南下，经河北、河南直攻湖北，一路由蒙哥亲自率领，经山西、湖北，攻打四川，令大将兀良合台率军从云南、广西，直捣潭州（今长沙市）。兀良合台遂在云南省组建了一支“寸白军”。其中，绝大部分是白族人，由大理原国王段兴智叔父段福率领，随兀良合台的三千精锐骑兵征战。经过奋战，攻下潭州（今长沙市）、岳州（今岳阳市）等地。听说忽必烈军正围鄂州（今武汉市），遣使联络，渡江北上。其时，蒙哥汗在四川攻打钓鱼城，不幸战死。忽必烈闻讯，速返上都，承袭蒙古汗位。元世祖忽必烈对拥有重兵的兀良合台极不放心，于宋理宗景定二年（1261 年）下令让兀良合台就地遣散“寸白军”。其中，一部分返回云南省，一部分流落长江流域。至元七年（1270 年），驻守江西省宁州（今修水县）、高安县的谷均万、王朋凯和钟千一等“寸白军”人“溯长江、渡洞庭、漫津澧、落慈邑”，来到鸟坪（今桑植县芙蓉桥白族乡廖坪村）、麦地坪、狐狸溪、芙蓉桥、马合口等地，解甲归田，定居下来。当年，这里人烟稀少，尚未开发。他们“插草为标、指手不界”，故有“谷家堑子岩，王家覆锅岩，钟家狮子岩”之说。从此，澧水流域有了白族先民。他们的后裔以耕读为本，艰苦创业，生息繁衍，被称为“民家人”。据九经堂《谷氏族谱》载：“（谷）均万公，自江西，溯长江，渡洞庭，漫津澧，步慈阳。”白族始迁祖谷均万生有谷正魁、谷正灏、谷正岐三子。谷正魁生谷景铭、谷景春、谷景泰，谷景铭生谷永和、谷永胜、谷永忠、谷永暹四子。谷永和及其子孙谷子进、谷文聪先后任明代锦衣卫中所指挥、校尉。桑植县《王氏族谱》亦载：“吾祖王氏系（始迁祖王）朋凯公之后，发迹桑植。”王朋凯生王应福，二世祖王应福生王汝龙和王海龙二子，王海龙迁居海龙坪（在今桑植县洪家关白族乡）。据慈利县象市镇《钟氏族谱》载：“我始（始迁）祖（钟）千一公……携妻子诸弟分徙楚地。”钟千一长子钟应时生思聪、思明、思智、思慧四子，钟思慧在潘家廊“守祖遗”。钟千一次子钟应宿徙居慈利县城西创业。1984年，大庸县民委恢复了教子垭、桥头、兴隆等乡谷均万、王鹏凯、钟千一后裔 2240 人的白族成分。1987 年，慈利县委统战部为零溪、零阳、岩泊渡、象市等乡（镇）白族钟姓、谷姓 1690 人办理了白族成分证明。澧水流域现存谷、王、钟诸姓祠堂、寺庙和碑文等文物古迹证明白族是从云南大理迁来的。如桑植县梅家桥钟氏祠堂记载：“遗滇池，衍宗系，飞鸿舞鹤贻谟远；落楚天，光祖范，高山流水世泽长。”正门对联为：“源苍山，落鱼龟，义让经堂羡麦地；根滇池，更回龙，德昭知音倚文山。”梅家桥钟姓三世祖钟思慧墓志铭记述了“挈家来楚”的过程。芙蓉桥谷氏祠堂亦载：“吾祖先多见多闻褒承经库传千里，我本主有灵有感稳坐滥船渡众生。”官地坪镇谷氏支祠联为：“天山逸民家声远，大宋义士世泽长。”芙蓉桥白族乡“覆锅岩”王氏家庙对联为：“起西南，寄江西，溯长江，渡洞庭，漫津澧，落慈邑，业创千秋，永久勿替；抵南楚，匿患难，竖草标，辟阡陌，力争扎，思广益，宗衍八支，长延流芳。”该乡王姓四世祖王世源墓志铭记述了落籍“覆锅”的经过。

二、白族特征

白族始迁祖从云南大理迁到澧水流域，虽然已有 700 多年历史，但其后裔民族特征显著，主要体现在十个方面：

（1）族称。白族古称“僰人”“白寸”等，自称“白子”“白伙”“白尼”，即为“白人”的意思。白族族人被称为“民家人”。据清代《乾隆桑植县志》载：“县民最杂糅，由慈（利）拨归者曰民（家）籍。”又如《请七姑娘》唱道：“正月正来白子生，我请七姑玩花灯。花灯玩得梭罗转，梭罗树上打秋千。

秋千打得万丈高，莫把七姑摔一跤。”1983 年，桑植县政府向湖南省政府及省民委上报《关于桑植民家人应定为白族的请示报告》后，1984 年，经湖南省民委调查核实，湖南省人民政府批准，确定“民家人”为白族，并且同意建立 7 个白族乡。

（2）服饰。白族崇尚白色，以白制服为贵。白族人爱穿白色衣服，故有“要得俏，一身孝，内孝外不孝”之说。白色“家机布”是白族人自己纺纱、用土机织、用土法洗漂而成的。男子头缠七尺或九尺长的白色包头。上穿白色对襟布扣汗衫，外穿蓝布满肩领褂，肩挂绣花挎包，腰佩撒穗荷包；下着青色宽裤衩，脚穿白布袜子和天官头鞋。妇女头蒙白布包头或者“风花雪月”白族帽子。两耳垂环，手戴镯子和银戒指；上穿白布大襟汗衣，中套红布满肩领褂，紧束腰带系围裙，用绣花飘带系着，右上胸挂银质牙签；下着蓝色宽脚裤子，脚缠白色裹脚布，穿绣花尖尖鞋。未婚女子梳发辫一根，上扎红头绳，额前留有发穗。已婚者则挽“簪巴”，挽于脑后的称“粑粑簪”，挽于头顶的称“高粑簪”，簪上套有丝织网，横插簪子；儿童衣服多绣花，外围肚兜，头戴银质鼓钉菩萨花帽，颈戴银“项圈”“百家锁”等，手腕套有银圈。

（3）饮食。白族饮食比较讲究。白族“三道茶”是主人给客人敬献三次茶食，头道茶为“苦茶”，又称“烤茶”；二道茶为“甜茶”，放有蜂蜜、生姜、芝麻、核桃等配料；第三道茶为“团圆茶”，在一碗茶水中放有红糖和三个煮熟鸡蛋，故又叫“三蛋茶”。2014 年，“白族三道茶”被国务院列入国家级非物质文化遗产扩展项目名录。白族人家酿的酒水有糯米酒、红薯酒、苞谷酒和灯笼果酒等。大米、玉米、麦子、荞麦、红薯和马铃薯是白族主食。爱养鸡、猪、牛、羊。每年年关，家家杀猪，户户备炒米、糍粑和绿豆面。一年四季贮有坛子菜、干菜。招待客人，必有荤菜，白族的“糯米酢辣椒”等具有独特风味。白族赈酒所设民宴有大碗扣肉、卤肉、魔芋豆腐、盐豆腐干及竹笋烩瘦肉等。

（4）居住。白族民居多为木质结构，一般是“三房一照壁”和“四合五天井”的“双手推车”房屋，造型为青瓦“人”字形大屋顶，还有四合井式白族建筑。堂屋上方神龛供有家谱及“天地国亲师位”牌。堂屋供婚娶、丧葬和迎宾之用。左右两边为正屋，用木板作壁隔为两间，内称“内房”，外称“火坑屋”。靠角处用岩石砌成 1 米见方的火坑，坑内放三脚铁架，专供烤火和炊事之用。

（5）婚姻。历史上，白族男女游行村寨、田间小路，或吹口哨，或唱情歌。有的人在三月街或绕三灵歌舞会上，以歌为媒，私订终身。清代雍正年间以来，受汉族文化影响，婚姻倡导“明媒正娶”，从订婚到结婚，要经过“三茶六礼”等九道程序。“三茶”即“认亲”“发八字”“圆礼”，这三次要给女家送茶礼（白族人说一方猪肉或者猪肘为茶肉），称为“三茶”。“六礼”即“看待家门”“插毛香”“拜大年”“求接”“报日”“陪木匠”。有女无子的人家可以招郎“入赘”。白族青年男女的结婚“正喜日”，有接亲、送亲、压轿、拜堂、合卺、筛茶和闹房等程序，必须宴请宾客。妇女怀孕以后，全家人照顾孕妇。婴儿生下后，由父亲到岳父母家“报喜”，须送活鸡一只，公鸡表示生男孩，母鸡表示生女孩。三天内，外祖父（母）应送鸡、蛋、肉、米等物，并且约定送“祝米酒”的日子。届时，外祖父（母）除给外孙送摇篮、被子、衣帽、鞋袜外，还有鸡蛋、腊肉、糯米等食品。其他亲戚朋友也送礼祝贺。白族小孩满周岁时，父母为其举行“抓周”活动。

（6）丧葬。白族人的丧葬因死者年龄大小、善终凶死而不同。成年人死亡后，要请道士做道场、念经，给死者超度。对死者做斋，又称“做好祀”，一般三五天。在埋葬死者前，要请阴阳先生看“阴地”、择吉穴。下柩要热坑，用纸或芝麻秆烧坑。阴阳先生在灰上画八卦太极图像，再将棺木放进去。掩埋时，由孝长男先铲三锹土后，大家挖土掩埋，这是“土葬”过程。据考证，在明末以前，白族人多用砖拱葬，也有石砌砖拱的。这种葬式既不同于悬棺葬，也不同于崖棺葬，而是介于两者之间。如慈利县零溪镇墨园村古林凸发现的明代墓葬以长方形砂石石条紧依墓室底，壁垒砌棺墓室，这种石砌拱墓葬在慈利县已经发现多处。桑植县芙蓉桥钟氏四世祖钟景荣和七世祖钟世选墓即是石砌砖拱棺墓。

（7）节日。白族人有两个隆重节日：一是冬至祭祖节。每年冬至祭祖节，白族男女穿着盛装，聚集本姓祠堂，敬祭祖先，跳仗鼓舞。另一个是本主节，即“赶会”。白族不仅每年农历正月初二到正月十五要抬着大二三公“本主像”谷均万、王朋凯、钟千一去各个村寨游神，而且还有定期定点的游神、祭祀本主活动。在春节和本主节，白族后代把祖先雕像抬出，穿街过市，包括请神、游神、安神三个阶段。2009年，“桑植白族游神”被湖南省政府列入第二批省级非物质文化遗产名录。本主节以各姓家庙所供本主生日为节日，且有二十多处赶会场所。如谷姓每年农历正月十五日在廖坪、七月二十一日在官地坪赶会；王姓正月初九在芙蓉桥赶会；钟姓十月十五日在麦地坪赶会。赶会那天，除游神、祭祀本主外，还跳仗鼓舞、唱戏。赶会是白族人进行民族教育的一种形式，会期要讲白族来源等历史。“三元老司”在敬祭本主时唱《拜祖词》：“山有昆仑水有源，花有清香月有影；竹子有笋树有根，莲蓬打从藕上生。一拜祖先来路远，二拜祖先劳百端。三拜祖先创业苦，四拜祖先荣耀显。家住云南喜洲，苍山脚下有家园。大宋义士人皆晓，洱海逸民历代传。

万里跋涉创新业，讲不尽的祖来源。”

（8）文学。白族文学分为民间文学和文人文学。民间文学分为民间传说、民间故事、民间歌谣和民间谚语等。历史人物传说有《本主张奎》《潘大公》《童年学武》《三把菜刀劈盐局》《王炳南投贺龙》《大战葫芦壳》《斋戒塔》等。山川地名传说有《覆锅岩》《狮子岩》《回音坪》《双鹤井》《犀牛潭》《仙人伞》等。风俗传说有《仗鼓舞的由来》《本主的来历》《大二三公的由来》《三元教的来历》《三元傩神的来历》《九经堂的来历》《雨钱堂的来历》《民家土家的连理会》等。白族故事有《不管闲事的县长》《刘猛的故事》《谷梅桥的故事》《魅举人的故事》《巧报仇》《学贺龙》《李四卖梨》《我是保护板凳的》《郎中和老板娘》《答对招亲》《谷启虞造反》等。白族调有劳动歌、风俗歌、生活歌、情歌、喜歌、苦歌、儿歌等。白族民歌语言生动精炼，感情真切朴实。“大本曲”民歌句式三七一五句是白族歌谣特点，即四句一首，前三句每句有七个字，后一句只有五个字。如白族民歌代表作《俏白尼》唱道：“头上梳朵乌云发，龙须耳环两边挂，绣花手巾紧紧扎，哪个不赞夸？身上穿件白汗衣，上面套个黑领褂，腰里抹件花围裙，惹死好后生。手里拿把白粉扇，绣花飘带扎腰间，脚上穿双绣花鞋，哪个不喜爱！”白族情歌有初恋歌、热恋歌、十想、十爱、十看郎、十劝郎等，从不同角度反映了白族人的爱情观，如：“天上乌云遮乌云，地下风大绕竹林。强风绕断竹林笋，唱支山歌试姐心，就把山歌做媒人。”白族盘歌很有特色，如甲唱：“什么穿青又穿白？什么穿的瓦灰色？什么穿的金花板？什么穿的一墨黑？”乙答：“喜鹊穿青又穿白，斑鸠穿的瓦灰色，锦鸡穿的金花板，乌鸦穿的一墨黑。”文人文学有对联、诗赋、散文和小说等体裁。白族对联有门联、婚联、桥联和庙联等。文人文学中，以宋代谷均万所作《天门有感》最为古老：“故乡万里起干戈，避迹天门伴楚歌；昔日躬耕同鹿豕，今朝俎豆决江河。”他在《赤松隐怀》中写道：“滇西遥遥来楚山，隐匿赤松亦畅欢，天门高氏门难灭，世袭簪缨锦绣还。”白族名儒谷梅桥擅长诗词，著有《世界大战》诗词一集，现存律诗三十八首。抗日战争时期曾作《深秋怀友》：“关塞倭气满，中原战血斑；天涯为客感，月落思君颜。瑟瑟秋将老，劳劳鬓已霜；愿同班定远，出入玉门关。”他还主持编纂《民国桑植县志》，创“梅字体”，被称为“桑植三绝”之一。白族学者谷岸峭曾作《劝农诗》：“池塘多养鱼，荒山多造林；牲畜多喂养，田地多耕耘。春夏多种植，秋冬多收成。人人多衣食，社会多安宁。”洪家关白族乡白族作家贺兴桐编写了《贺龙军长》和《元帅之死》等多部电影，创作了《青春无悔》和《贺龙》等多部电视剧。芙蓉桥白族乡白族作家钟铁夫著有《女人无泪》和《天堂的玫瑰》等小说集，《女人无泪》荣获第三届全国少数民族文学创作奖。桑植白族作家李康学出版了《洪湖魂》《走过雪山草地》《将军与故乡》《大湘西演义》《大湘西土司》《大湘西匪殇》和《李康学文集》等十多部著作。桑植白族作家谷俊德出版了《桑植白族风情》《胎盘里蹲着的村庄》和《仗鼓红》等文学作品。

（9）艺术。白族音乐旋律优美，感情丰富。山歌高昂嘹亮，情歌宛转悠扬，“玩耍歌”风趣活泼，游神调富有民族风格。白族舞蹈有“仗鼓舞”和“霸王鞭”。在澧水流域白族聚居区，每逢喜庆节日，白族人就会聚在一起，欢欢喜喜跳《仗鼓舞》，俗称“跳帮藏”。《仗鼓舞》是白族独有舞蹈，流传在桑植县麦地坪、梅家桥、走马坪、人潮溪、糸湖、冉家坪、长潭坪一带的白族山寨。因为道具仗鼓形状像杵，长约一米二，两头大、中间细，两端用皮革绷衬成鼓，故名《仗鼓舞》。相传明代某年春节将至，兄弟三人用木杵打糍粑。突然闯进十几个人，强抢硬夺，发生殴斗。兄弟三人就用打糍粑的木杵直打横扫，打得歹徒抱头鼠窜。为了纪念这一胜利，白族打糍粑前，都会举起木杵手舞足蹈，久而久之，演变成为舞蹈。所以，《甄氏族谱》记载：“吹牛角，跳仗鼓。”

白族“游神”是跳《仗鼓舞》盛期。参加“游神”者，必须会跳仗鼓舞，否则就没资格参加游神。游神到某地后，由接神人用茶盘端上糯米糍粑、豆腐等站在堂屋门前恭身迎接，三元老司请神下马、安神，然后跳《仗鼓舞》。人数多少不一，至少三人，多至百人。信奉本主为白族所独有。以谷、王、钟为主姓的白族信奉本主大、二、三神，即大神红脸，左手叉腰，右手上举；二神黑脸，左手护胸，右手执鞭；三神白脸，左手托珠，右手仗剑。白族聚居区家庙与祠堂最多，赶庙会是白族人的传统。各处庙会虽然只定一天，但是前后要花几天时间准备。赶庙会这一天，人山人海。每年有一“会首（由本族房头轮流）”，会首在农历腊月下旬，派一群青年去家庙将本主抬回。到腊月三十日（月小二十九日）由会首亲自请来白族“三元老司”在本主堂做功课，收兵撵马、安神。正月初二清晨，三元老司请神出游，并且派出牌灯，上写姓氏堂名，如谷姓就写“九经堂”，王姓写“三槐堂”，并有“天下太平”“五谷丰登”等字，带上红帖下书，准备膳食和迎神等。游神时，举“万民伞”的人走在前面。扛神旗二人，一人执鼓，一人拿锣。吹长号者二人，吹横笛一人，举执事牌者若干人，牌上写着“祖奉本主×××神”。抬本主者多人，有二人抬一神轿，也有四人抬一神轿的，按本主多少或者神像大小而定。三元老司紧跟神轿后面，一手拿海螺，一手执铃宝。会首与收香纸者紧紧跟随。后面配有数十人或数百人的跳《仗鼓舞》队伍。跳仗鼓舞时，由三元老司领队。《仗鼓舞》队员手执仗鼓，在仗鼓舞大师领跳下，踩着节奏，跳着“一二三”“硬翻身”“狮子坐楼台”“野猫戏虾”“兔儿望月”“五龙棒圣”“翻天印”“魁星点斗”“霸王撒鞭”“雷公扫殿”“二龙戏珠”“双凤朝阳”“苏秦背剑”“仙女献桃”“二十四连环”“四十八花枪”等八十一个动作，舞姿变化多样，杂以武术动作。整个舞蹈纯朴优美，玲巧多变。舞者手里拿着道具仗鼓，跟随使用海螺、长号、横笛、唢呐、大锣、小鼓、钹等乐手围成一圈，踏着节奏翩翩起舞。舞时，参加跳《仗鼓舞》的人数不断增多。但是必须是每三人成一组，鼎足而舞。其中一人执仗鼓，一人打钹，一人敲锣，以一个一个的小圆圈围成一个大圆圈。开始时的“单跳”换成“双跳”，手部摆动随之增加。每一动作结尾，都用道具指着旁边一人的耳根。《仗鼓舞》特点为跳、摆、转、翻，脚的步伐即先左后右，手与脚顺向摆动，即左手左脚，右手右脚，叫作“顺拐”。总的特征是顺拐、屈膝、悠放、下沉。形成这些特征是由于长期生活在高山峻岭之中。当身负重物走在山路时，只能顺拐前进；爬坡之时，势必屈膝，重心下沉。由于长期在这样的环境中生产、生活，因此形成《仗鼓舞》的独特风格。舞蹈音乐多用 2/4 节奏，打击乐要求打得清脆，按照表演者动作打出各种不同的锣鼓点。用横笛吹奏主旋律，用海螺、长号和唢呐吹奏自由节奏。伴奏歌舞时，强弱节拍鲜明。跳仗鼓舞时，喜穿白色衣服，有“要得俏，一身孝”之说。男子内穿白色对襟衣，上套黑色领褂；腰系挑花兜带，并配撒穗荷包；头戴白色头巾，下穿青布裤子，脚穿白布袜和“云头鞋”，色彩搭配和谐、美观，为《仗鼓舞》增添艳丽光彩。中华人民共和国成立后，《仗鼓舞》被搬上文艺舞台，被列为优秀节目，多次在文艺汇演中表演，荣获多个奖项，深受观众好评。1956 年，《仗鼓舞》以新颖形式参加湖南省组织的群众艺术会演，获得表演奖。1958 年，湘西土家族苗族自治州歌舞团把仗鼓舞提炼成为该团上演的保留节目。2001 年，仗鼓舞《跳年》参加湖南省第一届少数民族文艺调演，获得三等奖。2009 年，“桑植白族仗鼓舞”被湖南省政府列入第二批省级非物质文化遗产名录。2011 年，“桑植仗鼓舞”被国务院列入第三批国家级非物质文化遗产名录。2011 年 6 月，在桑植县民歌广场举办首届“白族仗鼓舞比赛”，共有来自桑植县芙蓉桥七个白族乡、永定区桥头乡和湖北省鹤峰县铁炉白族乡共十四个代表队参加此次仗鼓舞比赛。2011 年 9 月，第九届全国少数民族传统体育运动会上的白族仗鼓舞夺得铜奖。2012 年 12 月，桑植县麦地坪白族乡杨家峪村钟会龙被文化部公布为第四批国家级非物质文化遗产项目仗鼓舞代表性传承人。钟会龙于 1936 年始师从民间艺人钟朝锐、钟良旭，掌握仗鼓舞“硬翻身、霸王撒鞭、雄鹰展翅、狮子坐楼台”等套路，后以“倒丁字步”为步伐，将高难度的“四十八花枪”等武术动作融进舞蹈之中。桑植县白族乡成立后，他到马合口、洪家关、芙蓉桥等白族乡指导跳仗鼓舞。钟会龙寻得徒弟钟耀群和钟彩香，毫无保留、倾囊相授，二人得其真传，逐渐崭露头角。古代白族先民称“霸王鞭”为“金尺竿”，用铁丝穿数枚铜钱嵌入竹竿两头制成，长约一米。舞时，手握竹竿中央，随着舞曲节拍，拍其上下截，有“打四门”和“五朵梅”等花样。白族还有玩水龙灯的习俗。每逢大旱时，用柳条或黄荆条编成“龙”形，去各村游玩。所到之处人们都向龙身上泼水，淋得越湿越好，故称此活动为“玩水龙灯”，为祈求天降大雨以保丰收之意。

（10）宗教。白族人信仰多神，崇拜“本主”，各姓除了“本主”外，还信奉马公元帅、杨泗将军、韦驮、黑神爷、潘大公、陈吉陈亮兄弟、王灵官等。澧水流域设有本主庙，里供木雕或泥塑本主像。马合口供谷均万像，芙蓉桥供王朋凯像，麦地坪供钟千一像等。“本主”是本地村寨保护神，白语称之为“吾整”，汉语意为“本境之主”。本主既有英雄人物，也有历史名人，还有白族祖先。白族人信仰佛教和道教，马合口一带就有玉泉寺和三望寺等寺观。白族人为纪念来到澧水流域开辟家园的谷均万、王朋凯、钟千一三位始迁祖而形成祖先崇拜的“三元教”，其神职人员“三元老司”的道具有海螺、司刀、竹卦、坛印、三宝铃和法衣，主要活动有祭本主、了心愿、做法事等。白族人的“正月游神”和“赶会祭祀”都由三元老司主持。

参考文献

[1] 国家民委全国民族古籍整理研究室. 中国少数民族古籍总目提要·白族卷. 北京：中国大百科全书出版社，2004.

[2] 湖南省地方志编纂委员会. 湖南省志·民族志. 长沙：湖南人民出版社，1998.

[3] 湖南省少数民族古籍办公室. 湖南白族风情. 长沙：岳麓书社，2006.

[4] 戴楚洲. 张家界旅游指南. 北京：华文出版社，2001.

[5] 谷忠诚. 桑植白族史. 北京：光明日报出版社，2005.

[6] 张丽剑. 鄂西鹤峰白族的来源及其文化. 湖北民族学院学报，2007（4）.

第二十三章　张家界市苗族来源及其民俗

澧水流域自古以来就是土家族、苗族杂居之地，共有苗族 37 000 多人。其中，张家界市有苗族 31 046 人，鹤峰县有苗族 6754 人，分布在上河溪、上洞街、廖家村、岩屋田、陈家河、利福塔、桥自湾、温塘、桥头、大坪、沅古坪、枫香岗、教子垭、阳和土家族乡及鹤峰县走马镇等乡（镇）。

一、苗族历史渊源

苗族多自称“果雄”，历史文献中称苗族先民为“苗”。“苗”的名称源于尧舜时期的“三苗”，如《汉书·地理志》载：“三苗本有苗氏之族。”《尚书·吕刑》亦载：“苗民弗用灵，制以刑。”

苗族族源有三苗说、驩兜说等，但多数学者认为苗族是从“九黎”到“三苗”再到“南蛮”而形成的。苗族是远古“三苗”后代，而“三苗”又是“九黎”后裔。苗族起源于炎黄时期的“九黎”和尧舜时期的“三苗”。约在 5000 多年前，“九黎”部落联盟由蚩尤统领。据《国语·楚语》载：“九黎乱德。”《史记·五帝本纪》又载：“蚩尤作乱，不用帝命。于是，黄帝乃征师诸侯，与蚩尤战于涿鹿之野，遂禽杀蚩。”九黎部落在涿鹿（今河北省涿鹿县）被炎黄部落联盟打败以后，部分成员退居长江中游，重新发展起来。到了尧舜时期，形成“三苗”部族，即《国语·楚语》所载：“三苗，九黎之后也。”《韩非子》亦载：“三苗之君不服者，衡山在南，岷江在北，左洞庭之波，右彭蠡（今鄱阳湖）之水。”“三苗”族与以尧舜为首的华夏族展开抗争，“三苗”战败。《史记·五帝本纪》载：“三苗在江、淮、荆州数为乱。”《吕氏春秋》又载：“尧战于丹水之浦，以服南蛮……舜却苗民，更易其俗。”

4200 多年前，舜帝把驩兜流放到澧水流域的崇山。《尚书·舜典》曾载：“放驩兜于崇山，窜三苗于三危。”《史记》又载：“放驩兜于崇山，以变南蛮。”驩兜部落从河南丹水出发，跨长江、溯澧水，来到崇山定居。苗族史诗《鸺巴鸺玛》描述苗族迁徙情况："从澧州澧岘上来，从桃花溪桃花沟上来，从桃花园桃花峒上来……沿着长长的河水上走，顺着高高的大山上迁。穿过抬头望不见天的茫茫森林，冲过七拐八弯的激流险滩……"终于迁到崇山（苗语叫崇山为高戎霸凑）。驩兜死后葬在崇山，他的后裔演变成为苗族"仡驩"。从此，崇山一带成为苗族祖先的活动中心。苗族分布的永定区、泸溪县、花垣县等地区有许多记载崇山、驩兜墓、驩兜庙、驩兜鼎等的文史资料。宋代罗泌在《路史》中说："驩兜……所窜之崇山，则今慈利也，有驩兜墓。"明代《万历慈利县志》也载："崇山在县西百余里，舜放驩兜于崇山，即此。"清代《道光永定县志》卷六又载："古驩兜冢，在县西南崇山绝顶。有巨垄，土人皆以见为不祥。"驩兜"在苗族中有很大影响，苗族石姓奉驩兜为祖先。苗语称湘西北苗族石姓为"仡驩"，石姓有大、小之分，苗语竟然直呼"大石姓"为"驩兜"，证明苗族石姓是驩兜部落的后裔。

夏禹做了酋长以后，对"有苗"的战争取得了胜利。"有苗"余部退到江南，经过数百年发展，势力逐渐强盛。他们与北方中原王朝接触，在夏商周三代被统称为"南蛮"。《墨子》载禹《伐苗誓辞》："蠢兹有苗，用天之罚。若予既率尔群，对诸群，以征有苗。"公元前 8 世纪初年，"南蛮"渐强，周宣王"命方叔南伐蛮方"。战国时期，吴起在楚悼王支持下变法图强，占有"洞庭、苍梧"等"蛮、越"之地。苗族先民被迫溯沅澧而上，迁入武陵山区。封建朝廷推行郡县制后，苗族聚居区以血缘关系组成的氏族公社，逐渐让位于以地域关系组成的农村公社"合款"。后因年荒或者战乱，苗族祖先多次向南迁徙。

秦汉至南北朝时期，沅水流域为苗族分布中心，被称为"五溪蛮"。唐宋以来，"苗"作为单一民族的族称重现于民族古籍之中。唐代樊绰撰的《蛮书》记载："黔、泾、巴、夏，四邑苗众。"宋代朱熹在《三苗记》中说："边患多出于苗。"宋代朱辅在《溪蛮丛笑》中首次把"五溪蛮"分为"苗"和"瑶"。

桑植县仓关峪苗族《张氏族谱》记载："始祖（张）汉臣系辰州府泸溪县人氏，于明代迁来九溪卫安福所，旋转迁桑植叶家田。"清代乾隆年间，苗族始祖石铎风迁到桑植县上河溪扒那坪定居。又据桑植上河溪乡杨竹溪村苗族人李梅柏口述：他们的祖先肖氏婆婆在清代雍正年间，由沅陵县来此定居。肖氏墓碑尚存，刻有"皇清待诰李母肖氏老儒人真情灵魂墓位"字样。该村苗族唐姓始祖唐永舜墓碑刻有"原命生于康熙乙亥年冬月十八日，大限殁于乾隆三十五年十月初一日"等字，其孙唐仕华墓序中还有"唐公仕华，沅陵人氏"的记载。廖家村镇苗寨村现有张姓苗族三十八户，《张氏族谱》载有其祖先从泸溪县马泥村迁来的记述。上洞街乡二户坪村苗族满姓始迁祖满世富原居麻阳县兰里镇。因为住宅被烧，其妻带着子女逃到桑植县上洞街定居，此地后叫满家庄。中华人民共和国成立初期，张姓苗族人张清龙还去马泥村查过族谱，证实他们是同姓同宗。根据史实情况来看，桑植苗族是明清时期先后从泸溪、沅陵等县迁来的。

永定区苗族满姓始迁祖满世先于明初从沅陵县迁到禹溪落业。明初，石廷芳和石廷礼诸公迁至永定，在梅家坪及石家铺等地繁衍了众多苗族子孙。明代中叶，苗民龙廷周从花垣县迁到永定卫，其后裔聚居在白羊坡、龙家嘴、竿子坪等地。苗民石重益和石重农诸兄弟从沅陵县迁到永定卫哈溪、石家湾、肖家岗等地。明朝末年，沅陵县苗酋张五保起义，苗民纷纷响应。抗争之时，石姓苗民进入永定。清代“乾嘉起义”爆发以后，花垣等县又有苗民流落永定。

慈利县阳和土家族乡杨坪村张宏兵、张吉初、张桃生和张沈川等人祖先张岭于清代从吉首市巴金寨迁来。1989 年，慈利县民委根据吉首市民委出具的审核证明，为该乡 700 多人办理了苗族成分证明。

鹤峰苗族是明清时期避战乱从沅水流域迁来的。明代洪武年间，苗族杨姓进山公公从麻阳县大栗树迁到鹤峰县走马坪杨家场落业。清代道光年间，苗族祖先龙志、龙尚德、龙泽元和龙正彩等人从沅水中游迁到鹤峰县走马坪和龙家台等地。清代光绪年间，苗族始迁祖姚华森从永顺县塔卧迁到鹤峰县八峰等乡。清代，苗族始迁祖满朝见从慈利县满家湾迁到鹤峰县所坪等地。

二、苗族文学艺术

苗族在历史长河中创造了珍贵的文学艺术。苗族民间文学分为民间歌谣、民间故事和谚语三类。民间歌谣分为史诗、古歌、苦歌、叙事歌、生产歌、风俗歌、起义歌、情歌、儿歌等，能唱的韵文作品有《偽巴偽玛》《迁徙歌》《劳动歌》《长工歌》《蜡染歌》《开亲歌》《接亲嫁女歌》《赶秋歌》《盘龙歌》《盼红军》《送儿当红军》《苗家想念红军》《羡慕歌》《初恋歌》《定姻缘歌》《棉花谣》等。民间故事有《雷公和高比的故事》《崇山的传说》《芦笙是怎样吹起来的》《谎江山》《哭笑不得》《银项圈》《三月三》《挑葱会》《赶秋》《苗族“吃牛”的来历》《石姓不吃狗肉》《接龙舞》《龙家姐妹》《红军树》等。苗族民间艺术分为音乐、舞蹈、戏剧和工艺四类。音乐又分为苗歌和乐器两类。苗歌按其腔调分为高腔、平腔两类；乐器按演奏方式分为打击乐器和吹奏乐器两类。打击乐器有铜鼓、铜锣、铜钹和铃等。吹奏乐器有唢呐、芦笙、长号、筒箫等。苗族舞蹈有木鼓舞、芦笙舞、跳香舞和接龙舞。其中，木鼓舞又分为花鼓舞、猴儿鼓舞、团圆鼓舞、单人鼓舞、双人鼓舞、四人鼓舞、跳年鼓舞等类。2006 年，《苗族鼓舞》被国务院公布为第一批国家级非物质文化遗产。苗族戏剧有傩堂戏、花鼓戏和苗戏等。苗族工艺有刺绣、挑花、织花带、织提篮、织背篓、蜡染和银饰等。其中，苗绣、花带、苗族织锦、苗族银饰、蜡染服饰和饭篓等工艺品已经成为张家界风景区的旅游纪念品，为海内外无数游客喜爱。

三、苗族风俗习惯

苗族先民虽然经历多次迁徙，但是仍然保留比较独特的风俗习惯及民间信仰。

（一）衣食居住

苗族男子头包青布巾，穿对襟短衣，衣扣为七颗，多为花格布衣；裤短而大，青布裹腿。女子以花格帕包头，穿托肩大襟衣，袖大而短，没有衣领，胸前及袖口绣花边；裤脚短而大，镶花边和栏杆，穿蓝色布袜，戴银冠、髻簪、耳环、项圈、披肩、手镯、戒指等银饰。苗族人爱喝油茶，爱吃腌肉、腌鱼、腌酸菜等风味菜肴。购买猪肉、牛肉或鲜鱼后，切成小块，用盐腌之，混以米粉，装入坛中，密封其口，倒在浅水盘内，半月变酸，味美可口。苗族聚族而居，数十户为一村寨。住房有平房和楼房两种，多为瓦屋。一般为三开间，少数为五开间，正中一间堂屋供奉祖先。

（二）婚姻家庭

古代苗族经历过血缘婚、对偶婚和一夫一妻制等婚姻形态。苗族有“同姓不婚”的习俗，缔结婚姻有包办婚、自主婚两种形式。婚姻以自由选择为主，如过节、歌会或赶场时，男女对歌，互表爱慕之意。有的由男方请媒人说合提亲。取得女方父母同意后，择日订婚，谓之“取八字”。到了婚期，派亲戚送亲。但嫁妆中不制床。迎亲不用围鼓，只敲对子锣、吹唢呐。新娘步行或者坐轿到夫家。进门之后，踩竹筷，饮合婚酒，但不拜堂。举行结婚仪式之后，欢饮一日。半夜过后，新郎、新娘不能同宿。等到次日客人散尽以后才能同居。因此，有句苗族谚语说道：“新婚之夜陪宾客，男女不许同床歇。”也有招郎婚、姑表婚、转房婚、改嫁婚等婚俗。绝大多数苗族实行小家庭制，儿女结婚以后，自立门户。子女的血统从父，家庭财富按父系继承。苗族有本民族的姓氏，实行父子连名制。

（三）苗族节日

苗族节日有阴历“三月三对歌节”“四月八集会”，还有“七月十五芦笙节”和“立秋日赶秋节”等。廖家村镇苗寨苗民每年过三个年，即腊月二十八日过粑粑年，用糍粑包猪肉祭祖后，全家人饱餐一顿。腊月三十过第二次年，先用香纸、爆竹和筵席祭祖，然后全家吃“团圆饭”。正月初一过“新年”，天没亮就开席。吃饭时，不开门。吃饭以后，老幼换上节日盛装，欣赏龙灯、打拳等文娱表演，直到正月十五才止。

（四）丧葬习俗

古代苗族埋藏方式有悬棺葬、岩棺葬和土葬三种。悬棺葬是在悬崖上打洞插入木桩，把灵柩悬在崖壁上；岩棺葬是把灵柩放在岩洞里。土葬即入土埋葬，有木棺，也有石棺。唐宋时期，武陵山区盛行悬棺葬。桑植、慈利等地都发现了悬棺葬。苗族成年人正常死亡、举办葬礼的过程为：报丧、入殓、吊唁、绕棺、封棺、送葬、埋葬等。

（五）宗教信仰

苗族信仰是由“万物有灵”演变而来的多神信仰。苗族崇拜盘瓠、祖先和神灵，尚巫信鬼。祭祀活动有椎牛、椎猪、祭祖、接龙、还傩愿等。接龙是苗族富裕人家为求家道兴隆而举办的祈祷。有些苗族人信仰道教和佛教，苗民中还有正一派道士。文道士供奉神农等神，武道士供奉三清等神。上河溪乡杨竹溪苗民于清代乾隆年间建了云龙山寺。每年农历二月十九日和六月十九日，信教者备办香、纸上山拜佛。

（六）医药习俗

1. 医学

苗族医学形式特殊，内容丰富，自成体系，成效显著。在辨病立症上，把人体的疾病分为内科 36 症、外科 72 疾，共计 108 种病症，故民间有“药有 3300 种，病有 108 样”。它包括人体的消化、呼吸、神经、生殖、内分泌等 10 大系统，可分为内科、外科、妇科、儿科、伤科、五官科、皮肤科、传染科、精神科等。

苗医诊断病情有“四诊”，即看望、号脉、问诊、触摸。看望就是观察病人掌心、外耳等部位的神色、征兆。号脉是号手脉或足脉，将脉象分为 11 种。问诊就是询问病情表现、病史等。触摸就是触摸病人有关部位。苗医诊病歌诀是“一主神态二主色，三视女男当有别，四望年龄看四季，五取腕部细号脉，第六细问再触摸，百病疑难有窍诀”。这些口诀是苗医多年诊断病情的经验总结。

苗医学立症以民族习惯、所见所闻为基础，形象具体，易于对症下药。如蛤蟆症（肠梗阻）、老鼠症（霍乱）、飞蛾症（肺炎）、黄彭症（肝病引起水肿）、撮箕症（肝硬化腹水）、黄肿症（钩虫病）、鬼见症（肋间神经痛）、哑巴症（破伤风）、翻眼症（颅内肿瘤）、鲤鱼症（泌尿系统结石）、勾手勾脚症（乙型脑炎）、水症（糖尿病）等。病名不仅形象，而且分类细致，分为经类、症类、翻类、胎病类、抽病类、丹毒类、花类、疔类、疮类等10大类。在外科72种疾病中，疮类分23种，疽类分9种，痈类分8种，疔类分5种。苗医学认为，同一种病生长部位不同，病因不同，用药不同，因而见效快。

苗医学在长期的实践中，创造简便、速效的治疗方法20余种。妇产科有“坐产分娩法”；治脓肿有“打火针疗法”，用针引脓；治小伤小病有“桐油点烧法”，既可治病，又可防止感染；治骨折有“背椅法”“双胳膊悬吊法”“悬梯移凳法”。其他还有“煲法”“蒸熏法”“针灸法”“药热敷法”“刮痧疗法”“巴附罐疗法”以及“体育疗法”“气功疗法”“挑刺法”“推摩按捏法”“饮食疗法”“保健养生法”等，临床效果很好。苗族医学最高成在于骨科和伤科。凡属跌打损伤、刀伤枪伤，一经医治，见效甚速。湘西苗族医师的伤科医术特别著名，有“刀伤枪伤，痛不可支；一经敷药，血痛立止；肿胀渐消，不数日而愈”的技术。苗医伤科的“正骨”特别有名，疗程短，疗效高。正骨原则是抢救生命第一，恢复功能第二，保持肢形第三。方法简便，仅用夹板固定，敷以伤药。一般骨折，一个月即可痊愈，粉碎性骨折也可在二至三个月愈合。

2. 药学

苗医药品种类繁多，包括植物、动物、矿物和微生物类共计1000余味。1989年，欧志安在岳麓书社出版的《湘西苗药汇编》一书收录苗族药物500种。苗药学发端久远，命名形象而具体，剂型多样，分类特殊。立方灵活，加工简易，具有鲜明的民族特点。

苗药学对药物的命名，有的突出药物的特殊形貌，有的反映药物的特殊气味，有的根据药物的特殊功效……总的特点是注重实际，命名贴切。

苗药学主张多用生药、鲜药，现采现用。原因是生药药性好，见效快。苗药采药原则是按季节按物种摘取生药中药性最高部分。对不易采集而又有特效的药物，或采之晾干储存，或在庭园栽培，以备急需。对有毒药物或治疗需要加工药物，炮制方法很多，有“蒸熟曝晒法”，如对“黄精”“天冬”的炮制，减其猛性，使味变甘；“开水烫淋法”，如对“八角香”的炮制，去其毒性，又使果子不炸开；“石灰水渍法”，如对“三不跳”“草乌”的炮制，目的是去其毒性。此外还有“火烤法”“火燎法”“夜露法”“酒制法”“醋制法”等10多种方法，最特殊的是“身背汗蚀法”，就是将所采鲜药洗净擦干，装包放在贴身之处，利用人体温度将药物燥干。对怕曝晒、怕火热的珍贵药物，如“百味莲”“雪里见”“八角莲”等，多用此法加工。

苗药学的剂型与中医略同，也是根据病情、药性和条件“定型”，但是具有简易、灵活、速效等特点。苗药处方主张“立方扼要”“一方一病”。一般是三药为一方，少数九味药为一方，如“白辣蓼”专治五步蛇咬伤，“交馍降”（九木香丸）专治气管炎，“大蒜泥”（鼻嗅法）专治小儿肺结核等，体现苗药学的民族特色。苗药单方很多，民间有“三千苗药、八百单方”的说法。滕建甲编著的《苗家实用药方》收录苗族药方近千。苗族药有急症药、定根药、凉药、麻药、拐子药、隔稀药、不生药、陈伤药、拔弹药、吊胎药、喜药、神打药、点打药等。

第二十四章　张家界市回族来源及其习俗

自明清时期以来，澧水流域世居着回族人，以马、翦、黄、刘和李等姓为主，分布在谷罗山乡、竹叶坪乡、龙潭坪镇、澧源镇、零阳镇和永定街道办事处、西溪坪街道办事处等乡（镇）、街道办事处。

一、回族来源

自明清时期以来，回族祖先先后进入澧水流域，来源于4个方面：

（1）一批从军的回族将士受朝廷派遣，进入澧水流域，不少人就地定居落籍，成为回族的主要来源。明朝初年，明太祖调遣回纥将领翦八士和回族将领马德成、马建率领回军南下。后来，马德成任常德卫指挥使，屯兵戍守，落籍于常德东门外沙河街，其后裔马宏良、马宏岗等人迁到慈利、桑植等地。据《扶风堂马氏族谱》载："（马）德成公于明洪武五年，由北直迁常德。"桑植县谷罗山乡《翦氏族谱》记载："溯我始祖八士公，籍本回回。致回部世系源流，乃哈勒后裔。先是佐元，翦除方寇，赐姓曰翦。逮从明太祖征剿，屡建奇功，官封镇南将军，此姓之所由始也。"清朝初年，康千户奉命驻守九溪卫野牛关（在今桑植县竹叶坪乡野牛湖）时，实行军屯，马姓回民随康千户屯田至此落户。

（2）随着商业贸易发展，部分经商的回民从东南沿海通商口岸以及长江下游城镇溯江而上，入洞庭湖，再经澧水，进入湘西北行商开店，定居落籍，这是回族的另一来源。明代以后，从南京等地迁来马、李、金、徐、陈、哈等姓商贾。桑植等县回族是明清时期从常德等地迁来的，据澧源镇尚家坪村马姓回民反映：其祖先原住石门县南湖。清代乾隆年间，来桑植县做生意时，便于生计，择地定居，世代相传八代，已有100多人。《固安堂黄氏四修族谱》记载："（黄）家瑞同子文炳迁桑植县拿坡界夏家堉。（黄）家榜同二子文德、珩盛朝迁桑植县拿坡界。”

（3）还有部分回民是清末和民国时期，或是逃荒，或避免战乱，从外地陆续迁入澧水流域。桑植县龙潭坪镇白竹坪村《马氏家谱》记载：“清康熙初年，辰、沅一带，久晴不雨，田土龟裂，粮食歉收，民生涂炭，饿殍遍野。是时，住在湖广省辰州府沅陵县四都的马宣，生活艰难，朝不保夕。为图生计，携带妻室儿女来到桑植依仁里白竹坪。见此地平坦开阔，土质肥沃，利于谋生，取得向氏土司恩准，就地定居，以农为主，繁衍生息。”这支西凉马姓回族传了11代，已达200多人。清代嘉庆年间，常德回族马士清和马敬等人为避水灾，迁到桑植县冷峰山、康三峪等地。

（4）中华人民共和国成立后，又有部分回族国家机关工作人员、军队转业干部、科技人员、学校师生和旅游从业人员从全国各地来到澧水流域工作，成为此地回族的组成部分。

二、回族习俗

回族人多信仰伊斯兰教，因而回族的风俗习惯在许多方面与伊斯兰教的宗教习俗密切相关。

（一）服饰

回族服饰与汉族基本相同，但在民族节日和宗教活动期间有其特色。在清真寺礼拜或参加节庆、葬礼时，回族男子多戴圆顶无檐白帽，穿白衬衫。妇女头戴白色盖头布，从头部披到肩上，只露脸部和眼睛。年轻妇女改用白毛巾。

（二）饮食

回族以大米、面粉为主粮，肉类以牛、羊、鸡、鸭、鱼、虾为主。清真食品有牛肉米粉、瓮子汤圆、药膳扒鸡、烘糕等。食油有菜油、茶油、花生油等，忌用猪油。

（三）居住

定居较早的回族建有宗祠，由族长管理。回族聚居区建有清真寺，绿色圆顶，窗、檐多雕刻，画回纹花边，为穆斯林念经、礼拜、聚会、节庆等活动场所。

（四）婚姻

回族多为本民族内部通婚，个别人与汉族通婚，对方必须先答应“进教”。愿意接受回族生活习惯，婚姻关系才能确立。结婚要经过做媒、订婚、结婚及回门 4 个阶段。婚礼多于星期五在男方家里举行，因为伊斯兰教以星期五为“主麻日（吉利日）”。举行婚礼时，只请阿訇念“尼卡哈（证婚词）”，以示证婚。新郎、新娘在一张摆有“五子”（枣子、瓜子、杏子、花生子、桂圆子）的桌子前面并肩坐在一条板凳上，表示“平等相爱”。礼毕，新郎、新娘入洞房。阿訇即把果品“五子”撒向前来参加婚礼的人群，表示共享幸福。次日，新婚夫妇一同前往女方娘家“回门”。

（五）丧葬

回族有节俭办丧事的习惯。丧礼分为备殓、洗礼、殡礼和出葬 4 个步骤。举行殡礼时，亲戚朋友为死者祈祷后世幸福，由阿訇领站并念“特克比勒”（《古兰经》的一段）。石坑砌好以后，用清真寺专供抬尸的木匣“塔伏”抬到坟地。下葬时，由两人从“塔伏”中放入用原木或石块嵌成的墓坑内，然后用石板盖好，掩土即成。

（六）节日

回族节日有圣纪节、开斋节、古尔邦节三大节日。伊斯兰教教历每年三月十二日为圣纪节，纪念伊斯兰教创始人穆罕默德的诞辰。节日期间，穆斯林要去清真寺礼拜，听阿訇讲经。伊斯兰教规定每年教历九月为斋月。斋月期间，凡有能力的穆斯林都要封斋，每天早晨日出前和傍晚日落后进餐，白天禁止吃喝。斋戒期满，就是开斋节。这天，回族头戴白礼帽，去清真寺聚会、聚餐。从开斋节那一天算起，往后推 70 天，即每年十二月十日为古尔邦节。成年男子到清真寺，宰羊过节，集体聚餐。

（七）宗教

绝大多数回族信仰伊斯兰教，信伊斯兰教的信徒称为“穆斯林”。伊斯兰教认为安拉是“主宰一切”的神，伊斯兰教的经典叫《古兰经》。明清时期，湖南回族人民修过不少清真寺。十一届三中全会以来，各级党委和政府逐步落实党的宗教政策，开放了部分清真寺，部分市、县成立了伊斯兰教协会，穆斯林的宗教活动逐步得以恢复。

附　录

附录一　张家界市民族关系历史研究

张家界市自古以来就是少数民族聚居区，聚居着土家族、白族、苗族、回族四个世居少数民族。奴隶社会和封建社会时期，张家界市民族关系主流是民族融合，但也存在民族战争。中华人民共和国成立以来，张家界市确立了平等团结互助和谐的社会主义新型民族关系，落实了党的民族政策，促进了民族经济文化发展。

一、奴隶社会时期张家界市的民族融合

马克思主义认为：民族是人类在原始社会末期伴随着私有制、阶级和国家的出现而产生的。民族经过奴隶社会、封建社会、资本主义和社会主义社会等几种社会形态的变革，从古代民族发展为现代民族。原始社会末期，武陵山区产生了濮人、巴人和楚人、“蛮人”等古代民族。武陵山区土家族族源问题是学术界研讨难点，史学界颜勇等土家族研究专家进行了深入研究，提出了“多源（元）说”，认为土家族是多元一体的少数民族。“多源说”研究专家普遍认为：土家族族源不止一端，而是多源合一。土家族两个主要源头是濮人和巴人。世界上大多数民族都是多源的，各民族形成过程中或多或少地融合了其他民族。中国各民族的起源有着多元性的特点，中华民族多元一体。从民族融合观点看，张家界市土家族在历史发展过程中，是以濮人、巴人为主体融合楚人、“蛮人”等其他民族而逐步形成的民族共同体。

张家界市历史源头可以追溯到石器时代。慈利县零阳镇金台村旧石器时代遗址出土的 5 件砍砸器，距今 20 万年至 5 万年。桑植县澧源镇朱家台旧石器时代遗址出土的 3 件打制石器，距今约 10 万年。张家界市境内发现新石器时代遗址 20 多处、商周遗址 100 多处。从张家界市发现的石器时代遗址和商周文物看，早在原始社会、奴隶社会，张家界市境已有远古先民及濮人等人类祖先繁衍生息。

战国时期，巴人流入湘西北，唐《十道志》载：“楚子灭巴，巴子兄弟五人流入黔中。”近年来，张家界市出土了巴人虎钮錞于 10 件，出土了绘有虎

纹的短剑、铜铎和虎印等巴人文物，印证了张家界市境曾有巴人这一历史事实。

春秋战国时期，楚人进入湘西北。近年来，张家界市境出土了大量楚人文物。城区大桥路战国墓、三角坪战国墓和欣业家园战国墓出土了铜矛、铁剑等 400 多件楚人文物。慈利县石板村发掘 30 座战国楚墓，出土楚人文物 300 多件，发现楚简 1000 多支。石板村骑龙岗发掘战国至西汉古墓 318 座，出土陶器和青铜器等文物 2000 多件。

可见，张家界市境内在夏商周三代出现濮人、巴人、楚人、“蛮人”等民族融合的局面。经过长期历史发展，这些民族融合成为土家先民。奴隶社会时期，张家界市民族关系主流是民族融合。

二、秦至宋时期张家界市的民族战争

列宁说：“一切压迫民族都势必引起人民群众的反抗，而被压迫民族的一切反抗趋势都是民族起义。”封建社会时期，张家界市土家先民为反抗封建统治者的阶级压迫和民族压迫而发动的民族战争都是正义战争，具有推动历史发展的作用。

两汉时期，封建统治者加重对武陵郡少数民族的剥削，导致爆发 10 多次民族战争。规模最大的是相单程起义，这次震惊全国的起义在《后汉书》中有记载。相单程起义被镇压后，东汉王朝除向土家先民征收“賨布”外，还“猥增贡赋”。在这种情况下，溇水流域的陈从、覃儿健、覃戎“邑落相聚”，揭竿起义，反抗东汉统治者，被称为“溇中三杰”。东汉元初二年（115 年），在土家首领田山的带领下，充县 2000 多人攻打城池，杀死官吏。武陵郡利用“蛮人”内部矛盾，招募“蛮兵”把起义军打散。清《光绪湖南通志》记载了田山起义过程：“安帝元初二年，澧中蛮田山、高少等以郡县徭役失平，怀怨恨，遂结充中诸种二千余人攻城杀长吏。州郡募五里蛮六亭兵追击之，皆散降。赐五里、六亭渠帅金帛各有差。”顺帝永和元年（136 年），武陵郡太守李进上书皇帝，“以蛮夷率服，可比汉人，增其租赋”[①]。尚书令虞诩说：“自古圣王不臣异俗，非德不能及，威不能加，知其兽心贪婪，难率以礼，是故羁縻而绥抚之。附则受而不逆，叛则弃而不追。先帝旧典，贡税多少，所由来久矣。今猥增之，必有怨叛，计其所得，不偿所费，必有反悔。”[②]汉顺帝下令增加贡税。这年冬天，“澧中、溇中蛮果争贡布非旧约，遂杀乡吏，举种反

①《后汉书》卷八十六。

②《后汉书》卷八十六。

叛。明年春，蛮二万人围充城，八千人寇夷道”[①]。东汉王朝调兵遣将，斩首数百，余皆降服。这次起义虽然失败，但迫使李进“简选良吏，抚循蛮夷”，采取较为缓和的政策。东汉建安末年，武陵少数民族纷纷起义，打到武陵郡城。吴王孙权调武陵太守黄盖镇压。黄盖开郡城门，待起义军攻入城，发动突然袭击，把这次起义镇压下去。《三国志》记载了这次起义：“武陵蛮夷反乱，攻守城邑，乃以（黄）盖领太守。时郡兵才五百人，自以不敌。因开城门，贼半入，乃击之，斩首数百，余皆奔走，尽归邑落。诛讨魁帅，附从者赦之。自春讫夏，寇乱尽平。诸幽邃巴、醴（澧）、由、诞（蜑）邑侯君长，皆改操易节，奉礼请见，郡境遂清。”汉代，澧水流域起义斗争延续不断，对封建统治起了制约作用。它迫使统治者采取措施，奖励循良，整顿吏治，惩办贪官，并且放宽政策，缓和复杂的阶级矛盾和民族矛盾，这是少数民族起义的积极结果。在这些民族战争发展过程中，民族融合和文化交融得到加强。

魏晋南北朝时期，澧水流域仍有巴人后裔活动。西晋末年，天门郡土家先民起义。据《晋书》载，朝廷派遣南平郡太守应詹率军前往镇压。由于起义军人多势众，应詹难以镇剿，于是采取招抚之计。“天门、武陵溪蛮并反，（应）詹讨降之。时政令不一，诸蛮怨望，并谋背叛。詹召蛮酋，破铜券与盟，由是怀詹，数郡无虞。”东晋酷吏残酷压榨少数民族，因此，爆发巴人后裔“蜑族”起义，攻克天门郡治。《民国慈利县志》记载：“孝武帝宁康二年（374年），天门（郡）蜑贼作乱，杀（死天门郡）太守王匪，征西将军桓豁讨平之。”刘裕继晋称帝以后，不断增加徭赋，导致巴人后裔“板楯蛮”田向求起义。刘宋王朝一面派军镇压，一面免除宋矫之县令职务，才平息这次起义。据《宋书》载：宋文帝元嘉十八年（441年），“天门（郡）溇中令宋矫之，徭赋过重，蛮不堪命。十八年，蛮田向求等为寇，破溇中（县），虏略百姓。荆州刺史、衡阳王义季遣行参军曹孙念讨破之，获生口五百余人，免（宋）矫之官”。巴人分为“廪君蛮”和“板楯蛮”。湘西北土家祖先属于射杀白虎的“板楯蛮”。《晋书》说“巴人呼赋为賨”，“板楯蛮”亦被称为“賨人”。宋代乐史在《太平寰宇记》中说：“板楯蛮……宋元嘉中，天门溇中令宋矫之徭赋过重，蛮不堪命。蛮酋田向求等为寇，破溇中，掳掠百姓。”

北宋时期，慈利县曾发生“蛮族”内乱，朝廷处理少数民族内部关系时，采取“和断”之策：不仅加以劝谕，而且不直接卷入双方冲突，以使事态平息。正如《宋史》所载：“（祥符）三年（1010年），澧州言：慈利县蛮相仇劫，知州刘仁霸请率兵定之。上恐深入蛮境，使其疑惧。止令仁霸宣谕诏旨，遂

①《后汉书》卷八十六。

皆感服。”北宋嘉祐二年（1057年），“罗城峒（今永定区大庸所西）蛮寇澧州，发兵击走之”。武口寨抚夷通判田承满曾经参与镇压罗城洞土民起义。南宋初年，洞庭湖爆发钟相、杨幺起义，石门和慈利等县土家族聚居区都为起义军占据。宋绍兴四年（1134年），澧州官军檀成投入起义军雷德进部，挺进慈利、石门等县，杀死澧州沿边都巡检使。绍兴中，钟相、雷德进在慈利、石门坚持斗争，指挥四十多寨土民、汉民，抵抗宋军。这时，慈利土家富豪向思胜则与起义军为敌，攻打起义军，杀害了雷德进。在宋军和土官联合夹击下，钟相、杨幺起义失败了。《宋史》记载了起义结局：“湖外自靖康以来，盗贼盘踞，钟相、杨太山、雷德进等相继叛，澧州所属尤甚。独慈利县向思胜等五人素号溪峒归明，誓掌防拓。卒能保境息民，使德进贼党无所剽掠，思胜后竟杀德进。会官军招抚刘智等，而彭永健、彭永政、彭永全、彭永胜及（向）思胜共献粮助官军，招复诸山四十余栅。宣力效忠功居多，宜加恩赏。”

三、元明清时期张家界市各民族杂居局面的形成

元明清时期，朝廷为了加强对武陵山区统治，设置了土司机构和卫所机构，不仅让土家首领世袭土司、卫所土官，而且派遣汉官控制。因为各级统治者推行了羁縻政策，改善了民族关系，促进了社会稳定，所以，白族、苗族、回族、侗族和蒙古族等各民族祖先迁入武陵山区，形成各民族交错杂居局面。

清代，桑植宣慰司最后一个土司王向国栋精明能干，但是向氏土司最终走向崩溃，根本原因是争权夺利。和朝廷一样，土司内部为了争得土司王的位子，各有实权的人物之间展开的争斗都是相当残酷的，即使父子兄弟和亲属之间也常常会斗得你死我活。向氏土司到向国栋这一代共有十兄弟，其中有几个是庶出的。按照土司承袭惯例，袭位是要按嫡亲和大小来轮次序的。向国栋的兄长名叫向国柱。老土司向长庚闭眼之时，曾经亲口嘱托众臣要扶持向国柱。可是向国柱继位之后声色犬马。掌管经历大权的大舅唐宗圣便想废了向国柱，另立自己的女婿向国柄继承王位，但向国柄是庶出之子，即使向国柱被废，也轮不到向国柄继位。于是唐宗圣与掌管中营的舍把兄弟唐宗靖商议，两人决定发动政变，将向国柱杀了，为向国柄继位扫清障碍。为了避嫌，唐宗圣借故去了津市公干。结果，唐宗靖指挥的一场叛乱虽杀死向国柱和宫中总理孙宣等人，但向国栋逃到了云旗寨。在云旗寨头人甄大绪等人拥戴下，向国栋举兵平息叛乱，入宫做了桑植宣慰使。事情过后，向国栋碍于母亲面子，没有追究大舅唐宗圣，仍让他当经历。这时，容美司主田旻如

特派使者给予祝贺并邀结盟和好，向国栋随即相允。这才有了后来在五道水大岩屋举行结盟仪式的佳话。

四、社会主义时期张家界市民族关系的巩固

中华人民共和国成立以来，我党制定了民族平等政策，增强了民族团结。各级党委、政府及民族工作主管部门落实民族政策法规，消除民族间事实上的不平等，巩固和发展了平等、团结、互助、和谐的社会主义民族关系。

（一）坚持民族平等原则，保障少数民族合法权益

张家界市各级党委、政府把握各民族共同团结奋斗、共同繁荣发展的主题，保障少数民族合法权益，做了四个方面工作：

1. 识别民族成分

民族识别是政策性、科学性很强而又关系到落实民族政策的基础工作。1957年1月，中共中央统战部发出统发电570号电文《关于确定“土家族”民族成份问题》，正式认定“土家族”为单一的少数民族。1957年5月，组织“湖南省湘西土家族访问团”进行访问，桑植县登记少数民族62 500人，大庸县登记少数民族5000人。“文化大革命”期间，民族识别工作被迫中断。

2. 开展恢复部分群众民族成分工作

党的十一届三中全会召开以后，武陵山区各级党委开展了恢复部分群众民族成分工作。

桑植县委、县政府于1982年3月提交《关于请求恢复桑植部分群众土家族民族成份的报告》，向湖南省委、省政府、省民委做了汇报。1982年4月，国家民委发了〔1982〕民政字第240号文件《湘鄂川黔四省边境邻近地区部分群众恢复土家族成份工作座谈会纪要》。经过一个多月时间，桑植县完成登记任务，全县土家族达204 905人。桑植县委上报省委同意，批准了桑植县部分群众的土家族成分。

大庸县委从1982年7月起，在全县开展民族识别工作。大庸县政府向湘西自治州政府提交《关于大庸县恢复部分群众土家族成份报告》。1982年11月，湘西自治州政府以州政发〔1982〕69号文件对大庸县政府报告作了批复。从1983年至1987年，大庸县政府共恢复土家族成分232 099人。

1985年12月，慈利县委发文成立慈利县少数民族成分调查领导小组办公

室。1988 年 10 月，常德市民族宗教事务处作出常民宗字〔1988〕1 号《关于对慈利县一部分群众恢复土家族民族成份问题的答复》。根据湖南省政府〔1990〕37 号《省长办公会议纪要》，省、市少数民族人口问题联合调查组于 1992 年 11 月对慈利县少数民族人口和民族成分遗留问题进行检查，县委、县政府领导作《关于请求恢复慈利县部分群众土家族民族成份的情况汇报》。县民委呈送《慈利县土家族概况》一书后，检查组成员深入通津铺等十多个乡（镇）调查，向省民委党组作《慈利县民族成份问题检查汇报》。1992 年 10 月，湖南省民委发出湘族字〔1992〕47 号文件《关于慈利县民族成份遗留问题的批复》，报请省政府同意，批准慈利县 330 865 人为土家族。因为索溪峪镇原为慈利县管辖，历史渊源、土家特点与慈利县土家人相同，因湖南省民委批准了索溪峪镇 11 984 人的土家族成分，武陵源区土家族增加到 41 910 人。

3. 建立民族乡

1995 年，湖南省民政厅发出《关于慈利县许家坊金岩等 4 乡改建为土家族乡的批复》。1995 年，经湖南省政府批准，撤销武陵源区索溪峪镇，成立索溪峪土家族乡。1998 年，湖南省民政厅经省政府批准，发出《关于慈利县调整行政区划的批复》，从许家坊土家族乡析出阳和、甘堰 2 乡并设为土家族乡，从三官寺土家族乡析出赵家岗乡并设为土家族乡。1998 年，湖南省民政厅还发文建立了桑植县洪家关白族乡、走马坪白族乡、淋溪河白族乡、芙蓉桥白族乡、马合口白族乡、麦地坪白族乡和刘家坪白族乡。

4. 保护少数民族权利

保护少数民族平等权利的措施包括政治措施、经济措施和文化措施等。一是政治权利的保护。张家界市各级党委及组织部、统战部贯彻中央关于培养选拔少数民族干部政策及全国培养少数民族干部工作会议精神，加强了少数民族干部培养选拔工作。2001 年，张家界市委组织部、市委统战部和市民委下发了《关于印发〈2001—2005 年张家界市培养选拔少数民族干部工作规划〉的意见》，使少数民族干部在数量上、质量上发生了变化。二是经济权利的保护。湖南省委常委〔1988〕第 34 次会议纪要规定："大庸行政体制变更后，享受民族自治地方待遇……新的大庸市继续实行原有少数民族地区优惠政策。"2001 年，湖南省政府办公厅下发了湘政办函〔2001〕59 号文件《关于武陵源区享受民族自治地方优惠政策的批复》。国家民委于 2007 年发出民委函〔2007〕193 号《关于张家界市一县两区比照民族自治地方享受经济社会发展方面的有关优惠政策的复函》。湖南省人民政府于 2005 年批准慈利县比照桑植县、永定区享受少数民族人口过半县各项民族优惠政策。湖南省人民政府办公厅发出《关于少数民族人口超过总人口半数县区（含慈利县）享受有关民族优惠政策等事项的通知》。张家界市政府发出张发〔2001〕11号文件《关于贯彻省委、省政府湘发〔2000〕12号和湘政发〔2000〕8号文件的实施意见》。为了争取民族专项资金，市、区（县）各级民委坚持经济效益与社会效益相结合的标准，积极申报项目。1991年，国家民委批准桑植县和永定区为民族贸易县（区），并且确定13家企业为民族用品定点生产企业。自1989年至2001年，向全市民族贸易和民族用品定点生产企业累计发放流动资金优惠贷款52亿多元，共享受贴息优惠1507多万元。三是文化权利的保护。一方面投入资金扶持民族歌舞团，举办民族文艺调演活动。另一方面整理民族古籍，加强民族研究工作。张家界市土家族研究会公开出版了《慈利县土家族史料汇编》《张家界市民族风情》《湖南土家族风情》和《湘鄂西土家族》等书。桑植县民委公开出版了《桑植民歌》和《桑植傩戏演本》等书。这些举措抢救了少数民族文化遗产，为发展旅游文化产业提供了科研证据。

（二）加强民族团结，维护社会稳定

自张家界建市以来，市委、市政府高举民族团结和艰苦奋斗两面旗帜，把促进民族团结进步当作大事来抓，改善了民族关系，维护了社会稳定。一是开展民族政策法规宣传教育。市、区（县）民委编印了《民族政策及法律法规选编》等资料，开展了民族团结进步征文活动。在《张家界日报》和市电视台开办了“民族团结”和“民族大家庭”等专栏、专题节目。二是召开民族团结进步表彰大会。积极配合召开全国、全省民族团结进步表彰大会，推荐慈利县甘堰乡政府和庹年玖等一批民族团结进步先进集体和先进个人。市委、市政府于2001年召开了全市民族工作会议暨首届民族团结进步表彰大会，对全市30个模范集体和53名模范个人进行了表彰。三是处理民族之间各类矛盾。各级党委、政府及民族工作主管部门开展了边界民族团结进步创建活动。桑植县与鹤峰及永顺、龙山等8个县（区）毗邻。该县由县委、县政府牵头，联合各县（区）成立联防联调领导小组，建立县、乡、村、组四级联防联调网络。据统计，8个县（区）建立了联防联调领导小组8个、联防联调委员会66个，配备了联防联调员1620人，实现了调解纠纷矛盾、维护社会稳定的目的。为了解决桑植县和永顺县毗邻乡（镇）缺水问题，桑植县和永顺县共同投资近40万元，于2000年修通了长达6000余米的“民族团结渠”。这不仅解决了200多公顷良田灌溉问题，而且新开稻田60多公顷。2001年，桑植县利福塔镇被省民委授予“湖南省民族团结示范点”。1999年，该乡被评为全国民族团结进步模范集体。桑植县龙潭坪乡把民族团结进步列入党委、政府议事日程，并且邀请堰垭乡负责人到龙潭坪召开第一次湘鄂边界民族团结座谈会，就如何处理边界土地纠纷、山林纠纷及发展民族经济等问题进行协商。龙潭坪乡干部将2500公斤杂交水稻种子送到堰垭乡，堰垭乡党委组织劳力将2500公斤洋芋种送到龙潭坪乡政府。龙潭坪乡为堰垭乡支援1万元修公路、支援4万公斤化肥。龙潭坪乡政府把电送到堰垭乡，该乡李家湾村少数民族群众捐献1000多棵杉树。

附录二　张家界市土家族姓氏源流考证

1982年，国家民委转发的〔1982〕民政字第240号文件《湘鄂川黔四省边境邻近地区部分群众恢复土家族成份工作座谈会纪要》指出：恢复土家族成分的工作，主要是在清代“改土归流”前的土司、土官管辖的土家族地区，在其周围的卫所地区和边缘地带也有这个问题。1984年，国家民委办公厅〔1984〕政字第164号通知强调：国家民委转发的〔1982〕民政字第240号文件中所指的土司后裔，是指清雍正年间改土归流时被废除的少数民族土司，其后裔一直生活在土家族地区，仍保留有民族特点，他们的民族成分可以得到确认……至于历代封建王朝派往少数民族地区的汉族，而世袭土司、土官的后裔，但因长期生活在少数民族地区，早已融合于少数民族中，现仍保留有土家族民族特点的，如本人要求，可认定为少数民族。澧水流域在清代“改土归流”以前正是土司、土官管辖的土家族地区。元明清时期，朝廷在澧水流域设置桑植土司、柿溪土司、茅冈土司、慈利土司、麻寮土司、添平土司等土司机构和九溪卫麻寮所等卫所机构，任命土家向姓、覃姓、唐姓、吴姓、卓姓、赵姓、周姓、黎姓、李姓等姓土酋为土官，允许子孙世袭。同时，土司地区还有彭姓、田姓、庹姓等姓土民。清代雍正年间，清廷实施“改土归流”政策，废除澧水流域各个土司，改属桑植县、永定县、慈利县等县。此后，十二姓土官、土民后裔一直定居在澧水流域，仍然保留土家族特点。中华人民共和国成立以来，湘西北各级党委统战部或政府民委根据国家民委以及省民委文件，认定部分群众为土家族人。所以，张家界市土家族人已达112.7万多人。

一、唐宋时期的土著姓氏演变成为世袭土官

唐代羁縻州、县制度是任用少数民族世袭土官，让其自理自治，具有土司制度的基本性质。唐朝末年，农民起义此起彼伏，形成地方势力割据局面。唐宋时期，澧水流域向、覃等少数民族土著大姓逐渐演变成为本地酋长。元明清时期建立土司机构后，向姓、覃姓、唐姓、吴姓等土家酋长被朝廷授予

土司职务，准其子孙世袭，确认对其各自辖区的治理，使之对澧水流域土家族、白族、苗族、回族等民族先民进行统治。土酋向姓、土酋覃姓世袭情况前文已述，此不赘述。

二、元明清时期土司机构的土官姓氏

“土司制度”是指元代以后在少数民族地区实施的与内地府、县相比在政治、经济上享有特殊待遇而且土司官吏可以世袭的政治制度。从元代起，封建王朝始在土家地区建立土司制度。元代，行省下设路、府、州、县各级，并在少数民族地区设置土司机构。元朝统治者在唐宋时期羁縻州、县制度的基础上，创立了蒙、夷分治之法，官有流官、土官之分。元朝统治者对愿意归附的土酋委以宣慰使、宣抚使、安抚使等土官职务，土司制度基本形成。明清时期，土司制度日臻完善，朝廷对土司的建置、废置、职官、官衔、任命、承袭、义务、朝贡、赋税、征调等做了具体规定，加强了对土家地区的控制。土司建置沿革情况前文已述，此不赘述。

三、明清时期卫所机构的土官姓氏

元朝统一全国以后，对行政区域进行了重新划分。中央设中书省，地方设行中书省，这是我国行省制度的起源。元世祖至元十四年（1277 年），元朝在湖广行省置澧州路，领慈利等四县，还在茅冈置茅冈都元帅府。元成宗元贞元年（1295 年），升慈利县为慈利州，并“于境内蛮獠溪洞安置安定、柿溪（今桑植县廖家村镇）二州”。今桑植外半县属柿溪州，内半县属桑植安抚司，隶湖广行省新添葛蛮宣慰司。

在元末农民起义打击下，元朝统治土崩瓦解。元代至正二十年（1360 年），陈友谅建立“大汉”政权，澧水流域各个土司为其驱使。朱元璋平陈理后，于元顺帝至正二十四年（1364 年），置湖广等处行中书省，改澧州路为澧阳府。同年六月，元代所授安定宣抚使向思明纳款归附，仍置安定、柿溪二宣抚司，命向思明及其弟向思胜领之。元末明初，慈利设置过靖安宣抚司、山羊宣抚司和茅冈宣慰司等土司机构。靖安宣抚司和山羊宣抚司的土官均为“巴人五姓”之一向氏，慈利一带有五代以来活动在湘西北的向宗彦、向思胜、向肇荣和向大雅、向大坤等“八耳锅”的后裔。元代至正年间，向肇荣及其八子向大雅等分守靖安诸土司。元顺帝至正八年（1271 年），向肇荣为靖安都总管。

至正十一年（1351年），向大雅嗣袭了靖安隘故壤。慈利左师堂《向氏族谱》记载："（向）大雅，字宜仁，公兄弟生当元末，举兵勤王。顺帝至正十七年丁酉十二月，随州人明玉珍袭据重庆，进陷成都。蜀中郡县相继降于（明）玉珍，公兄弟不能抗敌，最后亦降。统兵至龙潭坪，铸八耳大锅作炊聚餐……子三：良金、良银、良弼。（向）大望，字景仁，父既逃去，公与从弟（向）廷芳收寨兵，从征湘、汉有功……子三：彦才、彦奇、彦能，其后裔为山羊隘、桑植上洞、下洞各处。"后来，"八耳锅"之一向大雅长子向良金迁治至桑植西莲，设衙定居。明代洪武二年（1369年），废靖安宣抚司置隘，并入麻寮隘丁千户所，旨授向良金为靖安隘土官百户。向大望长子向彦才于明代洪武二年任麻寮所山羊隘土官百户。

南宋末年，吴泰后裔吴统志携子吴毓、孙吴秀举家迁到慈利县周皋坪（今永定区官庄坪）定居。元朝初年，慈利尚未建立稳固的地方政权，土贼为寇，民不安宁。吴统志与夫人向氏率领家丁前往茅岗平息豪强，绥靖其地，因功授为茅岗宣慰都元帅职，子孙世袭相承。"慈利吴统志，元初因功授茅岗宣慰都元帅，世袭其职八十多年……元末爆发了全国农民起义，慈利安抚使覃垕以及夏克武、田大、八鼓皮等纷纷响应，一举推翻了元朝的统治和茅冈吴氏都元帅府，成为陈友谅起义军的一部分。[①]茅冈宣慰都元帅府被土家覃垕王攻占以后，吴邀率子吴亮和吴铭逃往桃源县廖家坡。明初，覃垕被处死后，吴邀及子重回老家。清代《永定县乡土志》载："本境吴氏有吴统志，元时官茅冈司，遂著族焉。明有吴亮，国初有吴觉先，世居官仓坪。"慈利县三让堂《吴氏族谱》记载了元末茅岗宣慰司的兴亡史实："吴后避居荆襄，由汉及唐，支庶蕃衍，遍满天下宇之，有吴姓自兹始。及宋社既墟地失其守，有（吴）永贵之远孙吴统志，喜慈阳山水之胜，因（宋）建炎南渡而居焉。惠多谋，娶妻向氏，贞静且哲，同子吴毓领家丁往岳茅岗朝臣，保奏安诸土峒苗夷。有元受命，以功授茅冈宣慰都元帅，赐三台印。统志卒，毓立；毓卒，吴秀立；秀卒，（吴）恭立；恭卒，吴敬立；敬生五子，名遵、远、进、达、邀。四长俱儒，五子吴邀聪明，袭元帅职。八十九年，世袭其爵，控制诸夷，有声兹土。至元末，因覃垕作反，杀至土峒，（吴）邀弃官逃难，四兄及举族悉隐……十三世，吴子仁，首氏，生子仲孙，乏嗣。程氏，生四子：文、行、忠、信。（子）仁祖，明皇甲辰年，于澧州徐丞相下，归附本所，领先祖旧口总旗。自备器械，管军守（曲溪）隘。"另据慈利《民国吴氏族谱》记载："（吴）子仁，元末土司官，旧谱称：苗峒酋长，势大难制。吴元年甲辰冬，各蠢蠢倡乱。（吴）

---

① 大庸市民委1985年编：《大庸土家族》，第34页。

子仁牒石门云阳寨主唐涌分把隘口，一方慑伏。旋明遣丞相徐达进驻澧州。（吴子）仁归命，助粮佐征，授常德卫提调。明洪武二年回隘，其岁颁券……又制曰：设关分戍，以防关隘之冲；助国安边，实谨兵戎之寄。尔湖广麻寮所千户吴子仁，膂力刚劲，素练兵机，久识地利。”从民族古籍来看，茅冈宣慰司吴统志的第十三世孙吴子仁后为麻寮所曲溪隘土官副千户。

明太祖朱元璋称帝以后，于洪武九年（1376 年）在全国设置了十三个承宣布政使司，置左、右布政使各 1 人，主管全省民政和财政；另置都指挥使司管军队，设提刑按察使司管刑法。三者合称“三司”，互不统属，分别归属中央六部等有关部门管辖。承宣布政使司之下设置府、县二级地方政权。洪武初年，由大都督府的大都督节制中外诸军。1380 年，改大都督府为前、后、左、右、中五军都督府，分领在京各卫所和在外各都司。都督府所管仅是兵籍和军政，不能直接统率军队。军官的选授权在兵部，而军队的调遣和最高指挥权则在皇帝。在军队编制方面，自京都至府、县，创立卫所。在军事要地设置卫所机构，由行省都指挥使司管辖卫、所。每卫 5600 人，置卫指挥使统领；每卫下辖五个千户所，每千户所有兵 1120 人，指挥官称千户；千户所下辖十个百户所，每百户所有兵 120 人，指挥官称百户。百户所下辖二总旗，每总旗下又辖五小旗，一小旗有 10 名士兵。各卫隶属各省都指挥使司，各都指挥使司又分别统于中央五军都督府。明代，湖南地区隶属湖广省，省治设在武昌。省下设岳州、常德等七个府，共辖五十六个县；另设十二个卫，辖十九个千户所。明代，在土家人聚居区完善和发展了元代土司机构，在土家地区的边缘地带、土汉杂居地区设置卫所，驻守重兵，加强军事防御。在土家地区周围建立军事防御包围圈。各卫由朝廷直接派兵驻扎，开垦屯田，自征自食，且耕且守。千户所的千户、百户多为已经归顺的“土酋职官司”[①]，划给土地归其所有。“官不请俸，职纪土官；军不支饷，名纪土军”[②]，实行“以土防土”策略。这种严密的军事防御与林立的关隘，不仅可以防止土家人民反抗，实现“土蛮不许出境、汉人不许入洞”的限制，而且可以加强对土司的控制。清朝初年，沿袭明制，对投诚的各地土司、卫所准其袭职。直到雍正年间，各土司、卫所机构才“改土归流”。明清时期，由于湖广行省多为民族地区，其地之民政与军务有关，故澧水流域土家地区土司分别隶于卫所，使土司机构与卫所机构结合在一起。朝廷设立土司机构与卫所机构并存、土官与流官参用这样一套封建军政机构，其目的是有效地统治土家、苗族等少

① 清《同治续修永定县志》卷五。

② 清《康熙九溪卫志》。

数民族。明清时期，慈利县一带设置了九溪卫，下辖麻寮、添平和安福三个千户所以及桑植安抚司，其演变历程及土官源流如下：

（一）九溪卫设置的历史背景

明朝建立以后，在土家地区建立了一套统治机构：在土家人聚居区保留土司机构；在土家地区边缘地带设置卫所机构，以土官为主、流官为辅；在比较进步的地区裁撤原来的土司，由中央派出流官担任知州、知县；并且废除敢于反抗朝廷的土司，改建卫所。慈利宣抚司等 4 个土司就是因为慈利一带土家人民反抗明朝封建统治而被改建卫所机构的。明初，慈利土家人民举行的三次农民起义促进了慈利土司机构的演变和卫所机构的建立。第一次是土家覃垕起义。一方面，朱元璋建立明王朝后，对湘西北土家人实行专制统治，使湘西北土家人产生了反抗情绪。另一方面，四川省明玉珍政权对酉阳、石柱、慈利、容美等地土司、土官授以印信，与明政权相对抗。由于各种因素影响，覃垕继续举起农民起义大旗。据慈利县高峰土家族乡《唐氏族谱》记载："洪武二年（1369 年），覃三舍人、荆州左卫正千户赴任，回籍取土军。覃垕不肯，土官谋杀本官。有军人聂万凤具奏地方谋杀长官。"覃垕见势不妙，被迫走上起兵反明道路，自称"覃垕王"。起义军攻克了慈利县城，占据了慈利等县。覃垕王带领土家人民揭开明代农民起义序幕以后，明太祖急命湖广行省平章杨璟率军抵达慈利县境，战斗首先在覃家城（今慈利县零阳镇永安村）展开。起义军被围后，"（覃）垕诈降，璟使部卒往报，为所执。太祖遣使让璟，璟督战士力攻，贼乃遁"[①]。1370 年，覃垕又发动茅冈、温塘、索溪峪、容美等地土家人民反抗明朝统治。据明代《万历慈利县志》记载："庚戌（1370 年）……十月，（覃）垕及茅冈诸寨夷复出为寇。"明廷被迫在第二年再次派军征讨。《明史》记载："慈利土酋覃垕连茅冈诸寨为乱，长沙洞苗俱煽动。太祖命（周）德兴为征南将军，帅师讨平之……追数征蛮事，谓覃垕之役，杨璟不能克，赵庸中道返，功无与德兴比者。"这次征剿，明军在索溪峪百仗峡与起义军大战一场。据慈利县杉木桥镇《郑氏族谱》载："（洪武）四年，添平所龙溪隘土官百户郑权蒙总兵官调取，夹攻覃垕、田大于百丈峡，捕解回隘。"覃垕王在索溪峪百仗峡受挫以后，仍然退守在温塘、茅冈同明军作殊死斗争。著名学者顾炎武在《天下郡国利病书》中说："洪武中，山酋覃垕连构诸峒为乱，寻致荡平，獠夷率服。洪武三年冬，覃垕叛，以江夏侯、左丞周德兴率兵至慈州。垕恃巢穴险固，分党守其害。德兴命奇兵破其数栅，

① 张廷玉等撰：《明史》卷一百二十九《杨璟传》。

直捣温汤（塘）。垕犹率众守关，德兴拔其关，贼乃大溃。明年三月，擒垕以归。”周德兴利用覃垕女婿朱思济诱俘覃垕。《民国慈利县志》记载：“龙岩寨（在今慈利县金岩土家族乡），明初朱思济诱覃垕处也。”覃垕王被俘以后，于1371年六月初六被剥皮致死。第二次起义是九溪起义。《明史·土司传》记载：洪武十八年（1385年），“命楚王（朱）桢将征南将军汤和击斩九溪诸处蛮僚，俘获四万余人”。《民国九溪卫志》亦载：“（洪武）十八年，九溪蛮作乱，楚王（朱）桢率征南将军汤和、副将周德兴平之。”第三次是安福千户所夏得忠起义。顾炎武在《天下郡国利病书》中说：“洪武二十二年（1389年）春，千户夏敬思（又名夏得忠）诱九溪洞蛮复叛。上乃命东川侯胡海讨平之，乃建九溪、永定二卫，以塞溪峒襟喉。”《光绪湖南通志》也载；“（洪武）二十二年二月，湖广千户夏得忠结九溪蛮作乱，靖宁侯叶升同胡海等讨之。潜兵出贼后掩击，擒得忠，斩之。置九溪、永定二卫。”朝廷为了防范土家人民再次起义，在慈利江垭的溇水河畔设置了九溪卫军民指挥使司（“九溪”指喝堡溪、索溪、输赢溪、斗溪、仁石溪、张马溪、冷水溪、野牛溪、湖鲁溪），归属湖广行省都指挥使司管辖。《明史》载：“九溪卫，洪武二十三年（1390年）六月置，有九渊、野牛、三江口、闸口四关。所属曰守御添平千户所，在卫北，洪武二年置。曰守御安福千户所，在卫西北，洪武二十三年九月置。曰守御麻寮千户所，在（九溪）卫北，洪武四年置。曰桑植安抚司，本桑植、荒溪等处宣抚司，在卫西北，太祖丙午年二月置。后废，永乐四年十一月改置。”明代《万历慈利县志》又载：“九溪卫城，在县西北二十二都。旧无城，洪武乙巳，上命东川侯等讨夏得忠，唯立栅守御。次年，指挥吕成、韩忠等始筑之。周回千丈，计九里三十步，高一丈八尺……属湖广都司，领经历司一、镇抚司一、千户所四、百户所四，外辖安抚司一。峒一十有八，各有酋长帅之。卫置官无定员，今存者指挥使一十一人，同知一十人、佥事六人、镇抚二人，千户正一十人、副二十有二人、百户二十有九人。原额旗军二千八百六十人，户一千一百，新增操备、舍余五百五十又九人。”清代《康熙九溪卫志》还载：“九溪，古索口市也，在慈利县西北九十里、二十二都。明洪武中，命东川侯等讨夏得忠，立栅守御。其地扼要，为诸溪所汇，堪控制苗蛮。后因遍设卫所，遂于兹置卫，名九溪卫焉。至庚子，指挥吕成、韩忠始筑卫城。城内官置指挥、千（户）、百户，世职提防。军置四所，军卒轮流把守，官有俸，军有粮，一出本卫屯堡，自征自食；一出外属州邑，分解协济。”明代景泰四年（1454年），设“九永守备”，驻九溪卫城，控制桑植、永顺、保靖和容美诸土司。清代顺治十七年（1660年），裁九永守备，设协镇一员、中军守备一员、两千总、两把总，统领官兵，驻防卫城。清代雍正八年（1730年），裁撤九溪卫。位于今慈利县江垭镇九溪村的九溪卫古城残存南、北两门以及部分明代房屋，北门城墙及其壕沟大部尚存。九溪卫的设置对土家地区经济发展、文化繁荣具有积极的历史作用。

（二）麻寮隘丁千户所

九溪卫麻寮所与土司机构有渊源关系，是由土司机构演变而来的，具有土司、土官性质，正如《民国九溪卫志》所述：麻寮所“土官性质与其他职官不同，然亦朝廷命官也”。麻寮所与土司机构有继承关系。土司制度是指土司与土官两种统治制度而言，盛行于元明清三朝。土司制度是在南方少数民族地区经济落后的条件下，朝廷在政治招抚之后实行的特殊政治制度。元末明初，慈利一带曾设慈利宣抚司、麻寮长官司、梅梓长官司和靖安宣抚司等土司机构。后因爆发三次农民起义，麻寮长官司演变为九溪卫麻寮所，梅梓长官司演变为麻寮所梅梓隘，靖安宣抚司演变为麻寮所靖安隘，台宜长官司演变为九溪卫添平所。这毕竟是历史事实，不可埋没。因此，《民国九溪卫志》说明了这一史实：“添平、麻寮二所，初本土司，且设在卫所先。”而且麻寮所和添平所原来属于土司的实质性制度保留下来了：一是土官采用长子世袭制，还有朝廷薪俸。虽属九溪卫管辖，土官任职直达湖广都司。二是与汉官待遇不同。除自备钱粮外，还向官府交纳钱粮；三是按时朝贡，向朝廷领取回赐。正因大体照旧，朝廷自始至终把麻寮、添平二所当作土司对待。清代《康熙九溪卫志》说：清初，朝廷对九溪卫指挥、千户和百户等官做过调整，对麻寮所和添平所还是采用“所隘土司，节制仍旧”的办法。明代洪武二年（1369 年），麻寮土司王唐涌归附明王朝，置麻寮隘丁千户所，授封唐涌为麻寮所正千户，建衙署于所坪（在今湖北省鹤峰县走马镇所坪村），辖今慈利县西北部、桑植县东北部和鹤峰县东南部。明《万历慈利县志》载：“麻寮隘丁千户所，旧志洪武二年开设，地名樱桃隘。在县西北三百里、十七都。切邻边境，最为要害。因以土酋为千（户）、百户，土民为隘丁，兼以汉官协守，复以百户分戍诸隘，隶常德卫，后改隶九溪卫。厥官若兵皆自食其力，衣粮、器械不仰县官，唯幕职俸例于九溪（卫）支给。”明代《隆庆岳州府志》亦载：“麻寮守御千户所，在慈利西北、十七都。洪武时，以土酋为千（户）、百户，土人为隘丁，汉官协守，复以百户分戍诸隘，隶常德卫，后改九溪卫。其官兵悉自食其力，惟幕职禄给于九溪（卫），设官则土、汉杂用焉。”清代《嘉庆慈利县志》又载：“明洪武十三年，诸蛮初平，叛服无常。乃设所隘世职，以严守御。麻寮所一所、四厅、十隘，正副千（户）、百户共三十二员，其千户汉、土杂用，军一千一百二十名。自食其力，驻扎山洞。外捍蔽石、慈、

九、永，内控容美、桑植、永顺一十八土司，俱属湖广都使司节制。”麻寮所唐氏是土著民族，因清《康熙九溪卫志》载：“麻寮所隘，肇自大汉延熙二年（239 年），投诚诸葛武侯，因受世袭土职。至明洪武二年，唐勇纳土投诚。敕赐铁券，驻扎山峒，永镇诸蛮，封武德将军。”慈利《唐氏族谱》记载了麻寮千户所首任土官正千户唐涌的生平事迹：“唐涌，（唐国）政长子，字南泉，号宁宇，别号景平。生于元泰定二年。于至正二十四年，系吴元年甲辰岁袭职，年已四十矣。时峒长齐乱，公设云阳寨主，为麻寮都督总管守御所。又以龙潭、天星岩为二大寨，分把诸路关隘，苗蛮靖氛。一日，宿于拦渡江下，闻九处猿啼，爱而乐之。又居舍于大路滩。翌日，游览属境，创立衙署，名曰南府。周围数十余里，筑堑掘壕，副员军丁守汛防御。以大岩关之内设靖安隘把总，把守虎把渡……明洪武元年闰七月，太祖高皇帝御宇一统。右丞相徐达讨剿岳、常、澧、安，（唐涌）公乃分土防御关隘，倡义起兵，且战且守。洪武二年，夏明升余党为寇，丞相兵屯三江口。公统所隘军属投诚徐达、邓愈二公驾下，纳土归附，仍授原职，助粮佐征，平服十八土司……蒙徐（达）丞相题奏，诰封武德将军，授麻寮都督总管守御所掌印正千户职，管辖四厅十隘，守御夷蛮诸峒，颁给铁券、方印。诰命其部下厅隘千（户）、百户职，同授爵秩，遇警听调。”洪武十六年，其子唐贤袭任父职。洪武二十三年，授昭信校尉。其土官世袭情况是：唐涌—唐贤—唐斌—唐盈—唐雄—唐冠—唐大全—唐大节—唐幸恩—唐幸爵—唐臣—唐仁—唐秉辅—唐国祯—唐宗韬—唐宗略—唐麟徽—唐德昌—唐仁爵—唐贤圣—唐维朝—唐世官—唐传玉。

明代嘉靖年间，日本倭寇侵扰我国东南沿海地区。明世宗任命尚书张经为总督大臣，征调湖广土兵抗倭。嘉靖三十三年（1554 年），保靖宣慰使彭荩臣率领土兵奔赴苏州一带抗倭，麻寮所土官千户唐仁亦率兵参战，取得了“王江泾大捷”。《民国九溪卫志》记载了这一战功：“嘉靖十三年，海寇猖獗，张经总督军务，大征各卫所土兵、狼兵协剿。（唐）仁檄率土兵往战，辄有功。”嘉靖三十五年（1556 年），永顺、麻寮等地土兵围困勾结倭寇的海盗徐海、陈东于沈家庄。《民国九溪卫志》记载了唐仁诱捕徐海的战略：“（总督）胡宗宪继总军务。（唐）仁请见，陈方略。宗宪奇之，延入幕，参赞军事。贼势方炽，八路交集，仁或亲督战士，或决策帷幄。时陈东、徐海有隙，宗宪要（徐）海降。令缚（陈）东及麻叶以献，又令东党攻海，海投水死。未几，复诱获汪直，诛之。仁实与谋焉。”嘉靖三十七年（1558 年），彭志显率领麻寮、大喇、镇溪、桑植六千土兵焚烧倭营，倭寇多被杀死，取得了“舟山之捷”。慈利《周氏族谱》载：“都司调本所督军正千户唐仁、本隘唐荣督率十隘官兵一千，周勇督领所部弓弩手十五名、枪刀手十名、铳手五名，随本所征浙江舟山所巢。腊月二十九日子时，放火烧巢。一鼓而擒，攻城而进，所获甚多，斩首数人。”嘉靖三十八年（1559 年），唐仁征杭州城塘，平贼有功，战死疆场。钦命浙江巡抚建立忠臣祠楼、石柱牌坊，赐书“海上知名”匾字。

明末清初，李自成、张献忠领导的农民起义爆发，土家先民奋起响应。崇祯十六年（1643 年），李自成部将马守应等攻陷澧州城，麻寮所千户唐国祯奉命率兵前往澧州城保护明宗室、华阳王朱敬一，而麻寮所署被起义军烧毁。“崇祯十六年（1643 年），袁（宗第）、塔（天保）、游、佘贼反澧，（唐）国祯公统隘员军丁至澧护王。贼诡退，公在澧未归，贼等潜突自北至所坪，烧毁二十八座官署。两所虽能对敌，绝难取胜。请求于王，调九、永等卫兵同剿，贼始平。”明朝灭亡以后，麻寮所千户唐宗略率领土兵投诚了清王朝。清代顺治二年（1645 年），李自成侄儿李过与高必正率领农民起义军攻陷九溪卫城，占据慈利县城，九溪卫一带土家人民纷纷响应起义军，清代《康熙九溪卫志》记载了明末清初农民起义军攻陷九溪卫城的过程：“有高、李二贼至添平所。一年之后，贼复南行。既而袁、张、牛、马诸营驻扎宿师，始破卫城。贼数营乃居住西山，倚持险要，盘踞五载。”麻寮所千户唐宗略又奉清王朝之命，率领土兵前往镇压，遂在慈利县通津铺修建新所署。“大清顺治年间，九溪苗贼猖獗，（唐）宗略公奉旨调征，复迁通津铺而建署焉。”其所辖四厅十隘各署从慈利县十七都、十八都、十九都等处陆续迁到慈利县二十二都、二十三都、二十四都和二十五都等地（即今慈利县东北部和西北部）。慈利县苗市镇《唐氏族谱·所衙记》也记载了麻寮所迁署到今慈利县通津铺镇所坪村的史实：“（唐）涌公于（元代）至正年间立为云阳寨主。于洪武二年助粮佐征，荷蒙皇恩，封为武德将军。设立衙署于所坪，把守容、桑等处。大清顺治年间，因九溪苗贼猖狂，我祖（唐）宗略公奉旨调征，于是建署于通津铺。历经两朝而南北衙署巍然犹存，岂不盛与？厥后，雍正年间辞职，而官署稍朽。我（唐）世官公于道光二年重修。”清代雍正十三年（1735 年），麻寮所千户唐贤圣改土归流，颁给敕书。其地大部分改归慈利县，少部分改属鹤峰州。慈利县杉木桥镇发现了麻寮所土官千户唐德昌墓碑等民族文物。

麻寮所四厅、十隘三十二员正副千户、百户中，大部分是土官，其源流如下：

（1）麻寮所四厅：麻寮所清军厅首任土官副千户为唐清，佐贰厅首任土官副千户为唐才，管操厅首任土官副千户为卓文德。巡捕厅首任副千户为刚洪，清代“改土归流”时千户是刚应烈。

唐清是唐涌亲弟，据《唐氏族谱》载：“唐清，（唐国）政三子，字北泉，号胜宗，别号澄江。吴元甲辰年入籍慈姑州，今慈利十七都。驻扎天星寨，自卫一方，今黄莲蓬、李家坪、官屋场等处。洪武己酉二年，右丞相徐达征夏明升寇党，屯兵三江口。贼兵木石甚危，难以进兵。约吾祖（唐）胜宗统兵三万七千应援，剿灭。徐丞相奏准敕诏一道，封世袭延安侯，敕赐尚方宝剑一口，武德将军唐清准此。”清军厅土官副千户世袭情况是：唐清—唐永高—唐思旻—唐昶—唐渊—唐明德—唐明善—唐夔—唐希皋—唐锵—唐之屏—唐嘉升—唐膺简—唐祚戎—唐开疆—唐鸿兆—唐业麟—唐弥光—唐岐峰。

佐贰厅土官副千户世袭情况是：唐才（唐涌次子）—唐之远—唐朝良—唐立政—唐用—唐惯—唐悦—唐鉴—唐嵩—唐玉—唐继斗—唐膺龙—唐宪高—唐安邦—唐世爵—唐代诰—唐启哲—唐文雅。

卓氏远祖为重庆府巴县人。宋代靖康元年（1126 年），始祖卓汝周因金人南侵，迁居天门山，生子休述、休福。卓休述生子字涟、字清。卓字涟生子本怀。卓本怀生子重道。卓重道生卓子成，迁到慈利九溪。卓子成长子卓文德与弟卓文庠于元末至正年间同唐涌等人征伐苗人，逮明代洪武二年，被授为麻寮所管操厅首任土官副千户、武德将军。据慈利县西河堂《卓氏族谱》载：“（卓）文德公与弟文庠公，于元末至正甲辰年（1364 年），同唐涌等等倡义平苗。逮明洪武二年乙酉岁，合众投诚，同日授封正副千户、百户三十二员。吾文德公授麻寮所管操厅副千户，文庠公授麻寮所显信校尉、镇抚司正百户，赐铁券。封文德公为武德将军，子孙承袭，世守其土。清沿其例，赏给方印、号纸，至雍正十三年乙卯，诸蛮向化，献土缴印，凡十五传，共三百六十七年。以祖宗之战功，为子孙之衣冠。嗣后改千户为千总、百户为把总，颁给敕书一道，札符一纸，令其子孙世袭。”慈利县杉木桥镇赵家铺村发现了麻寮所世袭管操副千户卓文德墓碑。清代康熙年间，官操厅副千户卓启祥迁署至慈利县二十五都阳虎坪（在今慈利县东岳观镇枫坪村）。清代雍正十三年（1735 年），麻寮所管操厅副千户卓启祥献土缴印，被授千总职衔，令其子孙世袭。官操厅土官世系为：卓文德—卓槐—卓权—卓仁—卓景春—卓隆—卓思恭—卓宽—卓荣政—卓大宝—卓世懋—卓嵩—卓之璠—卓自扬—卓自焕—卓启祥。

（2）梅梓隘：明清时期，梅梓隘土官正百户为赵氏，土官副百户为周氏。慈利县赵姓人是土家人。慈利《赵氏族谱》说出了其是土著人的真话：“赵至宋，化家为国，俨然皇族。吾今日之赵氏岂其苗裔欤？然吾不高攀。大抵为土著，慈利是可断言。按旧谱：赵维兴，宋末人……宦湖南，入籍大庸。生子龄，又徙慈利，生四子……赵禄，明洪武二年，征苗有功，封昭信校尉、麻寮所梅梓隘正百户。”《赵氏族谱》还载：“我祖（赵）道臣公……生维兴、维观。兴公于宋季宦游湖南，爱山水之清丽，乐风俗之浑朴，遂宅古大庸天门山，生二子：遐、龄。龄公转徙慈姑州黑龙泉，生厂、禄、炘、煊四公。厂公于明初以明经出宰顺天府宛平县，解组归黑龙泉。禄公具文武才，征苗有功，封昭信校尉，镇守麻寮所梅梓隘，落业三涪泉。”《赵氏族谱》还有明太祖于洪武二年给麻寮所梅梓隘正百户的敕书。梅梓隘正百户衙署在慈利县二十三都赵家坪，在今慈利县通津铺镇。其土官正百户世袭情况是：赵禄—赵均宝—赵天林—赵诚—赵之任—赵彦椿—赵文见—赵朝盛—赵廷臣—赵之藩—赵如云—赵宪章。

梅梓隘首任土官副百户是周亮。慈利县至德堂《周氏族谱》载：“周亮，祖母吴氏，魁梧越众，膂力超群，有古将之风。因云南边寨苗寇侵疆，奉先朝朱太祖命，同所君唐随征剿有功，职授世袭百户……”其土官副百户世袭情况是：周亮—周永华—周元臣—周勇—周绍政—周流—周一国—周长爵—周汝杰。

（3）九女隘：九女隘土官千户向飞雄的祖先是定居本地的土家人。慈利县左师堂《向氏族谱》记载：“九女隘属慈邑西北古夷地也。向氏得守此土，始自汉章武年间。（向）明德以部长助（诸葛）武侯征服南蛮，封土官把守隘口，由晋而隋而唐、宋、元，代有伟人，详载县志。明初，（向）孟祥公协征倭寇，调讨海贼有功。洪武时，赐敕札券、铜符，授千户职，永镇九女隘。暨清雍正十三年，各土司均改土归流，缴印解职，复敕千总职衔，子孙世袭”。其土官千户世袭情况是：向飞雄—向文明—向大高—向汉宗—向海深—向永—向孟祥—向荣华—向斌—向世武—向世廉—向万忠—向万全—向廷位—向元承—向国忠—向紫宸。

（4）青山隘：土官正、副百户均为刘氏，宋为九溪部长，元为安抚司。慈利县《刘氏族谱》载：始祖（刘）“念庆以宋祥符六年授安抚……二世（刘）文思公以建炎四年迁（慈利）十七都小岩口、八方园等处，同胞弟（刘）静奉檄征十八峒。乾道二年，封左都督，袭土官职，赐铁券。配覃氏，俱葬灵罗庙前。三世（刘）知义公于元成祖元贞元年袭安抚司职，配唐氏，麻寮土司之女。四世（刘）源松，知义长子。元文帝天历元年袭安抚司职，配覃氏，添平土司之女。五世（刘）印富，源松长子，迁容美……”明初，刘敬甫为麻寮所青山隘正百户。《民国九溪卫志》载：“青山隘土官百户。十二世（刘）世达以功授土官百户……二世（刘）朝将归清。”其土官世系为：刘敬甫—刘世达—刘志贵—刘得神—刘永华—刘广—刘名立—刘大海—刘良辅—刘尚德—刘安楚—刘朝将—刘应元—刘汉文。《民国九溪卫志》还载：“青山隘副百户……（刘）世贤为（刘）敬甫次子，以功授百户，至（刘）国政归清。”慈利《民国刘氏族谱》也载:“(刘)敬甫,(刘)印富长子。明洪武初,与麻寮土司唐涌等内附,改授公守御司,赐地青山。麻寮旋设所,青山遂名隘,属麻寮所……敬甫公有二子:世达公、世贤公。明洪武初,随土司唐涌归顺,遂受命为青山隘正、副百户,世袭其职,子孙蕃衍,沿溇水而下。”其土官世系是:刘世贤—刘志温—刘志禹—刘得拳—刘得君—刘永保—刘宽—刘宰—刘名月—刘名照—刘大麟—刘良材—刘良臣—刘尚龙—刘安起—刘国政—刘国联。

(5)樱桃隘:樱桃隘正百户是邓氏,首任正百户邓梦友先在人潮溪创建衙署,其墓碑至今仍在桑植县白石乡南滩草场。后住杨柳坪,故慈利白石《光绪邓氏族谱》载有世家对联:“樱桃署杨柳,奕奕簪缨宏世业;貔虎隶麻寮,洋洋干羽沐和风。”清代“改土归流”时,正百户是邓永爵。慈利《光绪邓氏族谱》还载:“始祖(邓)梦友公于吴元甲辰(1364年),由吴迁楚。率军纳附,编授麻寮所樱桃隘正百户职事,已(遂)家于兹土矣。逮洪武二年(1369年),投诚徐丞相、征南将军邓愈,剿土酋覃垕有功,仍授原职,注(驻)防守御。又于二十二年(1389年),奉东川侯胡海檄征土蛮夏德忠等,赏给功牌。越明年,复以调征西川,平服诸寇,颁赐方印。俾得外备石、慈,内控容美、桑植土司,并苗疆猺道,隶常澧常(德)府,后隶九溪卫。迨后三代祖邓道鉴公,奉总兵赵调征广西,功授前军督府,题请发号纸回营守边,代荫世职,而前朝之恩不已渥(峨)哉。躬逢大清圣朝定鼎,(邓)光先公于顺治八年(1651年)统率军舍投诚归顺,蒙皇恩仍授原职。至十代祖(邓)师圣公,于康熙十八年(1680年)年奉钦命宁南大将军、顺承王给委任事,抚招人民,著有劳绩,用加升赏。”

樱桃隘首任土官副百户是黎志立。慈利土家学者吴恭亨曾经题词:“黎于溇北,土著高门。”黎氏始祖黎天赐为土著人。慈利《黎氏族谱》记载:“黎志立,字学礼。明洪武二年,充麻寮所唐勇总旗,获叛寇唐恭奴、夏得忠。丞相徐达题奏,论功颁给诰命一道,置樱桃隘宇边……尔麻寮所樱桃隘土官黎志立,质廪端方,膂力刚劲,素练兵机,久识地利。既率众以坚守,复助粮以佐证。宣此功能,允宜擢用。尔宜永御诸夷,益精武事。毋忘朕训,以建奇勋。”现存通津铺镇燕子村黎志立墓碑碑文也载:“自我(黎志)立公与忠公、权公始生;生而沉毅,才兼文武。前明初奉徐丞相札,调征土叛蛮洞有功,实授樱桃隘百户职司。”黎志立子黎谦于明代宣德七年世袭父职。其孙黎广于明代景泰元年世袭祖职。樱桃隘土官副百户黎氏衙署设在黎家坪,在今慈利县通津铺镇。其土官副百户世袭情况是:黎志立—黎谦—黎广—黎永珊—黎甫—黎宪威—黎元佐—黎正亨—黎拱宸—黎之毅—黎拱垣—黎之屏—黎维纯—黎之俊—黎显福—黎文炳—黎定荣—黎成祖—黎邦献。

（6）在所隘：麻寮所在所隘土官百户为李氏，清代《嘉庆慈利县志》载有麻寮所在所隘正百户李世禄之名。另据慈利《观物李氏族谱》记载：“李文广，父李侗，兄文道。于宋淳熙时，文道任武陵刺史。文广在任时，土蛮为患正烈。文广以同族之类，便用恩信招抚，蛮尽归服，故全境都得安宁。宋光宗绍熙授（李）文广为镇抚司、武德将军之职。俾令镇守斯土，赐业袭，遂占慈利十里、县北二十五都观物坪。坪初无名，因府君服官，以居故名。李干，为李嗣胤公次子、膺臣公嫡孙，为始迁祖李（文）广十三世孙，世袭（麻寮所）在所隘昭信侯。十八世（李）元圭房世袭在所隘百户也……慈利俗云：土著姓皆有分，唐氏以所，王氏以甲，卓氏以家，李氏则以房，李氏旧分三房。”其土官百户世袭情况是：李膺臣—李嗣胤—李干—李时用—李极—李梁—李世禄—李元圭—李长贤。

（7）曲溪隘：曲溪隘土官吴氏原为元末土司官，明为麻寮所曲溪隘土官副千户。明代洪武二年（1369年），颁铁券，文曰：“敕封吴子仁，驻扎山峒，永镇诸夷，与世同休。”慈利土家学者吴恭亨在《明土千户吴君墓表》中写道：“自石门以西、慈利以北，蔓延渫、溇二流域，为土著五、六百年。一姓计口至十万者，明千户吴君子仁苗裔也。君祖（吴）道隆当元季寇扰，挈其（吴）道辅徙慈姑州，道隆居溇北，道辅在澧南，遂同焉著籍。吴元年甲辰，君与平苗乱，论功颁铁券，世戍曲溪、拦刀两隘。生四子，曰：文、行、忠、信。君即行也，宣德初袭职为千户，夫人唐氏、向氏、曾氏。”慈利县国太桥乡平溪村和杉木桥镇月亮村仍存麻寮所曲溪隘土官千户吴亮墓碑和吴大泽墓碑等民族文物。其土官千户世袭情况是；吴子仁—吴行—吴亮—吴永端—吴大泽—吴廷用—吴宗尧—吴一极—吴国藩—吴长祚—吴汝楫。

（8）拦刀隘：拦刀隘土官千户亦为吴氏。明代正统三年（1438年），曲溪隘土官百户吴亮驻拦刀隘。明代弘治六年（1493年），其子吴永端驻慈利二十二都平溪（今慈利县国太桥乡），并且兼任拦刀隘百户。明代天启年间，吴一极次子吴国缙单独袭任拦刀隘土官百户。死后，葬在平溪营盘台（在今慈利县国太桥乡）。慈利《吴氏族谱》记载了清朝给拦刀隘土官正百户吴载韬的敕书。其土官百户世袭情况是：吴国缙—吴长琏—吴汝梁—吴载韬。

（9）山羊隘：山羊隘首任土官正百户向彦才为“八耳锅”之一向大望长子。据鹤峰《向氏族谱》载：“山羊隘，古夷地也。有明洪武年间平麻寮寨，爰设所隘，防御土、苗，遂改为麻寮所，下属十隘……山羊隘向。各有旗丁、军属，官不支俸，军不给粮，以本地之产膳。所隘军丁专以刀耕火种，所植惟秋粟、龙爪谷而已。赋税则有秋粮，牛角尖之外五隘免五征五，内五隘则有免七征三之例……今日之山羊司即古之山羊隘也。吾祖（向）彦才公自明洪武丙辰年为山羊隘百户。历两朝经四百余年，世袭十三辈。乾隆二年，诸土司向化，改设郡县，前各所隘职衔已为冗员，添平、麻寮两所二十隘正副千（户）、百户六十三员，一并裁汰。经总督部院迈（柱）题，请沿茅冈司世袭之例，复荷皇恩，准授以世袭千总、把总职衔，各给专敕一道。”明代洪武二年（1369 年），湖广平章杨璟移咨明军大都督府，题请授向彦才为山羊隘土官百户，子孙世袭，掌印守边。后驻慈利县十七都唐家坪，在今慈利县三合口乡。其土官百户世袭情况是：向彦才—向初文—向钧佐—向永斌—向辅—向大绍—向明表—向阳春—向维一—向绍勋—向九锡—向文玉—向文明。

（10）靖安隘：靖安宣抚司原建治所在鹤峰县城东三里张爷庙。元末，靖安宣抚使向大雅卒，传长子向良金。后因容美土司强占辖地，遂迁治所于今桑植县西莲，设衙定居，辖今西莲至里溪。明初，废靖安宣抚司，置靖安隘，并入麻寮隘丁千户所，旨授向良金为靖安隘土官正百户。向良金死后，传子向祥。明代洪武年间，朝廷颁发铁券：“敕封向祥驻扎靖安隘，与镇诸蛮，与国同休。”其土官百户世袭情况是：向大雅—向良金—向祥—向拳甫—向永忠—向瑄—向世瑛—向昂—向廷辅—向汲—向元桐—向永爵—向日功—向九富—向子瑛—向庆历—向祚华。

（11）黄家隘：黄家隘土官正百户为唐氏，后住安家坪（今慈利县象市镇）；土官副百户为赵氏，后住黑龙泉（今慈利县杉木桥镇）。明清时期，黄家隘土官正百户世袭情况是：唐全（唐贤次子）—唐之华—唐朝龙—唐安宇—唐世雄—唐本忠—唐汉—唐一德—唐荣—唐如斗—唐思先—唐光爵—唐大戎—唐昌祚—唐文举—唐运兴。慈利《赵氏族谱》载：“赵炘，洪武二年，随兄助阵立功，封忠显校尉、麻寮所黄家隘副百户。赵栖，洪武九年袭职。”其土官副百户世袭情况是：赵炘—赵栖—赵一亨—赵试秀—赵万里—赵思信—赵舟—赵胜宗—赵正忠—赵国用—赵良翰—赵琦—赵一元—赵一普—赵世铭—赵玺—赵景川—赵光典。

（三）添平隘丁千户所

北宋时期，石门设有台宜、天台、天平等寨。元代至元十二年（1347 年），土酋覃绪祖为行军总管，在邓坪富石堡台创建衙署。吴元年（1364 年），设立了台宜长官司。明代洪武二年（1369 年），土酋覃添顺被授予添平所土官正千户职，迁所署到刘家坪（在今石门县所街乡留驾坪）。明代《隆庆岳州府志》记载：“添平所，即宋添平、台宜寨。甲辰归附，洪武改。元代，夏克武举土酋覃（添）顺为寨官。二年以今地为所，仍以覃添（顺）等土酋为千户，领土兵守之。后分百户十人驻各隘以备，隶常德卫，更隶九溪卫。其酋长、隘兵任其耕艺，无租税，幕职禄给于九溪。设官土、汉杂用，千户四员。覃文孙，父（覃）添顺，宋施州总管（覃）伯坚四世孙。其先徙居添平，及（覃）添顺拓地益广，所统益众。元季依台宜为寨，洪武归附，至（覃）文孙征容美、安福有功，奏添平所改隶九溪卫。”《明洪武实录》卷四十三载：“洪武二年六月，置天（添）平千户所，时隘丁寨土酋覃（添）顺归降，遂置千户所。”明代《万历慈利县志》亦载：“添平隘丁千户所，在县北一百五十里，乃古添平、台宜寨，甲辰年归附。洪武元年，土官夏克武举土酋覃（添）顺为寨官。二年肇设今地为所。仍以（覃添）顺等土酋为千（户）、百户，领土兵守之，复分百户十人住各隘操备，隶常德卫，后改隶九溪卫。其酋长、隘兵任其耕艺，无赋税，若幕职俸例于澧州慈利县支给。正德中，千户覃善教重修。隘十，曰：渔洋隘、走避隘、细沙隘、遥望隘、鹞儿隘、忠靖隘、磨冈隘、石磊隘、长梯隘、龙溪隘，以上各以百户一人领隘兵分戍。”清代《同治续修石门县志》记载了添平所土官千户覃添顺及其子覃文孙的生平事迹：“覃添顺，添平所土官正千户。洪武四年，调取夹攻覃屋、田大于永定百丈峡，捕获解官。五年，调征上、下酉州，擒获苗寇解官。十一年，调征上、下监厂铁门关苗寇，招抚答谷聚种张鸭儿等，安民乐业，受赏，封武德将军，旧志作覃顺。覃文孙，添顺子，添平所土官正千户。洪武中，调征容美等峒，获苗唐大孙等官。二十二年，调征安福叛贼夏得忠，攻天火岭、石硝、柿溪、恶者等峒，又攻贺石关，屯驻永顺。八月，后攻桑木关、桑植等峒，擒获苗蛮百名，受赏。招抚溃散人户徐九长等八十九户、男妇二百八十九名。”覃添顺三世孙覃恒和四世孙覃彦璞迁到永定三潭坪、关门岩、西溪坪、青安坪、大庸桥、禹溪、袁家界等地。清《永定县乡土志》载：“覃添顺，天平所土官，其后（覃）彦璞迁永定。”添平所土官千户世袭情况是：覃添顺—覃文孙—覃绳武—覃昊—覃禹元—覃毅恭—覃善政—覃世奇—覃继勋—覃宗藩—覃光国—覃祚昌—覃家彦—覃声振—覃庆永。

据清《同治石门县志》记载，明朝初年，添平所首任土官千户、百户是清军厅土官副千户柳世华，管操厅土官副千户王赵夔，巡捕厅副千户覃志兴；镇抚司唐胜孙；鹞儿隘土官百户唐武，长梯隘土官百户覃券，磨冈隘土官百户唐宗源，遥望隘土官百户曾伏孙，石磊隘土官百户宋天荣，忠靖隘土官百户陈祥，渔洋（阳）隘土官百户邓添礼，走避隘土官百户王添宝，细沙隘土官百户伍彦材，细沙隘副百户盛华，龙溪隘土官百户郑仁拳。

九溪卫添平所和麻寮所在官制、兵制、学制、赋制、贡制、征调等方面与湘鄂西各土司同制同俗，与其他“所”不同。但是，学术界有人忽视九溪卫添平所及麻寮所的土司性质。其实，顾炎武在《天下郡国利病书》卷七十八中早已阐明：九溪卫“苗獠出没，初立添平、麻寮以捍于东，其隘各十。添平、麻寮皆守御千户所，每所掌印土官千户一员……每隘各土官百户一员掌印，以防守容美夷寇，籍隶土军皆石门、慈利二县民充之……添平所土司放纵，据石门半境而不服徭役。”石门《覃氏族谱》记载的明朝万历皇帝处理石门县知县冯汝器夺添平所土官千户覃宗潘印引起纠纷的谕旨佐证了添平所土司性质及其民族类属。明神宗旨批：“土官世辖土军，此我祖宗‘以夷治夷’之深意也。今一旦改推选之制，夺土印而与汉官，彼上下素不相习，其肯帖然听命乎？地方官不识大体，轻变祖宗成法，生事起衅，渐不可长。”圣旨一下，吏部、兵部转发湖广衙门，遂将添平所印归还土官。可见，添平所是与其他地区卫所机构大相径庭的军政机构。清王朝建立后，添平所土官千户覃祚昌归附清政府。据清《康熙九溪卫志》记载：“覃祚昌于顺治四年投诚。康熙十年，叨沐皇恩，颁给所印。照沿历朝旧制，管军守边。其本所地方，东抵澧州界，南抵九溪、慈利县界，西抵各土司界，北抵渔洋关、长阳、松滋县界。四至周围，千有数百余里，此形势之大略也。至于户口，原辖土军一千一百。”清代“改土归流”时，添平所大部分归属石门县，小部分改属鹤峰县。

（四）安福守御千户所

明代洪武四年（1371 年），朝廷在慈利县十六都地设置安福守御千户所，所城设在宋代“安福寨”遗址之上，即今桑植县澧源镇方家坪村。辖地十二处，其中，朱家台、杨公潭、新王塌在今桑植县。位于十九都的赵家岗在慈利县，康三峪、屯田坪在今永定区。安福守御千户所本来也是土官千户所，由土官夏克武任守御千户。后因其子夏得忠起义，遂废土官千户所，改由湖广都司委派千户，首任千户为李谯。明代洪武二十三年（1390 年），九溪卫左所千户李樵在西水之南瓦窑岗（即今桑植县城所在地）修建安福所城。明代《嘉靖澧州志》记载：“安福守御千户所城，在慈利（县）西北二百九十里、十四都。周围三里四十步，高一丈七尺。洪武庚午，九溪（卫）左所千户李樵始筑之。有东、西、北三门，其南之前，阻山不通门，余各有楼及窝铺二十间，以宿司昏者……正德中，指挥常明重修，地并属慈利县。所治，洪武四年设在西水之北，正当诸夷峒之口。以土官夏克武为千户，领土军守之，隶大庸卫。二十三年，其子得中叛，毁于兵火。既平，复以西西地瓦窑洞更置。千户所设官垛军守御，改隶九溪卫，千户正、副十人，百户十人，领旗军隘丁二千二百四十人、户五百六十。”明代《隆庆岳州府志》详载：“安福守御千户所，洪武四年创于西水之北，当诸夷峒口。以土官夏克武为千户，领土兵守之，隶大庸卫。洪武二十三年，子得中叛，调汉官守御，改隶九溪（卫），而九溪前所亦调此协守焉。所署毁于得中叛时。后兵既平，复以酉西地瓦窑冈创，为有吏目幕厅、军储仓。”明代《万历慈利县志》也载：“安福守御千户所城在县西北二百九十里、十四都。周围三里四十步，高一丈七尺。洪武庚午，九溪左所千户李樵始筑之。有东、西、北三门，其南之前，阻山不通门，余各有楼及窝铺二十间，以宿司昏者……（明）正德中，指挥常明重修，隶九溪卫。千户正、副十人，百户十人，领旗军隘丁二千二百四十人、户五百六十。今见在者一千一百八十有二，户三百有六十。”顾炎武在《天下郡国利病书》卷七十二中又说：“置安福所以控于西，其关有四。安福千户所防御桑植二峒夷寇，四关为九渊、闸口、野牛、三江口。每关旗甲一人，督同哨、獠人把守其所。”

四、元明清时期张家界市的土民姓氏

元明清时期，澧水流域除土司机构和卫所机构的土官外，还有彭姓、田姓和庹姓等姓土民。

1. 土民彭姓源流

自五代时期彭士愁为溪州刺史以来，彭氏一直是酉水流域和澧水流域的土著大姓。关于彭氏来源于江西之说，见于地方志。如《民国永顺县志》谓：“彭瑊，江西吉水人，父辅为（唐）懿宗朝进士，官至金紫光禄大夫，生子五：珏、琳、璋、玕、瑊，（彭）瑊因杨行密与黄巢战，兄弟皆流散。时马殷据湖南，瑊至依之，以功授辰州刺史……为永顺土司之祖。”主要依据来自明代正德年间永顺宣慰使彭世麒所撰《永顺宣慰司志》。

对溪州刺史彭士愁（又名彭彦晞）先世的真伪，早就有人提出质疑。清代《乾隆永顺府志·杂记》中对《保靖司家乘》把彭氏之先追溯到唐懿宗进士彭辅提出异议：“彭辅之说……子孙夸大其先人，恐未足凭也。”谭其骧教授在《近代湖南人中之蛮族血统》一文中认为：彭士愁为“蛮族血统”，与彭玕、彭瑊“为风牛马之不相及，断乎绝无关系者也”。[①]国家民委民族问题五

① 谭其骧：《近代湖南人中之蛮族血统》，《史学年报》，第2卷第5期。

种丛书之一《土家族简史》写道："大量的历史资料证明彭士愁不是汉人，而是溪州'土著'。"将彭士愁与彭瑊联系起来确实没有根据。根据五代后晋天福五年（940年）楚王马希范与彭士愁缔结的盟约《复溪州铜柱记》记载："溪州彭士愁，世传郡印，家总州兵，布惠立威，识恩知劝，故能历三、四代，长千万夫……"这根本不是刚到酉水流域的外地人。《复溪州铜柱记》还记载彭士愁之前担任溪州刺史的有彭允韬、彭师佐二人，而不是彭瑊。可见，将彭士愁与彭瑊联系起来显系伪托。史籍说土著彭氏是少数民族的比比皆是，如《旧五代史》卷133说彭士愁为"溪州洞蛮"。《资治通鉴》卷289说彭士愁的儿子彭师暠为"蛮酋"。南宋陆游在《南唐书·彭师暠传》中说"师暠不知其家世"。《宋史·西南溪洞诸蛮》称"北江蛮酋最大者曰彭氏，世有溪州"。元明清时期，以彭氏为少数民族的史料更属多见。由此可见，彭氏系土著的少数民族而非汉人。明代，彭世麒修通谱时将彭士愁与彭瑊联系起来，究其原因，乃受汉族正统的夷夏之防的思想影响，故而攀附历史上的名门望族，作为宗族始祖。这种现象，在土家族现存的其他姓氏族谱中不乏其例。很多姓氏说家族祖先来源于江西省吉安府吉水县大栗树，多是攀附的假说。

据慈利县江垭镇《彭氏通谱》记载：彭士愁后裔彭嗣祖（又名彭宏先）于元代泰定甲子年（1324年）任慈姑州牧。卒于任所后，葬在饭甑山（在今慈利县零阳镇甑山村）。彭嗣祖四子文甫、胜甫、仁甫、君甫始为土民。彭文甫迁到慈利县八都渔浦（在今慈利县阳和土家族乡），其子为伯恒、伯桓、伯烜。彭伯恒生在慈利县八都阳和坪（在今慈利县阳和土家族乡），为茅冈土司覃垕之婿。明太祖时，敕封大元帅。洪武二年（1369年），彭胜甫偕其子克让、克斋、克绳、克礼迁至桑植瑞塔铺高堰塔。洪武二十六年（1393年），彭景芳随父彭克让解押楠木入南京。归来之后，在岭峰山修建了黑神庙。开光之时，彭景芳去世，彭姓土家人遂尊黑神为祖神。桑植县空壳树乡清代嘉庆年间立的《彭氏先后派序》碑记载了土家彭氏宗族的历史沿革。土家彭姓后嗣主要聚居在慈利县阳和土家族乡、江垭镇、苗市镇、甘堰土家族乡、零阳镇和桑植县瑞塔铺镇、空壳树乡及永定区合作桥、新桥、西溪坪、教字垭、后坪镇等地。

2. 土民田姓迁徙源流

土家田氏以北宋武口寨"抚夷通判"田承满及其后裔为多。据《南齐书》载：南朝刘宋时期，酉溪（今酉水）少数民族百姓王田头拟因汉官禁断鱼盐，怒杀郡吏，被处赔款，气死。其子田都逃入僚人界中，以求庇护。及至北宋真宗咸平、祥符年间，田氏沿酉溪自建州、峒甚多，后称"溪州蛮"。五代时期，设二十个羁縻州，以下溪州为“都誓主”，归彭氏，其余都叫“誓下州”。其中，高州（今湖北省宣恩县）田氏势力最大。据元代脱脱撰的《宋史·西南溪峒诸蛮》载：高州刺史田景迁卒，其子田彦伊继为刺史。田彦伊子侄为酋长者甚多。其中，田承进掌军务，田承海为防虞指挥使，田承宝为山河使、九溪十峒抚谕都监。由于宋真宗咸平六年（1003 年）高州“生蛮”掠夺汉人四百余人，夔州路转运使丁谓集中“蛮豪子弟”勒令退回汉人，设寨控扼。北宋朝廷决定对高州田氏采取“部分种族”措施，以削弱其势力。宋真宗祥符三年（1010 年），慈利县土家人互相仇杀，宋真宗派遣使者言和，并筑武口寨。《民国慈利县志》载：“宋真宗祥符三年，慈利蛮相仇杀。诏澧州知州刘仁霸宣敕谕解之，乃筑武口、安福、杨泉、索溪、西牛五寨以资钤控。”据《慈利田氏族谱》载：高州土人田均长子田承满于宋仁宗庆历四年（1044 年）被任命为太保、“抚夷通判”，率领部族迁来慈利县，进驻澧水与武溪交汇之地武口寨（治所在今永定区大庸所武溪口寨，故名），并于北宋庆历五年（1045 年）修建衙署，创建“紫荆书馆”。后来，田承满归葬于莫家岗，其孙田泽济为其立石人石马。因此，田承满成为田氏各支始祖。《慈利田氏族谱》卷一亦载：“（田）均公，原籍江西，其后子孙迁至慈利者，逮今凡五支……即以（田）均公论之，一载公生一子，讳（田）承满……上满公官宋仁宗庆历时，以战贼功，赐名‘抚叛’。”该谱还载：罗城峒民叛乱之时，田承满恩威兼施，得以平息。田承满六子田世明、田世修、田世德、田世亨（通）、田世邦、田世彰成为慈利、大庸等地土民。慈利县许家坊土家族乡老人相传：田氏因为“义不臣元”，某支兄弟九人分别逃亡之时，用一支水牛角，锯成九节，号为“日”“月”“星”“明”“亮”“龙”“凤”“虎”“满”。田氏兄弟九人按大小从头至尾各执一节，作为以后重逢相认的信物，是为《九节牛角》的故事梗概。

永定区紫荆堂《田氏族谱》叙其祖先原籍时，认为田承满“系成都进士，宋仁宗庆历四年（1044 年）来抚武口寨（在今永定区后坪镇武口村）”。而清代侯昌铭在《永定县乡土志·氏族》则谓“田承满，江西南康人也，明初，自成都迁岳州，以征蛮功，官永定，遂著族焉”。二说相距三百多年。至于“进士”学位，《田氏族谱》有，似不可信，因《永定县乡土志》无。田承满为江西祖亦不可信。诸多矛盾，有待进一步考证。这与封建社会讳言少数民族血统、攀附名城望族的风习有关，实在使人难以置信。

3. 土民庹氏得姓缘由及其后裔分布

清代《永定县乡土志·氏族》记载：“庹姓一族在本境约近百户。考其得姓之由，羌无故实。相传其先田氏世为宋显官。义不臣元，横被诛戮。因惧株连族坐，遂改而为庹，其事颇不经见考。”另据永定区《庹氏族谱》记载：土家庹姓源于土家田姓。田姓始祖田承满后裔田熙及其三子田龙（又名田大）、田虎、田彪（良）割据武溪数载。明朝洪武年间，土酋覃垕王首举明初农民起义大旗以后，田大及田虎参加了起义军，反抗朝廷，反对军屯占田，血战仙人溪。洪武四年（1370 年），覃垕被杀以后，朝廷通缉土民田虎为“草寇”，下令诛其九族。

田虎九子宗国、宗祖、宗君、宗臣、宗朝、宗官、宗宰、宗相、宗文在官兵追捕下，东逃西躲，无法生存。他们秘密商议，化装成放排的，顺澧水河而下，逃往他乡。他们驶着木排行到白龙泉一带，一队官兵气势汹汹地追来了。一位官员大声地问道：“放排的，你们姓甚？”宗朝大胆地说：“莫管他们的，我们只管拖！”因为白龙泉水响，官员未听清楚，马上应道：“你们姓拖的拖字怎样写？”宗朝随机应变，顺口答道：“我们庹字是头戴斗笠，背穿蓑衣，手拿撑篙，挑上二十人拿有量尺。”可是，官员就是猜不着。宗朝接着说：“广字头，廿字腰，尺字腿，不是庹字吗！”“你们不姓田，姓庹呀！你们走！”宗朝就这样用智慧编造一个象形字瞒天过海，化凶为吉。之后，宗朝改为庹姓，成为土家庹姓始祖。他死后，葬在大庸东门外田氏祖茔大花园，墓碑正面书“庹宗朝”，背面书“田宗朝”。由“拖”得“庹”，即庹宗朝所为。故民间传说，田、庹是一家，两姓不通婚。庹宗朝之妻杨氏生有四子，分别叫庹赞日、庹赞月、庹赞星、庹赞辰（又叫庹义忠）。庹赞日之子叫庹安佐，庹赞月之子叫庹安俊，庹赞星之子叫庹安美，庹赞辰迁至桑植以后生子庹守株、庹守珍。庹守株后代庹钦、庹麒、庹麟迁到慈利县庹家塔。庹守珍在桑植庹家湾垒土围城有功，被封为千户，并生庹简、庹范二子。故庹氏《创修族谱凡例》载：“澧水流域所辖之庹姓本属田改，又何以不同宗且世代参差不等？盖田虎之变，族人甚繁，时为避祸计，各自逃散流落何地者即为何地之祖。子姓蕃息者，世代自多宗。”

现在，土家族庹姓始祖庹宗朝的后裔分布在永定区合作桥乡、三家馆乡、尹家溪镇、阳湖坪镇、枫香岗乡、沙堤乡和桑植县官地坪镇、芙蓉桥白族乡及慈利县零阳镇等乡（镇），保留着土家族遗风遗俗。

附录三　慈利县麻寮土司史话

中国从元代开始，朝廷在少数民族地区施行土司制度，任用世袭土官，委以土司官职。元末明初，慈利县一带设过慈利安抚司、麻寮长官司、梅梓长官司和靖安宣抚司等土司机构。明朝初年，湖广都指挥使司下设九溪卫，管辖麻寮所、添平所和安福所。麻寮所与土司有渊源，是由麻寮土司演变来的，具有土司性质。麻寮所在明清时期是武陵地区诸所中地域较广、情况特殊的一个。清代“改土归流”以后，朝廷废除土司机构和卫所机构。麻寮所主要部分划归慈利县，部分划拨鹤峰州，现为鹤峰县铁炉、走马等乡镇（以大岩关为界，俗称关外；原容美土司地俗称关内）。党的十一届三中全会以来，在上级党委、政府领导下，鹤峰县和慈利县落实了党的民族政策，恢复了卫所地区40多万名群众的土家族民族成分，促进了民族地区经济文化发展。

一、建置沿革

麻寮所前身是元代麻寮土司。元代至正二十四年（1364年），置麻寮宣抚司。据《明史·地理五》载：“吴元年（1364年）正月，改黄沙、靖安、麻寮等处军民宣抚司。”《明实录·太祖实录》卷二十二亦载：吴元年，“改容美洞等处军民宣抚司为黄沙、靖安、麻寮等处军民宣抚司”。元代至正二十六年（1366年），又改为麻寮长官司。据《明史·湖广土司》载：“丙午（1366年）二月……立太平、台宜、麻寮等十寨长官司。”清代《湖北通志》也记载了设置麻寮长官司的史实。据《清代康熙九溪卫志》载：明代洪武二年（1369年），麻寮土司唐涌纳土投诚，敕赐铁券，改麻寮土司为麻寮所。麻寮所所署设在所坪（在今湖北省鹤峰县走马镇所坪管理区，原为所坪乡）。初隶常德卫，洪武二十三年（1390年）改隶九溪卫。麻寮所及其前身麻寮土司首领均为唐氏世袭。关于该唐氏源流，史料记载不一：一为土著说，认为麻寮所唐氏是土著民族，代表作清代《康熙九溪卫志·麻寮所志》载：“麻寮所隘肇自大汉延熙二年（239年），投诚诸葛武侯，因受世袭土职。”一为外来说，代表作《晋阳堂唐氏族谱》载：“唐肇先世居西蜀成都府，值汉运衰微，群雄蜂起，于献帝初平元年（190 年），调征荆楚，随诸葛武侯大会江夏……功服群寇，开平五溪三苗以辟土，永镇于是……敕麻寮守御所土官千户职后，分关设隘，守御防卫，世职世守，以镇边疆，则麻寮所各员之设所由起也。”“土著说”较为可靠，因为《麻寮所志》出自清代麻寮所千户唐宗略之手，可以为据。

元代至大三年（1310 年）以前，麻寮土司活动区域在今鹤峰县拦渡江以南的五里坪、走马坪和五峰县湾潭、大面里等地。麻寮土司初驻五里坪大岩洞里，今人称为“麻王寨”。后在麻王寨南方岩下创立衙署，名曰南府（在今鹤峰县五里乡南村村南府衙）。据《元史》卷二十三载：元代至大三年（1310 年），“容米（美）洞田墨连结诸蛮攻劫麻寮等寨。方调兵讨捕，遣千户塔术往谕田墨施什用等来降”。《蒙兀儿史记·海山可汗纪》亦载：至大三年，“容美洞土司田墨施什用杀千户及戍卒以叛，劫掠麻寮等寨”。容美洞主田墨施什用率兵攻打麻寮寨时，麻寮土司被迫从五里坪云阳寨（在今五里乡金钟村）向东南六峰坪撤退，并在六峰坪三路口东北约 2 千米的山顶建立第二个云阳寨。此时，麻寮土司王唐国政病故，葬于六峰坪云阳寨北大面里水浞源（今五峰县湾潭乡大面里村，墓碑尚存）。其长子唐涌（勇）袭土职后，率领土民从六峰坪越过大岩关，建立第三个云阳寨（今鹤峰县走马镇花桥村尚存寨府遗址）。至此，麻寮土司势力范围从南府、五里坪、六峰坪、大面里等地移至大岩关外走马、铁炉、梅坪等地，属慈利县十七都和十八都，大岩关成了容美土司与麻寮土司的分界线。

据《民国慈利县志》载：明代洪武二年（1369 年），麻寮土司唐涌内附，赐铁券，改为麻寮千户所。明代《万历慈利县志》也载：“麻寮隘丁千户所，旧志洪武二年开设，地名樱桃隘，在县西北三百里、十七都。切邻边境，最为要害，因以土酋为千、百户，土民为隘丁，兼以汉官协守，复以百户分戍诸隘。”麻寮所与土司机构有继承关系，与汉官卫所不同。麻寮所具有土官性质。《民国九溪卫志》载：麻寮所“土官性质与其他职官不同，然亦朝廷命官”。元末明初，慈利设过麻寮长官司、梅梓长官司和靖安宣抚司。明太祖在土家地区边缘地带设置卫所机构，以土官为主、流官为辅。因此，麻寮长官司演变为九溪卫麻寮所，梅梓长官司演变为麻寮所梅梓隘，靖安宣抚司演变为麻寮所靖安隘。因此，《民国九溪卫志》说：“添平、麻寮二所初本土司，且设在卫所先。”清代《康熙九溪卫志》说：清初，朝廷对麻寮所和添平所采用“所隘土司节制仍前”的办法。著名学者顾炎武在《天下郡国利病书》中阐明：“添平、麻寮皆守御千户所，每所掌印土官千户一员……每隘各土官百户一员掌印，以防守容美夷寇，籍隶土军则皆石门、慈利二县民充之。”添平所和麻寮所把属于土司的制度保留下来了：一是土官照旧采用长子承袭制；二是与汉官待遇不同，除自备钱粮外，还要向官府交纳钱粮；三是按时朝贡，领取朝廷回赐。正因大体照旧，朝廷始终把添平所和麻寮所当作土司对待，享受土司的民族政策待遇。麻寮所主要任务是“外捍慈（利）、石（门）、九（溪卫）、永（定卫），内控容美、桑植十八土司”。麻寮所首任千户唐涌发现车儿坪“以大山为翰，四围峭壁；河水为带，泉源不竭；青龙护其左，白虎绕其右，前有狮象交错水口，过者每慕为天然保障”，遂定为修建所署之地。从唐涌开始筹划，经过唐清、唐贤、唐斌、唐盈、唐龙、唐冠几个千户长达 70 多年的建设，终于在车儿坪建成 28 座官署，车儿坪为千户所所署“所坪”代替了。晋阳堂《唐氏族谱》载：“我祖涌公相土攸居，立云阳寨，土人奉为寨主。明洪武二年，助粮佐征，荷恩封武德将军，世袭麻寮所，统辖四厅、十隘，镇锁九夷八蛮。相度地势，建署于坪，名曰所坪……本所署地在所坪，今鹤邑治中也。”今日所坪依然可见所署遗址。

明朝末年，李自成部将马守应等攻陷澧州城，麻寮所千户唐国祯奉命率兵至澧州城保护明宗室华阳王朱敬一。袁（宗第）、塔（天保）、游、佘狡诈，分兵自北突袭所坪，烧毁麻寮所 28 座官署。明朝灭亡以后，麻寮所千户唐宗略率领土兵投诚清王朝。清代顺治十三年（1656 年），李自成侄儿李过率领农民起义军攻陷九溪卫城。麻寮所千户唐宗略奉旨率领隘丁征剿九溪卫城附近闯王余部，决定在慈利县二十三都通津铺修建新所署。晋阳堂《唐氏族谱》载：“大清顺治年间，九溪苗贼猖獗，（唐）宗略公奉旨调征，复迁通津铺而建署焉。”《麻寮所所衙记》也载：“大清顺治年间，因九溪苗贼猖狂，我祖（唐宗）略公奉旨调征，于是建署于通津铺（麻寮所新所署在今湖南省慈利县通津铺镇所坪村）。”麻寮所四厅十隘各衙署也迁到慈利县二十二都、二十三都、二十四都、二十五都等地（即今慈利县东北部和西北部）。清初，朝廷在民族地区实行“改土归流”政策，委派流官管理。清政府对土司、卫所采取区别对待的政策，对自请改土的土司、卫所分别委以千总和把总等官职，并且准其子孙世袭；对强行改土的不再封官，并令土司王迁往外地。茅冈土司和麻寮所、添平所在重兵压境的情况下，自请“改土归流”，接受清政府的“改土归流”政策。据《清史稿》载：“雍正十二年，茅冈土司覃纯一纳土，石门天平所、慈利麻寮所相继请设流官，分其地属石门、慈利、安福三县。”清代雍正十二年（1734 年），麻寮所千户唐贤圣恳请“改土归流”，清廷改千户、百户为千总、把总职衔，颁给敕书一道，令其子孙世袭。如麻寮所正千总唐贤圣住慈利县输赢溪，曲溪隘副千总吴载盛住慈利县平溪，九女隘把总向钦如住慈利县杨店铺，黄家隘把总唐昌祚住慈利县安家坪，梅梓隘把总赵景川住赵家坪，樱桃隘把总黎显福住慈利县黎家坪，青山隘把总刘汉文住慈利县九溪，拦刀隘把总吴载韬住慈利县平溪，在所隘把总李长贤住慈利县升坪。将大岩关外五十里麻寮所地拨出，与容美土司部分地合并，建立鹤峰州。麻寮所土官后裔主要分布在慈利县，20 世纪 80 年代，根据国家民委和湖南省民委关于开展民族识别工作的文件精神，慈利县委统战部和县民委抓了长达 8 年的民族识别工作。1992 年，湖南省民委下达了湘族字〔1992〕47 号文件《关于慈利县民族成份遗留问题的批复》，批准认定慈利县 33 多万人为土家族。

二、所隘地域

清代《嘉庆慈利县志》卷四载："麻寮所在县西北三百里十七、十八都地，今属湖北鹤峰州。明洪武十三年建一所十隘：山羊隘、九女隘、樱桃隘、曲溪隘、拦刀隘、梅梓隘、青山隘、靖安隘、在所隘。"清代《康熙九溪卫志·麻寮所志》载："至疆圉险要，则靖安隘把守容美要路虎把渡，青山隘把守容美要路小隘口，樱桃隘把守容美要路隘峪二，梅梓隘把守桑植要路榆树垭，曲溪隘把守容美要路曲溪坪，九女隘把守容美桑木关、下梯口，拦刀隘把守容美要路大面里，山羊隘把守桑植要路山羊坪，黄家隘把守容美要路大隘口，在所隘则护守所汛杨柳峡。"

麻寮所十隘地域根据晋阳堂《唐氏族谱》考证如下：

（1）曲溪隘：副千户吴，署曲溪坪（今鹤峰县走马镇曲溪村），东十八里抵九女隘，南十五里抵罗峪大山桑植司，又抵靖安隘；西十里抵茶园垭桑植司，北十里至飞沙溪（今鹤峰县走马镇红土村飞沙溪），与容美司分界。

（2）靖安隘：正百户向，原署张爷庙（今鹤峰县五里乡南村村），明初迁花桥坪（今鹤峰县走马镇花桥村）。原汛界为：东三十五里抵六峰山（今鹤峰县五里乡六峰村）、长梯隘（今为鹤峰县与石门县交界处），南二十里至大岩口（今称大岩关）抵黄家隘（今鹤峰县走马镇千金坪），西三十里至大中岭桑植司界，北六十里抵容美司拦渡江（今鹤峰县南渡江）。以上地域在元末明初逐步被容美土司占领，靖安隘也随麻寮土司退至大岩关外花桥坪。

（3）山羊隘：正百户向，署山羊坪（今鹤峰县走马镇九洞村山羊坪，隘署衙址尚存），东十七里至三逢溪抵九女隘，南十里至绞车坡抵梅梓、拦刀二隘分界处，西九里至落马岩桑植司，北二十里抵容美司。清顺治十三年（1656 年）后，迁往慈利县十七都唐家坪（今慈利县三合口乡）。

（4）九女隘：正百户向，署麻溪堰（今鹤峰县走马镇江坪河九女寨），东二十里至花子溪抵慈利十九都，南十里至五等头（今鹤峰县铁炉乡鱼山村五等头）抵拦刀隘，西十七里至三逢溪山羊隘，北二十里至古城堆（今鹤峰县走马坪古城寨）抵黄家隘。清顺治十三年（1656年）后，迁往慈利县二十五都杨店铺（今慈利县杨柳铺乡）。

（5）梅梓隘：正百户赵，署榆树垭（今鹤峰县走马镇杜家村梅梓隘），东十二里至红鱼坪（今鹤峰县走马镇梅坪村红鱼坪）抵九女隘，南十二里至天星山脚抵樱桃隘，西八里至金藏抵桑植司，北十三里至绞车坡抵山羊隘。清顺治十三年（1656年）后，迁往慈利县二十三都赵家坪（今慈利县通津铺镇）。

（6）樱桃隘：署樱桃坪（今鹤峰县走马镇所坪），后住黎家坪（今慈利县通津铺镇）。东二十里至橙子界，抵慈利县十五都；南十里抵曲溪隘；西九里至红岩尖，抵桑植司；北十二里，抵梅梓隘。

（7）黄家隘：土官正百户唐，署千金坪（今鹤峰县走马镇千金坪村）；土官副百户赵氏，先在千金坪，后迁黑龙泉（今慈利县杉木桥镇）。东十里至庙岭与麻寮所署分界，南十里至竹纸溪，抵拦刀隘，西八里至古城堆，抵九女隘，北十五里至大岩关容美司界。清顺治十三年（1656年）后，迁往慈利县二十二都安家坪（今慈利县象市镇）。

（8）青山隘：正、副二百户刘，署先后在八方园（今鹤峰县走马镇金龙村八方园）、芭蕉河（今鹤峰县走马镇芭蕉村）、三王坡（今鹤峰县铁炉乡三王村）。东十五里至细沙溪（今鹤峰县铁炉乡细沙村）抵石门县界，南十二里至饭盆山抵慈利十九都，西二十五里赤石坪抵慈利县十九都，北二十里牛角尖抵在所隘。清顺治十三年后，迁至慈利县二十一都九溪。

（9）拦刀隘：署周家峪（今鹤峰县走马镇周家峪村拦刀隘）。东十里至在所隘，南七里至七里坪（今鹤峰县铁炉乡七里坪村）抵青山隘，西五里至野猪池抵黄家隘，北十里到小岩口抵容美司。清顺治十三年后，迁往慈利县二十二都平溪（今慈利县国太桥乡）。

（10）在所隘：署在所坪，与正千户同都。清代顺治十三年（1656年）后，迁往慈利县二十五都升坪（今慈利县杨柳铺乡）。清代康熙年间，九溪卫麻寮所土官唐德昌在向朝廷的呈奏中提到“在所隘正百户李世禄”。

三、所隘制度

（一）官制

麻寮所所设千户，隘设百户，汉、土杂用，均为朝廷封赠，“一经除授，即可世及”。正千户为正五品，副千户为从五品；百户为正六品，副百户为从六品。官衔虽高，但是“官不请俸，职纪土官；军不支饷，名纪土军；驻扎山峒，世守边疆”。麻寮所有四厅十隘千户、百户及镇抚、站堂、吏目、通把等官员。

1. 麻寮所土官正千户唐氏

治所：麻寮所土官正千户唐氏后迁慈利二十三都所坪，在今慈利县通津铺镇所坪村。

族属：土官正千户唐氏为土家族。

承袭：（1）唐涌；

（2）唐贤；

（3）唐斌；

（4）唐盈；

（5）唐雄；

（6）唐冠；

（7）唐大全；

（8）唐大节；

（9）唐幸恩；

（10）唐幸爵；

（11）唐臣；

（12）唐仁；

（13）唐秉辅；

（14）唐国桢；

（15）唐宗韬；

（16）唐宗略；

（17）唐麟徽；

（18）唐德昌；

（19）唐仁爵；

（20）唐贤圣。

事纂：唐姓世居巴蜀，祖先唐国政自巴蜀迁慈利县大尖山（今慈利县杉木桥镇），生二子——唐涌、唐清。洪武二年（1369 年），唐涌统率军属投诚徐达、邓愈二公驾下，纳土归附，仍受原职，助粮佐征。蒙徐达丞相题奏，“诰封武德将军，授麻寮都督总管守御所掌印正千户职，管辖四厅十隘，守御夷蛮诸峒，颁给铁券、方印”。土官世系为：唐涌传唐贤，唐贤传唐斌，唐斌传唐盈，唐盈传唐雄，唐雄传唐冠，唐冠传唐大全，唐大全传唐大节，唐大节传唐幸恩，唐幸恩传唐幸爵，唐幸爵传唐臣，唐臣传唐仁，唐仁传唐秉辅，唐秉辅传唐国桢，唐国桢传唐宗韬，唐宗韬传唐宗略，唐宗略传唐麟徽，唐麟徽传唐德昌，唐德昌传唐仁爵，唐仁爵传唐贤圣。清代雍正十三年（1735年），改土归流，遂废。（据《隆庆岳州府志》《九溪卫志》《慈利县志》《唐氏族谱》记载）

2. 麻寮所管操厅土官副千户卓氏

治所：土官副千户卓氏住所在慈利二十五都阳虎坪，在今慈利县东岳观镇枫坪村。

族属：土官副千户卓氏为土家族。

承袭：（1）卓文德；

（2）卓槐；

（3）卓权；

（4）卓仁；

（5）卓景春；

（6）卓隆；

（7）卓思恭；

（8）卓荣政；

（9）卓大宝；

（10）卓世懋；

（11）卓嵩；

（12）卓之璠；

（13）卓自扬；

（14）卓自焕；

（15）卓启祥。

事纂：卓氏远祖为四川巴县人，宋代靖康元年（1126年），高祖卓汝周迁居大庸天门山。六传至卓子成，迁到慈利九溪。其后卓文德于明代洪武二年（1369年）被封为麻寮所管操厅首任土官副千户。据慈利县西河堂《卓氏族谱》载：明代洪武二年（1369年），“（卓）文德公授麻寮所管操厅副千户……赐铁券。封文德公为武德将军，子孙承袭，世守其土。清沿其例，赏给方印、号纸”。慈利县杉木桥镇赵家铺村发现了麻寮所千户卓文德墓碑。土官世系为：卓文德传卓槐，卓槐传卓权，卓权传卓仁，卓仁传卓景春，卓景春传卓隆，卓隆传卓思恭，卓思恭传卓荣政，卓荣政传卓大宝，卓大宝传卓世懋，卓世懋传卓嵩，卓嵩传卓之璠，卓之璠传卓自扬，卓自扬传卓自焕，卓自焕传卓启祥。清代雍正十三年（1735年），诸蛮向化，献土缴印，遂废。其裔“慈利溇江数千人，称极盛焉”。（据《隆庆岳州府志》《九溪卫志》《慈利县志》《卓

氏族谱》记载）

3. 麻寮所管军土官副千户吴氏

治所：麻寮所管军土官副千户吴氏住所在慈利县二十二都平溪，在今慈利县国太桥乡。

族属：土官副千户吴氏为土家族。

承袭：（1）吴子仁；

（2）吴行；

（3）吴亮；

（4）吴永端；

（5）吴大泽；

（6）吴廷用；

（7）吴宗尧；

（8）吴一极；

（9）吴国藩；

（10）吴长祚；

（11）吴载韬。

事纂：据慈利《吴氏族谱》载，吴子仁为元末土司官。明代洪武二年（1369年），颁铁券，文曰："敕封吴子仁，驻扎山峒，永镇诸夷，与世同休。"皇帝封吴子仁为武德将军、麻寮所管军副千户。土官世系为：吴子仁传吴行，吴行传吴亮，吴亮传吴永端，吴永端传吴大泽，吴大泽传吴廷用，吴廷用传吴宗尧，吴宗尧传吴一极，吴一级传吴国藩，吴国藩传吴长祚，吴长祚传吴载韬。清代雍正十三年（1735年）改土归流，遂废。（据《隆庆岳州府志》《九溪卫志》《慈利县志》《吴氏族谱》记载）

4. 山羊隘土官百户向氏

治所：山羊隘土官百户向氏驻慈利十七都唐家坪，在今慈利县三合口乡。

族属：土官向氏为土家族。

承袭：（1）向大望；

（2）向彦才；

（3）向初文；

（4）向均佐；

（5）向永斌；

（6）向辅；

（7）向大绍；

（8）向明表；

（9）向阳春；

（10）向维一；

（11）向绍勋；

（12）向九锡；

（13）向文玉；

（14）向文明。

事纂：元代顺帝至正年间，向肇荣为靖安都总管，与子向大望分守山羊诸土司。明代洪武二年（1369年），朝廷封向彦才为麻寮所山羊隘土官百户，子孙世袭。土官世系为：向彦才传向初文，向初文传向均佐，向均佐传向永斌，向永斌传向辅，向辅传向大绍，向大绍传向明表，向明表传向阳春，向阳春传向维一，向维一传向绍勋，向绍勋传向九锡，向九锡传向文玉，向文玉传向文明。清代雍正十三年（1735年）改土归流，其官始废。

5. 青山隘土官百户刘氏

治所：青山隘土官百户刘氏住慈利十都卜家庄，后迁慈利县二十一都九溪，在今慈利县江垭镇九溪村。

族属：土官百户刘氏为土家族。

承袭：（1）刘敬甫；

（2）刘世达；

（3）刘志贵；

（4）刘得神；

（5）刘永华；

（6）刘广；

（7）刘名立；

（8）刘大海；

（9）刘良辅；

（10）刘尚德；

（11）刘安楚；

（12）刘朝将；

（13）刘应九；

（14）刘汉文。

事纂：青山隘土官百户祖先在宋代为九溪部长，元为安抚司。明代洪武初年，刘敬甫授为麻寮所青山隘正百户，二世刘世达以功世袭土官百户。据

《刘氏族谱·青山隘世系》载：刘敬甫“明洪武初，与麻寮土司唐勇等内附，改授公守御司，赐地青山。麻寮旋设所，青山遂名隘，属麻寮所”。土官世系为：刘敬甫传刘世达，刘世达传刘志贵，刘志贵传刘得神，刘得神传刘永华，刘永华传刘广，刘广传刘名立，刘名立传刘大海，刘大海传刘良辅，刘良辅传刘尚德，刘尚德传刘安楚，刘安楚传刘朝将，刘朝将传刘应九，刘应九传刘汉文。清代雍正十三年（1735年）改土归流，裁除青山隘。（节录自《隆庆岳州府志》《九溪卫志》《慈利县志》及《刘氏族谱》）

6. 梅梓隘土官百户赵氏

治所：梅梓隘土官百户赵氏住慈利二十三都赵家坪，在今慈利县通津铺镇。

族属：土官百户赵氏为土家族。

承袭：（1）赵禄；

（2）赵均宝；

（3）赵天林；

（4）赵诚；

（5）赵之任；

（6）赵思信；

（7）赵舟；

（8）赵胜宗；

（9）赵国用；

（10）赵良翰；

（11）赵琦；

（12）赵一元；

（13）赵文普；

（14）赵世铭；

（15）赵玺；

（16）赵景川。

事纂：慈利县赵姓人是土著人。慈利《赵氏族谱》记载：“赵至宋，化家为国，俨然皇族。吾今日之赵氏岂其苗裔欤？然吾不高攀。大抵为土著，慈利是可断言……赵禄，明洪武二年（1369年），征苗有功，封昭信校尉、麻寮所梅梓隘正百户。”《赵氏族谱》还载有明太祖于洪武二年给麻寮所梅梓隘正百户赵禄的敕书。赵禄后裔分布在慈利县三涪泉、输赢溪、赵家坪、赵家岗、四虎坪、庄塌等地，约计15 000多人。清代雍正十三年（1735年）改土归流，失官。（据《隆庆岳州府志》《九溪卫志》《慈利县志》及《赵氏族谱》载）

7. 樱桃隘土官百户黎氏

治所：樱桃隘土官百户黎氏住慈利二十三都黎家坪，在今慈利县通津铺镇。

族属：土官百户黎氏为土家族。

承袭：（1）黎志立；

（2）黎谦；

（3）黎广；

（4）黎永珊；

（5）黎甫；

（6）黎宪威；

（7）黎元佐；

（8）黎正亨；

（9）黎拱宸；

（10）黎之毅；

（11）黎拱垣；

（12）黎之屏；

（13）黎维纯；

（14）黎之俊；

（15）黎显福。

事纂：慈利土家学者吴恭亨说，“黎于溇北，土著高门。”黎氏始祖黎天锡为慈利县土著人。明代洪武二年（1369年），黎志立被授樱桃隘土官百户。明敕：“尔麻寮所樱桃隘土官黎志立，质禀端方，膂力刚劲，素练兵机，久识地利。既率众以坚守，复助粮以佐征。宣此功能，允宜擢用，尔宜永御诸夷，益精武事。毋忘朕训，以建奇勋。”土官世系为：百户黎志立传黎谦，黎谦传黎广，黎广传黎永珊，黎永珊传黎甫，黎甫传黎宪威，黎宪威传黎元佐，黎元佐传黎正亨，黎正亨传黎拱宸，黎拱宸传黎之毅，黎之毅传黎拱垣，黎拱垣传黎之屏，黎之屏传黎维纯，黎维纯传黎之俊，黎之俊传黎显福。清代雍正十三年（1735年）改土归流，失官。（据《隆庆岳州府志》《九溪卫志》《慈利县志》及《黎氏族谱》载）

8. 靖安隘土官百户向氏

治所：靖安隘土官百户向氏住所在花桥坪，在今湖北省鹤峰县走马镇花桥村。

族属：土官百户向氏为土家族。

承袭：（1）向肇荣；

（2）向大雅；
（3）向良金；
（4）向祥；
（5）向拳甫；
（6）向永忠；
（7）向瑄；
（8）向世瑛；
（9）向昂；
（10）向廷辅；
（11）向汲；
（12）向元桐；
（13）向永爵；
（14）向日功；
（15）向九富；
（16）向子瑛；
（17）向庆历；
（18）向祚华。

事纂：元代顺帝至正八年（1348年），向肇荣为靖安都总管。至正十一年（1351年），向大雅嗣袭了靖安隘故壤。元末，靖安宣抚使向大雅死后，传长子向良金。明代洪武二年，废靖安宣抚司为靖安隘，敕封向祥为武德将军、靖安隘土官正百户，颁发铁印一颗，驻扎靖安隘，镇抚当地各少数民族。土官世系为：向祥传向拳甫，向拳甫传向永忠，向永忠传向瑄，向瑄传向世瑛，向世瑛传向昂，向昂传向廷辅，向廷辅传向汲，向汲传向元桐，向元桐传向永爵，向永爵传向日功，向日功传向九富，向九富传向子瑛，向子瑛传向庆历，向庆历传向祚华。清代雍正十三年（1735年）十月改土归流，赏给土千总职衔，自是失官。族属据明代《隆庆岳州府志》卷六《军政考》载：明代洪武二十三年（1390年）置九溪卫，"设官土、汉杂用，除授土酋覃添顺土千户外，各隘百户亦多以土酋为之"。据此，结合现今当地居民考察，土官百户向氏为土家族。

（二）兵制

麻寮所实行兵农合一、寓兵于农的制度。所千户、隘百户既是所隘行政长官，又是军队首领。隘丁亦兵亦农，据清代《康熙九溪卫志》载："有紧荷戈，是以国家无边鄙之虑；无事秉耒，是以闾阎有三九之余。”麻寮所共有正副千户、百户 32 员及土兵 1120 名。每隘下辖二总旗，每总旗又辖五小旗，每小旗有土兵 10 名。

（三）学制

麻寮所“官家子弟皆肄经史而入慈庠”，说明麻寮所与慈利县教育同步，所隘官员均受过经史教育。清代所隘官员、土民迁入慈利县落户，加快了儒家学说传播，麻寮所土民与州县百姓已无差异。明代正统八年（1443 年），始设卫学学宫于九溪卫城，规模宏大，以训导二员司之，廪生定 12 名。九溪卫及麻寮所通过科举考试而入仕者不乏其人。

（四）赋制

据清代《康熙九溪卫志》记载：麻寮所钱粮则附慈利县完纳，编为陆里当差。其附籍慈利十七、十九都者，地瘠山硗，刀耕火种，钱粮免七征三，每石征银二钱一分，每丁征银六分四厘；附籍慈利二十二、二十三、二十四、二十五都者，亦岩多土少，因山乡有田，钱粮免三征七，每石征银四钱九分，每丁征银九分二厘。

（五）贡制

从明代洪武七年（1374 年）麻寮唐涌向朝廷进贡开始，麻寮所共进贡 9 次。进贡贡品从洪武十六年（1383 年）起已有贡例，为贡香 75 斤、良马 2 匹、獐子 1 对、麂子 1 对、兔子 1 对、鹿 1 对。朝廷对少数民族进贡采取“厚往薄来”政策，按照进京朝贡人员品级给予赏赐。

（六）征调

麻寮所土兵多次奉调抗倭、平叛，立下赫赫战功，名垂青史。据《明实录·嘉靖三十六年三月戊午条》载：“江南自乍浦、沈庄捷后，浙直之倭悉靖。唯宁波府定海、舟山倭据险结巢。我兵环守之，不能克。是时，土兵、狼兵及北兵、葫兵悉已遣归，而川、贵所调麻寮、大喇、镇溪、桑植兵六千人始至……麻寮、桑植二司土兵隶总兵俞大猷，令经营舟山之贼。会十二月二十日夜大雪，大猷乃督兵官及桑、麻兵环巢四面攻之。贼悉锐出敌，杀土官莫翁送。诸军益怒，兢进，贼大败归巢，拥栅自固，我兵积薪草以棕蓑卷火掷之，贼四散溃出，诸军共斩首一百四十余级，余悉焚死。被掠男妇得出者百余人，贼遂平。捷闻，上命赏……桑植安抚向仕禄、麻寮千户唐臣各与四品服，赠莫翁送为安抚，给葬如例。”《民国九溪卫志》亦载：“嘉靖三十三年，海寇猖獗。张经总督军务，大征各卫所土、狼兵协剿，（唐）仁奉檄率土兵往战，辄有功。”明代嘉靖三十七年（1558 年），麻寮所千户唐仁率兵征倭，彭志显率领麻寮所、大喇土司、镇溪所和桑植土司六千土兵焚烧倭营，倭寇多被杀死，取得舟山大捷。嘉靖三十八年（1559 年）秋，唐仁在杭州城塘平贼战斗中立功阵亡。嘉靖皇帝钦命浙江巡抚建立忠臣祠楼、石柱牌坊，赐“海上知名”匾褒奖，授其子唐秉辅承袭父职。麻寮所土兵的战功受到时人赞誉，钱塘宋辑所作的《唐君东征奇勋》写道：“先生芳誉驰天下，文武全才迥出群；文治精微通四圣，武娴韬略冠三军。”

明代成化十年（1474 年），麻寮所千户唐冠征调平叛有功，奉铸铜鼎洪钟一座。铜钟文字为：“湖广都司麻寮所鼓震山永宁寺侍佛铸造洪钟”“本寺建竖故官唐冠谨抽家贿于成化戊戌年十一月吉旦修造”“官舍唐幸恩洎合山僧俗等维日皈投金相”“皇明正德九年甲戌岁五月端阳吉旦置造”。鼓震山（今称鼓楼山）在所坪麻寮所所署左侧，与云阳寨遥遥相望。永宁寺在鼓楼山之巅，人称庙台。洪钟重 500 多公斤（现移迁至鹤峰县博物馆）。从成化十年（1474 年）千户唐冠遗命铸钟，到正德九年（1514 年）官舍唐幸恩造成，历时 40 年，如此洪钟在何地铸造，造成之后又是怎样运到鼓楼山巅，至今仍是难解之谜。

附录四　张家界市民间歌谣集锦

土家族《摆手歌》节选

民族迁徙歌

火龙亮堂堂，
歌手都进场，
跳起来，唱起来，
人高兴，神欢乐。
大家睁着眼睛看我，
张起耳朵听我唱歌。
大家盛情难却，
我顾不得口舌笨拙。
唱“毕兹卡”（即土家族）的祖宗，
怎样在这里生根落脚。
祖辈代代流传下来的话，
不是我信口开河。
燕子飞过九重天，
九重天外好地方。
麂子翻过万重山，
万重山外有廊场（即地方）。
毕兹卡的祖宗来路远，
经过千险和万难。
从“十迷洞”（地名）上来的，
从“十排楼”（地名）走来的，
从“十八坪”（地名）上来的，
从“那黑那巴”（地名）走来的。
翻过千山万岭，
渡过千潭万水。

走过麂子走过的路，
攀过猴子攀过的山。
跨过螃蟹爬过的沟，
踩过鲤鱼漂过的滩。
拐棍柱断了九十九根，
草鞋穿烂了九十九双。
太阳出来动身走，
太阳落山才歇脚。
记不清走了多远，
说不清走了多长时间。
寻找安身之地，
一直没有停歇。

土家族《梯玛歌》节选

土老司盘歌

盘子盘子盘对盘，
鱼网鱼网互相缠，
猪和猪来互相咬，
人和人来抱一团。
呃尼！
七月堂来啊七月边。
男和女相缠，
客和土相玩啊。
呃尼！
说话莫扯远，
河对门，
接亲湾，
你和我，
得眼看，
互把苦情谈。
河对门，
你来看，
那家木楼前，

公鸡把翅扇。
那家木楼里，
披布和媳妇脚箍在一起了。

土家族哭嫁歌

土家族《哭嫁歌》有《哭爹娘》《哭哥嫂》《哭姊妹》《哭姑妈》及《哭梳头》等数十种，用土家语或者汉语哭唱。歌词委婉，真挚感人，如：

阿业啊！阿巴啊！必优坡夺客度博。
塔苦太卡太，那塔太切比太，
补支太直儿太，那布太色丝太。
突苦太哈扯太，撮谢太西把太。

（汉意）：娘啊！爹啊！把女儿嫁到那里。
没有锅子没有柴，没有瓢瓜没有碗，
没有筷子没有米，没有盐巴没有油。
没有利刀没有菜，没有鞋子没有衣。

土家陪十姊妹

新娘在上头日，选择土家少女九人在堂屋里共坐一席，轮流哭唱《十姊妹歌》。新娘哭开台歌："橘子开花叶儿细，听我哭唱十姊妹；一盏油灯堂前挂，十位姐妹到奴家；明天姐儿出闺门，哭唱俺的知心话。"《十姊妹歌》好像竹枝词，土家诗人彭秋潭写道："十姊妹歌歌太悲，别娘顿足泪沾衣；宁山地近巫山峡，犹似巴娘唱竹枝。"

土家拦门礼歌

女方举行"戴花酒"礼的下午，男方派接亲队伍前来接亲。新娘家门前拦门桌上放着酒杯。女家内管首先发问："手提琼浆一把瓶，主东请我来拦门；酌的三杯拦门酒，迎接礼倌老先生。"然后由男方礼倌回答，盘答应对尽兴而止，握手言欢。

土家族哭丧歌

哭丧歌是土家民间文学组成部分，歌词多表达对死者的颂扬。歌手们围在祭帐前，一人击鼓而歌，有时众人帮腔，依次轮唱。唱词复杂，分为《跳丧歌》《丧堂孝歌》和《散花歌》，如“孝家今夜打鼓闹，三亲六戚都来朝；满堂儿孙披麻戴，孝男孝女痛哭嚎”。

土家薅草锣鼓歌

薅草锣鼓歌是土家人喜闻乐见的文艺形式。凡是集体开荒、挖土、薅草、插秧、采茶等都要唱薅草锣鼓歌。歌词由歌头、扬歌、歌尾三个部分组成。如扬歌《激励歌》唱道：“捆起腰带要使劲，把它挖起抱斗形；薅草哥哥要使劲，一步一步往前进。”

土家族上梁歌

《上梁歌》是土家族人修新屋时，择定良辰举行上梁的仪式歌，分为架梁、开梁口、上梁和赞梁粑等仪式。仪式开始以后，掌墨师唱《上梁歌》：“上一步，望宝梁，一轮太极在中央，一元行始呈端祥。上二步，喜洋洋，乾坤二字在两旁，日月争辉照华堂。”

土家情歌

马桑树儿搭灯台

男：马桑树树儿搭灯台哟，写封书信与姐带哟。郎去当兵姐儿在家呀，我三五两年不得来哟，你个儿移花别也处栽。

女：马桑树树儿搭灯台哟，写封书信与郎带哟。你一年不来我一也年等呀，你两年不来我两年挨哟，钥匙不到锁也不开。

桑木扁担软溜溜

（1）桑木扁担软溜溜啊，那个软溜溜啊，软溜溜。挑起白米下扬州啊，下扬州啊。

（2）桑木扁担挑几挑啊，那个挑几挑啊，挑几挑。挑个洋妞回山沟啊，回山沟啊。

棒棒捶在岩头上

（1）郎在高山打一望哟，姐在哟河下哟洗衣裳哟。

（2）洗衣棒棒捶得响哟，郎喊哟几声哟姐未张哟。

（3）唱个山歌丢个信儿哟，棒棒儿哟捶在哟岩板上哟。

郎从门前过

（1）郎从那门前过哟，妹在家中坐哟；我泡碗香茶（呀呀得儿喂）给郎喝哟。

（2）娘在那屋里问哪，你泡茶给哪个哟；我慌里慌张打破了碗，烫哒脚哟。

太阳出来照白岩

女：太阳出来哟照白岩哟，白岩的上头桂也花栽哟。风不吹来哟，嘀嘀儿枝也不摆哟；雨不淋来哟，嘀嘀儿花不开哟，郎不招手姐儿也不得来哟。

男：太阳出来哟照白岩哟，白岩上桂花逗也人爱哟。风不吹来哟，嘀嘀儿枝也摆哟；雨不淋来哟，嘀嘀儿花也开哟，郎不招手姐儿也你来哟。

九岭十八岗

女：九岭嘛十八岗哎，情哥把坡上哎，姐儿在树下歇荫罗凉哎。（男）走过嘛几道弯哎，来到姐面前哎，哥向情姐儿讨花罗玩哎。

女：姐是嘛灯笼果花哎，刺刺儿满身扎哎，劝你别处去讨罗花哎。

男：哥是嘛栗树壳哎，不怕刺刺儿戳哎，搂起情姐儿进怀罗窝哎。

三根丝线三尺长

三根丝线三个妹子儿三哪，三哪尺长吖，挽个疙瘩疙，丢呵过墙丫，格儿子儿来，格儿子儿来。想呀哥子儿呀，唧当小姐喂喂哆哆喂喂哆哆，哟嘀哟嘀，你何不早些来呀冤家啥。冤家奴的妹呀，妹妹儿奴的人啦，怎哪怎交情啊，哥儿呀衣哟。

唱起山歌送情郎

（1）（女）太阳出来（嘛）[花花扇儿扇]四山黄（啊）[红花对牡丹]，唱个山歌（嘛）[一把红扇子]送情郎（啊）[绣球花儿圆]。我拉住郎腰带，问郎几时来？（男）今天不得空（啊），我明天要砍柴，后天才到小妹儿山上来。

（2）（男）情哥回家（嘛）[花花扇儿扇]忙又忙（啊）[红花对牡丹]，唱个山歌（嘛）[一把红扇子]下山梁（啊）[绣球花儿圆]。我拉住妹的手，问妹几时来？（女）今天不得空（啊），我明天要做鞋，后天才到哥的山上来。

附录五　张家界市民间故事大观

八部大王

传说八部出生以前，他们的父母年过半百还无儿女。后来，一位白胡子神仙给二老了一包茶叶。母亲喝了神仙茶后，一胎生下八个男孩，取名为：熬朝河舍、西梯佬、西呵佬、里都、苏都、那乌米、拢此也所耶冲、接也费耶纳飞列耶。后因家境贫困，两老把八个儿子遗弃在青龙山上。八兄弟在大山里有龙给他们喂奶吃。过了七天七夜，八兄弟长大成人返回家中。他们个个身强力壮，力大无比；背柴挑水，样样能干；种田种地，样样内行。母亲又喝了一口神仙茶，生了一个女儿。女儿长大后绣了一只花鞋，晒在外面，被一只喜鹊叼走了。喜鹊飞到京城上空叫一声，口一开，绣花鞋落到金銮殿上。皇帝认为花鞋是仙女下凡绣的，差人把八部的妹妹接到京城做了娘娘。后来，经过妹妹介绍，皇帝知道八兄弟武术高强，就下旨召八兄弟进京帮助皇帝抗击外敌侵犯。皇帝派妹妹召八个哥哥到了京城，接旨出征。兄弟八人英勇善战，把敌人打退后凯旋。没想到皇帝见八兄弟本事大，怕管不了，把八兄弟赶走了。八兄弟叫燕子含颗火星子到金銮殿把皇帝宫殿烧了一半。皇帝喊天叫地，妹妹哭天哭地。这时，八兄弟看在妹妹的面子上，使了法术，倾盆大雨把火浇灭，金銮殿留下一半。妹妹知道是八位哥哥放的火，向皇帝说明了原因，并说八位哥哥会呼风唤雨。皇帝听了很后悔，亲自向他们赔礼道歉，并且封官赐禄。可是，他们不愿做官，也不要金银，只要田地、铁棍和农具、渔猎用具等劳动生产工具，回到老家搞生产。皇帝见挽留不住八兄弟，就封他们为“八部大王”。八兄弟回到酉水河边，繁衍子孙，成为八个部落的首领。后来，土家山寨修了许多八部大王庙，祭祀八部大王。

向老官人

（一）抗税逼龙王

向老官人家里很穷，尽管全家攒劲做阳春，还是经常饿肚子。向老官人学习打猎，练习武艺，练得了一身好武艺，结识的伙伴越来越多，势力越来越大。他们到处除恶铲暴，救济无衣无食的人。穷苦百姓把他当作自己的靠山。皇帝却把他当作眼中钉，总想拔掉他。

一天，向老官人的舅老彭公爵主邀他同去缴纳皇粮食。向老官人家里缺粮，没有去。往年，皇帝总是见他俩一同进京缴粮，这次只来彭公爵主一人，觉得奇怪。彭公爵主说："嗨，你还想他来缴粮，他的家势可大哩。"彭公爵主随便在皇帝面前开了这么个不顾轻重的玩笑。皇帝信以为真，大怒道："这不是造反吗？"借此机会，把向老官人加上"违反圣旨、抗缴皇粮"的罪名，派大军前去征剿。向老官人和官兵打了几仗，伙伴被打散了。官兵要活捉他，可是向老官人非常矫健，从这个山头窜到那个山头。官兵便在山下布满人马，把山头围得水泄不通。向老官人一看不能脱身，钻进了水八洞。

刚一进洞，便有凉风送来一阵扑鼻的香气。再走几步，一座金光闪闪的宫殿出现在他的面前。殿前有个穿长龙袍的人向他瞪着眼睛。他觉得对方并无恶意，便把入洞的原因跟穿龙袍的人说了。穿龙袍的人听了，便说："这里是龙宫，我是龙王，你在这里住几天吧！"一面吩咐手下人替他洗澡更衣，摆出丰盛的酒席款待他。向老官人谢了龙王，留在龙宫里，向龙王学习武艺和法术。向老官人心灵手巧，很快学会了龙王教的本领。过了几天，他想念家里的父母和妹妹，便向龙王告别，换上来时的衣服走了。

向老官人从洞口出来，一个挑水的人见了，甩下扁担，拔腿就跑，一路高喊："洞里出怪物了！"向老官人朝身上一瞅，衣服烂得筋筋片片，肉体全露在外面。走起路来，忽闪忽闪的，头发像一把没有梳理的乱麻。他自己觉得奇怪，仅仅几天工夫，变化怎么这么快，然后才想起：龙宫一天，人间就是一年。又想这般打扮，怎么见人，便又钻进洞口。

向老官人的妹妹听说洞里出了怪物，面貌有点像他哥哥，眼泪刷刷地滚下来。她拿了一套衣服、一钵他哥哥最喜欢吃的豆角，放在洞口，对着洞喊道："烈可乃（土家语）！你换上衣服，吃完豆角，跟妹妹回去。"过一会儿再来看，向老官人穿上衣服了，吃完豆角了。兄妹相见，又惊又喜。妹妹说："烈可乃，你还活着！家里以为你被皇帝杀了，阿爸阿妈哭得死去活来。你快回去吧，让他们高兴高兴。"向老官人回到家里，父母见了儿子，又高兴又难过，热泪止不住往下流，久别的亲人总算团圆了。

（二）降虎得宝马

向老官人照旧打猎，帮助父母做阳春，日子虽然过得很苦，倒也清闲自在。有天，他出外打猎，太阳晒得热乎乎的。走到离马草坪不远的地方时，人累了，口又渴，捧起凉水喝了几口，又坐树下抽了几袋烟，不知不觉睡着了。忽然有一个白胡须的老汉向他走来，对他说：“打猎的汉子，有件事你晓得吗？”向老官人说：“么事呀？”老汉对他说：“马草坪有只猛虎，张老汉出了布告，哪个能降服它，就将独生女儿爱妮嫁给他。你如果有本领，就试一试！”向老官人醒来一看，老汉不见了，半信半疑地走到竹山寨附近，果然看见路口贴着告示，说明降虎招婿的情由。向老官人把告示揭下来，一旁有个老汉说：“后生家，这是捉拿猛虎，可不是开玩笑呀！”向老官人说道：“你放心，没得金刚钻，是不揽破大碗的。”说完，就向马草坪走去。急得老汉一把拉住说：“后生家，有本事也得带个家伙去呀！”向老官人说“用不着”，便空着手走了。附近男女老少听说有人揭了降虎的告示，都跑来看热闹。快到马草坪了，他们都停住脚，站在山头观看，四周静悄悄的。忽然一声吼叫，震得山摇地动，吓得张老汉往后跑，大喊道：“虎来了！虎来了！”山头观望的人也在大叫：“当心啊，虎来了！”只见茅草中跳出一只白虎，见了向老官人，张牙舞爪，猛扑过来。向老官人就势一跳，骑在老虎背上，双膝夹紧，左手把虎按在地上，右手捏起拳头就打，连打三拳。白虎惊叫一声，在地上打个滚，变成一匹宝马，浑身雪白，又高又大，回头望着向老官人，像找到了主人似的，摇头摆尾。向老官人一个大步跨向前，大声吆喝：“畜生，跪下来，让我来骑！”那马将两只前膝跪下来，让向老官人骑上去。众人先是吓出一向冷汗，现在又惊得连伸舌头，啧啧称奇。张老汉连连称赞：“真是了不起的英雄。”就将女儿爱妮嫁给了向老官人。

向老官人结了婚，夫妻恩爱，过着和和睦睦的生活。可是，向老官人是个好动的人，喜欢自由自在。有一天，他对父母和妻子说：“我想出外见见世面。”爱妮嘱咐他说：“路上多保重啊，早些回来，免得我挂牵。”就这样，向老官人辞别家人，骑着白马出门去了。

（三）上京受骗

向老官人走了一程，对马说：“马呀，你这样走太慢了。我想见见世面，你引我到最好玩的地方去吧！”这宝马懂得人的意思，驮着向老官人飞快奔跑，像支脱弦的箭，不久到了京城。

向老官人在京城街道上，这里走走，那里看看。街上的人来来往往，非常热闹。忽然看见那边乱哄哄的，火焰蹿上了天，噼噼啪啪的声音响成一片，成千上万的人也没把火扑灭。他几个箭步跳进烟云里去，手一摆，大雨哗哗啦啦地下起来。一会儿，火熄灭了，屋子救得大半。可是，他还不知道救的是金銮殿哩。

金銮殿起火后，皇帝逃入后园，心惊肉跳，忽见落下大雨，高兴极了。这时，有个大臣来到后园，把灭火的事禀告皇帝。皇帝忙问："救火的人是谁？"他的军师张天师说："是向老官人。"皇帝忙问："可就是那个聚众练武、抗缴粮税的人？"张天师说："万岁，就是他！"皇帝站了起来，大吼道："是他！捉他捉不到，今天送上门来了，快给我捆来！"张天师说："向老官人力大无穷，有万夫不当之勇，在百姓中威信很高。他扑灭火灾，对万岁有功，此时除掉他，怕不是时候。不如召他进殿来，命他去抵御辽王，借手杀了他，岂不很好？万一他得胜回朝，再找机会处置他不迟。"皇帝连忙传唤向老官人，假装亲切，说道："你有一身本领，应为国家出力。现在，我派你去打辽王，不知你要多少兵马、粮草？"向老官人说："我不要一个兵、一颗粮、一根草，只要三升豆子、三升铁砂、三升纸马。"

第二天，向老官人单枪匹马，跨上征途，日夜赶路。快到辽王驻扎的地带，他撒下三升豆子，一粒豆子一个兵，兵多得像蚂蚁上路；撒下三升铁砂，一颗铁砂一件兵器，兵器堆积如山；撒下三升纸马，一张纸一匹马，各色战马多得数不清。只见士兵拿起武器，跨上战马，浩浩荡荡地直奔战场。

辽王听说朝廷派兵来打，扎下四十八座营盘，趁向老官人兵疲马乏，分三路杀来。哪里知道向老官人带领的人马，兵不吃饭，马不吃草，跑路不疲乏，刀枪砍不进。经过一场猛打猛杀，辽兵死的死，降的降。

（四）中计遇害

向老官人得胜回京，皇帝见他没有死在战场上，有些闷闷不乐。又一想："他有这么大的本领，何不用他来保护自己的江山呢！"便大摆宴席，为向老官人庆功。

皇帝对向老官人说："爱卿，这次辛苦了，今后就住在京城里，跟在我的左右吧！"向老官人初来京城，觉得新鲜，住久了并不觉得比家乡好。至于做官，那就更不愿意了。他说："我不做官，京城没有家乡好嗨（玩），我要回去。"

皇帝劝了好久，他还是要回家。皇帝想，这样的人留在身边也是祸害，他回去后量也不敢放肆。便说道："既不想做官，我总不能让你空手走，带些金银财宝回去吧！"

"我不要！"

"那么，领些绫罗绸缎回家做衣服吧！"

"我不要！"

"好吧，那我赐你十个宫娥彩女，住在大山头，心里烦闷了，也好替你歌舞作乐。"

“我不要！”向老官人总是这样回答。

皇帝感到奇怪：这也不要，那也不要，莫不是他要我的江山？想到这里问道：“那你究竟要什么？”

“我要回家。”

皇帝松了口气，说道：“你家势虽好，也不过琉璃瓦屋，哪比得上京城繁华？钱财虽多，也不过铜钱、大米，哪比得上金银珠宝？”这句话引起向老官人想到了破旧的家：全家只有一间茅屋，围墙是用千百根竹片夹起的篱笆，屋上盖的茅草，烂了一层又加一层，一共加了九次了。冬天一到，茅草上盖着一层雪，还闪闪发光哩。向老官人笑了笑，答道：“我的家可大啰！屋有千根柱头落地，九箭牌楼好乾坤。薛（雪）大人过路，成了十箭牌楼，一层银瓦，毫光闪闪。”皇帝一听，心想：“好家伙，我的金銮宝殿还比不上他的家！”连忙问道：“那你家里稀奇古怪的宝贝可不少吧？”

向老官人想：我家屋子四面通风，地上灰尘都刮光了；灯油也没有，借着月光干活；养了一头猪崽崽，也没有粮食吃，饿得弹琴一样颤抖；狗子瘦得像锯弓一样，连老鼠半夜也饿得吱吱叫。穷得这样，还有什么宝贝？他想了想，便回答道：“是呀，风扫地，月点灯，狗拉弓，猪弹琴，老鼠半夜读五经。”皇帝听了，脸上红一块，白一块，想道：“难怪他不要我的金银珠宝呀。原来，他有许多人间找不着的宝贝。”虽然心里十分嫉妒，可是还想问个明白，便说：“那你家睡什么？吃什么？”

向老官人的家住在山上，干得连水井都不能挖一口，只好到江里挑水吃；不管是寒冬热夏，总是睡在冰凉的竹篾床上。成年吃不上大米，喝的是带壳的苞谷糊糊，颜色是金黄金黄的，咽的是淡白菜。向老官人就这样回答皇帝：“日吃江边水，晚睡竹牙床，吃的金镀饭，咽的银镀菜。”

皇帝屁股像有千根针在刺，脚下像有烈火在烧，坐也不是，站也不安，连珠炮般问道：“那你家有多少人，吃的粮食从哪里弄来？”

向老官人想起苦难的父母：阿妈七十多岁了，还帮助妻子挑水做饭；阿爸快八十岁了，还捡柴做阳春，家里成年没有油吃，盐要靠家里养的九只鸭子生下的蛋去换。有一次，磨鹰抓去一只，一连几天吃淡菜。粮食也不能糊口，到青黄不接时，背着三斤半锄头，上山挖蕨葛充饥。穷人这样痛苦的生活，皇帝哪里懂得呵！向老官人不愿对牛弹琴，只说道：“我的家呀，嗯——七十人挑水，八十人砍柴；九只大船下河拖盐，一天磨鹰滩上失落一只，吃了三天淡菜。本地有两大户，葛大哥、蕨大王，三斤半钥匙来开库，只兴给，不兴还……”

向老官人在皇帝面前把家势大吹一通，皇帝信以为真，又问道：“你有什么本领？”向老官人说：“上墙如走平地。”皇帝要他表演，他便在皇宫的墙壁上走来走去，好像在平地上似的。皇帝看在眼里，想在心里：“他有这样大的本领，又有那样大的家势，不除掉他，今后怕只有他的江山，没有我的社稷了。”皇帝脸上便堆着笑容，说道：“爱卿，你为国为民立下了奇功，官不做，钱不要，叫我没有什么能够酬谢你，心里非常不安。适逢外国进贡一瓶仙酒，喝了长生不老，望你收下。一路莫喝，到家后饮个团圆酒。”

向老官人听说让他回家，欢欢喜喜接过“御酒”，跨上宝马赶路回家。到了辰州附近，他把“御酒”喝了一口。原来皇帝赐的是一瓶极毒的酒，想杀害他一家人。向老官人喝下以后，毒酒入肚，便像刀割肠子一般，不觉惨叫一声，断气了。可是，他的尸体直立不倒，像活人一样骑在马上。宝马知道主人死了，伤心得双眼流泪，本想把他驮回去，不慎在过一条河时，把向老官人的尸体坠入河心，急得它一路拼命往家奔跑，去报告这个不幸的消息。

向老官人受害的那个晚上，他的父母和妻子正在吃晚饭，老汉想起了儿子，说道：“唉，他出去好久了，不知仗打得怎么样？”爱妮流下泪来。正在这时，听见外面马嘶，一家人跑了出来，只见宝马将两只前膝跪在地上，双眼流泪，却不见向老官人。老汉知道出了事，边哭边说：“宝马呀！他在哪里？你引我们去看看吧！”马走在前头，人在后面哭。到了河边，马钻进水里。一会儿，驮着向老官人的尸体浮了上来。全家人见了，个个哭得死去活来。老汉知道儿子被害，对着尸体说：“儿呀，有仇报仇，有冤申冤！”随即把向老官人的尸体埋在猛虎山上。

从此，向老官人的白马留在河边，专渡来往的行人，渡了不知多少年，一直到它死去。土家人为了纪念向老官人、纪念白马，就把这个渡口叫作“白马渡”。

（五）血水塘的由来

向老官人被皇帝害死以后，躺在猛虎山上的，这深仇大恨，生不能报，死了也不甘心！

有天早朝时，皇帝坐在金銮宝殿的龙椅上，文武百官在朝拜他。突然，飕！飕！飕！三支响箭齐向皇帝飞来，射在龙案上，虽然没有射中，但皇帝吓得面如土色，早已三魂不附体，七魄不在身。百官张口结舌，呆如木鸡。皇帝半天才省人事，问张天师：“刺客是谁？”

张天师说：“万岁，这不是刺客，是向老官人死不瞑目，前来报仇的。”皇帝听了，大惊失色，忙问张天师有什么办法。张天师说：“向老官人尸体埋在猛虎山，只要把他的坟墓挖掉，他的暗箭就不能放了。”于是皇帝马上传下圣旨，要把向老官人的坟墓挖掉，并派一个武官领兵直奔猛虎山去。

开始挖坟了，官兵站满了猛虎山，锄头、刀矛像雨点落下来，运土的人排了两里路长。可是他们一边挖，坟上的土地一边长，挖了一尺，长了一尺；挖了一丈，长了一丈。这一批兵累了，又换上一批。锄挖断了，手磨破了，腰也酸痛了，士兵们流的汗水把猛虎山浸湿了，可向老官人的坟墓依然威武地屹立在山上。那个监督挖坟的官像一只被围困的狗，急得团团转，只好禀告皇帝。皇帝听了，气得说不出话来，呆了半天，无计可施。张天师说："晚上到坟边听听，看有什么动静。"

那个官回到猛虎山，深更半夜和两个士兵躲在那儿，听到里面有人悄悄讲话："不怕千把锄头万把刀，只怕铜钉铁钉钉断腰。"

第二天清早，他们就在向老官人坟上钉上铁钉、铜钉，突然，坟里流出一股股血，一直流了三年。附近的河里流的是猛虎山的血水，塘里囤的也是猛虎山的血水。向老官人坟前一塘，很久还是绯红的血水，人们把它起名叫"血水塘"，直到现在还是这个名字。

覃垕王

相传元朝末年，有个阴阳先生，在仙鹅嘴上看到葬人的正穴，就叫徒弟砍来几根竹子，插在山嘴上。第二天清早竹子青枝绿叶，还发了子。徒弟们问："师父，啷（方言，意为"怎样"）才葬得这个真穴位呢？"先生讲："要葬到这个真穴，一要干鱼上树，二要人戴铁帽。在这个时辰上，下挖一丈二尺，有块青岩板，岩板翻不得，棺材放在皮头，子孙中就出真命天子。"这话被正在树弄里放牛的覃垕父亲听到哒（方言，意为"了"）。他悄悄绕上山，一刀把他们插在山嘴上的竹子砍哒，插到旁边一个土包上去。

不久覃垕爷爷死了，他爹就吩咐帮忙的把棺材抬到山嘴上。那天红火大太阳，正逢沙盘赶场，路上人来人往。忽然落下一阵大雨，一个赶场人手提大干鱼到大树下，把鱼往枝上一挂：干鱼上树哒。接起来了一个买锅的人，见下了大雨，就把锅顶到脑壳上：戴铁帽子的来哒。覃垕爹看见宜合（明白）哒，忙吩咐赶快运土。帮忙挖下一丈二尺，当真有块青岩板，一敲乒乓响，"里面是空的，肯定埋得有好东西，掀起来看一下"。大家一掀开，"卜噜"一翅飞出只仙鹅，众人忙把岩板塌下，母鹅塌在里面，公鹅却飞哒。覃垕父亲大喊快追，飞到仙鹅岭，公鹅又一翅飞到鹅公嘴。大家赶到鹅公嘴，公鹅飞到鹅公溪去哒。溪里一群鹅在洗澡，大家围起来，看到一只长金冠子的鹅。众人扑过去，公鹅又一翅飞过河，落到河边青山上。大家赶去到处查看，实在难查，就把这个地方取名叫"难查"。

公鹅飞走哒，脉气浅哒，注定覃垕成不了大气候。那时候，正是元朝气数将尽，天下大乱，覃垕出生了。

澧水河畔有座长满青叶子树的烟柱山，山半坡“贵竹弄”里，墙边有芭蕉叶的那间就是覃垕的家。母亲怀他三年。出生那夜，很多人看到有个红球从天上落到他家屋顶上，满屋金光，异香扑鼻。他生下地后不肯洗热水澡，父亲就把他抱到屋外一个岩澡盆里用竹枧接活泉水洗冷水澡，身上现出三条活溜溜的肉龙。他爹大惊，赶忙抱进屋，把门关得紧紧的，对媳妇、女儿讲：“不得了，露不得风声的！”

没想到，覃垕身上现出肉龙的风声几天就传到了京城，皇帝吓出一身冷汗，立刻下令：“快把覃垕捉来杀掉！”圣旨传下，急坏了覃垕的爹娘，两口子吩咐覃垕的姐姐连夜抱走，躲进茅冈河边的一个洞里。不久，覃垕父母被官兵捉住砍了头，尸体丢到门前的堰塘里。过了几天，堰塘中间鼓起一个坟包，坟包上长起三根竹笋，这竹笋见风长，七一长八一长，长了水桶大，十多丈长，扫得开天上的乌云。

避难的山洞生在岩壁上，壁下是茅岩河。覃垕三岁时候就穿条短裤，打赤脚，捉鱼虾啦，射禽兽啦，要姐姐给他炒来吃。他生来水性好，每天都要下河洗澡。从洞口到河边有三千六百个石磴，他觉得上下难爬，就向姐姐要一匹白布，说起来也怪，站在洞口一抖，就变成一条瀑布挂在洞前。覃垕身上的龙跟水游，上下就方便多哒。他还帮姐姐洗衣晒衣，河下一线光，衣服晒不干，他就弄来一支竹竿，挑上去插在岩穴中，通风向阳，衣报很快晒干哒。那根晒衣竿至今还插在洞里呢。

有天晚上，覃垕见母亲满身是血，流着泪讲：“孩儿，快把我坟上楠竹砍哒，做成弓箭鼓劲操练。三年六个月，鸡飞狗上屋的时刻一到，就朝东方开弓射箭，射死皇帝，为你父母报仇。”覃垕醒来大哭一场，和姐姐仍然回贵竹弄，砍下楠竹做成弓箭天天练习。

三年过去了，覃垕已经长大成人。覃垕姐是个急性人，吵着要开弓射箭，为父母报仇。覃垕讲：“我只练习三年，还差六个月，鸡飞狗上屋的时刻没到，怎能开弓射箭？”姐姐急得一夜睡不着觉。第二天一早就跑到后屋放了鸡，找到狗，一阵乱打，赶得个鸡飞狗上屋，进屋大喊：“兄弟，时刻到哒，快开弓射箭！”覃垕见真的鸡飞狗上屋了，跳上白马，抽了两鞭，对准东方连射三箭。第一箭没搭上弦，落到深山潭里，这个潭以后就叫“箭潭”。那天皇帝正坐早朝，只听“当”一箭飞来钉在龙椅上，箭末还在摆动呢！皇帝吓得像团面糊窝了下来；接着又一箭飞来，射掉了皇帝的金冠，钉在后面的龙柱上。

皇帝大喊："捉刺客，捉刺客呀！"吓得文官朝桌下乱钻，武官乱砍乱杀。闹了半天，连刺客的影子也没找到。还是左丞右相聪明，扯出箭头，递给皇帝。皇帝见上面刻有"覃垕王"三个字，急忙下旨，命令扬璟带领四万官兵杀上茅冈。

就在覃垕王三箭射出的时候，后园"噼噼啪啪"一顿炸，满园贵竹根根都炸开哒，每个节子里跳出一人一马一枪，人的一只腿已跨上了马，另一只腿才提起来。只因时刻未到，被一阵风吹上了天。

天兵天将走了，覃垕立刻招来九洞土民三千兄弟，扯起反旗，占领茅冈。他在"七年寨"筑围墙，砌炮台，在茅岩河边打了四十八个碓马坑，烧了柳木炭，岩洞土硝舂火药，架起猪儿炮，准备迎战。那年八月，官兵开上山来，在一条沟里打了场恶仗，血染山门，尸塞深沟（后叫"血门沟"）。覃垕寡不敌众，退守七年寨，杨璟带领官兵将山寨团团围住。寨里没有吃的，覃垕吩咐土兵开荒斩草种粮食；寨上没有盐吃，覃垕就搬来一匹布，捆在岩桩上，摔过去搭上对面叶家山山顶。这布就变成一座飞桥，从桥头那边运食盐（山沟叫"飞桥湾"）。覃垕有时在壁上画几幅画（叫"覃垕神画"），有空就钓鱼（今叫"覃垕钓鱼台"）。

覃垕见杨璟兵马多，就派人下山跟杨璟讲，愿意谈判投降。杨璟马上派一名将军上了七年寨。覃垕喝令将来人捆了，审得杨璟军机。当夜带起人马一个猛冲，将官兵打得大败。杨璟回到朝中，皇帝骂他是个饭桶，立即派征南将军周德兴再次领兵征讨。周德兴好恶哟，他命令官兵打进茅岗后，逢人就杀，扰乱覃垕军心，断绝覃垕兵马来源。茅岗山上，尸横遍野。

这时，覃垕女婿送信劝他，把兵撤出茅岗，以后再跟官兵干。覃垕一想，干得！当夜就带土兵用葛藤吊下岩壁，连夜往慈利县龙岩寨奔去。后来，官兵把覃垕抓到了，用囚车关到押往京城。

皇帝审问覃垕："你身上真有三条肉龙？"覃垕讲："是的。"皇帝又问："生成的还是画成的？"覃垕回答："是画成的。"皇帝一听大怒："混账东西，说你是三龙绕身的真命天子，把我吓得要死，原来是画成的！我要把你的皮子剥下来，平息天下谣言！"说罢下令剥皮。皮快要剥开时，三条活龙化成三道金光飞上天空。顿时乌天黑地，七天七夜日月不明，昼夜不分，皇帝晓得错杀了真命天子，天地不容。连忙跪倒在地，向天许愿，答应每年六月初六、十六、二十六让覃垕坐位三天，又向覃垕尸体三拜九叩以示悔悟之心，这才云开雾散，日月复明。为了取得覃垕真形，皇帝下令将皮子吹鼓供在神龛上。以后每年六月初六，翻晒一次，叫作"覃垕晒皮"。土家人就在神龛焚香、供酒肉饭菜，求覃垕王保佑。

附录六　张家界市优美诗词选录

百丈峡

（明）夏子云

远山凝碧洽幽襟，小径牵萝度积阴；
峰似劈成侵紫昊，磴当悬绝夹青林。
独冲飞雪轻轩过，谁伴寻之古峒深；
不为忧时勤使节，结庐何惜买山金。

游百丈峡

（明）夏子云

寻常山里数青峰，玉笋成形插楚封；
涧道冻云沉白日，寺门长坂度疏钟。
古苔一望迷幽壑，峭壁千年挂老松；
玉垒匡庐曾浪迹，巨灵移岳此重逢。

要识桃源此处寻

（明）胡桂芳

峡高百丈洞云深，要识桃源此处寻；
戎旅徐行风雪紧，谁将兴尽类山阴。

芦茅界

（明）王儒庭

极目群山顶，高低接大荒。
人烟飞鸟白，树色岭云黄。
此日安耕凿，当年说战场。
咄哉天咫尺，消息转微茫。

登九溪城南楼

（明）陈世蕴

锐歌鼓吹咽江流，小队元戎此胜游；
天设画图山远近，地蒸岚气树沉浮。
胡床不浅元规兴，边徼宁忘杞国忧；
更上一层盱极目，巴丘今日是并州。

沙坪怀古

（清）黎昌韩

侵晨过山原，飘萧临秋色；
一石一天地，凛凛嵌微雪。
寒水远不流，林火倏明灭。
几时之林皋，放歌破愁绝。

咏索溪峪

（清）吴肇端

人游山峡里，宛在画图中；
壁爱双屏列，天看一线通。
猿啼声处处，古木叶丛丛；
日夕归来晚，泉声两岸风。

索溪峪

（清）吴愈材

路似羊肠水似弦，夕阳斜照半山烟；
遥遥谷口横云处，怪石嵯峨乱插天。

朝天观

（清）金德荣

朝天观占最高层，远远林梢见一灯；
拟向禅房暂栖止，山中可有解吟僧？

重到马公亭

（清）郭六宰

五年暇日此凭栏，山寺楼亭又改观；
峰拥翠蓝江月晓，天开屏障画图看。
花深高阁三清远，林带泉声一径寒；
独有游人芳草思，不堪回首望长安。

张家界天桥

（明）田荣超

两山凿穿一门空，一门劈开两山通；
多少神仙关不得，长年只许白云封。

驩兜墓

（明）张采

崇山虽僻古尧封，旅冢知埋第几重；
未放以前曾佐帝，盖愆无后始成凶。
岩泉尚渍唐虞泪，宿草全荒去住踪；
莫向九疑叫烟雨，当年何事不夔龙。

驩兜冢

（明）孙斯亿

崇山尺寸地，何日葬驩兜？
罪以共工得，奸宜大禹忧。
窜身犹戴寝，归骨几春秋？
感动元亲炙，无嫌篆庙留。

雷山草堂

（明）于应明

插云峭壁拥层荫，两两徐行不厌深；
拂面葛藤铺若绣，清心鸟语韵如琴。
茅庐线透寒生玉，石室霞侵绛染金；
却讶山深绝鸡犬，市城喧闹到于今。

登五雷山

（明）曹邦

非干空谷足音传，隐隐殷其地有天；
马首滴鬃和雨泼，剑光射斗与星联。
轰轰日御行边度，矗矗云轩坐下悬；
消息个中谁解得，冲霄仙吏有奇篇。

天梯跋涉

（清）李京开

身清澧水望梯边，渡过宸醪美味泉；
土地晴瞧登北斗，魁星手指挽西天。
朱衣引路头连点，玉帝迎宾对一联；
数跻云程皆妙示，旋为等上谢群山。

天门山十六峰

（清）李京开

玉堂琢器玉壶空，丹灶老僧道不同；
笔架修文金柜上，将军演武漆园中。
弩弓善射高远柳，猿点怀刑箭杆绒；
天姥负儿书室转，手执簸箕盖鸡笼。

游玉皇洞

（清）田凌汉

巉崖杰阁势参天，昂首苍苍尺五悬。
座上珠帘朝卷日，林间绿树晚浮烟。
薜萝密挂牵僧舍，蟋蟀周居起夜弦。
话对窗前宵漏寂，平畴萤火散天边。
山高石险路羊肠，入洞名分上下床。
天遣异人开奥窍，客来此地问羲皇。
御炉香散穿群峭，僧舍孤悬对夕阳。
一枕游仙清兴惬，觉来得得返平岗。

地洞温和

（清）李京开

受尽寒喧病故乡，谁知九洞异寻常。
冬来近似三春暑，夏至同乘八月凉。
散步相思重水火，栖身只服薄衣裳。
凡胎莫感仙丹在，愁有韩家毁梵堂。

周赧王墓

（唐）王维

蛮烟荒雨自千秋，夜邃空余鸟雀愁。
周赧不辞亡国恨，却怜孤墓近驩兜。

天门南楼（二首）

（五代）周朴

（一）

春山到处喜相从，又是天门十六峰。
翠壁深深回鹳鹤，青峰矗矗隐芙蓉。
乍疑日出同吴观，只少金泥拟汉封。
愿借仙人杖九节，临风直欲舞双龙。

（二）

徙倚高楼夜色残，故人聊得罄交欢。
千林日落晴偏雨，五月云深暑亦寒。
诘曲断岩飞鸟度，参差倒影过江看。
惭予浪着登山屐，酒罢豪吟兴未阑。

天门灵泉院

（五代）周朴

华亭参后最幽元，一句能教万古传。
猿抱子归青嶂后，鸟衔花落碧岩前。
虽知物理无穷际，却恐沧溟有尽年。
为报五湖云外客，何妨来此老林泉。

宿玉泉寺

（五代）周朴

野寺度残夏，空房欲暮时。
夜听猿不寐，秋思客先知。
竹回烟生薄，山高月上迟。
又登尘路去，唯与老僧期。

云梦仙境

（宋）祝福

城之东南云梦山，山腰有洞门无关。
云深路杳不知处，世传仙子栖其间。
松花不老瑶草鲜，石床丹灶空年年。
信知仙居别有境，人间幻出壶中天。

天门山十六峰（选十首）

（元）杨舟

高远峰

太始奠鳌极，英标接彼苍。
三辰森在下，万国远弥昌。
南岳秋容小，中天月色凉。
何当脱尘鞅，来近白云乡。

玉堂峰

仙署何人到，云栖百仞高。
窥观临石陛，登陟属吾曹。
治世多鸣凤，巍基跨巨鳌。
天颜常在目，挥翰不辞劳。

金匮峰

深厚连坤轴，何曾庋圣谟。
岩扃无用钥，泉溜足研朱。
夜气和珉玉，晨风展画图。
何须柙兕虎，名实尽相孚。

仙人峰

一自洪蒙剖，寻幽水石间。

琪花开满树，白鹤过他山。
出洞龙驹湿，循阿鹿子斑。
逍遥太清里，冠佩倚云端。

弩牙峰

危石箭锋利，参差低我前。
射潮神臂健，夹道谷音传。
麎过机难发，蛇惊矢不连。
会看铲此阵，同乐太平年。

将军峰

草木蔽肤体，应如披铠身。
阵云扶弱晋，唳鹤走狂秦。
毅色钦千载，英风敌万人。
握机常独立，诃卫有山神。

弥勒峰

鹤立山椒望，天低万里沙。
过云遮豕肠，飞锡护晨霞。
猿献岩前果，鸟啼风外花。
不须新梵宇，此景属仙家。

道士峰

似厌人间世，清都汗漫游。
岩关栖白鹤，云气接丹丘。
下睨三千界，中连十二楼。
步虚声女弱，风转不曾休。

猿点峰

似行巫峡道，况值早秋时。
石坠如连臂，崖倾类攫枝。
征人疑下泪，君子化难施。
若听鸣空谷，谁无去国思?

鸡笼峰

隔山献闻口，扶桑日色东。
形完收雾紫，日夕照霞红。
舞剑嗤邻叟，忘机诧海翁。
何须疑此景，天地一樊笼。

天门山十六峰

（明）沈钟

高远峰

矗矗空中起，迢迢野外苍。
王公尊奠抚，培娄族弥昌。
间雨秋喧瀑，松风晚荐凉。
一尘无处著，毕竟是仙乡。

玉壶峰

烂醉麻姑酒，仙扃敞不关。
壶悬呈窈窕，玉立俨高寒。
胜会浓熏席，长生籍铸颜。
愿祈写余沥，膏复到人间。

仙人峰

群容常无事，飚轮去住间。
尘埃空田子，蓬莱更何山。
冰壑纂声响，云岩展齿斑。
愿从脱凡骨，突出利名关。

漆园峰

世率名浮实，兹峰实称名。
底须怜怪状，刚到肖庄生。
武库虽资用，朝家正寝兵。
山灵应首肯，心事荷分明。

弩牙峰

机张锋甚锐，仿佛坠当前。
跨海功收捷，穿杨巧秘传。
兽惊仍飞鸟，逝烮注复添。
连镇荒野靖，从兹亿万年。

笔架峰

神物锁宛巧，浑无斧凿痕。
独便毛颖卧，并拟戟枝屯。
木假山难比，文房宝自尊。
诗家评品到，奇绝冠天门。

弥勒峰

佛国西方到，胡天践白沙。
若为空色相，亦复驻烟霞。
逐鹤曾飞锡，谈经或雨花。
谁疑吾好僻，守本是儒家。

仙源峰

玉乳源头活，桃花满洞春。
涧回常煦沫，波净不扬尘。
洗药仍无恙，腾龙自有神。
清冷斟一斗，返本并还真。

猿点峰

臂通身巧捷，食饮但随时。
霜打晨攀果，岩倚暮宿枝。
啸声弥涧壑，云路接夔施。
何事渠能似？将军系我思。

簸箕峰

南箕形特似，鼓簸肆飞扬。
有舌那吞吐，无心解弛张。
神蒙羞馈祀，天遣播奇芳。
寿域弘开日，人生老且康。

仙源峰

（明）郑序

仙子归何处，灵泉出洞天。
曾流洗药水，长灌种芝田。
避世秦人入，乘槎楚使旋。
有源应不竭，风月自年年。

天门山十六峰（选五首）

（明）叶守礼

丹灶峰

悬崖峭壁隔尘寰，上有仙人学炼丹。
炼得丹成鹤已去，独留丹灶在峰峦。

老僧峰

孤峰峭拔顶光圆，趺坐端然若老禅。
入志多年忘出定，不知海水变桑田。

金匮峰

采药仙人去不还，尚有金匮架岩端。
个中必有长生诀，何日攀跻试一看。

鸡笼峰

山中古有祝鸡翁，养得群鸡万木中。
仙去不知鸡亦去，峰头犹罩旧时笼。

猿点峰

万仞崖头几树花，白猿指点是仙家。
攀援欲上浑无路，万顷寒云一笔赊。

风　洞

（明）李有朋

蹑蹬援藤叩洞中，何人巧砌十姨宫?
径幽更借烟霞到，路僻唯看日月通。
泉滴石根疑作雨，壁临天眼恍生风。
欲穷极底深无际，觉处方知天地空。

天门曙色

（明）朱蕴

阊阖晴开曙色葱，星收华盖月朦胧。
仙鸡唱丑桃都黑，羲驭扶桑海峤红。
岚气暖蒸三岛隔，觚光彩绚九霞重。
壮游记得蓬莱境，石砭云关辇路通。

望天门山

（明）俞调元

壶头之山高穹窿，烟岚凝结凌青空。
山腰谁凿石壁破？双扉洞达中玲珑。
傍有崇山及圆顶，峰蛮围抱经千重。
传闻方壶相仿佛，至今来往多方瞳。

攀援我昔一登陟，筋疲力尽终难穷。
萦纡盘磴知几许，崎岖只可猿鸟通。
平生本有山水癖，朝夕相对兴愈浓。
方壶圆峤不可到，此山真是豁心胸。
终当历险入天关，徘徊就觅神仙踪。

天门山唱和

（明）李镜

小山历尽到高峰，万仞天门咫尺通。
仰望蓬莱红日下，远瞻庐阜白云中。
苍崖突兀松杉古，曲径迢遥马迹空。
欲造最高峰上立，飞腾须是仗天风。

天门山唱和

（明）周莹

次第森罗十六峰，一峰有窍属谁通。
九重阊阖深严处，咫尺天阶怅望中。
锁钥半开云出洞，广寒未闭月悬空。
昔年曾有青云志，从此扶摇八翼风。

天门山

（明）李镜

天门宏阔五云根，环列群峰取次论。
道士将军连箭竿，仙人弥陀并仙源。
玉堂笔架殊金匮，猿点鸡笼并漆园。
更有玉壶并高远，弩牙还共簸箕存。

望天门山

（清）罗振骞

削成峭壁障城郛，翠玉屏开列一隅。
路入蚕丛红雨落，峰攒鸟道白云俱。
天阊对敞高舒眼，帝座遥通任式呼。
底事华山搔首后，题诗绝顶到今无。

晓望天门

（清）刘启鳌

一声鸡唱晓，翘首望天门。
十六峰头出，千重树影翁。
白云横去鸟，飞花缀殿红。
老僧经读罢，拨芋火炉中。

晓望天门

（清）王允孚

翠岩不识几千重，景色偏欣晓更浓。
宿雪才消仙子灶，朝霞先上老人峰。
好从绝顶看春日，曾向飞檐认石龙。
勿假雷鸣鱼尾赤，天门未许白云封。

望玉屏山

（清）吴肇端

一派青峰左右分，玉屏耸翠接氤氲。
朝来早挹标城彩，霁后常留出岫云。
路转螺旋攀石磴，泉飞龙沫喷苔纹。
高山仰止生平志，直上天门访旧闻。

玉屏山

（清）庄世恭

剑壁千寻迥不群，隔江耸峙蔽斜曛。
树光欲启光迎日，霖雨将施早挂云。
夺目玉华晴带雪，袭人香气草生薰。
夜深雾锁重重碧，知是崖阿变豹文。

和玉屏山原韵

（清）李瑾

含烟含黛玉为群，盘踞回环映夕曛。
岩窦半吞清夜月，山阿常宿隔宵云。

有峰皆润非关雨，是草都香不辨薰。
最喜当南呈峭壁，自开屏障待题文。

和邑侯玉屏山原韵

（清）王允桂

昂霄壁立等鸡群，翠玉为屏障远曛。
瀑布昼飞千丈雨，擘丝晴拥半溪云。
碧岩有句花常落，丹灶无烟草自薰。
图画天开峰十六，探奇胜读禹碑文。

天门山

（清）王子睿

推得石门开，去天才尺五。
辟户谓之乾，轩豁此今古。

登天门山

（清）罗振鹏

天门峻极倚天开，著屐疑从天上来。
挂壁瀑飞千缕雨，悬岩冰坠一声雷。
离奇古木蒸黄菌，剥落残碑翳绿苔。
十六峰前堪小憩，结茅拟住白云隈。

雨后望天门山

（清）庄沛

天门谁剪削？我欲问山灵。
雨后无障翳，邈然一画屏。

游赤松山

（清）罗振笏

攀藤跻险到高峰，忘却非仙觅赤松。
壁上篆文皆甲子，炉中丹气亘秋冬。
著书曾藉山前月，祛箧空余石上龙。

几次欲寻丹灶处，洞门却被白云封。

鬼谷洞

（清）吴肇端

亦晴亦雨洞中天，甲子推来莫计年。
学《易》于今人不见，空余古篆蚀残烟。

鬼谷洞

（清）罗福海

桃花流水去飘然，笑入云深访洞天。
隐逸流多埋姓字，纵横术竟出神仙。
道书壁上文留篆，丹诀炉中火化铅。
满耳恍闻钧乐奏，一条瀑泻万峰巅。

壶头山伏波庙

（清）查慎行

功劳蛮方万古尊，当时朝谤竟喧腾。
耿舒本是难同事，朱勃犹存解诉冤。
马革裹尸言竟险，云台图像事休论。
中兴诸将俱茅土，不解于公独少恩。

天门十六峰

（清）尹际昌

嵩梁作镇形独尊，十六峰列俱儿孙。
永安六年洞初辟，嘉祥肇赐称天门。
三百丈高谁司阍，将军弓弩排漆园。
箭杆岂倩羊甲蹲，玉堂高远英气存。
鸡笼山鸡鸣朝日，丹灶烟浮赤松村。
玉壶贮水清且温，书藏金匮看云根。
天姥负儿读方罢，学书古篆石壁下。
磨墨且待飞泉来，千千珊珊琢笔架。
月白老僧啸清秋，听经想见猿点头。

簸箕全铺新贝叶，风雨年年夜不收。
神仙窟宅几瞻仰，镇日柴门劳梦想。
山腰雨后飞白云，乘云仙人自来往。
小山八公席半虚，饮中八仙邀直上。

天门山八景

（清）俞永弼

仙径云梯

拾级上丹梯，烟峦绝境迷。
路从云外转，回望万山低。

断山虹石

神仙之所居，往往不可接。
石虹谁架险？遂与尘世浃。

天门凝碧

翠壁何年凿？藤萝匝地缠。
壶中闲岁月，别自一山川。

天漕悬瀑

飞瀑来何处？仙源不可寻。
踟跌闲看久，冰雪净尘襟。

玉峰晴雪

雪霁朝霞丽，峰如玉琢成。
凭高一眺望，云海隔蓬瀛。

高远鸣钟

曾传天际钟，已失烟中寺。
惟余空外音，缭绕凝岚翠。

鬼谷清流

幽谷有流泉，潺潺泻终古。
缅怀漱流人，千载一仰俯。

丹灶飞烟

荒烟杳霭处，昔有仙人住。
遗迹留丹灶，还疑常来去。

登高远峰

（清）王兴敏

高远孤峰浮云中，人来却喜曲径通。
下临溪水荡石脚，衣袂频吹君子风。
风清拟过大佛殿，带得钟声出僧院。
山鸣谷应何悠扬，松森竹密深不见。
几番振衣攀藤萝，几番坐石吟复歌。
满目烟霞看未了，月色隐隐山之阿。

高远鸣钟

（清）庄以宽

疏钟如断复如因，高远峰头响暮晨。
惟有利名敲不醒，炯眸俱是梦中人。

天门积雪

（清）戴尧典

暮寒如许逼城中，十六峰高雪未融。
试向云端看霁色，玉山朗朗列屏风。

天门山八景（选三首）

（清）俞棠

仙径云梯

东海三神山，可望不可到。
此径俨阶梯，蹑屐欣然造。
况有九天云，扶我成高蹈。

石门凝碧

浮岚翠几重？蔚然天一色。
非雾复非烟，凝锁天门侧。
我欲杳霭间，扶筇一登陟。

断山虹石

行行历山腰，巨壑幽且旷。
路断忽复连，彩虹架其上。

从此款天关，不用仙人杖。

天门山八景（选二首）

（清）覃绳武

玉峰耸翠

晓日童龙照玉峰，云边高插翠芙蓉。
俯临潭口腾仙鲤，遥挹天门跃卧龙。
曲蹬常留骚客迹，孤筇待访羽人踪。
萦青缭白频回抱，绝顶松荫覆几重。

云梯登殿

三清高出有云梯，拾级层层路转西。
未识几时登上界，始知深处是招提。
松风送音兼钟度，花雨飞香绕院迷。
轩举何须生八翼，天门咫尺任攀跻。

天门锁翠

（清）王维铃

幽谷岚烟永护藏，不将黛色泄春光。
东风有力能关锁，吹散天花满径香。

仙溪沙雨

（清）戴尧典

清流激宕走飞湍，万壑千岩路百盘。
山雨扫来沙怒起，回风卷作一溪寒。

永定竹枝词

（清）王日修

天门倒影鲤鱼池，绝似钟山此处移。
但少徐常纪勋石，壶头原有伏波祠。

永定竹枝词

（清）汤立贤

天门高耸接天关，古刹嶙峋不可攀。

谁识辰沅善男子，年年秋日陟名山。

燕子洞

（清）许湄

古洞辟何年，豁然深似敞。
窥之苦正黑，燃火探奇赏。
分堂而别奥，高下随俯仰。
往往洞壁间，螺旋而直上。

自生桥

（清）李有朋

春溪山径没，岭上飘炊烟。
野水云中出，悬崖树林连。
窍应金牛凿，石笑祖龙鞭。
此去天台近，何时许结缘？

漤水亭

（清）刘崇文

清彻江疑浅，亭高晃水纹。
洗天一霎雨，照地半痕曛。
渔舫将歌去，流莺送语闻。
客来应载酒，长啸倚苍筠。

出谷亭

（清）于应栋

危亭悬峭壁，崖壑此平分。
路曲行穿石，窗虚坐得云。
远峰阶下石，落水洞中闻。
胡越为家日，何妨醉夕曛。

紫霞观

古寺一钟鸣，观前霞幻紫。

赤城何处寻？惊起长天里。

羊角晚烟

（清）魏湘

落日峰头隐，轻烟谷口生。
微风吹不散，静听寺钟鸣。

仙侣洞

（明）周叙

崖傍溪城东复东，层云绝壁探虚空。
乾坤老矣新秋月，草木悠然暮雨中。
坐石烟花空有迹，入炉丹药竟何功？
分明一枕游仙梦，移向山溪指顾中。

出谷亭

（明）周叙

仙凡咫尺锁楼台，偶放孤亭出谷来。
松顶鹤归常带霭，窟中龙吼恍闻雷。
石凝钟乳当筵坠，露滴瑶花挂壁开。
坐爱湖天如镜里，清风时至扫苍苔。

桂香楼

（清）余国桢

若个梯云上界游，拾来寒蕊落重楼。
天孙彩散秋芳景，老树根横月窟幽。
露湿夜梢香冉冉，风飘画阁影悠悠。
广寒胜境应如此，亦任仙家玉斧修。

燕子洞

（清）顾元标

环绕群山一万重，重重都是白云封。
我来燕子岩前望，谁识刘晨阮肇迹。

燕子洞

（清）皇甫如森

闻道桃源妙入神，渔郎到后再无人。
燕岩洞里通仙路，为向此中一问津。

热水坑

（清）王南川

一泓暖玉出深山，灌顶醍醐口浴兰。
世态炎凉都不管，殷勤为我洗寒酸。

访赤松仙迹

（清）伍明立

邑东有名山，高竞无尺伍。
绝顶辟琳宫，怪处盘龙虎。
上应翼轸间，下与衡霍立。
扶筇入山根，倪眺神仙府。
行行赤松树，殷勤问赤松。
父老向告语，遥指白云封。
直造云窝巅，睥睨觅高踪。
不见丹灶迹，徒然对数峰。
徘徊下古道，辗转闻啼鸟。
涓涓万上泉，青青溪畔草。
真人耸千寻，势向空中倒。
文琛挹清流，邋遢卧云杪。
疑多隐君子，相率厌纷扰。
不为炎凉驱，置身在缥缈。

赤松山

（清）罗复元

昔闻张子房，从此赤松游。
药灶苍藓合，丹井寒蒲抽。
巍巍帝者师，何事谋归休。

咸阳叹黄犬，争如五湖舟。
知足故不辱，知止故不忧。
扰扰道旁者，驾言焉所求。

仙侣洞

（清）黄汉

何年仙侣出，遗洞至今闻。
永世驱尘事，长年宿古云。
松声犹市语，蕙馥等凡芬。
只此真幽邃，无须问阮君。

晚眺紫驼峰

（清）朱正元

向夕烟光淡，流霞著影长。
深林喧鸟雀，欹径下牛羊。
岚气空含赤，溪光晚送香。
一钩初挂月，炯炯上山阳。

茅花界

（清）刘继圣

峭壁层岩面面遮，长拖一带幻龙蛇。
危峰信出青天外，远嶂疑连碧海涯。
剖竹分符我作牧，结茅成舍孰为家。
险途莫怪王阳说，到此王阳亦返车。

桃花浪暖鸳鸯浦

（清）朱邵濂

桃花初吐锦幡幢，溇水北来汇澧江。
官渚朝晴今宿雾，渔舟晚唱弄新腔。
春融水国光摇岸，雨霁山城浪拍窗。
极浦波平堪爱处，鸳鸯对浴一双双。

慈阳漫题

（清）张三丰

自从五岳访真禅，懒向微尘转大千。
暂寄阎浮凭一宿，安眼随世不知年。

燕子洞内书

（清）陈维新

深谷幽邃一线通，神奇变幻有无中。
分明就是秦人洞，浪说桃川别一宫。

游燕子洞

（清）张超载

接引烦老僧，火肽奇径串。
石鼓待相抱，石乳珠玑溅。
仰视石莲花，世尊隐隐见。
炎燕在世间，清凉独拂面。
慈意满幽元，安能遍丘甸。
我乃行此中，亦能冷肽前。

鸳鸯浦

（清）吴敦仪

慈姑另是好风光，极目山高溪水长。
崇葛回环蹲虎豹，澧溇会合琐鸳鸯。
千林艳色桃初灼，一带浓烟柳半黄。
退食自公欣有暇，还将美景贮奚囊。

春日游燕子洞步邓纯老岩韵

（清）李时久

千年石洞今犹在，我值公余偶一过。
迤逦绕山浑如黛，崎岖傍水有环阿。
依人乳燕迷华屋，出谷流莺似翠萝。
欲向此中消俗虑，纷纷吏事竟如何。

游燕子岩

（清）周仲琏

层岩窈曲境全殊，一种寒香凛玉壶。
未扣铜鱼人语响，乍飘银月烛烟孤。
神工凿处连三匝，宝相悬来另一途。
径路不知谁历尽，桃源直到亦会天。

游燕子洞

（清）魏万涵

亭亭石洞耸岩阿，胜地真宜著屐过。
古道秋深青薛积，寒泉夜静白云拖。
千年老树环庵寺，半壑苍烟锁薜萝。
为问武陵迷路客，仙源风景较如何。

桃花浪暖鸳鸯浦

（清）姜炳筠

桃花依旧笑东风，满目缤纷入望红。
浪蹙鱼鳞香馥馥，涨添鸳浦暖融融。
二分春色仙源外，三两渔舟暮霭中。
却喜前川双宿处，一枝倒插水晶宫。

鸳浦渔唱

（清）秦烟章

也学鸳鸯宿浦东，琵琶洲外几渔翁。
数声低唱斜阳候，一曲遥传小艇中。
放棹中流歌夜月，乘槎有客啸长风。
老来间却丝纶手，大半生涯寄钓篷。

晓起望道人山

（清）朱佐朝

咫尺名山根未游，迷离好景望中收。
何来旧雨开诗社，却喜春风入画楼。

宿雾乍消呈好景，晨光微露豁吟眸。
待他日出纤尘净，一色平分万壑幽。

九溪舟次晚泊

（清）黄汉

片帆如画里，柳秃暮烟焚。
绿水煮红日，青山帐白云。
维舟依酒市，登岸向斜曛。
天际孤飞鸟，哀鸣亦唤群。

仙侣洞

（清）董儒修

老岩下透石禅东，今古潇然四太空。
有路不须渔父楫，无帘偏挂武陵风。
乾坤衲补经纶力，日月鞋忙造化功。
惟有蓬壶天启闭，悠悠常锁白云中。

应凤庵

（清）田金楠

数峰净微照，一寺隔曲坞。
细径秋蚓盘，枯槎老蛟柱。
突兀乱沙涌，杂袭寒箨聚。
依依都讲堂，赫赫梵王宇。
画壁垩不鲜，炉香烬还炷。
煮茗汲僧泉，供食罢斋鼓。
即此空百忧，颇足快一睹。
天竺远排仗，太华近剖缕。
中更几人在，能亚兹观古？
参佛浑无析，山堂急幕雨。

大庸古城八景

（清）庄以宽

高远鸣钟

疏钟如断忽如烟，高远峰头响暮晨。

惟有利名敲不醒，炯眸俱是梦中人。

瓦桥烟树

隔溪隐隐酒旗招，十里官程接瓦桥。
满路松林晴带雾，行人暗度马啸啸。

金沙春柳

堤畔浓荫护画楼，堤前飞絮送行舟。
东风尚并芙蓉长，锁住春江一段愁。

仙溪沙雨

溪风卷晚霞，山雨打平沙。
翳翳云垂叶，濛濛水溅花。

回龙夜钟

山寺控回龙，僧楼夜半钟。
尘寰人未醒，凉月照青松。

庸城夕照

驻马望庸城，城荒带流水。
蓬莱设戍楼，独立斜阳里。

小南京

（清）王日修

周赧坟前土已崩，玉鱼虽出总难凭；
谁看王气归燕后，早有牛羊下孝陵。

崇　山

（清）罗振鹏

崇山万古矗层云，虞代有臣周有君。
铁耳铜铉凶族鼎，金凫玉碗弱王坟。
巅开平壤千畦辟，麓绕清溪二水分。
仲默注经洪迈记，斜阳凭吊读遗文。

赤松山

（清）朱国挺

功名如敌我如仇，光影得来乃抱石。
嬴项两炬笑槁灰，韩彭一醢嗟狼藉。

便将兵法自为藏，所以禅宗只是释。
掷下夷槌读素书，存亡进退岂能役？

秋暮登回龙观

（清）戴尧典

龙山高耸接云程，会向人间绝顶行。
古寺红墙留夕照，满城黄叶散秋声。
一年容易更寒暑，百事艰难负性情。
何苦西风摇落早，遥空一雁使人惊。

九日登回龙阁

（清）樊生松

美尽东南倾野酌，峰回西北卷云裳。
茱萸笑看知谁乐，洞笛高歌愧自长。
落帽凭他夸孟客，题糕枉自说刘郎。
山僧那解游人意，未晚钟声何太忙！

回龙夜钟

（清）徐奏钧

近城杰阁倚回龙，群听中元节夜钟。
唤起九幽沉魄醒，人间秋梦尚重重。

崧梁书院

（清）赵亨钤

莲花池畔讲堂开，喜见诸生问字来。
翰墨最难忘结习，江山到处有通才。
天门峻秀饶佳气，娄水清冷绝点埃。
座里风光须领略，文章从此肇胚胎。

梦游七年寨

（清）舒敬轩

莽荡高原夕照中，伯图天险已全空。

汹汹澧水磨沉戟，隐隐飞桥挂断虹。
半壁河山劳战伐，七年成败概英雄。
宦游不尽登临感，千古兴亡一例同。
梦里重关为我开，芒蹊踏遍始惊回。
花腥战血依岩落，雨湿宵磷听鬼哀。
古木萧森跃马蹬，阴风惨暗钓鱼台。
而今胜迹分明在，惟有樵歌自往来。

望最高峰

（清）田泰斗

飞云作势上层巅，未到半空懒欲眠。
山不在高高更好，要他高耸划青天。

苦竹坪

（清）顾彩

一点苍苔一片山，喜逢忧处极跻攀。
石形似兽狞相顾，藤刺钩衣密未删。
黑虎欲来风凛凛，紫花争发涧潺潺。
由来此路人寰隔，祗许仙翁采药还。

渔阳隘

（清）顾彩

未了前坡更后坡，紫苔凌乱石嵯峨。
山当秀处人偏少，花正开时雨恨多。
野宿燃薪防猛兽，涧行扶杖拨青螺。
林间倘遇仙家弈，又使樵人烂斧柯。

游燕喜洞

（清）顾彩

谁凿青山腹内空，下临幽邃上穹窿。
悬縋直入深无底，秉烛潜行路忽通。
千古未曾分昼夜，万家兼可避兵戎。
祖龙一炬当时烈，恨不藏书向此中。

容阳形势

（清）顾彩

两崖官道夹青溪，村舍参差竹树齐。
山作铁城分内外，桥连草市辨东西。
石田耕破凭牛力，霜磴悬行信马蹄。
向晓众禽争百啭，独鸣林表是天鸡。

登秃龙古寨

（清）顾彩

秃龙洞在无人处，百尺悬崖莫敢梯。
惟有避秦人得到，饱餐钟乳听猿啼。

登小昆仑

（清）顾彩

兹山峻极比昆仑，俯视茫茫势欲吞。
览胜顿开新气象，藏书别构小乾坤。
楼通阆苑奇云锁，户逼扶桑晓日温。
却笑下文徒拟议，不知何处是修门。

万全洞

（清）顾彩

一磴悬丝下太空，巨鳌张吻白云中。
等闲雷雨无时息，万古源泉滴未穷。
侧足倚栏妨鸟路，俯身燃炬瞰蛟宫。
环楼片宇知何时，兀兀来寻鹤背翁。

宿山涛阁

（清）顾彩

景物依然聚胜园，壶天别贮小乾坤。
横云断岭疑无路，曲水流觞又一村。
草色旧邀山简骑，夕阳犹照谢公墩。
不知今日成茅店，山鬼吹灯吊孤魂。

题奉天和尚塔院

（清）何璘

不识江湖浪荡军，灵泉石甃老僧坟。
袈裟常染中原血，髑髅空衣碧嶂云。
杀气千秋猿鸟避，遗形一轴虎狼分。
九宫山下怀金印，疑冢奸雄更数君。

夹山寺上方

（唐）李群玉

满院泉声山殿凉，疏帘微雨野松香。
东峰下视南溟月，笑踏金波看海光。

土家竹枝词

（清）郑虎文

木叉架屋竹编墙，累石涂泥作火床。
生臼新炊包谷熟，全家齐坐火池旁。

游普光寺

（明）杜安

古寺远城市，老僧无世情。
幽花撩客喜，落叶少人行。
草座禅心定，竹房诗梦清。
栖迟才一日，尘虑坦然平。

吊李群玉

（唐）周朴

群玉才名冠李唐，投诗换得校书郎。
吟魂醉魄归何处？空有幽兰隔岸香。

竹枝曲

（唐）顾况

帝子苍梧不复归，洞庭叶下荆云飞。

巴人夜唱竹枝后，肠断晓猿声渐稀。

同苗郎中送严侍御赴黔中因访仙源之事

（唐）武元衡

武陵源在朗江东，流水飞花仙洞中。
莫问渔郎千古事，绿杨深处翠霞红。

游张家界

沈从文

险极腰肢寨，幽深金鞭溪。
更上黄狮寨，一览众山低。

赞青岩山

廖汉生（土家族）

野奇险秀幽，美景不胜收。
黄山武夷俊，青岩胜一筹。
一九八四年十一月

游武陵源风景区

李昌

太阳一出秀颜开，天下山水共争妍。
终夜难合长开眼，翩翩仙女下凡来。
一九八四年

游张家界国家森林公园

布　赫

怪石嶙峋草木青，悬崖峭壁杜鹃红。
幽径十里亭阁满，山歌一声震长空。

芙蓉国里多佳胜

许嘉璐

芙蓉国里多佳胜，洞有黄龙天下奇。

俯仰屡惊造化巧，往还应料鬼神迷。
葱茏尽洒青山满，蹭磴犹朝地底移。
偏爱此方天独厚，归来我亦欢嘘唏。

武陵源峰林感赋

陈国达

曾是地台浅海滨，沉砂结石广平伸。
造山揭出地洼幕，褶断诞生节理纷。
升露岩层遭水蚀，劈为崖柱顺裂纹。
万年雕镂功成渐，绣就画图稀世珍。

夜听溪声

莫应丰

人生一快事，夜听金鞭溪。
纵是群山倒，甘心碾作泥。

游张家界

曹里怀

青岩悬万丈，仙景醉千秋。
神州瑰宝盆，天下何处有。

画中游

梁上泉

清清流水青青山，山如画屏人如仙。
仙人若在画中走，一步一望一重天。
癸未年春书于张家界

题武陵源

黄永玉

奇峰九千九百九，史传宁可信其有。
老夫偶来峰前立，何必东西南北走。

金鞭溪行

彭秀模（土家族）

路下溪流路上花，溪流清浅路欹斜。
西江石壁云梯立，一夜天河浮汉槎。

赞金鞭岩

彭秀枢

神峰不与凡峰俦，拔地千寻插斗牛。
玉柱原非嬴政赶，金鞭何用巨灵修。
蟾宫折桂可援引，碧海飞升任去留。
殷纣若知此柱在，劳民不造摘星楼。

神堂湾歌

熊莘耕

神堂湾，神堂湾，袁家界上第一山。
山底奇峰九十六，若睹将军列阵出雄关。
昔有猎人缒绳三十丈，未及半崖迷青烟。
又有老翁攀藤附壁采灵药，但见千尸红桴雾漫漫。
森森冷气出其下，毒蛇巨蟒踞其间。
闻道向王力战于兹坠崖死，天生三级宝殿设神坛。
至今风雨凄其夜，犹有军声饶鼓动山峦。
神堂湾，神堂湾，说到神异心生寒!
穿蓬披棘寻幽入，独立飞崖临绝谷。
山中杜宇声声哀，惊风阵阵从天落。
孤松立崖巅，根如青铜顶如削。
杜鹃带血红，幽兰香寂寞。
日色苍凉涧水鸣，倦鸟不归愁古木。
苍崖峭壁鬼神惊，轻猿矫捷不能过。
折木投石探幽深，木石浮空久不落。
神堂湾，神堂湾，神奇险怪天工夺!
连山奔走接黄云，远近高低各不同。
仙女桥横百丈谷，猴子坡悬万木深。

莽莽苍苍浑一气，依稀远望雾蒙蒙。
步绕神堂湾，山风伴我解衣衫。
登履岩自可去，无限风光任我攀。
浩歌长啸辞此去，犹闻回声不绝响千山。

金鞭溪，迷人的溪

古 华

金鞭溪，迷人的溪，
在幽深的峡谷里，
在绮丽的峰林里，
猕猴的家乡里，
百鸟的喧声里，
青青竹篁里，
袅袅烟云里，
迷住了我，迷住了你，
如诗如画几十里。

金鞭溪，迷人的溪，
在忧愁的雾霭里，
在快乐的彩霞里，
阿哥的怀抱里，
阿妹的柔情里，
土家木叶里，
苗家山歌里，
迷住了我，迷住了你，
如醉如痴几十里。

好风景张家界

于 沙

迤逦张家界，林深景色幽。
千姿石有情，百转水漫柔。
像妙龄少女，养在深闺人未识。
人未识，多想思，只有梦中游。

轻轻推开窗，对月巧梳头。
回眸一笑，云当纱巾遮还羞。
引来多少虔诚的求爱者，
求爱者，见了你，谁还有忧愁?
好风景，祖国有你千幅画，
风景好，你有祖国更风流。

张家界国家森林公园

汪承栋

有山就有森林，有森林就有蝉鸣，
有悠扬悦耳的蝉鸣，就定会吹拂你的雅兴。
这小生命也像土家好客，
热情呼唤：迎宾!迎宾!
举目一片绿色世界，
净化游人心境。
幽深的峡谷更是挨枝叠叶，
树木有自己的淮海路、王府井。
高耸的危崖断壁，
树也能爬上去，
展绝技炫耀青春。
山奇水必险，水险出胜境。
木排是力的特写，竹筏是美的造型。
更有瀑布飞千丈，跃入你的镜头和画笔，
撞响你的诗意与激情。
林中繁花异草，缀成赛人工的花坛花径。
红鸡冠红得着火，紫罗兰紫得透明，
仙人掌碧如秋水，吊金种黄如悬金，
映溪水仙花，绕树长青藤，
甚至叶脉也绣印花纹。
色彩和色彩的拥护，
艳妆与艳妆的竞争。
来吧，海内外宾朋，森林公园袒露胸怀相迎。

昔日湘西是悲剧性的，流传的艺术却丰满清新。
请来摄取一张爱的底片，随梯田而上放歌武陵。

张家界之雾

颜家文

一夜秋雨湿了山中画图，淋得风景一片模模糊糊。
雾来了，匆忙忙追着山风，
在飞，在卷，在飘，在舞——
有时是袅袅的淡烟几缕，有时是乳白的云絮翻拂。
薄薄的，如纱如绢，
沉沉的，像海像湖——
为金鞭岩系一绺白缨，
为南天门铺一条云路，
给三姊妹罩上面纱，

托千座山峰半沉半浮。
雾，浓了，浓了，更浓了，
分不清东西南北，晨昏子午，
哪里去寻望郎峰窈窕的姿影？
何处是小溪水奔流的沟谷？
听不到悬岩上背水鸡咕咕的鸣叫，
看不见青松枝叶间滑翔的飞虎，
原始次生林里喧嚣的林涛，
也被雾霭紧紧地裹住，裹住。
雾散了，雾散了，飘飘逸逸，飞向了何处？
是顺着天桥飘向了仙宫？
是汇入了沙刀沟飞泻的银瀑？
黄狮寨一下浮上了云层，
金鞭溪把银练抛向了远处，
唯有飞云洞情意绵绵，
缠一抹白纱，似吞似吐。
朝霞起了，起了，起自山麓，
一片一片，飘过峭壁，挂上了高树，

甜梦中的酣睡者一齐苏醒，
开始了它们的游戏、欢笑和歌舞：
龙虾花在溪边的草丛跳跃，
游鱼在跳鱼潭从碧波窜出，
每一处空谷荡起一串串鸟语，
每一座石峰都在琅琅说古……
啊，舒卷、升腾、飘拂的大雾，
你使山增高，林添翠，花多样，草更绿，
谁说你曾经抹去了山景的绚丽，
没有你，怎显示这峰的神奇，山的威武？

咏张家界

覃婉玉

深闺久养未闻名，嫁出人间不老春。
慧眼多情留远客，琼肩耸翠迎来宾。

咏张家界

许士杰

五步一停画里看，千姿百态叹奇观。
瑶池何及张家界，引得花仙变翠峦。

游张家界

胡　绳

景与桂岭滇石殊，境在五岳黄山外。
上有青天不可攀，下临群峰壁立怪。
苍崖老松蟠古藤，乱石俯仰随人拜。
乃知造化无穷尽，心裁别出张家界。

武陵风光

陈卓华

武陵秀色竟如何，鬼斧神工造化多。
天子山高惊险峻，张家界美乐婆娑。

风气绮丽索溪峪，山水幽奇猛洞河。
更有迷宫稀世景，黄龙洞外勿蹉跎。

武陵源七日游

李　锐

老去何妨闲处看，春来却喜旅游先。
神奇莫过张家界，雄奇当称天子山。
溶洞无双索溪峪，风光独许武陵源。
多谢湘中诸友好，使我年轻二十年。

武陵源杂咏

王继杰

神荡魂迷自笑痴，奇峰座座惹遐思。
武陵源里游三日，胜读千篇李杜诗。

武陵源记游

徐次君

金鞭银瀑壁削峰，苍翠嵯娥薄雾朦。
鬼斧神工难点染，天崩地裂造奇雄。
云腾宾舍幻琼宇，路绕群山步玉穹。
待到黄龙归省日，洞中岁月大非同。

张家界秋游

刘逸生

不是相思不化灰，十年笑我尚徘徊。
秋霜忽降张家界，无数仙娥袖雨来。

张家界四时歌

李道文

白絮卧翠幽梦深，碧涛流水赤峰长。
丹枫金斗千山醉，琼树素花万壑凉。

游张家界漫笔

谢　华

天外仙山兴旅游，三千佳丽降神州。
意态殊俗画不出，风韵绝伦影难收。
吹气如兰消炎夏，挥汗化雨洗清秋。
相约长留人间住，惟怯烟火起重楼。

西海龙宫任我游

王道奇

只怨孔子造字疏，无词装点此山幽。
向王贺帅先人路，西海龙宫任我游。

咏张家界

丁　芒

云绕深溪雾绕峰，湘西夏日绿正浓。
青岩紫草吹鱼浪，黄石丹砂拂鹰风。
罗汉金鞭挥落日，古枫幽径醉秋红。
人生不到张家界，百岁何能叫老翁。

游张家界

石玉湘

登高拾级上苍穹，半隐如浮峰外峰。
视底溪流描地脉，望中山石夺天工。
待邀明月成双侣，已在云霄第九重。
谁说天宫岁月好，人间即此胜天宫。

重游张家界

谭佑哲

人人尽赞张家界，天下奇观在大庸。
怪石嵯峨方百里，茂林磅礴簇千峰。
三山梦境重过眼，四海云涛一荡胸。
手摘星辰看北斗，凌虚缥缈小华嵩。

夜宿张家界

田　青

如水月光染石林，宛如罗汉一尊尊。
远眺山岭迷云雾，近听溪流淙淙声。
游子亦曾识五岳，此情此景欲断魂。
今宵幽静苑中夜，他年长忆故乡人。

索溪风光无限娇

袁毅平

天上人间幻境妙，神女仙子竞缥缈。
天下奇峰共收尽，索溪风光无限好。

夏风送我武陵西

魏　巍

夏风送我武陵西，此处山水人称奇。
十里画廊看不厌，故人[①]惜未到索溪。

一九八六年六月

采药老人

屈正中

淡云斜日索溪行，石笋森森拥翠林。
采药老人应解语，当年何术慰苍生。

赞颂诗篇待我传

康　濯

屈子刘郎客朗州，歌沅唱澧久传流。
索溪深叹无缘见，赞颂诗篇待我传。

① 指丁玲。

十里画廊百态峰

康　濯

十里长廊百态峰，索溪如梦洞岩神。
珍稀虚幻谁能画，霞客为何不识君。

索溪鸟瞰

吴雄甫

风光新秀出云间，奇甲桂林岂妄言。
似梦似真龙虎洞，若明若暗神堂湾。
雄鸡引唱千山晓，猛虎啸天万壑传。
更有清波添妩媚，仙婆看罢尽流连。

嫁与索溪水

苏　叶

相去千万里，心随月色归。
来生甘作石，嫁与索溪水。

始信仙景在人间

冯　牧

云烟缥缈绕碧山，奇峰簇立武陵源。
索溪峪边黄龙洞，始信仙景在人间。

登天子山

佘炎培

削壁葱茏试比高，嵯峨重叠尽妖娆。
南天缈缈人如蚁，西海茫茫雾似涛。
贺师精诚昭日月，将军挺拔立云霄。
向王天子今何在，石卒三千守战壕。

天子山

胡绩伟

直上凌霄三百旋，蜿蜒玉带山间盘。

高才谋路愚公汗，保送凡夫上九天。

游金鞭溪

邹志强

一沟翠绿一沟峰，千仞万寻斗俏雄。
四壁削成叹鬼斧，两岸对峙醉秋风。

张家界放歌

黄 钟

傲岸犹招霸主魂，赶山溺海妄为尊。
冥顽任尔千秋妒，自有青山万古存。

题金鞭岩

李会友

巍巍石柱似金鞭，道是秦皇弃此间。
久阅沧桑留峡谷，历经风雨伴高山。
敢违君命填东海，故逞雄姿柱南天。
万劫不磨逢盛世，更将傲骨壮奇观。

登张家界黄狮寨

林从龙

风动松涛翠欲流，群峰高接楚天秋。
金鞭日出黄狮雨，潋滟空蒙一望收。

登摘星台

唐国雄

摘星台上望清虚，满目风光仙也迷。
难怪三壶无觅处，原来早隐在湘西。

登张家界望仙台

李伏波

欲问仙家何处寻？望仙台上证前因。

云遮雾锁天边路，只恐人来染俗尘。

龙凤庵

熊伯勋

龙头昂起势飞腾，凤翅展开引颈鸣。
对峙两山当驿路，犹闻刹上撞钟声。

望郎峰

田凤翔

望郎峰下送郎回，恋恋依依泪满腮。
为祝郎君休负约，飘梅时节又重来。

观夫妻岩

姜国仁

顶天立地两夫妻，万岁千秋共依偎。
春日蹦蹦风雨袖，秋光灼灼紫晖衣。
雷鸣电闪情同斗，巨浪惊涛眼不迷。
笑看双双彩蝴蝶，争花夺蜜又单飞。

神堂湾怀古

王继杰

鹃泣猿啼日色昏，神堂湾里断人魄。
五峰彷见杨家女，百仗堪悲土家兵。
幽壑深藏天地憾，浮云足惹古今情。
山川千载留奇气，长隐苍龙夜夜吟。

游黄龙洞有感

陈维昌

寻幽揽胜缓穿山，百幻千变一瞬间。
才试云梯转深谷，又缘笋柱上危栏。
阴河水急黄龙老，海石花妍乳露寒。
此日痴然惊造化，从今不向画图看。

游天下第一桥

王继杰

奇巧堪惊造化工，一桥霄汉架飞虹。
白云争涌银河浪，碧落横吹宇宙风。
山影浑如龙潜底，诗心恰似马腾空。
此时若问身何在，正在仙游梦幻中。

张家界即景

刘世善

嶙峋石笋上摩霄，连嶂排云品节高。
为护桃源仙境好，秦皇鞭逐亦徒劳。

青岩行

李 真

欲剪湘西一尺天，神工鬼斧破琼岩。
玲珑碧玉谁雕出，独具匠心妙胜仙。

赞张家界

黄素华

踏遍黄山共九嶷，峨眉五岳挥神气。
当年未得客容处，一颗明珠照楚西。

登黄狮寨

屈正中

峰多绰约开还合，云自徘徊去复来。
摄取风光千万变，黄狮寨上看青岩。

游金鞭溪感怀

杨宪益

龙女花开年复年，驱山填海亦徒然。
独夫难夺黎民志，溪上空悬霸主鞭。

游水绕四门

莫道迟

穿门别有一重天，雨后风轻四水漩。
正向幽深寻底细，不妨林暗又生烟。

上天桥

李鉴吾

人言老者上山难，我到天桥似等闲。
喜看群峰低首拜，此身疑不在尘寰。

夫妻岩

覃少英

采蕨采薇日未西，老年夫妇尚齐眉。
深山避却黄荆茨，莫待儿女挂破衣。

望郎峰

覃正炎

望郎独上望郎峰，有情无情两不同。
可怜山花偏有色，薄命红颜也是空。

兔望月

李吾田

桂子冰盘少绿苔，吴刚助我到青岩。
蓬莱只应人间有，素女为何不下来。

青岩山漫游

覃大钰

平生未到张家界，怎见青岩气象雄。
瀑破山惊承地运，峰浮云涌夺天工。
深闺千载识人少，椽笔一枝醉意浓。
路转溪回何处去，寻樵隔水问周公。

参观风景明珠张家界有感

米智华

深秋信步赏闺园，古木奇石万丈悬。
怪柱三千冲玉宇，碧溪五道绕琼岩。
向王立寨传天子，嬴政驱山话金鞭。
瞭望台前极目看，疑在九重仙阁间。

张家界南天门

曹 菁

千寻峭壁凌空出，一柱倾身向壁挨。
老树伸枝邀客坐，秃墩含笑待君来。
俯惊雾海神针动，仰挹浮云鸟道回。
听罢清蝉送别曲，从容扶杖上仙台。

武陵源

沈 鹏

云遮雾罩一似巫，列障嵯岈隔世殊。
不是东风催日暖，何人深闺识灵珠。

游天子山

羊春秋

风雕雨刻几经霜，天地长留此画廊。
妹妹有情连翠袂，将军无语立斜阳。
向王庙食终寥落，望帝魂归已杳茫。
万壑松涛来四面，似闻金鼓逐沙场。

采药老人

田 波

栉风沐雨在深山，慰彼苍生不计年。
忘我精诚终化石，长留灵迹颂高贤。

登黄狮寨

全汉铭

黄狮寨上喜遨游，到处松杉曲径幽。
点将台高生杀气，南天柱耸现河图。
龙宫舞女披云锦，定海神针插斗牛。
四面凭栏舒望眼，风光尽在险峰头。

登黄狮寨摘星台

刘梦华

才过铜墙铁壁来，又登危石摘星台。
千寻翠谷苍龙卧，万仞奇峰鬼斧开。
风卷松涛山欲裂，云飞洞口鸟难回。
金鞭势欲腾空舞，扫尽林间曲附材。

咏金鞭溪

梅幼先

山回路转入画屏，溪水叮咚动客听。
夹道浓荫翡翠绿，当天峻岭紫檀馨。
长吟玄鬓迎初夏，短跃锦鸡夸彩翎。
都说青岩胜玉阙，千峰缭绕护湘灵。

百仗峡怀古

曾祥伟

奇峰如剑刺青空，遗迹犹陈古阵容。
遍地名花添异彩，参天古木壮英风。
已消祠宇云烟外，如值身心鼓角中。
百仗雄关喋血地，斜晖永照义旗红。

三姊妹峰

满国良

思凡结伴出闺房，姊妹清居万仞冈。
霞作衣裳云作帐，天为冠冕地为床。

任凭秦汉沧桑变，哪管元明剑戟扬。
大梦醒来天地换，方知当代胜虞唐。

游索溪

朱柳村

朝辞羊角趁鸡鸣，一路春风入幻程。
十里长廊悬画卷，百层霞彩映清泓。
黄龙通海神堂舞，宝凤飞天高峡平。
若得仙桥逢帝子，驼铃中夜梦长征。

索溪峪

陈维昌

灵秀来天地，飘然独出群。
泉水高峡隐，山压乱云分。
鸟语传幽壑，仙机透石纹。
醉人何必酒，一览一回醺。

观西海

陈维昌

西海何磅礴，凌虚作壮游。
寒凝深谷静，翠耸老猿愁。
断续英雄梦，幽明草木秋。
洞云回首处，今古足风流。

武陵源

范敬宜

当年沧桑忽腾烟，涌出万峰柱蓝天。
华夏名山三十六，最奇最幽是此山。

游武陵源

[泰国]米猜·立初攀

日月晨辰洒玉辉，锦绣沧海成桑田。

造物神女弄巧手，共献人间武陵源。

漫步十里画廊

杨名鑫

水复山重十里长，传神画卷挂高岗。
令人一步三回首，真想安家在此乡。

游宝峰湖

王继杰

谁见空中荡画船，索溪峪里有奇观。
梯悬百丈通苍宇，坝耸千寻锁碧涧。
雾绕云飞山隐约，峰回路转水萦环。
轻舟短棹穿波去，随鹤思邀蓬岛仙。

游宝峰湖

杨厚福

不问渔夫不问樵，天梯插入楚云霄。
登临闸顶扁舟荡，坐看千峰浆里摇。

宝峰湖即景

汪曾祺

一鉴深藏锁翠微，移来三峡四周围。
游船驶入青山影，惊起鸳鸯对对飞。

索溪行

汪曾祺

索溪峪自索溪峪，何必津津说桂林。
谁与风光评甲子，黄龙石笋正生孙。

游黄龙洞

刘人寿

九曲黄龙自蜿蜒，不知飞去是何年。

银涛雪浪曾为海，玉宇琼宫别有天。
洞里遨游忘岁月，世间名利等云烟。
恨无李白生花笔，一写腾蛟起凤篇。

黄龙洞

顾建国

水昌河畔挂悬河，直泻飞流百丈多。
他日轻舟浮绿漾，石琴山畔听新歌。

登天子山

吕 永

才谒湘妃墓，又攀天子峰。
珠帘垂古洞，玉柱挺云空。
对景言难状，联诗韵易穷。
盘桓天欲瞑，犹醉画图中。

骆驼峰

陈国安

车入群山翠霭中，眼前突兀骆驼峰。
流连休虑苍穹坠，一柱南天万壑宗。

游天子山

黄玉英

几度朝阳又夕阳，惯经风雨惯经霜。
识贤辅政追红拂，仗剑从军待向王。
长听杜鹃啼望帝，永依斑竹泣娥皇。
擎天意志空千古，史册长存一瓣香。

御笔峰

王道齐

天子山头御笔峰，铁毫万丈向苍穹。
何时蘸得银河水，洒向人间写大同。

水调歌头·游张家界

王自强

游罢索溪峪，又上青岩山。匡庐阳朔风物，好共此同看。叠嶂层峦簇拥，铁柱金鞭峭立，高插楚云端。始信蓬莱境，犹自在人间。

穿林壑，坐奇石，听流泉。鞋穿杖折衣湿，偕老竞登攀。更立黄狮寨上，一望茫茫无际，顿觉此心宽。异景留人住，倦矣不知还。

清平乐·游张家界

梁昌武

云雾缭绕，花香鸟语早。南国奇峰何处找，青岩山上独好。

千峰穿云高耸，万顷松杉葱茏。石林百态千姿，金鞭碧水淙淙。

折桂令·登天子山

覃大钰

秋深独上天台，雾涌峰藏，风卷云开。山顶青松，眼前沧海，足下蓬莱。

剪取霜枫添画卷，衫铺石凳卧苍苔。把酒清溪，对景长歌，一洗尘埃。

念奴娇·黄龙洞

杨少颐

龙王何去？却空留，地下神奇宫阙。拾级回旋穿壁过，来去几经腰折。蓦地豁然，横空百丈，援壁通天穴。水昌宫里，王乐璁炫耀明灭。

神雕玉笋三千，擎天高柱，矮石如冰洁。溪涧泛舟泉滴翠，深处碧波寒彻。峭壁平丘，纵横阡陌，风展千层雪。洞中仙境，笑迎天下游客。

临江仙·宝峰湖

刘沛生

雾绕天梯依碧障，应连玉阁琼楼。梯端隐隐有清湫。

为添银汉水，百代逝悠悠。

自是松乔来往地，波澄岛秀林幽。兴酣惜又解归舟。

奈无丹篆籍，未许此中留。

寄生草·泛舟宝峰湖

羊春秋

万仞层峦滴翠，一湖清水流碧。青山每与船依违，白云常共水游移，绿杨时逐波高低。画不出它百般奇，写不出它十分媚。

附录七　张家界市散文名篇荟萃

游天门山记

（清）王师麟

永定胜状，在天门一山，境之与人相值也，保无生此而虚此生乎！癸酉秋，予年垂六十，回忆少而壮，壮而老将至，日与此山相对，未尝一游览肆志焉，不几虚此生耶！于是乘兴而往，僮仆载酒相随，行十余里，客有携躐屐者，执袪偕行，石径盘纡，已乃牵薜萝，披荆棘，石蹬留云，山藤碍帽，纡回鸟道，忘其力之疲也。小憩天门，眼界一空，有超出尘俗想。兴酣，复与客蹑云梯，登玉堂绝顶，四顾豁然，惬人心目，见夫仙溪环其麓，灵泉出其巅，龙头现端，凤尾呈祥，仙人笔架诸峰，以及龙雷龟蛇之洞，积翠堆蓝，含烟喷雾，奇形幻状，皆收入顾盼中。少顷，风发泉涌，喟然有感，顾谓客曰："昔吴莱有云，胸中无万卷书，眼中无天下奇山水，未必能文。予至今而始信也。"客曰："文章之道，在取材于古，笙簧六籍，肴馔百家，奚事劳劳登陟放意纵情为哉！"予曰："不然，读书以培其根柢，游览以活其天机，由是发为文章，乃克擅夫越山倒峡之长。是山也，郁积磅礴，于澧为特奇。其积翠堆蓝，即文章之花团锦簇，摛艳薰香也；其含烟喷雾，即文章之经液史膏，云蒸霞蔚也；其朝晖夕阴，即文章之千变万化，光怪陆离也；其风发泉涌，即文章之汩汩滔滔，汪洋恣肆也。触于目而会于心，得诸心而应诸手，若子长之驰骋古今，颖滨之停蓄渊涵，东坡之一泻千里，其彰彰矣，子又何疑焉？"言未既，家僮举酒属客，且酌且谈，相与尽兴而归，并为此记，以待质夫后之能文章而览斯山者。

游夹山灵泉记

（清）许湄

邑之清泉、福田及花薮、花山诸寺，山中之名胜也。巉岩荆棘中，得此憩息而眺览，亦曰"苟如是，足矣"。而山之奇特，僧阁之幽峻，门径之迂回，两山相夹，别有天地，则以夹山为称首。非亲履其地，而得诸传闻仿佛间，其与耳食何异？

戊子春，以公事息肩于此。层折逶迤，引人入胜。寺南清池广二亩许，澄波洒然。入山门，登大雄殿。考之碑碣，知创于唐，为善会禅师卓锡于此。其题句有“猿抱子归青嶂岭，鸟衔花落碧岩泉”，亦足想见其磊落风致，能会上乘法者。青嶂岭南即碧岩泉，泉极甘美。遂登大悲殿，层级而上，至方丈地，过涌花亭，不啻司空图白马观之游，令人心地清凉也。乃知天造地设，自然之真境，常在人间，而卤莽灭裂者不能历其藩翰，况阃奥乎！故佛氏以入山而知性之至空，儒家以入山而悟理之至实。后之游览者，请高着眼，均作夹山观可也。是为记。

奇山异水张家界

刘晓平

在张家界山奇、水奇、云奇、石奇、树奇以及珍禽异兽之奇中，山奇居首。没有山奇，水奇则无源，云奇则无依，石奇则无托，树奇则无被，珍禽异兽之奇则无藏身之所。

张家界山奇，举世公认，为世人所瞩目。清华大学教授、著名园林学家朱畅忠说：“张家界乃天下第一奇山。”作家孙荪则赞它“纳黄山桂林之美，融匡庐南岳之秀”。世界著名的香港摄影家陈复礼先生的摄影作品《山之鹰》曾获得英国皇家摄影作品奖。得奖后，他曾对世人说：“《山之鹰》所得的荣誉，有一大半是张家界的。”据说张家界开发之初，陈先生每年均在张家界待上一段时间，最长时间达三个月之久。他拍《山之鹰》，曾带帐篷食宿在腰子寨的“老鹰嘴”下三天三夜。就在那雨后放晴之时，山中云雾缭绕，“老鹰嘴”隐没在林海雾幔中，一如雄鹰作展翅欲飞之状。恰在这时，一只苍鹰翱翔而来，夕阳辉映，好一幅双鹰比翼、相互衬托的山鹰图！刹那间，陈先生按下了快门。从此，英国皇家摄影艺术馆就留下了一帧珍贵的不朽作品。

张家界山奇，奇在自通灵性，在众山的陪衬中突出自己。当年吴冠中先生被朋友怂恿去那里写生，沿途看到的是黄土衰草，只有黑白羊群是最为醒目的色调；山不高，无非是一般的丘陵地貌，他不禁为之心凉。可是，就在车拐了数十个弯之后，地貌大变，峰峦陡起，绿树叠翠，完全是一个奇异幽深的世界。吴先生的“第一个反应是联想到桂林与黄山。这里的秀色不让桂林，但峰峦比桂林更神秘、更集中、更挺拔、更野！”

张家界山奇，奇在俯仰皆成故事，横侧都是奇观。黄石寨之雄，腰子寨之险，金鞭溪之幽，朝天观之秀，畲刀沟之野，各个景区皆有其独特。奇妙无比的武陵砂岩峰林是张家界山奇之精华，没有其峰林，整个张家界便失去了意义。三千峰林，神态惟肖，各不相同，“以人为喻，有如将军之指挥若定，夫妻之久别重逢，姊妹之联袂话旧，儿孙之罗拜于膝下。以兽为喻，有若虎之引吭怒吼，鹰之振翼高飞，狮之南面称王，猴之北上觅食”。青梅竹马的“夫妻岩”，相依相偎，窃窃私语。就这样，他们亿万年来，共同承受风雨霹雳，共同享受欢乐幸福，解悟人生，同味甘霖。“千里相会”多像一对走出樊篱的情侣，千里迢迢，呼天抢地奔到一起，不顾羞赧，不顾陷阱，拥抱在一起互诉衷肠，大写了爱的勇气和力量。

旅游事业突飞猛进的发展给游客多角度审视张家界的艺术美学价值提供了条件。我曾坐直升机环张家界上空俯览群山，又增添了一种全新感觉。飞机低空飞行时，只见石峰林立，竞相争奇斗艳，欲刺蓝天；飞机上升后，眼底云雾隐去了山的轮廓，只见云海之上，石柱林立，褐色的石英砂岩峰林在阳光照耀下熠熠生辉；在云海澎湃升降间，雾幔缭绕，一幅蓬莱仙境的写意；在我们坐飞机返回时，回首再看，只见云海浩浩渺渺，三千奇峰，高低参差，一个魔幻之城的轮廓。我不曾见过海市蜃楼，但我想海市蜃楼不过如此，可这是一个实实在在的海市蜃楼。

有人也许会说：张家界缺少水景。我说：错了。水不在深，不在多，不在满眼水的世界。张家界的水虽不及肖复兴先生称为“水之经典”的都江堰和九寨沟，但是张家界之水岂一个“异”字了得。

世上丽水秀水晶莹之水清澈之水恢宏之水浩瀚之水，各有胜地；张家界则是异水的胜地。世上大大小小的水库建于河谷盆地者众，却很难看到建于山顶上的水库，张家界偏有“磨子峪”“卸甲峪”两个山顶水库。它们既容清清细流，也汇聚桀骜暴戾的山洪；不管是如何水干天旱的年份，游张家界您不必担心用水难的问题。每到“秋水共长天一色”的季节，您会看到两个山顶水库亮如明镜。天空有一片云彩，水底有一个月亮，那是多么令人陶醉、富有诗意的宁静恬淡之水啊！

张家界水之异，更异在一条金鞭溪。金鞭溪的上游是琵琶溪、花溪、畲刀沟、楠木溪等数条多姿多彩的溪流。一到春天，它们即汇集密林泉水、山涧瀑流，净亮如哈达，透澈如水晶，飘然而下。其他季节，它们躲躲闪闪，在卵石中悄悄细语，结伴而行，就像一群快乐的孩童，无忧无虑。而一到金鞭溪，它一瞬间变得胆大和爽快，大大方方却依然清清亮亮，那么纯真，那么洁白无邪，细语清唱，宁静地走向远方。金鞭溪是一条诗化了的溪、一条仙境般的溪。当您坐在温暖的溪边岩石，眼底是珠玉四溅的水花，风在两岸的青枝绿叶上飘摇。疲惫的心境，一路的劳顿和凄惶，便如流水一般远去。

恍惚中，鸟儿衔一节青枝栖于您的额上，陪您一同静观水底之鱼。有鸟鸣的婉转，远远近近地传来，似抑抑扬扬的柳笛；也有斑斑点点的帆影，有星星般闪烁的渔火，出现在您想象的氛围中。满溪自由自在的水，伴一颗若无其事的心，让您联想起雨季溪水丰盈、旱季江鸥飞翔的情景。奇异清纯的溪边，您自由自在地看鱼，鱼自由自在地看您：这是一份多么富有禅意的心境啊！

张家界还有两处水景是值得一写的。一是鸳鸯瀑，一是鸳鸯泉。鸳鸯瀑水景虽小，落差却高达 70 余米，可谓气势不凡。因为志同道合的那一份情缘，不管前程坎坷多少，不管自己是多么渺小羸弱，也不管是悬崖或是死潭，就那么相携纵身一跃，成为警喻人生的奇观。鸳鸯泉水量也不大，却总是那么成双成对，不计较恩恩怨怨，两相映照，作无地之恋，长相厮守。据当地人说：无论天崩地裂，鸳鸯泉从没干涸过，清清如许，饮之如甘霖。若夫妻反目不和，只要喝了鸳鸯泉水，就会和睦如初，共享人生欢乐。

张家界山奇水异为世人称道，引无数游客如痴如醉，不知有多少文人墨客竞折腰。作家魏巍游张家界时，我有幸相伴。魏老年寿虽高，却豪情不减，边走边看，竟吟诗一首：

夏风送我武陵西，此处山水人称奇；

十里画廊看不厌，故人惜未到索溪。

文化张家界

戴楚洲

驰名中外的旅游胜地张家界天钟灵秀，地毓神奇，民族历史悠久，文化积淀深厚，堪称历史文化名城、文化资源富饶之地。

张家界名胜古迹星罗棋布。数千年来，各族祖先筚路蓝缕，留下了许多价值连城的文物古迹，丰富了张家界风景名胜的文化内涵。全市发现的二十多处石器时代遗址证明远古时代溇澧流域已有人类繁衍生息。四千年前，驩兜部落被舜帝放逐澧水崇山之后，融合于土著人之中。春秋战国时期，清江流域的巴人流入溇澧两岸，织賨布，敲錞于，跳巴渝舞，敬白虎神，使得“下里巴人”闻名古今。战国时期，楚国大夫白胜带着一批楚人在溇澧交汇之处修筑了白公城，带来了先进的楚文化。因此，文物专家在张家界市挖掘出数千件楚人文物。1987 年，慈利县零溪村出土楚简一千多枚，为全国发现数量最多的楚简。2003 年，慈利县石板村发掘战国墓葬三百多座，出土铜器等珍贵文物两千多件，实属全国罕见。楚国诗人屈原游览沅、澧二水后，写下了“沅有芷兮澧有兰”“遗余佩兮澧浦”和“遗余褋兮澧浦”等千古绝句。从此，诗家词人，不辍披吟；山水文章，竞相辉映。东周末年，秦军进攻东周朝廷，末代天子赧王被迫献地。周赧王驾崩后，大周遗臣把他迁葬在风水宝地丁家溶。唐代著名诗人王维饱览澧水风光后，写下《赧王墓》一诗："蛮烟荒雨自千秋，夜邃空余鸟雀愁；周赧不辞亡国恨，却怜孤墓近驩兜。"现在，张家界市城区还有赧王山四十八堆遗迹。秦始皇统一中国后，在白公城设置了黔中郡慈姑县。西汉高祖初年，改黔中郡为武陵郡，分慈姑县为零阳、充县。三国永安年间，嵩梁山岩崩成洞如门，武陵太守钟离牧速上京城禀报。吴国皇帝孙休视为吉祥征兆，于是赐名天门山，并析武陵郡置天门郡，郡治设在今张家界市城区。五代后唐处士周朴隐居天门山，作诗《天门南楼》二首。元初，土家学者田希吕首创天门书院于天门山麓。从此，本境文风渐起，诗赋迭出。元代至治年间，天门山翰林杨翀按照十六峰名分别赋诗一首，使天门山广泛传播。元代至正年间，翰林张兑登上天门山后，在《题天门山图》诗中赞道："天门洞天云气通，江东峨眉皆下风。"因为本地两位翰林赋诗赞美天门山，开了元明清诗人墨客歌颂天门山的先河，所以描绘天门山的诗歌多达数百首。清代康熙年间，隐居天门山的胡世安观赏断山桥、足迹岩和天门洞等奇异景点后，写下散文名篇《游天门山记》。明朝初年，土家首领向大坤在天子洲建邦称王。明太祖派遣将士前来索溪峪镇压。向王天子被逼到神堂湾，跳崖就义。土家儿女为了纪念民族英雄，建了三座天子庙，供奉"向王天子"塑像，并把青岩山改称为"天子山"，武陵源风景区保留了锣鼓塌、万岁牌、插旗峪、御笔峰等与向王天子有关的风景地名。为了加强对少数民族的统治，朝廷设置了永定卫和九溪卫。明清时期，一些文官儒将发现索溪峪为天下奇观，竞相题诗撰文。明代万历年间，永定卫通判夏子云写下名诗《游百丈峡》："远山凝碧洽幽襟，小径牵萝度积阴；峰似劈成侵紫昊，磴当悬绝夹青林。独冲飞雪轻轩过，谁伴寻之古峒深；不为忧时勤使节，结庐何惜买山金。"万历年间，永定卫指挥使节张国将督工，把九永兵备右参政胡桂芳的古诗"峡高百丈洞云深，要识桃源此处寻；戎旅徐行风雪紧，谁将兴尽类山阴"镌刻在百丈峡石壁上，保存至今。党的十一届三中全会后，大湘西各级党委、政府开发了张家界、索溪峪、天子山、杨家界、五雷山、天门山和玉皇洞石窟寺等名胜古迹，使张家界成为中国第一个国家森林公园、第一批世界自然遗产、第一批国家地质公园和第一批世界地质公园。

张家界民族文化丰富多彩。古代巴人融合濮人、蛮人、楚人形成土家先民后，尚武善战，人才辈出，军界要人，名垂青史。荦荦大者，东汉精夫相单程揭竿起义，朝廷数次征剿不克，伏波将军马援徒叹奈何，马革裹尸。尔后，东汉溇中覃儿健寮云寨聚义，攻城夺地，旌旗蔽野。南宋慈利县人雷德进追随钟相、杨幺起义，拥有土家山寨四十寨，宋军闻风丧胆，草木皆兵。明代土酋覃垕覃家城首义，茅岩河布阵，铁马秋风，吹角连营。明代覃尧之、向世瑛、向国用、唐仁率领土兵勇赴东南沿海，抗击边疆倭寇，取得舟山大捷。近代郭宏升、席大成、刘明灯、孙开华等土家将领誓死反帝，血战疆场。辛亥革命狂飙突起，杜心五、谷壮猷、孙道仁、唐牺支反对封建帝制，建立不朽功勋。共产党成立后，贺龙、贺锦斋、廖汉生、袁任远、范子瑜、向汉生大批溇澧子弟创建红军，南征北战，为建立中华人民共和国做出历史贡献。中华人民共和国成立以来，各级民族工作部门识别百万大众的土家成分。土家族人穿土家服装，吃土家饮食，住土家转角楼，过土家节日，保留了土家婚育丧葬习俗。盛行摆手歌、梯玛歌、哭嫁歌、情歌等土家歌谣，流传《向王天子》《彭公爵主》《覃垕王》《田好汉》等土家故事。土家音乐吹木叶、吹唢呐、咚咚喹、打镏子犹如天籁之音扣人心弦。土家舞蹈摆手舞、铜铃舞、跳丧舞、龙灯舞热情奔放，刚健有力。土家戏曲茅古斯、傩愿戏、花灯戏、阳戏原始古朴，引人入胜。土家工艺挑花饰品、土家织锦、木雕石刻、竹编用品琳琅满目，惹人喜爱。土家古镇苦竹寨、九溪卫古城封火墙古建筑鳞次栉比，石板街古色古香，为游人访古提供了如诗如画的人文景点。土家族企业家覃基星、杨刚年维修了张家界老院子和土家风情园，打造了民族文化游览线路，使市城区形成了土家文化景观三足鼎立之势。

张家界宗教文化源远流长。“天下名山僧占多”，张家界也像全国名山大川一样遍布寺庙宫观。唐代，峨眉山高僧旦子和尚奉唐肃宗敕令前来天门山创建天门山寺，并铸一把龙首七星宝剑，上刻“天门山玄帝祖”六字，作为镇山之宝。唐代名将尉迟敬德驻军慈利九溪时，创建兴国寺，共建金刚殿、大雄宝殿、梅花殿，现为省级文物保护单位。宋代，铁禅祖师刁圭奉旨在宝峰山创建宝峰寺，在天王殿山门边刻着一副门联：“庙貌更留昭下土，神灵常显护众生。”2002 年，武陵源区宗教局为宝峰寺颁发了登记证书，使之成为索溪峪知名的佛教名胜。明代永乐年间，永定卫指挥使雍简主持修建了普光寺，共建大雄宝殿、罗汉殿、观音殿、文昌祠，集儒、释、道于一体。2003 年，湖南省佛协副会长释怀梵根据省政府文件，把普光寺恢复为佛教活动场所，成为张家界市城区宗教文化景观。唐代，卫国公李靖登上慈利五雷山顶，只见周围五条山岭俨如“五龙捧圣”，于是草创道观。元代至正年间，慈利县籍翰林、编修张兑重修真武庙。明代万历年间，神宗皇帝封五雷山为“洞天福地”，常德荣定王和澧州华阳王遂将宫观修成三十六宫、七十二殿。清代，张兑后代接管五雷山，所有宫观除金殿、观音阁外，概被称为“内八家”和“外八家”。五雷山既是道教圣地，又是文人骚客游览胜地，唐宋以来，吟咏五雷山的诗赋多达百首。唐代诗人王维游历五雷山后，留下《五雷山燕子龛禅师》名诗一首。近年来，慈利县政府修复了五雷山二天门、金殿、文昌阁和财神殿。1995 年，五雷山道观被省宗教局定为全省重点寺观教堂。宋代咸淳年间，名道何无瑕创建紫霞观，共有三官堂、三清殿和祖师坛三座古建筑。近年来，道教信徒修建了三清殿、观音殿、关圣殿、玉皇殿。现在，紫霞观被省旅游局列为 AA 级旅游景点。1916 年，大庸县创建了基督教福音堂。1997 年，张家界基督教信徒筹资修复了福音堂，成为湖南最大教堂，被湖南省宗教局公布为全省重点寺观教堂。

田家大院琐忆

戴楚洲

旅游胜地张家界市城区唯一保存至今的土家族古建筑“田家大院”位于鹭鸶湾大桥东侧，始建于清代雍正年间，是地质学家田奇镌故居，还是国务院原总理朱镕基就读的校园。“田家大院”建筑风格融入土家族和汉族的文化元素，为封火墙庭院式建筑。“田家大院”雕梁画栋、飞檐翘角，是富有土家族特色的毕兹卡民居，享有“湘西地区第一宅”美誉。古色古香的“田家大院”共有四十多间居室，建筑面积近五千平方米，故被湖南省政府于 2006 年公布为省级重点文物保护单位、被国务院于 2013 年批准为全国重点文物保护单位，成为民族文化底蕴深厚的知名人文景观、影视拍摄基地。

“田家大院”是饱经沧桑的土家文化神秘古宅、展示窗口。清朝初期，大庸绅士田三聘开办学馆“古荆书室”，聘请名师主教，事业有成。民间有首歌谣专道田姓家族显赫家世：“大庸有个田三聘，两个儿子八个孙；八大槽门千担课，半数男丁取功名。”田三聘次子田起瑗饱读诗书，以秀才荐为京师国子监贡生，后来成为土家富豪。人到中年，田起瑗已有四子。于是在 1723 年雇请本地勤劳而有智慧的工匠修建“田家大院”，共有八大槽门、一百六十多间房屋，建筑面积共计两万多平方米。四周外墙为青砖砌成的“封火墙”，用于防火、防盗；其内以木梁建造，以榫卯巧合而成。中间建有五进三厅，两侧设有四十间厢房。墙壁为木制雕花，用于采光、通风。两侧串连四个石板天井，盛水作为消防之用。“田家大院”历经约三百年风雨剥蚀，幸存至今的主体建筑仅有一个槽门、三层堂屋、四个天井、四合围墙、三十多间居室。“田家大院”展览的土家族人生产生活的文物珍品琳琅满目，丰富多彩，既有犁、耙、锄头、粮仓、箩筐、提篮、背篓、糍粑钵、陶坛、瓷器、铜器、银器、火坑、坐桶、鼎罐、铜壶、抬盒、酒担，又有神龛、祖先塑像、橱柜、衣柜、木箱、土家雕刻、八斗天窗、太师椅、八仙桌、织布机、土家挑花、绣花精品、土家服饰等，其厚重的文化底蕴极具文物价值和旅游价值。据说，紫荆堂上金碧辉煌的匾额“宝婺增辉”还是光绪皇帝的御匾呢。“本源居”里的土家族五滴水雕花床由黄杨木和梨木雕刻而成，仿照土家族转角楼的五层排水屋檐而制作，床边的鞋袜衣架也是土家雕刻奇葩。“慈辉居”是媳妇卧室，夫人床中间雕一幅石榴图，是早生贵子、多子多福的意思。上面设置“斗”形天窗，除通风透光外，寓意田家子孙才高八斗。“淑德堂”是田家女眷聚会场所，也是当家夫人处理事务的地方。成年女眷在这里教女儿学知识，学女人手工艺。“作坊屋”保留加工粮食的碓码和石磨。碓码用来舂米，石磨用来磨粉子和推豆腐。“纺织房”织的民族工艺品土家织锦用作被面以及小孩的窝被、盖裙，也是姑娘陪嫁之物。

“田家大院”是传承儒家文化的书香世家。田起瑗治家严谨，教子有方。院子大门两边刻有一副对联，上联是“诗书留后”，下联是“孝悌传家”，就是田起瑗亲笔题写的田氏祖训。在田起瑗引导下，子侄发展成为书香门第、八大豪门。据不完全统计，田家大院在清朝中后期共生男丁百余人，参加科举考取功名者达四十多人。1919 年，土家青年田奇㻪走出田家大院，考上北京大学。他曾在湖南创建省地质调查所，历任所长，撰写专著《湖南泥盆纪腕足类》，被地质学界誉为“田泥盆”。他还应邀参加开国大典；1955 年任中国科学院地学部委员，即今中科院院士；1963 年，国务院总理周恩来任命田奇㻪为国家地质部地质矿产司副司长、总工程师；1957 年当选为第三届全国人大代表；从 1960 年起，负责全国矿产储量委员会工作，成为新中国地质学界卓有成效的领导人之一。清末举人田运厚长子田奇瓒从日本早稻田大学毕业后回国任北伐军军法处处长、湖南省政府参议。后来创办工厂、发展教育。抗日战争期间，长沙兑泽中学师生为避战乱，于 1940 年迁到大庸县西溪坪田家大院。该校 73 班学生朱镕基也迁到田家大院就读。田奇瓒接纳兑泽中学师生，并且亲任该校国文教师，与朱镕基等学生在战火纷飞年代结下难忘的师生情缘，成为知名的教育家。为了纪念兑泽中学迁徙历史，遂把这里改为“兑泽斋”。1990 年，时任上海市委书记朱镕基对参加上海全国旅游交易会的湖南硬气功师说：“我在你们大庸读过书。”2001 年，国务院总理朱镕基视察张家界市时，深情地凝望着田家大院。回京以后赋诗一首，情系故园：“湘西一梦六十年，故园依稀别有天；吉首有材弦歌盛，张家界顶有神仙。”其中，“故园”即指朱镕基少年时代求学的田家大院。

“田家大院”房主走过漫长而又坎坷的保护之路。田家大院自清初创建近三百年来，历经水灾、战乱等天灾人祸，宅基竟然基本稳定，这是游客关心的谜团。“田家大院”西边澧水在此依势形成S形状；民国24年（1935年），澧水暴涨，田家大院完好无损。“田家大院”前面排列三座奇峰，好像插在笔架上的三支笔，名叫插笔峰。田家大院从无火患之忧，得益于本地大师易家德运用《易经》设计的“六合网捕雀防火法”。中华人民共和国成立初期，房主田奇瓒把兑泽斋交给解放军某部，不久演变成为大庸县西溪坪区公所办公用房，主体建筑得以保存。“文化大革命”时期，因为革命委员会驻所的特殊性躲过被破坏的劫难。虽然久经风雨，依旧保存完好。改革开放以后，随着区域经济发展，西溪坪区公所新建了办公楼。1983年，大庸县政府领导为了保护田家老屋，商请县民政局负责人购其为西溪坪光荣院，沿用到2003年。

田家大院历经艰辛开发，方有新世纪的繁华。2003年，慈利县土家族画家张立鼎夫妇离乡背井，倾其家产，成立张家界老院子旅游文化公司，并邀请我策划开发张家界老院子。我利用下班时间和双休日，拟定开发方案、命名景点，撰写张家界老院子简介资料和导游词。慈利县土家人老杨和赵阳等人集资数十万元仅能装修房间、安装水电以及消防设施。老院子开发初期，各家银行不愿为之贷款，经济拮据，境况窘迫。有个星期六，我为讲解员讲课后，食堂师傅给我和数十名讲解员每人打了“豆渣”，作为中饭。虽然我难以下喉，但是看到老院子员工克服困难、艰苦创业的干劲，想到旅游企业管理人员的疾苦和精神，我默默地咽下了创业者的“辛酸”和“泪水”。正是张立鼎夫妇这些令人敬佩的土家群众创造了张家界市旅游开发历史！2005年，由于债台高筑，张立鼎夫妇不得不忍痛割爱，把老院子转让给罗建辉、覃基星和满华维等土家族企业家进行租赁经营。经过规划和维修，按照国家旅游局制定的AAA级旅游景区标准完善田家大院五重飞檐门楼、戏楼和土家餐饮石头房店等旅游设施。历经磨难，走过曲折，报经张家界市政府和永定区政府同意，于2006年重新开放。该公司投资开发田家大院及其附近土地，将其建设成为集旅游、休闲、度假为一体的仿古群——田家大院旅游文化城。现在，旅游界、文化界参观游览“田家大院”的游客逐年增加，经济效益和社会效益逐步提高。2007年，田家大院以其典型的民族建筑风格成为反映湘西人民抗日的巨片《血色湘西》拍摄地。湖南卫视首播抗日大戏《血色湘西》以后，看到“田家大院”演绎的生动感人故事，我哭了；欣赏湘西地区如画的民族文化景观，我醉了！“吊脚楼上歌伴酒，小背篓中梦醉人”，是湘西地区民族风情的真实写照。随着电视剧《血色湘西》热播，“田家大院”的精美画面红遍大江南北，给了全国各族同胞美的享受、爱的激情。

新桃花源记

戴楚洲

南朝宋武帝永初三年（422 年），“隐逸之宗”陶渊明听到进入关中的故友讲述百姓逃避秦时战乱而隐耕武陵山区的传说，创作千古名篇《桃花源记》，把乌托邦式的理想社会称为“世外桃源”，使桃花源成为世界著名旅游胜地。之后，韩愈和苏轼等历朝历代诗文大家竞相吟咏桃花源，留下丰厚的文化遗产。近年来，无数文人墨客分别描绘桃源县、酉阳县、鹤峰县和永定区的“桃花源”，各执一词，都有依据。其实，“桃花源”在陶渊明的心里。如果要说“桃花源”在哪里，也可以说“武陵处处桃花源”。位于湘鄂渝黔交界之处的武陵山区广袤千里，山环水复，中多迷津，桃花处处有之，寻到一条孕育希望的桃花小溪确是轻而易举之事。被史籍称为“天下奇观”的索溪峪也是“桃花源”。唐代诗人李白就说：“功成拂衣去，归入武陵源。”唐代诗人王维写道：“居人共住武陵源，还从物外起田园。”古代诗人笔下的“武陵源”就是人间仙境桃花源的代名词。

在龙年阳春三月一个风和日丽的日子，我和张家界市作家协会采风作家且歌且笑，缘溪而行，忽逢桃花林，夹岸数百步。但见屋舍俨然，花桥翘角，筒车悠悠转动，仿佛在唱迎宾之歌。依山傍水的黄龙洞生态广场竟有数亩肥沃的田地、清澈的池塘，金黄色的油菜花儿艳丽诱人。田间小路纵横交错，土家族转角楼之间往来耕作的农人和前来游览的游客显得非常快乐，好一幅人与自然和谐相处的武陵风情画卷啊！

次日，我们游览了索溪峪部分景区。旅游名胜索溪峪地质独特，地貌瑰丽，山奇峰秀，谷幽水碧。西南部西海、神堂湾、十里画廊、百丈峡、宝峰湖、一线天和白虎堂等景区耸立千百座石英砂岩峰林，闯眼突兀，奇甲天下。东北部仙花宫、黄龙洞和观音洞为石灰岩溶蚀而成的岩溶景观，石柱、石花千姿百态，琳琅满目。索溪峪呈盆地状，四周高，中间低，山、丘、川并存，峰、洞、湖兼备。这里山奇、峰秀、谷幽、水碧、林古、洞奥，依自然态势分为西海、十里画廊、百丈峡、紫霞观、宝峰湖、黄龙洞、观音洞和中国大鲵生物科技馆 8 条游览线，共有 200 多个景点。

十里画廊位于索溪峪风景区西北部，原名干溪沟，长 5.8 千米，为一狭长峡谷，一溪中流。峰谷两侧群峰环列，造型各异，组成一幅幅天然雕塑画。雕塑家钱绍武称其为“一条天然雕塑杰作的群像陈列长廊”。诗人黎盛鸣游毕赋诗：“奇峰争起闹长空，百态千姿造化功；秀谷清溪十里路，游人多少画廊中。”游客乘坐十里画廊观光电车可见转阁楼、向王棺、轿顶峰、猛虎啸天、猴王嘹哨、寿星迎宾、夫妻抱子、采药老人峰、众女拜观音、向王观书、海螺峰、三姊妹峰、锦鼠观天、诗女岩和将相峰等景点。

高山湖泊宝峰湖是以水为主的风景区，被誉为“世界湖泊经典”“人间瑶池”。宝峰湖位于索溪峪风景区南部，因背靠佛教圣地宝峰山而得名，总面积为 274 公顷，由鹰窝寨和宝峰湖两大景区组成，集湖光山色于一体，融民族风情于一身。宝峰湖群峰环抱，山清水秀，湖长 2.5 千米，总面积达 30 公顷。湖内碧水一泓，水光潋滟，野寨险嵬，山色空蒙，奇峰绿树尽映湖中，呈现出美妙的山水画。游人乘坐游艇环湖，可见石门迎宾、孔雀开屏、山歌船、金蟾含月、笑面佛、神游峰、半脸八戒、回音壁、娃娃鱼岩、二蛙闹春、金龟出水、情人桥、鳄鱼岩、仙女照镜、鸳鸯岛和留客松等景点，还可听到土家民歌和“宝凤夺窝”的故事。

早在明清时期，索溪峪已成为九溪卫城通往永定卫城关隘，地理位置非常显要。黎昌韩、褚延泰等文官武将竞相游览观光，撰文题诗，挥毫赞绝。明代弘治年间，《岳州府志》最早描写百丈峡风景区：“流泉峻急，古木槎枒。”明代万历年间，永定卫通判夏子云在《百丈峡》中写道：“寻常山里数青峰，玉笋成形插楚封；涧道冻云沉白日，寺门长坂度疏钟；古苔一望迷幽壑，峭壁千年挂老松；玉垒匡庐曾浪迹，巨灵移岳此重逢。”清末，土家诗人吴肇端写了《咏索溪浴》等八首描绘索溪峪美景的古诗。清末，土家学者吴愈材考察索溪峪山水风光以后，撰写极有价值的《索水志》和《不息园杂诗杂记》，留下优美的土家族竹枝词。古诗《索溪峪》写道：“路似羊肠水似弦，夕阳斜照半山烟；遥遥谷口横云处，怪石嵯峨乱插天。”现在，百丈峡“明代石刻景点”还可看见明代进士于越书写的“百丈峡”三个字以及明代嘉靖年间九永兵备右参政胡桂芳名诗：“峡高百丈洞云深，要识桃源此处寻；戎旅徐行风雪紧，谁将兴尽类山阴。”

自古以来，索溪峪云雾缭绕，好似蓬莱仙境。居住在转角楼寨子里的土家祖先用土家语言把这个云山雾海命名为“索溪峪”，其汉语意思是“雾大的山寨”。北宋祥符年间，慈利土酋互相仇杀，宋真宗诏命澧州知州刘仁霸前往慈利宣读安抚百姓圣旨，派遣将士修筑索溪峪等五个寨堡。元朝初年，铁禅祖师刁圭创建宝峰寺。明朝初年，慈利安抚使覃垕首举起义大旗，明太祖派遣江夏侯周德兴率领大军镇剿，战斗在百丈峡展开。先锋覃添顺之妻易淑贞边让褡裢中的婴儿吃奶，边舞宝剑杀出阵来，像砍高粱巅一样，砍掉覃垕战将田大等人头颅，易淑贞因战功被封为“褡奶夫人”。故《光绪永定县乡土志》载：“明时征覃垕至此，壁上有摩崖书百丈峡三字。”明代洪武年间，土家首领向大坤在天子洲，吹角齐军，建邦立帝。朱元璋速派楚王朱桢等将领前来镇压，在接火桥接火。向王天子从仙女桥退至神堂湾被迫跳崖自尽。土家后代在相天湾修建向王天子庙，庙门上端书有“向王宫”三个字。

党的十一届三中全会召开以后，改革开放春风吹遍三湘四水。慈利县委、县政府及时开发索溪峪旅游资源，大力建设旅游基础设施。1988 年，国务院批复组建武陵源区，区政府驻索溪峪。1992 年，联合国教科文组织将武陵源风景名胜区列入《世界遗产名录》，成为中国首批世界自然遗产。从此，索溪峪成为武陵山区“新桃花源”，成为国际旅游目的地。旅游产业日益壮大，旅游文化日益繁荣，旅游收入日益增长，土家人民日益富裕，迈上全面建成小康社会之路。

慈利探古

戴楚洲

武陵山脉东部边缘，澧水如英俊男子，溇水似靓丽女儿，跨越千山万岭，在鸳鸯浦相汇，孕育出历史悠久、底蕴深厚的慈利县城，那就是我魂牵梦萦的故乡。调离故乡二十年来，我常查阅明清时期五种版本的《慈利县志》，也常梦回故乡。龙年仲夏，我真的重回故乡，专程探索内涵丰富而又厚重的慈利历史文化。

秦代澧水第一县

在慈利县民族局副局长谭军生带领下，我们进入古色古香、具有民族建筑风格的慈利县博物馆。商周时期是澧水民族文化繁荣期，目前勘查的慈利县商周遗址已有数十处。各种文物之中精彩夺目的莫过于出土的春秋战国时代兵器剑、矛、戈、戟、钺、钲、铎和錞于……各种兵器陈列在慈利县博物馆展览柜里，仿佛还能耳闻目睹那已远去的刀光剑影、鼓角铮鸣。品种齐全的兵器让慈利县赢得“战国兵器库”美誉。

据慈利县博物馆考古专业人员吴贤龙考证，慈利县是多民族聚居之地。春秋战国时期，濮人、巴人、楚人等民族在溇澧两水相汇之滨，互相交流，互相激荡，融合成为“多元文化”。高桥镇、溪口镇和甘堰土家族乡等乡（镇）发现“濮人”崖墓多处。零阳镇石板、零溪两村交界的黄土岗上共有战国、汉代古墓 1 000 余座，挖掘战国、汉代古墓 300 余座，出土陶器、铜器、漆木器和竹简等文物数千件。石板村楚墓葬出土的战国简牍共计 4 371 枚、2 万多字，为湖南省迄今出土楚简数量最多的一次，内容记载楚国与越国历史事件。澧水流域流传楚简，证明中原文化已经深入楚境。龙山县里耶镇出土的秦简轰动全国，为研究秦朝历史提供文物。而慈利楚简对研究春秋战国时代历史文化有着重要意义，二者均为珍贵文物。

从秦代澧水流域第一县，到不断析为越来越多的县份，慈利县就像曾经风光的家族，在人类历史发展历程中颠沛流离，沿着澧水东流方向，历经一次次撕心裂肺的过程。公元前 221 年，秦始皇经过多年征战统一中国，分天下为三十六郡，隶属于黔中郡的慈姑县出现在史籍中，这是澧水流域第一个建制县。慈姑县因盛产慈姑而得名，唐代诗人元稹诗云："小片慈姑白白香，山云草荒新叶长。"慈姑即指此物。辖地广袤的慈姑县管辖澧水流域诸县以外，还包括现在的华容、南县以及湖北省鹤峰县、公安县等地。慈姑县县治设在今慈利县零阳镇太平居委会官塔坪，这样的历史持续 10 多年。慈利县文物局局长孙凯告诉我们：官塔坪仍有秦代慈姑县古城址。2011 年，湖南省委、省政府批准慈利县城北扩建设项目，慈姑县古城址又将复兴昔日辉煌。

汉高祖刘邦夺取天下，改黔中郡为武陵郡，庞大的慈姑县被析为孱陵、零阳、充三县，划归武陵郡。零阳县成为慈利县第二个名字，零阳县治迁至澧水南岸（在今慈利县政府、县烟草局一带）。隋统一中国后，于开皇十八年（598 年），改零阳县为慈利县，因"土俗淳慈，得物产利"而得名。自此，1400 多年间虽然偶有变动，但是这个名称固定下来，延续至今。如此梳理慈利县建置沿革，是想说明慈利县是澧水流域置县 2230 多年以来历代不废、没有断代的古县。

九溪卫古城堡

次日，我们驱车 45 千米来到九溪卫古城。位于慈利县城西北的江垭镇九溪村是座古老"边城"，因周边有大河溪、南斗溪、鲁阳溪、索溪、仁石溪、张马溪、输赢溪、喝堡溪和斗溪九条溪流汇集于此，故得此名。九溪卫古城堡呈弧形，一湾碧绿漤水绕城而过，滋润富有特色的土家族古民居。

北宋时期，土家先民在此地修筑"索口寨"。明太祖朱元璋于洪武二十三年（1390 年）设置"九溪卫"，下辖安福所、麻寮所、添平所、澧州所以及桑植宣慰司，统治澧水流域少数民族。同年，九溪卫指挥吕成、韩忠等人采木伐石，始筑卫城，创建卫署，屯兵把守。清代康熙年间，又驻"九溪营"，副将李承恩率兵修葺完善。

九溪卫署古城共有四个大门，四门城上，各有高楼。东门称"朝天"，南门称"迎薰"，西门称"定边"，北门称"拱极"。文人学士常来九溪游览名胜古迹，或者凭吊今古，留下百余篇诗文。明代作家孙期亿观赏仙侣洞以后，写下《仙侣记略》。明代吏部尚书郎陈世蕴巡视九溪卫，登上南楼远眺，咏《登九溪城南楼》诗，称九溪"饶歌鼓吹咽江流，小队元戎此胜游；天设画图山远近，地蒸岚气树沉浮"。南北城门保存完好，南北城墙芳草萋萋。从江垭温泉度假村驱车五分钟，便可到达九溪卫城北门。北边残留长达千米的城墙全用石头、砖块垒就。沿溇城墙如弯弓，南北街道似长箭。如果踏上九溪石板古街，仿佛进入悠长的时光隧道。在卫城街巷绵延民居中，可见百年老宅、木雕窗、封火墙等10多栋明清时期土家建筑。2011年，九溪卫古城被湖南省政府公布为省级文物保护单位。

九溪卫城建筑林立，庙宇甚多，有兴国寺、文昌阁和文庙等29处。兴国寺位于九溪古城北部，坐北朝南，依山共有五进和两口明钟。历代文武官员、迁客骚人游此，多有题咏。明代工部尚书周叙《兴国寺》诗中有“玉阶得进三分地，挽转唐虞第一流”名句。现存梅花殿造型美观、精湛技艺，八角出檐，翼角上翘，故被湖南省政府于1983年公布为省级文物保护单位。

溇水南岸状似蜈蚣的江垭镇素有“箭射蜈蚣”美喻，南、北两岸之间有南门渡口。江垭镇与九溪古城隔河相望，因地处索水、溇水交汇为溇江垭口而得名。九溪卫儒学教授黄汉《九溪舟次晚泊》所描景致为“片帆如画里，柳秃暮烟焚。绿水煮红日，青山帐白云”。现在，已被湖南省政府公布为省级文物保护单位的江垭古街从溇江至跑马场，长达1.5千米，包括用麻石铺路的东河街、丁字街和兴隆街等商业古街保留了陈能宽故居和唐承厚宅院等土家族古建筑。

近年来，慈利县政府开发江垭风景区，包括九溪卫古城、兴国寺、龙王洞以及溇江漂流等景点。江垭镇政府投资100多万元，完成“九溪卫古城恢复重建项目”规划，江垭旅游度假区项目也已得到湖南省政府批准实施。

明清澧水名埠

慈利县溪口镇位于澧水中游，因位于杜家溪汇入澧水之口而得名。《民国慈利县志》记载：“溪口者，蒙杜家溪口以为名也。”境内地势由东南向西北倾斜，重峦叠嶂。西北濒临澧水，山势稍低，间有渡坦、桃坪、杜坪等开阔平地。

溪口镇是以土家族为主的少数民族聚居区，是可与永顺县芙蓉镇媲美的文化古镇，历史文化悠久，土家特色鲜明。溪口镇发现了先秦时期土家先民的璞榔岗遗址和樟树塔遗址。桃坪村璞榔岗遗址采集有新石器时代的钵、杯、器盖等。杜坪村樟树塔遗址商周时期采集有鼎、罐、釜等。

明朝初年，奉江夏侯周德兴之令屯兵的明军裨将朱思济因剿慈利县九都覃垕王龙岩寨而修筑溪口城堡，溪口曾经出土明代城建碑文。溪口城堡沿河而建，青石板铺成的街道美丽而又神秘，明清时期土家建筑古朴而又大方。修建于清代的望江亭，春江花月，渔歌唱晚。修建于清代光绪年间的杜家溪

“土家族木屋花桥”，四角飞翘，雕梁画栋。民国19年（1930年），建溪口镇，直到如今。数百年来，吸引许多商贾、水手、文人骚客光临。在磨得光亮的青石板街道上漫步，仿佛穿越历史时空。溪口古镇一排土家族吊脚楼充满诱人魅力。石板老街，光滑透亮；楼台庭园，鳞次栉比；馆堂铺点，目不暇接。土家歌、纤夫吟、打糍粑、饮酒会，传承数百年，构成迷人的民族历史画卷。

溪口镇澧水长潭就像伸出长臂挽着恋人脖子缠了1.5千米。唐代著名诗人张九龄游览溪口九渡以后，写有长诗《九渡仙楼》。唐代澧县诗人李群玉留下佳句：“两溪交口拥圣地，卅里长潭绕镇流。”溪口三十里长潭，风光优美，相映成趣。河岸绝壁土家族悬棺葬为稀世之景，如今依然如故。

早在明代，溪口就已成为澧水名埠，商贸十分发达。清代光绪年间，约有货船60只，主要运输土家特产到外地，再运回盐巴、布匹、南货以及百货等生活日用品就地销售。这里商店鳞次，经济繁荣。每逢场期，热闹非凡。溪口商家生财有道，善于经营，为了搞活生意，每年6月23日举行“关夫子会”，开展打蜈蚣旗、扎“故事”灯等文化娱乐活动，吸引四方客商来做生意。中华人民共和国成立前，一些跑津市、下洞庭的船只带着鱼腥归来之后，水手们把船往土家族吊脚楼石柱一系，裸出肌肤融入脉脉含情的情妹怀里。不一会儿，吊脚楼上溢出喝米酒的碰杯声和娇滴滴的嬉笑声，这种情侣生活在沈从文散文中也有叙述。沈从文称赞：“天下风光哪儿秀，我爱溪口吊脚楼。”

透过溪口镇众多遗迹能够嗅出历史的血雨腥风。1934年冬季，贺龙领导的红二、六军团战士在此建立溪口区、乡苏维埃政权。1935年，萧克率领红二、六军团主力出师溪口镇棉花山，迎击郭汝栋纵队，打响棉花山阻击战。凭吊溪口镇红色文化旧址，会让游人感受战火洗礼，受到爱国主义教育。

土家族古村镇掠影

戴楚洲

土家地区各族祖先筚路蓝缕，以启山林，创造了辉煌灿烂的文化，留下了里耶镇、王村镇、罗依溪、洗车河、浦市镇、江垭镇、溪口镇、王家坪、大庸所、廖城、两河口和苦竹寨等大批多姿多彩的古代村落。龙山县里耶镇和石柱土家族苗族自治县西沱镇已被国家文物局列为中国历史文化名镇，恩施市崔家坝镇滚龙坝村已被列为中国历史文化名村。永顺县王村镇和列夕乡芷州村已被湖南省文物局列为省级历史文化名镇（名村）。通过发展旅游产业促进古代镇村的保护与开发是中国各地保护古代镇村所采用的通行办法。一座座古镇村不仅是古代建筑，而且是民族历史文化的载体。2008年，国务院公布了《历史文化名城名镇名村保护条例》。因此，张家界市各级文物部门亟待引起对古村镇的重视，积极向上级文物局和建设局申报历史文化名镇（名村）。

湘西四大名镇之一里耶镇是位于酉水河畔的古代交通中心，溪口台地已经出土新石器时代文化遗址的石器和陶器，并且发现战国城址和汉代城址。战国时期，楚国在此修建梯形城墙，以防秦国、巴国的军事威胁。2002年，湖南省文物考古研究所专家对龙山县里耶古城进行了抢救性发掘，出土了石器、陶器、铜器和铁器等大量珍贵文物。特别是一号井出土了36 000枚秦代简牍，是我国最为丰富的秦朝档案，成为我国继西安兵马俑以后秦代考古的惊世发现。里耶古街形成于明清时期。这里舟船络绎，市井繁华，飞檐商铺鳞次栉比，南北货物琳琅满目。老城区石板街光滑幽深，土家族转角楼摩肩接踵；新城区马头形封火墙灯光通明。2002年，国务院把里耶战国古城列为全国重点文物保护单位。2003年，湖南省政府把"里耶-乌龙山"定为省级风景名胜区。土家语地名"里耶"汉意是"辟地""开垦土地"。明代，土家祖先在此建有八部庙、土王祠和婆婆庙等建筑，着落湖摆手堂供奉"八部大王"。清代，修建了文昌阁、关帝宫、青平寺和雅鹿庵等建筑。里耶是巴楚文化交汇点、秦汉文化沉积带。厚重的历史文化和浓郁的土家风情使里耶成为继凤凰古城之后又一处富有民族特色的名胜古迹。

芙蓉镇，原名王村镇，坐落在永顺县酉水北岸，是汉代酉阳县治，是具有2000多年历史的土家名镇。自古以来，王村因舟楫之便而被称为"酉阳雄镇"，是酉水重要的水码头。明清时期，王村达到鼎盛时期，商铺、商栈多达数百家。青石板铺就的五里长街依山傍水，古色古香。古街两旁的土家族转角楼飞檐翘角，错落有致。湘西民俗博物馆中的"溪州铜柱"是五代后晋天福五年（940年）楚王马希范与溪州刺史彭仕愁争战盟约的历史见证，是研究土家族的重要史料，是国务院公布的首批全国重点文物保护单位。王村土家民居多为木房瓦屋，或为封火墙屋，沿街商号门面共有300多家，另有观音庙、玉皇洞、福音堂、文昌阁等宗教建筑。王村是土家艺术之乡，沿街可见土家族茅古斯、摆手舞、打镏子、西朗卡普、土家服饰、土家小吃、土家工艺品、土家特产等土家文化旅游项目，观赏土家婚嫁民俗表演。王村还是影视拍摄基地。宁静的自然山水、厚重的历史文化使无数文人骚客产生创作灵感，沈从文、黄永玉、谢晋等艺术大师给这里留下了誉满文艺界的经典作品，著名电影《芙蓉镇》让全国观众为之激动。《湘西剿匪记》使世人记住了美丽而又神秘的湘西。

龙山洗车河镇是活生生的土家民俗博物馆，是土家族原生态文化保护区。静谧安祥的明清古镇、原汁原味的土家文化在这里凝集成一幅古风盎然的风俗画、一首意蕴隽永的风情诗，故被载入《中国古镇羊皮书》。土家语“洗车河”原称“席泽”，汉意为“草河”。洗车河流域曾经出土的石器时代遗址、商周时代遗址和巴人遗物虎钮錞于证明先秦时期已有土家先民繁衍生息。洗车河镇是著名的桥镇，全靠土家族凉亭桥大河桥、小河桥把因两河汇流而形成的丫字形三岸连为一市，以水运优势而繁荣数百年。建于清代乾隆年间的大河桥系木廊式凉亭桥；建于清代光绪年间的小河桥系两台凉亭桥。土家先民用硕大的青石在沿河三岸砌成东平街、湾子湾、小河街和坡子街。洗车河镇主要建筑为土家民居，土家族转角楼或雄峙高崖托几重烟树，或澄影碧潭摇一江灯火。临河宅院都有龛子环绕、木栏相围。多情的土家妹子有时伸出窗口，窥视过往客船。明代土家诗人田奎曾经描写洗车河畔的诗情画意：“家家临水作岩楼，半是村街半是浮；十八小娥槛内秀，停舟坐看上滩舟。”

古老的边城江垭镇是宋代索口寨遗址，是明清时期九溪卫城驻地。明朝初年，朝廷在此设置九溪卫，辖安福、麻寮和添平 3 个千户所。故《民国九溪卫志》载：“卫城在慈利县治西北九十里，二十一都，宋索口寨遗基也。”九溪卫城建筑林立，庙宇甚多，知名的建筑有兴国寺、文昌阁等。虽多已毁，但是城中仍然保留明代部分建筑。九溪卫城原有四个石拱大门，各门之上均有城楼。城里设有卫署、经历、儒学等官署。九溪古城石拱南门和北门仍然保存完好。南城门的明代青砖宽大厚实，城墙与城门两端相接，系用大块砂岩叠砌而成。北城门保存完好，并存一段长约 1 500 米的古代城墙。古街以古城中心形成十字街，分为东、南、西、北四条街道。全城格局如故，明代构架仍可追寻遗痕。穿过南城门，踏上九溪古城石板老街，仿佛进入一条悠长的时光隧道。绵延相接的土家民居可见封火墙、木雕窗、百年老宅和钟鼓楼等古代建筑。南岸状似蜈蚣的江垭古镇素有“箭射蜈蚣”美喻，古街石板绵延，木屋老店林立。随着江垭平湖游、江垭温泉、索水漂流的成功开发，九溪古城逐渐成为游客访古探幽的人文景观，成为张家界市东线旅游溇江景区的“看点”。

千年古镇旧司城坐落在桑植县两河口乡，历史文化悠久，文化底蕴深厚。北有被澧水环绕的八宝山，山腰为汉代墓群遗址。元代元统年间，桑植宣慰使向仲山在两河口旧街修建砖木结构的土司衙署，共有七进土司宫殿。从此，十几代桑植土司王在此统治各族人民。虽历五百余载，城址如今犹存，仍有“城门口”“衙门口”“主事殿”和“赛马坪”等古地名，仍然可见粉墙黛瓦的残垣断壁及数十栋土家族封火墙古建筑。世居古城的百余户土家族人珍藏着古老的八步牙床、西朗卡普、木雕石刻、竹制筒车、背篓、石磨、水碾、风车等生产生活工具，保留着舍巴歌、梯玛歌、哭嫁歌、哭丧歌、薅草锣鼓歌、跳丧舞、铜铃舞、茅古斯和傩愿戏等土家习俗。古老的土家文艺为旧司城蒙上了神秘的色彩。

张家界市永定区温塘镇茅冈村为茅冈土司衙署遗址。世居此地的土家覃姓祖先辛勤耕耘，使其曾有昔日辉煌。明朝初年，土家首领覃添佑当上茅冈土司王后，在茅冈市修建了土司衙署“七进王堂”，里有三宫六院、箭台、戏台，共计 7 个天井。街市依水而建，王堂依山而造，条石砌墙，块石铺地。司城东部“覃氏园林”融人工建筑于自然景观之中。茅冈古市还有回龙阁、观音阁、大朝山寺、云朝山寺、观音山寺等建筑。如今茅冈自然景观仍能给人古朴之感，温阳关、黑松关或砌石为堡，或筑土为墙。

永定区王家坪镇石堰坪村是国家生态民居博物馆、湖南省少数民族特色村寨、湖南省旅游名村。根据住房城乡建设部、文化部、国家文物局、财政部印发的《传统村落评价认定指标体系》(建村〔2012〕125 号)，传统村落保护和发展专家委员会进行了第一批中国传统村落评审认定，湖南省张家界市永定区王家坪镇石堰坪村等 648 个村落进入第一批中国传统村落名录。石堰坪村古建筑群是一个历史悠久、具有土家特色的土家村寨，是一处四面环山、中为平地的土家族建筑群，堪称土家民居一绝，是湖南省保存较好的土家村寨，是中国少数民族民居建筑经典。石堰坪村土家族建筑建于清代、民国时期，建筑格局为组合式转角楼群。全村现有 182 栋土家族转角楼。其中，重点保护建筑 85 栋。石堰坪村转角楼有两种风格：一种是清新雅致的“挑廊式”，一种是相对粗犷的“干栏式”。挑廊式转角楼位于丘壑冈峦、临水峭壁之旁。干栏式转角楼以群山、河滩为衬托，成群成对。石堰坪村土家族人长期生活在山区，受生活环境和生产方式影响，土家建筑表现为屋脊、山墙、门窗、栏杆、柱础等处的饰物和装饰图案。转角楼构造高低错落，形式多样，有“7”字形、“山”字形、“一”字形、“双手推车”等造型。

武陵野菜琐记

戴楚洲

俗话说：“靠山吃山”。旅游界专家还把“吃”列入旅游六要素呢！于是，武陵山区各种野菜成为国内外游客争相品尝的风味名菜。

武陵山脉自古以来盛产野菜。武陵野菜养育了一代又一代土家先民，丰富了土家饮食文化。群山逶迤的武陵山脉山珍野菜取之不尽，吃之不竭。野藠、野蒿、蕨菜、荠菜、薇菜、野芹菜、野苋菜、野山菌、鱼腥菜、马齿苋等应有尽有，香味俱全。清代《道光永定县志》曾经记载的物产有藠、百合、枞菌、枸杞菜、石耳、香椿、蕨、葛、地米菜、竹笋等野菜。清代永顺土家诗人向晓甫写的竹枝词《山味》描述了武陵山区野味丰富的盛况："三月山蕨初出芽，松林七月菌生涯；秋园红熟果累累，白面狐狸味更佳。"清朝末期，武陵地区流行挑葱习俗。每年清明前后，百花开了，野葱长了，燕子南归了，猫儿喊春了，少男少女坐不住了。姑娘们穿着满襟衣，背着小背篓，三人一群五人一伙，一路春风一路歌，挑挖野葱上山坡。清代光绪庚子之年，武陵地区灾情十分严重，延误种粮日期，土家百姓被迫上山采摘野菜，以葛为粮，苦度饥荒。古诗《竹米颂》反映了这一悲惨史实："大运悠悠兮不齐，风雨五十兮愆期；禾黍无兮群悲苦，采蕨葛兮聊充饥。"

20世纪60年代，国家实行计划经济政策，禁令市场买卖大米。我的家乡覃家城每年只能为国种植棉花，屋前屋后南瓜藤都被当作"资本主义尾巴"割掉了。慈利县粮店每月仅供少量陈米、玉米。我家姊妹多，根本吃不饱。我们有时中午吃苞谷面糊，晚上喝枸杞菜稀饭。半夜过后，饿得睡不着觉。红太阳出山时，我就爬上屋后山包，在枞树林里寻找枞菌，发现菌蔸像竹蔸，捡了又长。我暗暗高兴，天天迎着朝阳，踏着秋霜，在一些老地方找枞菌，每次都能捡到小篓枞菌。有时，用点土家腊肉炖枞菌汤，味道鲜美极了。童年路上有欢乐也有悲伤，最令我难忘的是采蒿遇蛇、死里逃生的惊险经历。土家民谣说："三月三，蛇出山；做蒿粑，扎蛇眼。"有年三月三，晨光闪耀，万物复苏。迎着晨曦，沿着小路，我爬上了屋西山坡。坎下一丛肥嫩野蒿挂着晶莹的露珠，仿佛向我招手。我昂着头跑下去，踩着一条腿粗的大蛇。我的双脚一滑，滚下了几十米的山坡，下面还有几百米的悬崖。正在险象环生的时候，一蔸椿树拦住了我的身躯。惊魂稍定的我望着下面悬崖峭壁，想着上面毒蛇追踪，边哭边逃，边跑边喊，顺着斜坡，飞奔下山。从此，我对香椿产生了深厚的感情。长到十一二岁时，我跟着堂兄堂姐，哼着小调《一笔写东南》和《郎从门前过》等山歌，爬上孙文镖师杜心五隐居的饭甑山附近挖野藠和百合，用野菜度过饥饿的日子。《菜花香》一诗是我童年艰苦岁月的写照："豆花开后菜花香，小麦青青大麦黄；野菜和根渗汤煮，贫家又是半年粮。"故乡的山水啊，你把我养大；家乡的亲人啊，你教我做人。日复一日，年复一年，历经千辛万苦，我走出了山乡，考进了城市。放寒假回家时，我惊奇地发现家乡山包的老松、古樟没了，犹如和尚秃头。父亲告诉我责任山分到户后怕别人偷树，各家砍掉了责任山的树木。我迫不及待地爬上山包，看见菌蔸枯死了，情不自禁地流了眼泪。松柏苍翠的家乡青山啊！猴年马月才能恢复你的本来面貌啊！

大学毕业以来，我虽然长期工作在城里，但是仍对野菜情有独钟，仍然保持着艰苦朴素的本色。每年春暖花开、莺飞草长的季节，我都买几把椿芽，用开水煮后，再拌霉豆腐汁吃。逢到五一黄金周，我就带着妻子，唱着《九岭十八岗》和《唱起山歌送情郎》等情歌，去张家界郊区山包上挖野藠，边挖边唱，情趣盎然。妻子把野藠洗净晒干切细后，腌在陶坛里。每逢周末，我就买回一条活鱼，清炖藠儿腌菜，味酸而香，既增食欲，又促消化。有时，我又炒些马齿苋、鸭脚板等野菜。看着孩子吃得津津有味，我就讲童年故事："爸爸小时爱吃野菜，那时不仅买不到米，还买不到书。现在改革开放政策好，市场物资丰富，你要多吃野菜多读书啊！"没想到孩子竟诙谐地说："你在童年就有绿色食品吃啊？我们在学校里想吃无公害蔬菜还没有呢！不是打过农药的菜，就是加过色素的菜，真可悲呀！"是啊，在原生态食品畅销的新时代，不仅张家界广大市民爱吃野菜，大多数海内外游客也津津乐道。饭店里、酒店里野菜供不应求。宴席上鱼腥菜茎上有节，惹人垂涎。咀嚼之后，即有散热、消肿作用。旅游市场的无限商机启迪了旅游从业人员，实施旅游带动战略找到了新途径。武陵山区土家农民纷纷挖野菜，取葛粉，运到城里销售，以为收入。张家界宏富食品厂生产的野葛粉获得了湖南省第四届农博会金奖。张家界九天食品公司制作的山竹笋、葛根粉获得了绿色食品认证。因葛根粉有清凉下火、利尿解酒、降低血压等功效，故被列为湖南省湘西地区开发产业项目，多次被中央电视台、省电视台报道，市场前景十分广阔。张家界市数千家商店里摆放着上万种野菜食品，既有消费者信得过的名牌产品"张家界野生三宝"——野葛粉、野蕨菜、野岩耳，又有葛根酥、蕨根糕等包装美观的深加工精品。这些旅游企业生产的旅游商品成了旅游产业的坚实支柱。

愿武陵地区研制驰名的保健食品！愿天下游人饱尝鲜美的野菜佳肴！

土家地区交通钩沉

戴楚洲

武陵山区山峦起伏，绵延千里，山高坡陡，溪河纵横。交通不便，运输艰难。道路危险，只宜背负。千百年来，历代土家祖先修路架桥，制造工具，或乘船捕鱼捞虾，运送货物；或背着"背篓"行走山道，背出板栗和红薯，背回大米和布匹。土家传统运输工具背篓品种多，用途广。孩子长大以后，就用竹篾编织"丽背篓"。土家姑娘出嫁，要用"花背篓"作陪嫁。女儿生了小孩，娘家送个"儿背篓"。摘玉米、小米，则用"高背篓"。砍柴就用"柴背篓"。扯猪草、背杂物要用"胯皮背篓"。赶场、走亲时，男女都背背篓。古代描写背柴的竹枝词反映了土家先民的艰难生活："采薪妇女善持家，足上山坡手绩麻；步入深林脚小息，干柴满肩出烟霞。”又云：“丁丁伐木向高岭，担荷斜阳下茂林；好共负篓城市去，卖钱买米度光阴。”

武陵山区古代交通只有水路交通和陆路交通，交通一直是土家地区经济文化发展“瓶颈”。水路交通滩险水急，礁石接踵，险象环生，行船维艰。澧水岸边的两河口、南岔、苦竹寨、温塘、永定古城南门河街、溪口、岩泊渡、慈利县城北门口等码头是客商和土家人往来的交通要道。陆路交通古靠飞栈驿道勾连。元明清时期，许多商人和军人从慈利县经垭门关，沿着栈道至军邸坪；后经百丈峡进入水绕四门，穿金鞭溪，越化香坡，落野鸡铺，抵达中湖，形成古代“峡谷街市”奇观。

水路交通，最初使用木筏、木排、竹排。之后，发明了独木舟。舟楫起源，最早可以追溯到原始社会廪君部落的“土船”。宋代朱辅在《溪蛮丛笑》中说：五溪“蛮地多楠，有极大者，刳以为舟”。后来，发明了有骨架的木船，如搬搬船、鸬鹚船、划子船、乌篷船、厚板船、木帆船、机帆船、渡船、渔船、蛇船、龙船、彩船、歪屁股船、舵笼子船和驳船等。古代竹枝词描写了土家人在永安渡赛龙舟的热闹场面：“永安渡口戏龙舟，画鼓彩旗汗漫游；未识锦标谁夺得，替郎欢喜替郎愁。”又云：“水声鼎鼎鼓声张，齐上龙舟打浆忙；最是健儿身手好，锦标队里过端阳。”在澧水行船，多靠拉纤撑篙。土家汉子边摇桨，边唱澧水船工号子、九澧船夫曲，把桐油、茶油、茶叶、药材、木材、木炭、木雕、木桶、土漆、土碱、牛皮、铁矿等土特产品运出洞庭湖，经过长江，销至江浙一带；又从长江下游运回海盐、海带、丝绸、棉纱、布匹、陶瓷、铜器和煤油等百货商品。桥梁建筑有石拱桥、岩桥、木桥、三板桥、竹缆桥和铁索桥等。石拱桥有独拱桥、多拱桥，独拱桥两头砌石堡，一拱横跨溪床；多拱桥中间砌石墩，拱拱相连。小溪上面，土家先民架有“木屋花桥”。花桥墩上木廊只有一层，或者一层一檐。桥面上建廓者，意在保护桥梁免遭雨淋朽坏，又可供路人小憩。土家花桥设计独特，装饰华丽，由桥墩、桥廊两大部分组成。桥墩用岩石砌成，以桐油石灰或水泥缝合，呈梭子形上下排列。墩子铺设桥木，以柏树、楠木为佳。桥木上面再铺横板，厚约6厘米。横板比桥木宽，两边等距离形成飞悬之势。花桥核心部分是桥廊，架在横板上，由木质柱梁组成。要立中柱、立檐柱，两头边缘处立亮柱，上穿棋筒架过梁。檐柱下脚部分安装坐板，亮柱下脚部分安装靠板，中间形成过道，宽2米至3米。桥廊建设注重土家风格，屋脊堆制罗汉，四方飞檐翘角。翘角上有的搬鳌鱼，有的做喜鹊。土家花桥是民间工艺经典，有能力设计、施工的匠师不多。此类桥梁佼佼者，当推龙山县洗车河花桥、桑植县仓关峪贺龙花桥、慈利县溪口花桥、印江县汪家沟共济桥、德江县楠杆花桥、思南县筑溪佛圆桥、松桃县大路花桥、石阡县汪河花桥和永定区马头溪花桥等。龙山县洗车河镇“洗车河花桥”由清代乾隆四十五年（1780 年）绅士萧家霖等人倡修。桥有三孔，为石磴木面花桥。桥顶画有太极图形；两边桥帘刻有各种花纹；走廊两边建有木栏杆，并设平板坐凳，便于休歇。德江县楠杆花桥建于清代道光二年（1822 年），长 15 米，宽 5 米，木质桥面巧建三重檐、四角攒尖顶长廊。其廊造型颇为特殊：底层为歇山顶长廊，顶层为攒尖顶阁楼，上层、下层两侧增建两个悬山顶屋面，空间组合灵巧，建筑层次丰富，视觉效果良好。花桥长廊之所以如此修建，与其特殊功能密不可分。原来桥廊上的建筑物内供有观音菩萨和杨泗将军，实为建于桥上的“杨泗殿”和“观音阁”。慈利县溪口镇杜家溪修建于清代光绪年间的“土家木屋花桥”，四角飞翘，雕梁画栋。永顺县老司城附近保留多处木屋花桥。永定区王家坪镇马头溪村至今保留一座古老的“木屋花桥”。桑植县贺龙故居木屋花桥既长又宽。张家界国家森林公园老磨湾西北 500 米处的土家花桥“展卷桥”，雕梁画栋、朱漆彩绘，由著名作家沈从文题写桥名。永顺县大坝乡向凤生于 2003 年在张家界公园美食一条街建了一座土家花桥，长 25 米，宽 9 米，气势壮观，深受游客喜爱。土家人在水浅的溪河中，置若干方形石磴，宽约半米，一步一墩，步步相连，直达对岸。未涨水时，只要没淹跳墩，行人就可跳过岩桥，到达彼岸。

土家祖先行走陆地，人力运输工具多为背篓、箬笼、背桶、背架、背带、千担、竹篮、麻袋和羊角叉。后来使用畜力，骡驮、马车成为交通工具。古代，武陵山区土家道路只有泥巴路、砂子路、石板路和猎路。土司时期，每个土司建有用青石板铺面的官道，并且修建驿站和“六角凉亭”。土官出行，由轿夫抬轿。中华人民共和国成立初期，慈常公路和大慈公路通车。土家族人在山坳有风处修建“六角凉亭”，飞檐翘角，状似茶铺。亭修木凳，以供行人躲雨、歇息。土家凉亭以楠木作柱，上尖下圆，雕花镂空，工艺精细，古朴秀美。慈利县江垭镇保存的明代建筑梅花殿顶为“六角出檐”。土家山寨随处可见“指路碑”，它是一种上圆下方、长条形的碑石。山道三岔路口立的指路碑用箭头标明东南西北可去某处，此碑专为外地行人指点迷津，是行善之举。“修桥铺路造凉亭”是善事，对社会有益处。所以，土家族人纷纷出资出力，修建桥梁，补修道路，不断改善交通条件。有些路旁修歇墩、挖水井，供人歇息时乘凉、饮水。故土家歌谣唱道：“大路凉水凉悠悠，有人吃来有人修；我郎此回修一次，让它清凉又长久。”现在，武陵山区土家山寨村村通了公路，土家族人正沿着致富之路阔步迈向小康社会。

土家族情人节“女儿会”

戴楚洲

“天上有个鹊桥会，土家有个女儿会；天上牛郎会织女，地上情哥会情妹。”历史悠久的土家族“女儿会”是俊男靓女聚在一起、谈情说爱的娱乐节会，是土家女儿在华夏大地上独显女性文化特征的艺术奇葩。届时，年轻姑娘结伴赶场集会，土家青年男女对歌传情、自由结交，所以称为“土家族女儿会”。其主要特征是以歌为媒，自主择偶。土家姑娘赶“女儿会”时，穿着鲜艳的土家服装，戴着贵重的金银首饰，用背篓背着土特产品上街赶集，借此寻找如意郎君，通过对歌形式寻找意中情人。“女儿会”实际上是土家风采展示会，姑娘们在集会上选个郎君、约定终身。2009 年 6 月，“恩施女儿节”被湖北省政府列入第二批非物质文化遗产名录。现在，“女儿会”举办地点虽有变化，但是内容没变，就是土家姑娘把亲手绣的手帕、围巾等物品摆在面前，羞涩地等待小伙挑选。现阶段的土家族女儿会已经成为融节庆、旅游、文化、经贸于一体的综合性民族盛会，成为土家地区旅游名片。

（一）

被誉为“东方情人节”的土家族“女儿会”保留古代巴人原始婚姻习俗遗风，是土家山寨与封建包办婚姻相对立的恋爱方式，是土家族青年在追求自由婚姻过程中，自发形成的以集体择偶为主要目的的节日盛会。传说土家族“女儿会”源于古老的爱情故事。远古时代，土家始祖廪君成为氏族首领以后，沿着清江西上，开拓巴族疆域。到了盐阳（在今恩施市），遇到盐水部落首领神女。廪君见她生得杏脸桃腮，勾魂动魄，于是首先唱起情歌：“我离武落钟离山，盐阳舍舟暂登岸；山前祥光照过来，一尊女神面前站，顿使廪君眼缭乱。”女神应声唱道：“巴山顶上起乌云，一连十日雨纷纷；天昏地滑人生怨，真心真意真求晴（情），不知苍天肯不肯。”就这样，男唱女和，一见钟情。野性而多情的盐水女神挽留廪君共居。于是，他们相亲相爱，结为伴侣，繁衍后代，共度人生。这对恩爱夫妻去世以后，后裔为了纪念土家始祖，在武陵地区修了许多向王天子庙，供奉廪君巴务相和德济夫人塑像。据清代《咸丰长乐县志》记载：“向王庙在高尖子下，庙供廪君神像……世俗相沿，但呼为向王天子。”清代《道光长阳县志》又载：“向王旁塑女像，俗称德济娘娘，始于盐水女神。”长阳土家族自治县流传着老祖公与盐水女子成婚的故事：老祖公来到盐池，看见山里裂开一条缝，流出盐水，水中站着一位美貌女子。后来，这个女子通过对情歌与老祖公结了婚。从此，土家人丁兴旺，子孙繁衍，而且这种追求自由爱情的婚俗在土家后裔中世代相传，逐渐演变成为土家族“女儿会”。

（二）

“女儿会”是具有浓郁土家特色的民族节日。武陵地区土家山寨仍然保留以歌为媒的土家族“女儿会”习俗，发端于恩施石灰窑、大山顶一带。据《鄂西土家族简史》记载：恩施石灰窑、大山顶、梭步垭和宣恩县、鹤峰县等边境毗邻地区至今都有土家族“女儿会”婚俗。每年集会一次，场期各地不一，有的地方在农历五月初三，有的地方在农历七月十二。每到女儿会这天，方圆百里的土家儿女前来赶会，以年轻的土家姑娘为主。已婚妇女也可前往参加，通过对歌形式寻找情人或与过去情人约会，互诉衷情。土家姑娘精心梳妆打扮，把漂亮衣裳穿在身上，其穿法是长的穿在里面，短的穿在外面，让一层层镶边土家服装翻成笋壳状，叫作“节节高”。衣裳布料是土家姑娘自己用织布机亲手纺织的土布，然后一针一线缝成精美的衣服，为的是在“女儿会”上让小伙子赞赏自己心灵手巧。她们还要佩戴珍贵首饰，穿上轻巧的绣花鞋。土家姑娘头缠印花折叠帕，身着红绿花边衣，腰围黑色金丝绒绣花巾，首饰在晨光下闪闪发亮。她们背个精致的细腰花背篓，漫步在街场上。姑娘们把用背篓背来的土家特产、丝织锦帛摆在农贸市场街道两旁，自己坐在倒放的背篓上，等待意中人来前来“购买东西”。有时，嫂嫂会在姑娘旁边帮忙“参谋”。男青年也赶土家族“女儿会”，他们在肩膀上斜挎一个空背篓，看似漫不经心，各处游荡。到了相中姑娘面前，装作买东西搭讪，选购特产。卖东西和买东西的人都不在意货物，在乎山水之间也。青年男女双方交易货物之时，进行感情对话。如果哪个小伙看上某个姑娘，就主动到姑娘面前购买物品；如果阿妹也对这位小伙有心，就会有意降价。这样，双双眉目传情，一见钟情，姑娘会将亲手绣的鞋垫等信物送给小伙。如果没有感觉，姑娘就会说出天价，让小伙知难而退。觉得合意的小伙会牵着姑娘酥手走出市场边缘，走到溪边，走上山坡，走进树林“赶边边会”，用百灵鸟一样的歌喉，尽情对歌，唱出心中期冀。“赶边边会”就是青年男女有问必答的对歌会、相亲会，也称为“赶边边场”或者“赶风流场”。在山坡丛林中对歌问答，一般是女问男答，内容包括上至星星月亮，下至峻岭深潭；大到商贾务农，小到个人爱好。对歌随机应变，互表情意。男女初恋之时，唱的情歌比较含蓄。少女唱道：“石榴花开一树红，二人心思实相同；二人有心不开口，蚕儿牵丝在肚中。”小伙爽快答道：“鱼儿想水鸟想林，哥想情妹妹动心；雨淋芝麻难开口，纸糊灯笼心里明。”经过试探、初恋，男女之间，情意绵绵。达到高潮时，双方表达山盟海誓之情，定下美好姻缘。小伙动情唱道：“青布帕子五尺长，挽个疙瘩丢过墙；千年不准疙瘩散，万年不准女丢郎。”姑娘满口答应：“妹不丢来郎不丢，好比青藤缠石榴；青藤缠了石榴树，花落藤枯也不丢。”两人加深了解、彼此相恋之后，在土家宗教职业者“梯玛”主持下举行婚礼，就可过甜蜜的夫妻生活。

（三）

早在明末，清江流域石灰窑、大山顶就出现青年男女自由谈婚论嫁习俗。明朝末年，随着石灰窑建集，土家男女青年活跃起来，女儿会由此开始。后来，恩施、建始、宣恩、鹤峰四县边区客商云集于此进行商贸活动，石灰窑不仅成为各地商贾云集中心，更是成为土家族女儿会发源地。这个活动以赶集贸易、赶集途中的对歌形式实施，整个过程以青年女性为主选择谈婚论嫁对象，这一古老婚俗被土家族人一直保留到现在。土家族“女儿会”经历了400多年发展历程，包括清朝至民国时期、中华人民共和国成立至“文化大革命”时期、20世纪80年代至现在三个历史发展阶段。“女儿会”能在几百年间生生不息，世代相传，表明它是特定政治、经济、文化条件下的产物，是与其他民族不同的民俗事象。历数百年而不衰，表明它已成为土家族人社会生活必不可少的节俗，具有旺盛的生命力。青年男女借助每年“女儿会”以物资交流为掩饰，寻情觅爱，幽会情人。

党的十一届三中全会以来，土家地区地方政府恢复传统的“女儿会”。其涵盖面已不像往日那样狭窄，而是逐步发展成为融物资交流、文艺汇演、体育比赛、观光旅游为一体的民族盛会。1984年农历七月十二，恩施市石灰窑举办建立自治州以后第一个“女儿会”，州长李辉轩前往石灰窑赶“女儿会”，使这次“女儿会”盛况空前。从1995年起，恩施市将“女儿会”与生态文化旅游相结合，通过民俗、旅游互相促进，传承土家节庆文化，吸引中外游客前来观赏。2000年，恩施市政府再在梭步垭石林景区举办土家族“女儿会”。这次盛会加入不少富有土家特色的文艺节目，土家族的婚俗表演、傩愿戏、板板龙登台亮相，使省内外游客流连忘返。2004年，恩施市又在市城区举办“首届中国魔芋节暨2004年恩施土家族女儿会”。通过对歌比赛，决出“歌王”“歌后”和“歌师”。2005年到2008年，恩施市每年举行盛大的土家族“女儿会”活动，使全国各地游客了解这一奇特民族风俗。2011年8月“女儿会”期间，恩施土家族苗族自治州政府在州城民族广场组织游园相亲、相亲派对等系列活动，以此为平台打造“全国相亲之都”。

为了弘扬土家文化，打造旅游节庆文化品牌，张家界市民委、市旅游局、市妇联、武陵源区委宣传部、张家界市民族文化交流促进会和湖南省摄影家协会等单位于2012年11月底联合主办首届中国张家界土家族女儿会相亲活动。本次以“相约女儿会、情定张家界”为主题的“土家族女儿会”在武陵源区溪布街精彩上演。活动由“女儿会征文、摄影、微博大赛、相会相亲、篝火晚会、景区采风”等内容组成，本活动已成为张家界市旅工委部署冬季营销静美张家界重要活动之一。来自全国各地的2000余名单身男女通过开幕式文艺表演、土家拦门、情歌对唱、送花传情、相亲游园、篝火晚会、抛绣球、点秋香、牵手宝峰湖、问缘宝峰寺等浪漫活动相亲配对。本次相亲活动颁发“最佳情侣奖”“最佳才女奖”“最佳配对奖”和“爱情感人奖”等多种大奖。

从2013年起，张家界市每年在农历五月初三举办“土家族女儿会”旅游节庆活动，逐步丰富土家族女儿会活动内容。这一活动不仅为海内外青年男女提供相亲平台，还要用土家族传统婚俗为中外配对情侣举办独特婚礼，凭借世界地质公园张家界风景区，打造全国乃至国际追爱之都和融节庆、旅游、文化、经贸于一体的民族盛会，成为张家界市一张享誉世界的文化旅游名片。

漫话土家农业习俗

戴楚洲

在长期的农业生产实践中，武陵地区历代祖先胼手胝足，辛勤劳作，生产技术不断提高，形成以稻谷为主的农业经济，成为稻作文化发祥地。土家族人应用收割脱粒的搭斗扳谷，加工稻米的风车扬谷、碾滚碾米、舂碓，加工玉米的推磨、面筛筛玉米面、簸箕簸去玉米面中糠皮，积淀丰富内涵的农耕文化，成为土家族文化的组成部分。

据民族古籍记载，自秦汉时期以来，“刀耕火种”是土家祖先原始的生产方式，是适应自然的生产技术，故《汉书》载：“刀耕火耨，民食鱼稻。”唐代诗人刘禹锡的《竹枝词》这样描写土家风情：“山上层层桃李花，云间烟火是人家；银钏金钗来负水，长马短笠去烧畲。”清代《嘉庆恩施县志》还载：“刀耕火种皆妇女。”每当春耕之时，土家山民伐木烧畲，利用草木灰肥就地播种杂粮，不施肥、不灌溉。土家先民烧畲时注意森林防火，火不熄灭，人不离开。正如土家族摆手歌所唱：“落叶草地都晒干，烧山先把火路拦；放火烧山放倒火，平安无事心放宽。”

随着农业生产发展，土家先民逐渐开荒挖土，因地制宜种植作物。在村落旁边或者海拔较低的旱地栽种麦子、棉花、花生、油菜、甘蔗、葵花、西瓜、蔬菜和麻，在远离村落的山坡或者土溶上面，种植玉米、小米、荞麦、高粱、芝麻、大豆、黄豆、绿豆、红豆、滚豆、豌豆、土豆、红薯、凉薯、茶叶、烟叶等农作物。土家祖先世世代代“耕读传家”，故清代永顺县土家诗人彭勇功在《竹枝词》说："男负犁来女负筐，桑麻农事细商量；耕田锄地无他事，古风尚忆古羲皇。"土家人在农事劳作时，互相帮工、团结互助，习以成俗，故有"一家有事，百家帮忙"之说。锣鼓一响，众人主动前来做白工，土家山寨仍然保留乐于助人的美德。凡是集体劳动，土家族人用打锣鼓的方式鼓舞士气，激励民众。清代《同治龙山县志》记载："土民群事翻耕、插秧、芸草……间有鸣钲击鼓歌唱以相娱乐者。"这种生产形式还在土家山区流行，挖土打"挖土锣鼓"，薅草打"薅草锣鼓"，土家语叫"锣鼓哈"。集体挖土、薅草和植树造林等，土家族人都唱锣鼓歌。土家族人在山区披荆斩棘、拓土垦荒，创造了劳动与歌谣相结合、既娱神又娱人的"挖土锣鼓歌"。群体劳动需人指挥，土家先民便把原来驱赶野兽的锣鼓演变成为挖土锣鼓。谁家挖土，主人请来擅唱山歌的歌师傅站在前方，一人打鼓，一人应着鼓点敲锣，挖土人排成"一字"队形，应着锣鼓节奏前进。锣鼓间歇，歌声即起。唱到高潮之时，挖土人齐声帮腔。"挖土锣鼓歌"内容分为《歌头》《请神歌》《扬歌》和《送神歌》四个部分。"挖土锣鼓歌"历史悠久，具有研究土家文艺的学术价值。2006 年，龙山县和古丈县共同申报的"土家族挖土锣鼓歌"被省政府公布为湖南省首批非物质文化遗产名录。"薅草锣鼓歌"是土家族人创作的生产与文学相结合的古老歌曲，具有音乐和实用价值。元明清土司时期，土地为土司王所有，由土民集体耕种。清代《同治桑植县志》记载："夏日薅草，集垄上俯仰挥锤。两个对讴，庄谐间作，锣鼓应之，名曰打锣鼓。"《民国慈利县志》还载："四月农忙，薅草分秧；又或植物，采茶条桑；是利用众，击鼓其镗；桴落歌纵，慷慨激昂；搬演故事，贯珠引吭。"土家族人在薅草、采茶时，请两名歌师在田间地头、劳动队伍前方唱歌，一人敲锣，一人打鼓，两人唱和，其内容有《歌头》《请神歌》《扬歌》和《送神歌》四个部分。《歌头》和《送神歌》多为固定歌词，如"歌台立山寨，众人把歌赛。放开嗓子嗓放开，薅草歌儿唱天外"。《请神》为请土地神和八部大神等。如《请歌娘歌爷词》唱道："歌台周围唱歌人，内三层来外三层；台上台下把歌唱，五湖四海传歌声……从此山歌传后人，世上歌声闹沉沉。歌台搬到土家寨，土家有了唱歌人。"《扬歌》是既有土家故事《百果花》和《东山郎西山妹》，又有《杨家将》和《说岳全传》等。歌师还可根据土家族人干劲进行褒贬，如"薅草几十人，妇女有干劲，赛过穆桂英"。看见大家鼓劲就唱："天上云赶云，地上人追人；个个追得汗淋淋，浑声都是劲。你追我又赶，锄头似雨点；大家都想往前赶，人人赛神仙。"收工之时，就唱《送神歌》等。薅草锣鼓歌唱腔有高腔和平腔，共计 30 多支曲牌。鹤峰县薅草锣鼓歌体裁有穿号子、荷叶锣鼓、讲书锣鼓等。2008 年，"土家族薅草锣鼓歌"被国务院公布为"第一批国家级非物质文化遗产扩展项目”。2009年，桑植县土家艺人毛志家等人演唱的《薅草锣鼓歌》在中央电视台播出。

武陵地区随处可见、宛如山水图画的千百年梯田、水汪汪溶田，是历代土家祖先改造自然、开土造田、推广水稻的劳动结晶。土家先民看见山里溪水可以利用，就把偏坡、溪畔改成梯田，保持水土。田丘不计大小，能够插秧就行，这就是武陵地区斗笠田、蓑衣田和巴掌田的来历。雷公田是依靠雨水的稻田，故要冒雨抢耕。如果半夜下雨，辛勤的土家汉子把火把绑在牛角上犁田，故清代永顺县竹枝词《冒雨抢水》写道：“夜半忽然暴雨淋，牵牛冒雨抢田耕；灯笼悬挂牛角上，满垄满山叱犊声。”土家民歌唱道：“半夜落雨半夜耙，牛角上面绑火把；隔得三天不下雨，水田干成八月瓜。”永定区罗水乡龙凤梯田是稻作文化的历史遗址。2013年，农业部组织开展“中国美丽田园”推介活动，龙凤梯田被评定为“中国美丽田园”十大梯田景观之一。因此，永定区和罗水乡两级政府以打造最美田园为目标，切实保护龙凤梯田，多次举办插秧节和摄影展等旅游活动。土家族人把握时令，在清明、谷雨之间播种育秧。“开秧门”是土家族人田祀习俗，即在谷种下田后的第四个卯日或者辰日、午日，举行“开秧门”。栽秧这天，主人盛宴款待调工换日、帮助插秧的亲友邻里，俗称“插秧酒”。主人家菜肴中间有碗腊肉，覆盖一块手掌大的“盖碗肉”，由插秧高手吃。席间讲四言八句，如主人给插秧人盛饭时说“来个满碗”，答曰“谷粒饱满”。饭后，主人送插秧人油炸干鱼，即如清代土家《竹枝词》所言：“栽秧插禾满山啼，正是栽秧插禾时；口唱秧歌骑秧马，晚来还带鳢包归。”“开秧门”由老者先扯第一个秧，置于田坎上，其余插秧者下田开插。快结束时，大家聚在一丘田里比赛，插得快的人向主人砸泥巴。到了最后，田里上演一场你追我赶的游戏。土家人把它叫作“糊仓”，“糊”寓意“富”。2012年，永定区文化馆申报的王家坪镇“土家糊仓习俗”被列入湖南省第三批非物质文化遗产名录。插灰秧是土家族人施肥方法，用于瘦瘠稻田。砍草烧成草木灰，与桐枯、菜枯、鸡粪、人畜粪拌合发酵，用脚踩成泥状。每个插秧者取盆分装此肥。每插一株就将秧根往盆粘点肥料，一并插入田间，土家族人称之为“安蔸肥”。用这种有机肥作基肥，氮磷钾含量高，稻谷饱满，增产增收。

土家祖先修山塘、筑水坝、开水渠，使用筒车、绞水车和龙骨水车等灌溉工具，改善水利设施。筒车用竹或木制成，边沿捆大竹筒。置筒车于溪河之畔，借水力转动车轮，竹筒沉于水中舀水。至顶点翻转倒入水槽，流入稻田。土家族人还用戽斗、龙骨水车等工具。“戽斗”用木制成，两边安有绳子，二人引绳提斗吸水，注入田里。“龙骨水车”是木制水车，将规格一致的木板用木榫连接成环带形，用力踩动，让木板搅水入田。

白公楚城

戴楚洲

史学界专家认为：东周中期，澧水和零溪汇合之处出现城市雏形。土家族祖先“巴人”用陶、砖、石子、木头、竹子等建筑材料制成井口壁，围绕井生出城，因井为市，形成市井文化。因此，清代诗人朱国挺还在《白公城》一诗写道：“周家荒服白公城，古道殷殷草木荣。”猴年孟春，我怀着惊喜之情来到震惊国人的湖南首城“白公城”古城址考古挖掘现场，看到考古人员挖出硕大的精美陶罐。白公城古城址位于慈利县零阳镇笔架路东端零溪河畔、慈利县政府大院后面。白公城古城址呈长方形，南北长 350 米，东西宽 277 米。现存黏土夯筑残墙一堵，高 2.1 米，宽 6 米；护城河遗迹宽 10 米，深 2 米。从 2015 年 11 月到 2016 年 4 月，湖南省文物考古研究所组织省、市、县三级文物主管部门考古专家进行抢救性挖掘，共计发掘灰沟 36 处、灰坑 117 个、房址 3 处、古井 71 口，堪称“古井博物馆”。这些春秋战国时期的文物和遗迹表明，当时居住在白公城的人口较多。据湖南省文物考古研究所研究员张春龙介绍，白公城古城址出土了建筑材料绳纹筒瓦、板瓦和生活用具陶器罐、钵、盆、豆等珍贵文物。从出土文物分析，这些石器、陶器、铁器、青铜器和漆木器是楚国附近“巴蜀文化”的遗留，印证春秋战国时期巴人、楚人杂居在白公城的历史。白公城古城址的考古发掘成果为研究湖南城镇起源提供翔实的文物资料。

形成于春秋时期的最早城池

西周前期，周成王封熊绎于楚地。熊绎子孙经营半个世纪，致使楚国有地千里。公元前 505 年，楚昭王迁都至栽郢，扩建纪南城（在今湖北省荆州市江陵县北）。由于距离郢都较近，澧水流域成为楚国“京畿”地区。春秋时期，楚国军民逐步向长江以南扩张领土，并在澧水流域修筑城池。现已发现的古城址有慈利县白公城和石门县古城堤等处，白公城因春秋末年白公家族所筑而得名。据明代《弘治岳州府志·慈利县》记载：“白公城在县东五里，四面有门。相传楚白公胜所筑。”清代《嘉庆一统志》又载：“慈利之白公城，周时白公胜所筑。”白公胜，名熊胜，号白公，楚平王熊居之孙、太子熊建之子。清代《嘉庆慈利县志》却载：“白公城在县治东二里零溪旁……白公善筑。”白公家族居住澧水流域，白公胜族兄白公善家居澧阳（即今澧县）。楚国右军将领白公善遵循楚昭王旨意，部曲所到之处，只求土著臣服，筑城守之，故有澧水流域白公城。楚惠王初即位，白公胜图谋叛乱，征召屯驻澧水流域的将军白公善同反。白公善主动辞职，回到家乡，筑城灌园。2016 年 1 月，湖南省考古研究所研究员张春龙说：“通过城墙和地层分析，白公城最早形成于春秋时期，其发展的主要阶段为战国时期，是目前湖南省境内有史料明确记载的最早城址。”可见，湖南省境内有史料明确记载的最早城邑“白公城”建城史已达 2 500 多年。

发展于战国时期的军事城堡

战国中期，楚威王为抵御巴、秦等国将士入侵，创建黔中郡等军事城堡。战国后期，秦国多次进攻楚国。公元前 223 年，楚国终被秦国攻灭。历史文献中有战国时期慈利县一带隶属楚国黔中郡的记籍。据清代《康熙慈利县志》载：“慈利……春秋战国属楚。”中华人民共和国成立以来，慈利县白公城城郊一批墓地出土许多战国时期具有荆楚文化特色的楚人文物，印证战国时期慈利县隶属楚国。1978 年，慈利县城关镇戴家岗春秋战国遗址出土楚人文物鬲、罐、豆、盆、缸、瓮、甑、筒瓦、板瓦等陶器和斧、凿等石器。1981 年，慈利县城关镇官地 6 座战国早期楚墓出土青铜器鼎、剑、戈、矛、戟、铎、勺和陶器钵、壶、罐、鼎、盘、豆、勺等。1987 年，慈利县城关镇石板村、零溪村 36 座战国中期楚墓出土铜器、陶器和漆木器 300 多件，还出土楚简 1 000 多枚，是我国发现的时代最早、数量最多的楚简。2003 年，慈利县零阳镇石板村骑龙岗发掘战国至西汉墓葬 318 座，出土铜器、铁器、陶器、瓷器、玉器、木器和礼器等各种文物 2 000 多件。据湖南省考古研究所副研究员吴顺东介绍，战国大夫级武官墓葬出土的礼器、兵器、车马品和牲品具有文物价值。9 号墓葬一椁两棺，出土礼器铜鼎、铜敦、铜壶各两件，兵器剑、戈、戟、矛各 2 件，漆木器镇木兽、卧鹿木俑等。另外，出土珍稀的犀甲和铜钺，象征墓主非同一般的身份。综合墓葬形制，墓主当为楚国掌管湘西北地区征伐的大夫级武官。2013 年，骑龙岗战国时期古墓群被国务院列入国家级文物保护单位。骑龙岗墓葬区墓葬规格高、随葬品丰富，反映湘西北地区在春秋战国和西汉时期的政治、经济、文化、军事等方面历史。

《千古城廓倚天门》读后感

——张家界市城建置沿革扫描

戴楚洲

古城址是城市历史文化的载体，继承古城历史文化是延续城市文脉的需要。1988 年，国务院发文批复建立省辖地级大庸市，后被更名为张家界市。因为部分市民和游客误以为旅游新城张家界市是“文化沙漠”，所以永定区文史研究专家侯德极老先生年逾古稀以后经过多次实地考察，并且引用大量史料，去伪存真，反复修改，在民族出版社出版的学术著作《千古城廓倚天门》一书中，从汉代充县县名源于崇山、充县县城与澧水方位、充县县治衙署遗址与历代所置官衙故址的地点等方面，逐一予以辨明，认定汉代充县县治在今张家界市中心城区，为张家界市城最早治城，从而证明张家界市城设县建城历史悠久，张家界市城始建于西汉初年，距今已有 2 220 多年历史。《千古城廓倚天门》一书把张家界市城曾经建置的县治、郡治、州治和卫城的遗址展现在我们眼前，为我们挖掘旅游古城历史文化内涵、理清自汉代至今城建历史脉络提供翔实依据，还历史本来面目，具有较大的文化价值和旅游价值。

为了论述汉代充县故城、吴国天门郡城、晋代临澧县城以及隋唐时期崇义县城均在今张家界市城，侯德极在《千古城廓倚天门》一书中列举了十五个方面的证据。汉承秦制，继续实行郡县制度。据史料载，西汉高祖五年（前 202 年），改黔中郡为武陵郡；废除慈姑县，将它分为零阳县、孱陵县、充县。其中，充县含今永定区、武陵源区、桑植县、慈利县西北部和鹤峰县东南部。充县因崇山而得名，县治设在今张家界市永定区手巾岩北岸、教场路台地古城堤一带，谓之“充城”。古“充”读“崇”，《辞源》诠释：“崇，充也。”音近假借，以崇山名。永定区文史研究专家陈自文老先生在《故园史话》一书中明确写道：“古城堤在今张家界市城澧水大桥北端、邮政大厦之后，为一方壁立于澧水之滨的台地。汉高祖五年，这一带属武陵郡充县辖，充县县治曾设于此。”东汉时期，武陵郡仍辖充县等县，还在县下设置乡、里、亭等基层行政管理机构。近年来出土的文物为这一观点提供佐证：张家界市城区古城堤遗址出土的一枚汉代简牍上书有“充长之印”等字。湖南省文物考古研究所张春龙在《湖南张家界古人堤遗址与出土简牍概述》说明：10 号汉简文字为：“充长之印，兵曹掾猛使福以邮行，（东汉）永元元年十二月廿日辛丑起廷。” 三国吴景帝永安六年（263 年），崧梁山崩石成门，孙休以为嘉祥，遂将崧梁山改名为天门山，分武陵郡西北部置天门郡，辖零阳县、溇中县和充县，天门郡治设在充县。西晋太康四年（283 年），改充县为临澧县，设县治于古城堤。北魏郦道元在《水经注》中说：“充县废省，临澧县即其地，县治即充县故治。”清代《乾隆直隶澧州志》明确指出：“临澧城，晋析充县地置，在永定县城。”清代《光绪永定县乡土志》又载：“由教场前有古城堤，相传为昔时临澧城遗址。”《中国古今地名大辞典》还载：“充，汉置，晋改为临澧，南朝梁以后省。故治在今湖南大庸县西。”北周建德四年（575 年），武帝祀天门山为“南岳”，故置北衡州于所废临澧县城，又因崇山而置崇义县。隋代开皇十八年（598 年），改北衡州为崇州，盖以崇山名，州治仍然设在崇义县古城堤。唐代麟德元年（664 年），并崇义县入慈利县。

明代洪武初年，慈利宣抚使覃垕起义以后，明太祖命令湖广行省参政杨璟率师镇压。洪武二年（1369 年），杨璟派兵征剿覃垕王起义军至永顺宣慰司羊峰山，最早在土家地区设置军事机构羊山卫。以指挥黄常署羊山卫事，简兵戍守。明太祖认为卫治险远、运粮困难，于洪武三年（1370 年），召黄常至南京，亲自讯问方略。黄常奏对明确，请求迁羊山卫治至澧水河畔。明太祖同意迁徙羊山卫治至澧水之阳，因临近大庸溪之大庸坪（即今永定区枫香岗乡玉皇洞东边坪地）而改名为大庸卫。据清《嘉庆永定县志》记载："改卫曰大庸者，或以大庸溪（下游今名大溶溪，在今永定区枫香岗乡大溶溪村）之近。"洪武四年（1371 年），指挥张胜始在天门山南峙、福德山北盘的军事要地修建城堡。洪武九年（1376 年），大庸卫署迁往卫城南门正街卫官巷，故明《万历慈利县志》载："大庸卫在永定城内，洪武九年开设。"洪武二十二年（1389 年），酉水所夏得忠率领土民起义。因为明代初期土家先民多次起义，为达"永远安定"之目的，地方统治者决定屯兵驻守，"控制蛮夷"。上奏皇帝，请求更改大庸卫之名为永定卫，明太祖准奏。于是，以大庸卫治改设永定卫署。为了防范夏得忠余党袭击，于洪武二十三年（1390 年）迁徙卫治至永顺宣慰司芋岸坪，仍然名大庸卫。洪武三十一年（1398 年），卫治迁回到大庸卫旧城址，恢复永定卫名。永定卫城设在慈利县西南部十二都，即今张家界市城区所在地。永定卫指挥黄常环甃以砖，封砌城墙。修筑雉堞 1 650 个、窝铺 62 个。所建东、南、西、北四座城门顶上各有城楼，东名朝阳、南名朝天、西名镇彝、北名拱极。公元 1461 年，永定卫指挥周辅等人构筑小东门，名文明门。永定卫城址东临东门溪，南至南门口，西临西门溪，北至北门口。明清时期，此城一直是永定卫城，故明《隆庆岳州府志》还载："析武陵郡西界置天门郡，治今永定卫城。"可见，永定卫城与汉代充县县治以及三国时期天门郡郡治一脉相承，在地点上具有继承性。清代雍正年间，裁撤永定卫。公元 1735 年，拨慈利县部分地并永定卫、茅冈司地设置永定县，卫城成为县城。公元 1914 年，改永定县为大庸县，大庸县城有所发展。中华人民共和国成立后，大庸县城面貌一新。城内街市四达，以十字街划界，通往东、南、西、北城门各有一条街道，城外还有沿河街和半边街等街巷。张家界市城历史文化底蕴深厚，现有明代普光禅寺古建筑群、清代田家大院和湘鄂川黔革命根据地旧址纪念馆 3 处全国重点文物保护单位，还有清代的三元宫、崇文塔和玉皇洞石窟寺等名胜古迹，属于无牌有实的历史文化名城。

英雄城桑植

——拜读《一城山色半城水》有感

戴楚洲

近期，我反复研读中国作家协会会员、张家界市作家协会主席石绍河的精品力作《一城山色半城水》，思绪万千，感慨颇多！桑植县城选址遵循依山傍水规律，城市布局依势随形，追求人与自然的和谐，形成“一城山色半城水”的秀丽景观。石绍河主席在《一城山色半城水》一文中提出：桑植县城是座英雄的县城，我也感觉到桑植县城是一座英雄城：自明朝初期酉水所土官夏克武次子夏得忠率领土民起义以来，桑植县涌现了向世瑛、向永亮、贺廷璧、谷壮猷、贺龙、贺锦斋、廖汉生和余光奎等许多英雄好汉，他们在反帝反封建的斗争中，谱写了英雄凯歌，做出了历史贡献。

城因英雄而创建。公元 1364 年，吴王朱元璋派遣湖广行省参政杨璟率军至三江口招抚，土家酋长覃厔、夏克武率兵谒见，纳降归附。在酉水北岸高家坪设置酉水千户所，以土酋夏克武为酉水千户所首任千户，率领土军驻守。据明代《安福所志》记载：“吴元甲辰年间，旧设酉水千户所。”明代《嘉靖澧州志》也载：“（酉水）所治，洪武四年设于酉水之北。”酉水千户所土官世袭两任，第二任土官千户为夏克武长子夏德权。公元 1389 年，酉水所土官夏克武次子夏得忠率领九溪土民起义。靖宁侯叶升会同东川侯胡海率师十万往征，在大庸卫一带，擒获夏得忠等人。遂改酉水千户所为安福千户所，所署迁往酉水西南岸瓦窑岗。清代《乾隆永顺府志》又载：“开创城池，改设安福守御千户所。”由湖广都司委派汉族将士驻守，首任汉族流官千户为李谯。为防土家英雄夏得忠余党，李樵于公元 1390 年在瓦窑岗始筑安福所城（在今桑植县城）。

城因英雄而繁荣。1925 年初夏，青年将领贺龙被湖南省政府委任为澧州镇守使以后，治军理政，独树一帜，取得救灾赈荒和修筑公路等政绩，显示贺龙多方面的领导才能。1925 年金秋，贺龙在澧州召开澧属七个县政府负责人会议，决定《整修街道案》。贺龙特意把这个倡议筹集资金整修街道议案交给桑植县政府负责人办理，自己捐出一笔资金予以支持。于是乎，桑植县城民众捐资出力，及时动工。先将城里东正街、西正街、文昌街以及河街等几条主要街道扩宽，铺上青石板。后在东门口开辟一条 6 米多宽的坡道，铺上麻石条。县城贤达为了纪念贺龙功绩，特将县城东门改名为“贺龙门”。城门分为上、下两层，上为城楼，飞檐翘角；下为砖石结构，门呈拱形。桑植县城街道整修，对繁荣县域经济发挥重要作用。

城因英雄而扬名。1928 年新春，贺龙、周逸群等人民英雄到达桑植县洪家关，建立农民武装。3 月下旬，湘西北特委组建“工农革命军”，贺龙任军长。4 月 2 日，工农革命军举行桑植起义，兵分三路向桑植县城挺进。贺龙、贺锦斋指挥部队歼灭县城部分守敌，攻克桑植县城。桑植起义是继南昌起义、秋收起义、湘南起义之后，在中国共产党领导下的大规模武装起义，是“农村包围城市战略”又一次成功实践。1929 年年中，湖南警备军军长陈渠珍令其下属向子云旅两千多人向桑植县城进攻。贺龙带领红四军主力隐蔽在县城北梅家山和八斗溪一带。贺龙抓住敌人逐次进入县城的弱点，向城里之敌发起进攻。向子云旅溃不成军，仓皇撤向赤溪渡口。大部缴械投降，一部随向子云泅水潜逃，溺死河里，向子云也被淹死。赤溪之战，红四军歼灭敌军两千多人，缴获枪支一千余支，是红四军建军史上首次大捷。至 1929 年底，桑植和鹤峰两县红色区域连成一片，形成湘鄂边根据地。后来，桑植县成为湘鄂边、湘鄂西、湘鄂川黔革命根据地的中心地域。现在，桑植县仍然保留桑植起义旧址、桑植县苏维埃政府旧址、桑植县农民协会旧址、红二六军团指挥部旧址、红军学校旧址以及贺龙故居等重要革命纪念胜迹。桑植起义旧址被湖南省政府公布为省级文物保护单位。贺龙故居和红二六军团长征出发地旧址被国务院公布为全国重点文物保护单位。桑植县被编入全国红色旅游精品线路，贺龙故居和贺龙纪念馆被列入“全国红色旅游经典景区”和“全国爱国主义教育基地”。

张家界红茶兴盛脉络

戴楚洲

“张家界红茶”是指张家界市境内茶农按照发酵工艺和地方标准生产加工鲜叶而制成的品质较高的富硒有机红茶。红茶属于发酵茶类，因在冲泡后形成红色茶汤，故名“红茶”。红茶种类包括工夫红茶和红碎茶。湘鄂西所产“宜红工夫茶”对中国工夫红茶发展发挥历史作用。

宜红工夫茶起源于清代末期。清代咸丰年间，广东茶商高炳三收购慈利县红毛茶后，从宜昌用船转运汉口的红茶取名“宜红茶”。清代光绪十四年（1888 年），广东茶商卢次伦从安徽省祁门县请来技师在石门县制作红茶。次年，在石门县宜市创建“泰和合红茶号”茶厂，并在五峰、鹤峰、石门、慈利、桑植等产红茶县设有数十家茶庄。各个茶庄制作的红茶纷纷运到宜市泰和合茶号装箱，再销给汉口英商“怡和商行”，最后出口俄国和英国等国。清代光绪二十三年（1897 年），学者吴恭亨在《慈利县图志》说：“西莲有作红茶者，贩之辄获倍值。于是，人稍稍知种茶之利。”“泰和合红茶号”在鼎盛时期年产“宜红工夫茶”约 15 万千克，拥有茶农 1 万余人，共有水运茶船 100 余艘、旱运骡马 1 000 多匹。还修通各茶区山路 250 余千米。慈利县三合口茶农使用骡马驮着红茶从牧羊冲出发，运到宜市交货。《民国慈利县志》又载：“西莲有作红茶者，贩之辄获倍值。”《大庸市览》也载：“慈利工夫红名茶，亦系历史传统产品，主产于华岳山脉。”

宜红工夫茶发展于中华人民共和国成立初期。1951 年，成立宜都茶厂和石门县泥市红茶初制厂，在五峰县、鹤峰县和桑植县、慈利县、大庸县等宜红工夫茶生产区收购初制宜红茶叶，再由宜都茶厂精制加工工夫红茶。1952 年，石门县马先立在慈利县三合口乡唐家院子茶庄传播红茶制作技术；后于 1954 年在三合口乡汪家院子茶庄采购红茶。1958 年至 20 世纪 70 年代，三合口乡小溪峪合作社一直收购红茶。1966 年，三合口乡小溪峪大队创办企业制作红茶。20 世纪 70 年代，大庸县在侯家湾、金山和黄坡建立三个社办红碎茶厂，年产红茶 100 多吨。张家界建市初期，永定区曾建邢家巷红碎茶厂、二家河红碎茶厂、三坪金山红碎茶厂和官坪红碎茶厂。

红茶繁荣于改革开放新时期。1980 年，慈利县三合口乡牧羊冲制作的“工夫红茶”荣获全国食品博览会工夫红茶银质奖。1985 年，慈利县土产公司在三合口乡创办小溪峪红茶初制厂，大庸市红碎茶被农业部被评为优质名茶产品。21 世纪以来，张家界市各级政府及其职能部门支持企业发展红茶产业，创建茶叶知名品牌。慈利县云雾王茶业公司精制的“慈姑红”取得了“武云”注册商标。2015 年，慈利县三合镇茗园茶业公司制作的“白洋湾”红茶和牧羊冲古茶公司制作的“牧羊冲”红茶取得国家工商总局商标局颁发的商标注册证书。2015 年，慈利县三合镇湘西红富硒茶业公司制作的“湘西红芽”红茶荣获湖南省茶业协会颁发的第七届湖南茶业博览会“茶祖神农杯”名优茶评选金奖。古道源茶业公司制作的“姊妹峰”红茶已取得国家富硒产品质量监督检验中心颁发的检验报告，所产红碎茶荣获湖南省茶业协会颁发的第八届湖南茶业博览会“茶祖神农杯”名优茶评选金奖。桑植县西莲茶业公司三鹤茶园荣获“湖南省名茶基地”称号，所产“西莲红”红茶荣获 2012 中国国际茶业博览会“中国名茶”评比金奖。2016 年，西莲茶业公司制作的西莲牌花香红茶和燕落春茶业公司制作的元帅红牌红茶荣获湖南省茶叶学会颁发的首届湖南省“潇湘杯”名优茶评比一等奖。龙鑫生态农业公司在桑植县廖家村镇建设一条红茶砖生产线，所产“湘陵红”红茶荣获中国中部国际农博会金奖。天子茶业公司利用袁家界茶树加工而成的“天子茗红”红茶获得《有机产品认证证书》，所产“天子茗翠”荣获湖南省著名商标。武陵源头茶业公司已制茗茶“天门红茶”，在旅游市场畅销。湖南省茶业集团与张家界市供销联社，成立金毛猴茶业公司，开发“金毛猴”红茶产品。茗正缘顺茶业公司利用罗水乡云朝山生产的有机茶叶开发的新产品“金湘红”红茶获得“中国茶产业十大名牌”等荣誉。

白族村落梭子丘

戴澧兰

在白族民歌声中醒来，在仗鼓舞中沉醉。我做了个美梦，梦回贺龙元帅故乡桑植县。马合口乡政府所在地梭子丘村 700 多年的风花雪月犹如身着霓裳的白族少女，款款走来。垂下的穗是桑植县的风，艳丽的饰是白族照壁的彩，帽顶的洁白是武陵山上的雪，弯弯的造型是马合口乡的月。和风细雨吹起衣角，绣花飘带白里透红，像害羞的脸蛋，盼着你来。

梭子星河入梦里

在梦里，梭子丘化成一朵彩云，从云南省大理州飘来，飘到身边，落下蒙蒙细雨，在时光的流水里滋润着桑植县红色的土地。云朵之下，倚窗顾盼，一个眼神邂逅就是 700 多年的守候。

一条不长的白族老街像是一卷胶卷，定格一帧一帧白族儿女赶场的热闹场景。霸王鞭、傩愿戏、板凳龙，影院、酒店、刺绣坊，民宿、商铺、粑粑摊。接南北客，聊古今天，谈东西事，热闹非凡。

慈祥的白族阿婆笑着问我渴不渴，先后给我端了三道茶——一碗苦茶、一碗甜茶、一碗蛋茶，在我耳边说：“一苦二甜三回味，家人团圆事圆满。”我恍然大悟，醉卧凡尘俗事身，只缘人在此中游；偶遇梭子丘里仙，一语点醒梦中人。时间是泥瓦匠，来到梭子丘一憩，能够修复一切。

历史车轮留下红白痕迹

风萧萧，云漫漫，梭子丘老街的灯敲着岁月的更，照壁映衬白族村寨的历史与未来。

这里是白族文化聚宝盆。南宋末期，“寸白军”将士谷姓和钟姓祖先从大理地区迁到澧水流域，插草为标，解甲归田；覆锅为记，长期定居。子孙后代耕读为本，业创千秋，被称为“民家人”。白族游神赶会的《告祖词》为证：“家住云南喜州县，苍山脚下有家园；大宋义士人皆晓，苍洱逸民历代传。”现在，他们的后裔仍然保留白族特点。白族民居类似“三坊一照壁”的四合井式建筑，大门、照壁、山墙等部位的彩绘以其独特的色彩和图案装饰房屋。

白族人以白色服装为贵。男子头缠九尺长的白色包头巾，上穿白色对襟布扣衣衫，外穿黑色扎染满肩马褂。妇女头戴“风花雪月”帽子，上穿右襟白布衣衫，外套红色丝绒满肩领褂。

这里是红色文化发祥地。1928 年 4 月，贺龙受党中央委托，率兵举行桑植起义，创建工农红军。贺龙带领红军将士建立湘鄂西根据地政权，前仆后继、英勇战斗。梭子丘有 70 多名土家、白族儿女参加红军，经常经过茶马古道，或在红军树下宿营。贺龙二姐贺戊妹从事红军女儿队地下联络工作，被害于马合口溪龙坪，后葬于梭子丘赵家湾。谷志大一家八人参加红军，跟随贺龙将军闹革命，五个子女英勇献身。谷忠孝、刘成建参加湘鄂边红色游击纵队，在鹤峰县作战时牺牲。红军将士曾从麻垭古道入湘进鄂，古道上石岩板像一页页史书，记载红军将士的赫赫战功。在梭子丘红土地上，红军将士演唱《红军三进我的家》和《六唱红军》等红色歌谣，演绎英勇杀敌的战斗故事，留下内涵丰富的红色文化。

多彩梭子丘

时光穿越 700 多年，来到梭子丘白族风情老街。这一条街，被岁月之河淘洗，文化旅游扶贫产业使之旧貌变新颜。自 2015 年以来，张家界市委组织部驻村帮扶工作队员进驻梭子丘村开展精准脱贫帮扶工作，带领群众共打脱贫攻坚战。他们发扬红军长征精神，修建白族古镇基础设施，传承民族文化；表演红军歌舞，弘扬红色文化；发展特色产业，帮助贫困群众致富；开发文化旅游产业，促进民族团结进步。剧院、书屋、茶馆、客栈，这条古朴的白族风情老街已呈现出游人如织、欣欣向荣的繁荣景象。

多彩的梭子丘，浓郁风情，锦绣山河，化成粉墙黛瓦上的一幅幅水墨画，飘落在武陵山区一隅，让远方的大理落在身边，使乡愁之绪抛于脑后，把诗意生活寄往未来。

石堰坪掠影

戴澧兰

著名画家吴冠中曾用“养在深闺人未识”形容张家界是颗未被游人发现的风景明珠。现在，我用“现代都市人的田园梦乡”形容石堰坪村，它是一颗珍藏在武陵山区深处的民族文化珍贵遗产。

王家坪镇石堰坪村坐落在张家界市永定区东南部，是桃源县、沅陵县和永定区三县交界地带。鸡年金秋的一个周末，我随张家界市炎黄文化研究会学者一行 30 多人从张家界市城区翻越崇山峻岭，经过几个边界乡镇，来到一个被当地人称为“小天门”的地方。从“小天门”开始，进入石堰坪村地界。在这里，养在半山坡草丛里的野鸡，摇摆尾巴驱赶蚊子的水牛，被轰隆隆车声惊得回头咩咩叫的山羊，都在暗示这里是与世隔绝的乡村旅游景区。

离小天门不远处有块悬崖绝壁，上有 3 个被凿得方正的崖洞，这是土家族人特殊的丧葬形式“悬棺葬”。村主任指着崖洞说，这些崖洞里面曾放棺椁，曾经出土土家祖先的遗骨和钱币。据市文物局专家考证：石堰坪村保留至今的 40 多座悬棺葬是商周时期土家先民“濮人”的墓葬。这些悬棺绝壁为游客的传统村落探古之旅增添几分神秘色彩。

中巴车沿着乡村公路继续行驶，陆续看到零零散散的土家族古建筑吊脚楼。吊脚楼走马转角，富有特色，或傍半山腰间，或立溪水岸头，巧妙地将土家族吊脚楼的木质结构与山水环境结合起来，让人感叹土家人与大自然和谐相处的智慧。石堰坪村现在仍然保留飞檐翘角、雕梁画栋的明清时期土家建筑 100 多栋，民间艺术多姿多彩，民族风情极为浓郁。因此，近几年来，石堰坪先后被国务院批准为全国重点文物保护单位、被住建部列入中国传统村落名录、被国家民委列为中国少数民族特色村寨。

伴着山里清风，藕花和稻香扑面而来。此时车行驶至几座山峦围成的盆地中央，这里是石堰坪古建筑群中心。在丘陵稻田之间，古色古香的土家族吊脚楼群展现出民族文化的繁华景象。如今这里虽然人烟稀少，但是依旧阡陌交通，鸡犬相闻，青山巍巍，流水潺潺。这些古老的房屋，这片宁静的土地，仿佛带人回到一个古老的时代。

下车之后，走近一看，有座大门贴着“承先祖遗训惟忠惟孝、教后代正路曰读曰耕”的对联，横批“耕读传家”。跨进迎宾大门，映入眼帘的便是非常气派的土家族吊脚楼建筑，这便是石堰坪村村部。村部的吊脚楼呈开口“回”字形，形成一个院落。院前池塘种着荷花、养着鱼；不远处有几亩良田，稻花朵朵，水车滚滚。

在村部对面，有一座老房子掩映在稻花深处。这座老房子进门处有一株开得繁盛的紫薇花，紫色的花瓣铺满小径；这个院子用栅栏围了起来，栅栏上缠绕着丝瓜藤。丝瓜花开的时候可以透过花丛悠然望见南山；瓜熟的时候可以摘下饮酒拌饭。这里正符合游人对田园美好生活的想象。

沿着老房子边的小道走向村落深处，有处院子门口有一颗青枣树，吸引众人在树下蹦蹦跳跳摘枣儿吃。忽然，见得一阵蜜蜂嗡嗡飞散开来，原来是主人家打开蜂桶，要给我们取蜂蜜吃。仔细打量这个院子，土家族人生活气息更浓烈些。主人家在院子里晒着秋葵、豇豆，在火炕里挂着香肠、腊肉，散养的土鸡在院子里散步，棚里的野猪时不时地哼唧两句，水井里的鱼自由游弋。

外面的世界日新月异，这里悠悠如歌；外面的世界灯红酒绿，这里古朴宁静；外面的世界车水马龙，这里悠然自得。这里虽然没有桃花，却是21世纪的世外桃源。

有家才有远方

戴澧兰

狗年国庆假期，众人多在旅途，从喧嚣的都市赶到爆棚的景区，我却感到拥挤。听闻张家界市区西郊尹家溪镇瓦窑岗村有个名叫“远方的家”的农家院子，今年被评为全国AAAAA级休闲农庄，近日又读清代黄光揆《九溪春望》一诗“嵯岈西北山，往往何竦峙；苍崖委女萝，曲坞茂桃李”，引起我的兴趣，想去一探究竟。

只是此番郊游实在疲懒，到达瞿家峪“远方的家”休闲农庄之时已近黄昏。不过既为休闲日，何妨醉夕曛。我倒是闲庭信步，一点也不着急，仔细观看晚霞、山景和鸟雀。自进入瞿家峪口的土家山寨，古香古色的木楼和农耕文化墙上的谚语让我恍惚从21世纪的现代都市穿越到古朴的农耕时代。流云在山脊上书写阴晴魔术，霞光把桃树影子拉得很长。走过杨柳堤岸，走过风雨桥，来到亲子乐园的木屋，草坪之上顽童在追逐嬉笑。山丛溪自多，阒阒在吾耳，我循着哗哗流水往山上走去。

先是路过一片枞树林，地上铺满枯黄针叶，我捡了一根木枝，学着农家老伯模样，在地上扒弄，看看树叶下面有没有山珍——枞菌。枞树长得高高直直的，在秋日里像是戍守这片山林的卫士，严肃却不失幽默。那铺满针叶的地面连同黄土一起像是大自然神秘的地毯，夹裹着土地和雨露的馈赠。枞菌从土里而生，藏在神秘的地毯中，等着你来寻觅、给你惊喜。

穿过枞树林，曲曲折折，九曲十八弯的山路盘旋而上，像台阶一样陡峭。而狭窄的泥土和石头相间的路旁便是枝丫掩盖的万丈悬崖。我不敢大意，小心翼翼地看着脚下的路。不知攀缘多远，头有些晕了，脚有些乏了，回首望见峪中的山庄，屋舍俨然，炊烟袅袅，好一派美丽乡村景象啊！

我同往常爬山一样，一心想着“会当凌绝顶，一览众山小”。抱着登上山顶观赏夕阳的决心，咬紧牙关，继续沿着石路、泥巴路、竹拱路前行，走着走着，觉得不对。这条山路盘旋而上之后，路锋一转像是走向水的源头，而不像是通往山顶。我一时有些焦虑，为前路不明，为路途艰险，为太阳落山之前不多的时光。但我并没退路可走，只得继续前行。伴随汩汩的泉水声和

级资源蓬盛世，高歌进取有心人。日下，智者群英一党，建设气场雄进，信念理想高赞。希望在，党群心一条，百尺谋发展，全民劲百倍，更进一步志如铁。

常记保护之责，常系普及科学知识之念。尊科学发展之观点，举之大旗。承张家界地貌之歌谣，以建设世界旅游精品为己任，登高自强超越。自然与人文并蒂，山水与城市共建。借东风，众志成城；牌，望眼世界；提质量，敢为人先；开好局，再铸辉煌。

张家界地貌不常，心许感慨，夜不能寐。幸冠中前辈于伟作，地学专家之定论。于今作赋一玩，是所望于后纪。心诚则灵，倾笔力云尔。

五雷山赋

卓伯弘

武陵西来，三脉骈驰。挽溇澧东下乘波而浮浪。状如奔龙、势若脱骏。其尾翼也，翘乎武岭之脊；其躯体也，游于湘西之域；其鳞爪也，肆之涧溪之间；其冠首也，伏于五雷之阴。

夫以狂龙之威，神骏之逸，赫然于宇宙之间，纵横乎旷野之域，其势难制，其野不羁，何以独臣五雷，敛势而息屈？

五雷山者，自古神仙之地也。乃江南第一道观，有南武当之盛名。相传为唐开国元戎李靖创始，遗千年而仙名久播。五雷山形，其状如屏，坐横南北，遮蔽东西，高耸云天，峰凌太虚。疑天遣玉屏，穹苍高帝之宝物也，以故龙峻俯首，万民拜稽。

五雷山者，实湘西之屏障，土汉民之泾渭。五雷山西，层峦叠嶂，山高林密，黛接碧霄，绿垂涧壑，自古蛮荒之域也。土家族民，世居斯地，有苗杂处，巴人之裔也。自古以降因山养民，繁衍子孙。伐木剁竹，援坡麓以筑屋；攀藤附葛，寻洞穴以成室。朝听金雉和鸣，暮观苍猿游戏，得山幽谷静之乐也。背竹筒下涧汲泉水，凛冽清潭摇倩影；荷锄上山植五谷，淡淡乳岚露峥嵘，得林泉之怡也。山笛悠悠，远岫炊烟袅袅；牧歌清清，近林童影憧憧。山民敦厚，常把美酒款远客；土家纯朴，时撮廪谷馈近邻。一年四季，其情融融。春采山花烂漫，夏泳碧潭深渊，秋收苞米进仓，冬烤炭火调侃。五雷东延，丘陵平原。田畴村聚，土地肥美，汉民之居也。沅水澧水，迳流其间，滔滔不绝，汇入洞庭。港汊遍布，阡陌纵横，翠笼闾里。佳令美景之时，绿荷如海，桃花如烟。河畔渔翁，悠闲时把酒看鱼跃，夕阳西下红如血。湖中倩姑，有暇间荡舟采香莲，风和日丽美如仙。汉民勤奋，春耕秋收，鱼米之乡。春天油菜千垧，遍地金海漾波澜；秋来稻田连绵，万顷黄锦铺地毯。间有棉田百里，银花与白云相接，一体浑然，天地莫辨。

五雷山上，道观雄殿三十有六，镶嵌于嶒岸悬巅之间，掩映乎茂林修竹之中，以金顶大观为最。当晴空丽日，登高远眺：北衔澧水如练，南睹沅陵桃源，西望张家仙界，东瞰洞庭波烟。环山四顾，美境如画，胜景醉人。更有长庸公路相缠其右，巴士相踵，曲折蜿蜒；澧水河流旁绕其左，舟帆争流，波光潋滟；枝柳铁路贯行西麓，汽笛长啸，宛若巨龙。以是仙山幻境，灵气郁结，紫岚笼罩。远远近近，名闻遐迩。周遭土汉之民，敦诚敦信，信奉道教，相沿成习。年年香客登山朝拜、摩肩接踵，雍塞于途；携幼扶老，络绎不绝。

山顶西沿，有舍身崖也，共状如鹰喙，突兀悬出。游山香客每至，必惕附而下瞰：晴则悬崖千丈，深壑山川、尽收眼底。耳闻山风鼓荡，咆哮之声，震耳欲聋，令人心惊神骇，疑有千军万成相搏，惊涛骇浪拍崖，眩昏痴迷难以久持。雨则山雾弥漫，犹置身云端之中，看白云疾驰，听山林尖啸，天摇而地晃。偶尔黛峰出没，宛若浮岛于琼海之上。一旦雨过天晴，艳阳与乳雾相融，氤氲紫岚之上，幻生出七彩光环，斑斓美状，使人眩目而神怡。

呜呼，天下胜境，于斯为盛矣！

附录八　张家界市土家语拾零

土家族人称自己的民族为“毕兹卡”，称自己的语言为“毕兹萨”，属于汉藏语系藏缅语族土家语支。永定区罗塔坪乡、慈利县岩泊渡镇、桑植县陈家河镇和瑞塔铺镇以及鹤峰县老村乡朱家山村等地成千上万名土家族人说过土家语；永定区温塘镇茅冈村和慈利县溪口镇等地土家族人能用土家语哭嫁、唱山歌；澧水流域六个区（县）保留了索溪峪和车架山等上百个土家语地名。

一、土家老汉向顺安所唱土家语民歌

用汉字记音的土家语：

阿大必必戊卡早，
戊必笼子杰砸岔。
戊那卡勒嘎那窝，
搓列闲萨日他夺。

汉语意思：

小姐姐，守牛去，
牛笼头，手握好。
守守牛来背背柴，
家里事情不要做。

二、土家老妇彭小莲所哭土家语《哭嫁歌》

用汉字记音的土家语：

阿业啊！阿罢啊！必优左住恩格。
它枯太嘎太，拉他太切必太。
补直太汁儿太，拉布太食司太。
署苦太哈车太，搓些太西巴太。

汉语意思：

娘啊！爹啊！女儿嫁到那里。
没有锅子没有柴，没有瓢瓜没有碗，
没有筷子没有米，没有盐巴没有油。
没有刀子没有菜，没有鞋子没有衣。

三、土家学者孟祥福所讲土家语言词汇

（一）天文及地理

1. 天文

汉字记音土家语	汉意	汉字记音土家语	汉意
麦^{2}①	天	麦^{2}郎^{1}翁^{1}	云
劳^{1}赤^{1}	太阳	梭^{4}拍^{4}	雾
术^{4}术^{3}	月亮	普^{2}里^{4}	霜
西^{2}布^{2}里^{1}	星星	所^{4}泽^{3}	露
麦^{2}翁^{2}拉^{4}别^{2}	闪电	麦^{2}嘎^{3}	天上
麦^{2}翁^{2}	打雷	布^{2}	虹
热^{2}暑^{4}暑^{4}	刮风	麦^{2}岔^{2}	晴天
麦^{2}则^{3}	雨	麦^{2}岔^{2}太^{2}	天气不好
麦^{2}则^{3}	下雨	乃^{4}麦^{2}岔^{2}	今天天气好
麦^{2}则^{3}格^{4}	大雨	洛^{4}合^{3}肥^{3}	天暖和
苏^{2}苏^{4}	雪	拉^{1}翁^{1}太^{2}	没有云
苏^{2}苏^{4}至^{2}	下雪	麦^{2}则^{3}太^{2}	没有雨
麦^{2}古^{4}	天热	麦^{2}翁^{2}习^{2}格^{4}	怕打雷
麦^{2}洒^{4}	天冷	麦^{2}玉^{2}拉^{4}格^{4}	怕闪电
劳^{3}赤^{3}丢^{3}	出太阳	暑^{4}暑^{3}启^{4}	大风
劳^{3}赤^{3}别^{4}列^{3}	太阳落	车^{3}鲁^{1}嘎^{1}	冰
苏^{2}苏^{4}格^{4}	大雪	利^{3}早^{4}布^{2}里^{2}	冰雹

① 数字代表声调。

2. 地理

汉字记音 土家语	汉意	汉字记音 土家语	汉意
若^{4}	土	窝^{3}亏^{2}	地穴
里^{4}	地	拉^{4}丘^{1}	路边
巴^{3}吉^{2}	泥巴	卵^{4}优^{3}	寨子
巴^{4}咱^{3}	偏坡	泽^{3}彭^{3}	水潭
比^{4}挑^{3}	坪地	泽^{3}	水
枯^{1}列^{3}	山坡	泽^{3}猛^{1}	水井
他^{2}卡^{4}	土坎	抗^{3}苦^{1}	山野
泽^{3}拉^{4}	水沟	猛^{4}	竹子
枯^{4}咱^{4}	山包	猛^{4}可^{4}	竹林
客^{1}蒿^{1}	山坳	湖^{3}泡^{2}	河里
卡^{3}可^{3}	森林	泽^{3}猛^{3}	水井
觅^{2}米^{4}	竹笋	巴^{3}达^{3}	下坡
窝^{1}六^{4}	菜园	洛^{3}里^{4}	山涧
泽^{2}苦^{2}卡^{4}	麻园	阿^{3}巴^{3}	石头
拉^{4}	路	时^{3}沟^{4}低^{4}	稻田
卡^{3}可^{3}闹^{2}	树林里	卡^{3}可^{3}阿^{3}透^{2}	树林里面

（二）人体及称谓

1. 人体

汉字记音 土家语	汉意	汉字记音 土家语	汉意
科^{1}巴^{4}	人头	咱^{4}起^{3}	嘴巴
萨^{2}起^{1}	头发	空^{1}体^{4}	脖子
卡^{4}替^{2}客^{3}	额头	丝^{4}食^{3}	牙齿
洛^{2}布^{4}	眼睛	怕^{4}替^{2}客^{4}	肩膀
洛^{2}尺^{2}布^{3}	眼珠	车^{2}洛^{3}替^{4}	咽喉
洛^{2}布^{4}泽^{3}	眼泪	杰^{2}司^{1}拍^{3}	胳膊
洛^{2}布^{4}塔^{3}	眼皮	杰^{2}	手

洛^{2}布^{3}细^{2}嘎^{3}	眉毛	杰^{2}比^{4}塔^{3}	手板
顾^{2}	脸	杰^{2}米^{4}提^{3}	手指
翁^{2}起^{4}	鼻子	怕^{2}普^{1}	拇指
翁^{2}起^{4}拉^{3}	鼻涕	（日阿）^{3}巴^{3}	食指
翁^{2}切^{2}	耳朵	干^{1}坡^{1}	中指
坐^{2}苦^{4}	无名指	必^{2}拉^{4}	肠子
铁^{2}拍^{4}	小指	脉^{3}过^{2}	肚子
所^{4}提^{3}	身体	里^{4}可^{4}里^{3}	心脏
他^{1}怕^{4}	皮肤	墨^{3}果^{4}	腰
拉^{1}拔^{3}	胡子	安^{1}嘎^{3}	肝
西^{4}嘎^{2}	毛	迹^{3}	脚
灭^{4}	血	迹^{3}司^{3}拍^{3}	腿
上^{1}棒^{4}	肺	里^{4}必^{3}他^{3}	胸脯
拍^{2}替^{4}客^{3}	脊背	色^{3}拍^{1}	胃
玉^{2}拉^{4}	舌头	忙^{3}	乳房
迹^{3}替^{4}客^{4}	膝盖	迹^{3}里^{4}铺^{4}	脚板
墨^{2}替^{4}	肚脐	捏^{3}拍^{3}	阴囊
色^{3}泽^{3}	屎	捏^{3}拍^{3}布^{2}里^{1}	睾丸
爱^{1}泽^{4}	尿	杰^{2}米^{4}他^{3}	手指甲
忙^{3}忙^{3}	乳奶	迹^{3}米^{4}他^{3}	脚趾甲
哈^{4}巴^{3}	下颚	色^{3}拉^{2}	屁股
日^{3}	男性生殖器	铁^{3}	女性生殖器

2. 称谓

汉字记音 土家语	汉意	汉字记音 土家语	汉意
卵^{4}	人	苏^{2}墓^{2}	祖宗
卵^{4}祈^{4}巴^{3}	大人	起^{4}玛^{4}	长辈
卵^{4}巴^{1}爹^{2}	男人们	卡^{3}克^{3}	姑爷
麻^{3}妈^{3}爹^{3}	女人们	麻^{3}妈^{1}	姑母
格^{4}梯^{1}	高祖	嘎^{3}公^{4}	外祖父

涅^{3}梯^{1}	曾祖	嘎^{3}普^{3}	外祖母
帕^{3}普^{2}	祖父	卡^{3}客^{3}	岳父
阿^{4}巴^{3}	祖母	麻^{3}妈^{2}	岳母
阿^{3}罢^{4}	父亲	阿^{2}可^{4}	哥哥
阿^{4}业^{1}	母亲	查^{3}切^{3}	嫂子
阿^{1}起^{4}	伯父	阿^{4}矮^{1}	弟弟
业^{3}池^{3}	伯母	冗^{3}	妹妹
俺^{1}杯^{1}	叔叔	涅^{3}妮^{1}	叔母
一^{3}爷^{3}	姨父	涅^{3}池^{3}	姨娘
卵^{4}必^{3}爹^{3}	小孩们	裸^{4}必^{2}	儿子
必^{3}优^{2}	女儿	铺^{2}	儿媳
麻^{3}骂^{2}	姑娘	玛^{2}必^{2}	女婿
捏可^{4}婢^{2}	侄女	左^{4}尼^{2}	亲戚
阿^{1}大^{4}	姐姐	波^{4} 搓^{4}	客人
阿^{3}科^{4}	姐夫	左^{4}阿^{3}玛^{3}	接亲人
惹^{4}必^{2}	孙儿	嘎^{2}墨^{2}	官吏
惹^{4}必^{4}优^{2}	孙女	赤^{1}兔^{1}玛^{4}	学生
裸^{4}巴^{3}	丈夫	葩^{2}卡^{4}	汉族
裸^{3} 嘎^{3} 妮^{3}	妻子	毕^{2}兹^{4}卡^{3}	土家族
左^{4}巴^{3}	妯娌	白^{1}卡^{4}	苗族
戊^{2}卡^{4}玛^{4}	守牛人	食^{3}姐^{4}玛^{4}	猎人
怕^{2}妮^{3}	老人	嘎^{3}惹^{3}必^{2}	重孙
胡^{3}日^{1}玛^{4}	长工	嘎^{3}惹^{3}必^{2}优^{2}	重孙女
罗^{2}吉^{4}	盲人	就^{2}久^{4}	舅父
阿^{2}果^{4}	朋友	就^{2}娘^{3}	舅母
破^{4}嘎^{4}	老师	卡^{3}左^{4}	木匠
色^{2}左^{4}	医生	写^{4}左^{4}	铁匠
送^{3}作^{3}玛^{4}	渔人	西^{1}巴^{4}纳^{3}麻^{3}	裁缝
冲^{1}	首领	梯^{2}玛^{4}	土老司
杰^{4}日^{1}玛^{2}	农民	叶^{3}鲁^{3}玛^{4}	商人

（三）生产生活用具

汉字记音土家语	汉意	汉字记音土家语	汉意
杰^{2}左^{4}	帕子	聋^{1}借^{3}	裙子
西^{1}巴^{1}	衣服	借^{2}其^{4}	衣袖
搓^{3}些^{2}	鞋子	见^{2}戒^{4}	戒指
吉^{3}枯^{3}	草鞋	翁^{1}古^{4}	耳环
（日阿）^{2}直^{1}	蚊帐	杰^{2}左^{4}	手圈
去^{2}拉^{4}	裹脚	去^{2}拉^{4}	袜子
枯^{3}玉^{2}拉^{4}	裤带	枯^{3}	裤子
垮^{4}七^{3}	衬衫	翁^{1}古^{3}	耳环
则^{3}司^{3}	蓑衣	莫^{3}司^{3}	布
捏^{1}替^{4}	斗笠	西^{1}巴^{1}布^{2}利^{2}	扣子
些^{4}捧^{3}	鼎罐	米^{1}	火
它^{2}枯^{4}	锅子	切^{3}必^{2}	碗
爬^{3}苏^{2}	锅铲	补^{4}直^{1}	筷子
些^{4}查^{2}	三脚撑架	洛^{3}贴^{2}	口袋
拉^{2}他^{4}	水瓢	窝^{3}萨^{3}	背篼
欠^{2}欠^{4}	火钳	布^{1}扯^{4}	晒垫
快^{4}搓^{1}客^{3}	椅子	客^{2}	锯子
托^{3}脱^{3}	菜刀	客^{4}梯^{1}	木盆
署^{4}苦^{3}	柴刀	客^{4}梯^{1}顾^{2}窝^{1}	脸盆
色^{4}客^{3}巴^{4}	扫帚	客^{4}梯^{1}迹^{3}窝^{1}	脚盆
里^{4}普^{3}尺^{4}	薅锄	里^{4}嘎^{4}尺^{3}	锄头
捏^{1}澎^{4}	床	梯^{3}枯^{2}	坛子
斜^{3}尺^{3}	筛子	他^{2}客^{4}	簸箕
搓^{4}	房屋	安^{1}额^{4}	针
搓^{4}扎^{3}	房屋基地	拖^{4}蒙^{3}	线
起^{4}	秤	莫^{4}时^{3}	布
席^{3}可^{3}	升子	嘎^{3}	柴
坡^{4}	斗	西^{4}堤^{3}	席子

起^{4}博^3	碗柜	泽^{3}查^4	水缸
力^{2}可^{1}桶^4	犁	泽^{3}岔^2	水桶
卡^{4}梯^4	铧口	桐^{3}巴^1	木桶
戊^{2}几^4	仓	垮^{4}替^2	刮麻刀
苏^{4}皮^2	锁	替^{4}提^3	剃头刀
烟^{1}司^4	钥匙	热^{2}替^{2}枯^4	酒壶
波^{1}翁^1	甑子	(日阿)^{2}泽^{4}替^{2}苦^4	茶壶
车^{1}尺^{3}克^4	麻团	坡^{1}克^3	斧头
扼^{2}拉^4	绳子	干^{1}坡^4	棍棒
沙^{1}坡^1	钵子	抓^{1}弓^1	钉耙
方^{4}龙^{3}嘎^4	火床	皮^4	墙
米^{4}堂^3	火炕	灭^2	棉絮
列^2	楼	尖^{1}尖^4	剪刀
怕^{2}且^4	阶沿	查^3	纺车
卵^{4}卡^3	棺木	坐^{1}孔^{4}塔^3	灶房
卡^{3}巴^3	板子	吐^{4}拉^1	纱
卡^{3}筒^2	柱头	郎^{3}切^2	扇子
席^{3}铁^2	桌子	客^4	秋千
车^{1}客^1	枕头	洛^2	锣
送^{2}嘎^4	碓马	拖^4	箱子
博^{1}坐^4	磨子	拉^{4}敏^3	屋门
色^{3}古^{4}坐^2	厕所	卡^{3}西^1	梳子
戊^{2}挫^4	牛栏	不^{4}尺^1	灰
子^{4}挫^4	猪栏	先^{4}竹^3	篦子
日阿^{3}古^{3}挫^2	鸡笼	黑^4	鼓
搓^{1}客^4	板凳	先^{1}乞^3	唢呐
坐^{2}孔^4	灶	亮^{1}格^4	窗子
补^4	船	恶^{3}同^4	摇篮
贴^{2}贴^4	灯	读^{3}咱^3	锅盖
泽^{3}库^2	麻	冈^{1}拍^3	手杖
日^2	网	戊^{2}客^4	牛角
铳^2	枪	西^{1}朗^3	被盖

（四）粮食及蔬菜

1. 粮食

汉字记音 土家语	汉意	汉字记音 土家语	汉意
里^{2}布^{4}	稻谷	翁^{1}巴^{1}	高粱
写^{4}布^{4}	芝麻	且^{4}麦^{1}	荞子
汁^{3}儿^{3}	大米	乌^{1}梭^{4}	小米
起^{4}额^{3}	糯谷	乞^{4}麦^{2}	大麦
普^{1}他^{4}	糠	里^{4}背^{3}	洋芋
乞^{2}布^{4}	黄豆	卡^{4}几^{4}拉^{1}	红薯
夺^{4}布^{3}	红豆	路^{2}抖^{4}	绿豆

2. 蔬菜

汉字记音 土家语	汉意	汉字记音 土家语	汉意
哈^{1}车^{3}也^{3}他^{1}	菜叶	细^{2}捧^{4}	青菜
泽^{1}可^{4}皮^{3}	娥眉豆	拖^{2}嘎^{1}	蕨菜
捏^{1}吐^{4}	葫芦	课^{2}替^{4}	豇豆
卡^{4}列^{1}起^{4}	茄子	克^{4}尺^{3}	葱
怕^{2}书^{1}古^{4}	辣椒	可^{1}梯^{1}	四季豆
拉^{1}白^{4}	萝卜	拉^{1}土^{4}	南瓜
泥^{3}布^{4}	芋头	阿^{1}捏^{1}	酸菜
搓^{2}枯^{4}	花椒	哈^{4}业^{2}罗^{3}特^{3}	藕
席^{3}托^{2}	大蒜	旁^{2}切^{3}	木耳
炸^{4}客^{3}尺^{3}	野葱	可^{4}苏^{1}	生姜

（五）动物及植物

1. 动物

汉字记音 土家语	汉意	汉字记音 土家语	汉意
望^{2}	水牛	枯^{4}乞^{3}	熊

戊^{2}	黄牛	普^{2}各^{3}	鸽子
司^{3}	兽	尼^{2}必^{1}	鸟
戊^{2}巴^{4}	公牛	额^{4}	猴子
戊^{2}尼^{3}嘎^{4}	母牛	利^{2}	老虎
戊^{2}必^{2}	小牛	马^{4}可^{4}尺^{3}	猫头鹰
子^{4}	猪	查^{2}查^{3}	喜鹊
子^{4}巴^{4}	公猪	里^{4}汝^{3}	寒鸡
子^{4}尼^{3}嘎^{3}	母猪	梭^{1}普^{4}	狐狸
子^{4}必^{2}	小猪	王^{2}巴^{4}里^{4}鲁^{3}	黄莺
若^{2}	羊	报^{2}乞^{3}	野鸡
若^{2}巴^{4}	公羊	西^{1}西^{1}	竹鸡
若^{2}尼^{3}嘎^{3}	母羊	半^{2}	老鹰
热^{3}	老鼠	莫^{3}	猫
则^{4}蒙^{4}	松鼠	查^{2}乞^{4}	锦鸡
时^{3}列^{3}	兔子	墨^{3}查^{4}枯^{3}里^{2}	燕子
坐^{2}枯^{4}	野猫	铺^{2}	龙
沙^{3}的^{4}介^{2}	画眉	送^{2}	鱼
拉^{2}几^{1}	麂子	普^{4}图^{3}	斑鸡
格^{4}	骡	龙^{1}古^{4}	团鱼
萨^{4}	鸭	汁^{3}味^{2}	麻雀
(日阿)^{3}	鸡	米^{1}麻^{1}	蜜蜂
哈^{4}列^{4}	狗	梯^{2}拉^{4}	鲢鱼
螃^{3}甲^{3}	蟹	今^{1}干^{4}莫^{2}干^{4}	螳螂
客^{4}乞^{3}巴^{1}	青蛙	畏^{2}牙^{3}司^{4}	蝉
卡^{4}愧^{2}哈^{3}	杜鹃	斗^{4}必^{3}	蛆
岩^{3}板^{4}	石蛙	补^{4}耻^{4}	蜘蛛
窝^{4}	蛇	冈^{1}布^{1}利^{1}	蝌蚪
窝^{4}起^{4}	毒蛇	块^{4}起^{2}拉^{4}	蚯蚓
梯^{2}迫^{1}	虫	查^{1}查^{1}苦^{4}里^{3}	蚱蜢
业^{4}必^{3}桶	鸟巢	半^{2}嘎^{4}	沙蚊
晒^{4}	蚕	西^{2}尼^{1}嘎^{3}	蚂蚁

里^{4}力^{3}	跳蚤	衣^{1}可^{4}罗^{3}	螺蛳
他^{4}丝^{1}	蝴蝶	尿^{2}七^{2}	泥鳅
马^{4}苦^{4}力^{3}	苍蝇	萨^{1}吐^{1}	虾
嘀^{3}嘀^{1}枯^{3}里^{3}	蟋蟀	麻^{3}马^{4}客^{1}	蜻蜓

2. 植物

汉字记音 土家语	汉意	汉字记音 土家语	汉意
卡^{3}蒙^{3}	树	破^{2}撮^{4}卡^{3}蒙^{3}	桑树
萨^{1}列^{1}西^{3}	李子	萨^{1}卡^{3}蒙^{3}	棕树
白^{1}列^{1}西^{2}	梨子	（日阿^{1}）古^{4}	茶叶
早^{4}早^{4}西^{1}	枣子	树^{2}西^{4}布^{4}里^{1}	板栗
切^{3}西^{3}	柑子	西^{1}西^{1}布^{2}拉^{4}	桃子
半^{2}列^{1}西^{3}	葡萄	猛^{4}	竹子
细^{4}坡^{4}	茅草	沙^{1}卡^{4}蒙^{3}	杉树
柏^{2}子^{4}卡^{3}	柏树	搓^{1}枯^{3}	花椒
者^{4}各^{4}卡^{3}	黄连树	八^{3}合^{3}	薄荷
翁^{1}拍^{4}西^{1}	樱桃	者^{4}各^{3}卡^{3}	白果树
岔^{3}直^{1}卡^{3}蒙^{3}	茶子树	卡^{2}岔^{1}	甘蔗
桶^{3}直^{1}卡^{3}蒙^{3}	桐子树	吐^{1}西^{1}	菇
客^{4}西^{1}	蒿子	舍^{3}	药
捏^{1}郎^{1}	种子	卡^{3}	木
泽^{3}尺^{3}客^{3}	柳树	卡^{2}普^{3}	花
从^{3}卡^{3}蒙^{3}	松树	布^{2}	果

（六）食品

汉字记音 土家语	汉意	汉字记音 土家语	汉意
莽^{4}芒^{3}	饭	热^{2}	酒
哈^{2}车^{4}	菜	热拔	甜酒
食^{3}司^{1}	油	西^{4}泽^{3}	醋
拉^{2}布^{4}	盐	吃^{4}列^{3}	糍粑

食^{3}	肉	（日阿）^{3}列^{3}	鸡蛋
（日阿^{2}）泽	茶水	萨列	鸭蛋
卡^{1}别^{1}	粥	爹^{1}黑^{1}	豆腐
子^{4}食^{3}	猪肉	若^{2}食^{3}	羊肉
是^{2}古^{4}头^{3}	肥肉	窝^{4}食^{3}	蛇肉
食^{3}米^{4}	瘦肉	克^{4}七^{3}八^{3}食^{3}	青蛙肉
鲁^{1}嘎^{4}	骨头	替^{2}拉^{1}食^{3}	鲑鱼肉
子^{4}安^{1}嘎^{4}	猪肝	聋^{1}古^{4}食^{3}	甲鱼肉
子^{4}墨^{2}果^{4}	猪腰	甫^{4}图^{3}食^{3}	斑鸠肉
子^{4}上^{2}棒^{4}	猪肺	报^{2}七^{3}食^{3}	野鸡肉
戊^{2}食^{3}	牛肉	里^{4}汝^{4}食^{3}	寒鸡肉
戊^{2}脉^{3}尺^{1}克^{4}	牛肚子	米^{1}马^{4}食^{3}	蜂儿肉
哈^{4}列^{3}食^{3}	狗肉	查^{2}柒^{1}食^{3}	锦鸡肉
送^{2}食^{3}	鱼肉	利^{2}巴^{4}食^{3}	老虎肉
（日阿）^{3}食^{3}	鸡肉	梭^{1}卜^{4}食^{3}	狐狸肉
西^{1}西^{1}食^{3}	竹鸡肉	望^{2}食^{3}	水牛肉
萨^{4}食^{3}	鸭肉	衣^{1}可^{1}罗^{3}食^{3}	螺蛳肉
铺^{4}各^{3}食^{3}	鸽子肉	扭^{4}七^{3}食^{3}	泥鳅肉
时^{3}列^{2}食^{4}	兔肉	拉^{1}几^{1}食^{3}	麂子肉

（七）土家语词类

1. 名词

汉字记音 土家语	汉意	汉字记音 土家语	汉意
赤^{1}皮^{1}	书	铜^{3}钱^{3}太^{2}	没有钱
赤^{4}词^{3}	字	拉^{1}挫^{4}	一家
比^{4}几^{3}	笔	拉^{1}桶^{4}	一族
赤^{2}克^{4}塔^{3}	纸	麻^{3}利^{2}	大家
哲^{3}	乖	太^{2}	没有
哲^{3}大^{2}	丑	泽^{3}梦^{2}	水井
毕^{2}兹^{4}煞^{3}	土家语	使^{4}若^{3}谢^{2}	有用

煞^{3}	话	使^{4}若^{3}太^{2}	没用
叶^{3}搓^{4}	神堂	所^{4}丢^{4}	身上
农^{3}年^{3}	生日	窝^{1}拉^{4}	园子
阿^{2}果^{4}	伴	头^{3}嘎^{3}	媒人
不^{3}次^{2}	灰	吉^{2}煞^{3}	哭嫁
铜^{3}钱^{3}	钱	铜^{3}钱^{3}谢^{2}	有钱

2. 动词

汉字记音土家语	汉意	汉字记音土家语	汉意
杰^{3}	喊	伯^{4}	搬
力^{3}	讲	几^{4}	认
捏^{4}	笑	巴^{4}	看
吉^{2}	哭	拿^{3}	缝（缝衣）
使^{4}列^{3}	问	切^{3}	耕
嘎^{2}	吃	的^{4}	挖
恩^{3}且^{2}	来	里^{1}	找
恩^{3}纠^{3}	来了	布^{2}	杀
阿^{2}的^{3}	过来	拢^{4}	养
兆^{2}	去	窝^{1}	洗
招^{3}	去了	铺^{1}	买
额^{2}	走	绿^{4}	卖
破^{2}	跑	抵^{4}	提
吐^{1}	读	铺^{2}	补
日^{1}	做	阿^{2}	写
客^{4}	挑	八^{3}谷^{3}	上坡
窝^{4}	背	八^{3}达^{4}	下山
哈^{3}	打	泽^{3}咱^{4}	洗澡
他^{4}	砍	故^{2}窝^{1}	洗脸
翁^{3}	坐	杀^{3}	关
痛^{2}	开	拢^{4}	生

阿^{2}赤^{4}	爱	射^{2}	死
格^{4}	怕	服^{3}	喝
吐^{4}无^{3}	烤	起^{1}查^{4}	拔
扼^{2}	偷	也^{4}	拨
索^{3}雾^{2}	烧香	阿^{4}	喂
翁^{2}	借	也^{4}	拖
业^{2}	睡	洗^{4}	牵
热^{2}服^{3}	喝酒	替^{2}	掏
借^{2}涡^{1}	洗手	吾^{3}	量
补^{4}直^{3}涡^{1}	洗筷子	铺^{2}	薅
切^{3}必^{2}涡^{1}	洗碗	起^{4}	称
哈^{1}车^{1}涡^{1}	洗菜	科^{1}	教
期^{1}卡^{1}	过年	阿^{2}玉^{4}	学
壳^{3}	断	洛^{2}	煮
时^{3}姐^{4}	打猎	起^{4}查^{3}	扯
洗^{4}拨^{3}	牵倒	桶^{4}	蒸
破^{2}	跑	米^{1}吐^{4}	烤火
波^{4}	推	拉^{4}敏^{3}痛^{2}	开门
使^{4}列^{3}	问	拉^{4}敏^{3}杀^{3}拨^{3}	关门
波^{1}撮^{3}阿^{3}	请客	突^{1}	捡
舍^{2}巴^{4}日^{1}	摆手	拉^{2}	甩
泽^{3}咱^{4}	洗澡	码^{4}	堆
直^{3}嘎^{2}	吃饭	也^{4}	躲
打^{4}西^{4}	帮忙	替^{2}	点
替^{2}	答	坡^{1}	射
西^{4}忙^{3}	忘记	抵^{4}	要
德^{2}	记	替^{3}	得到
是^{2}	送	这^{2}	告诉
拖^{1}	还	入^{3}	听
阿^{3}	接	夫^{4}差^{4}	逃跑
业^{2}	过	姐^{4}	赶

打[4]西[3]	帮忙	咱[4]	捏
左[4]坡[1]	嫁	苦[4]树[2]	掐
阿[3]	取	谷[3]	上
别[4]	栽	扼[2]	漏
皮[3]	分	呵[4]	下
体[4]	等	且[4]	进
拍[2]	赔	且[4]的[3]	进来
体[4]拨[3]	等到	且[4]劳	进去
哈[4]直[3]	知道	拉[1]朗[4]	晒
哈[4]太[2]	不知道	客[4]时[3]	发抖
拍[3]	抱	乎[3]	肿
处[4]	装	读[3]	盖
甫[2]	补	卡[1]佩[2]贝	开花
波[3]翁[3]	埋	列[2]	讨
席[3]	梳	他[4]夺[3]	不要
几[4]几[4]	飞	嘎[3]窝[4]	背柴
浮[4]	搭	拍[3]拨[3]	趴倒
别[4]了[3]	掉了	西[1]巴[4]炸[2]	洗衣服
聋[1]	烂	聋[1]	咳嗽
匹[3]	破	起[4]查[3]	扯
缺[3]	嚼	黑[4]	戳
格[3]尺[2]	玩耍	业[2]西	醒了
粑[1]	贴	兔	倒
弱[2]	搓	起[4]查[3]	撕
合[3]	拿	日[4]黑[3]	织网
匹[2]	吐	也[4]	拉
灭[2]	吹	使[4]	用
太[2]	没有	突[1]	捡
席[3]	剥	直[3]嘎[2]	吃饭
喋[2]	想	时[3]列[4]巴[4]	看月
库[2]树[4]	吸	且[4]谢[1]	有孕

黑^{3}	许	补^{4}撮^{4}阿^{3}	请客
巴^{4}	看	赤^{4}皮^{3}巴^{4}	看书
汝^{4}戛^{2}	害羞	（日阿）^{2}泽^{3}服	喝茶
洗^{4}阿^{3}	痒	惹^{2}舍^{4}	蒸酒
赤^{1}吐^{1}	读书	佩^{2}阿^{3}	接儿媳
赤科	教书	西^{1}巴^{4}大^{2}	穿衣服
拉^{4}扼^{2}	走路	哭^{3}大^{2}	穿裤子
莽^{4}芒^{3}日^{1}	煮饭	驻^{2}的^{3}	起来
哈^{1}车^{1}日^{1}	炒菜	巢^{1}且^{4}	进屋
赤^{4}词^{3}几^{4}	认字	搓^{1}租^{1}	结婚
萨^{3}日^{1}	做事	这^{2}日^{3}	多嘴
食^{3}特^{2}克^{3}切^{3}	耕田	翁^{3}太^{4}	不坐
食^{3}特^{2}克^{3}日^{1}	种田	色^{3}剥^{3}	屙屎
拍^{2}替^{4}切^{4}	挖地	挨^{1}泽^{1}剥^{3}	屙尿
拍^{2}替^{4}日^{1}	种地	泽^{3}克^{4}	挑水
借^{1}坡^{1}	放工	舍^{1}巴^{1}日^{1}	摆手
松^{1}块^{1}	回去	细^{2}朗^{4}	生病
巢^{4}门^{3}驻^{1}	出门去	写^{2}左^{4}巴^{4}	看医生
食^{4}起^{4}	称肉	堰^{1}几^{4}谢^{2}	有椅子
拉^{4}门^{3}署^{4}拨^{2}	锁门	巢^{1}拿^{3}翁^{3}	屋里坐
卡^{3}蒙^{3}谷	上树	阿^{1}翁^{3}太^{4}	我不坐
卡^{1}他^{4}贝^{3}	磕头	松^{1}块^{1}多^{3}	要回去
打^{4}哈^{3}	打骂	那^{4}查^{3}	让路

3. 形容词

汉字记音 土家语	汉意	汉字记音 土家语	汉意
起^{4}	大	汝^{4}	轻
爽^{4}	小	堵^{4}	重
额^{3}巴^{3}	长	客^{4}以^{3}	硬
总^{4}	短	伯^{1}伯^{1}得^{3}	软

日^{1}	多	爽^{1}爽^{1}	亮
普^{4}	少	恶^{3}客^{4}客^{4}	暗
拉^{2}	厚	勉^{4}姐^{4}借^{4}	红
萨^{1}色^{3}	薄	信^{2}于^{4}	蓝
出^{3}出^{3}	直	朗^{4}嘎^{4}	黑
干^{1}枯^{1}爹^{1}	弯	阿^{2}司^{1}	白
夹^{1}夹^{1}	稀	拉^{4}	稠
是^{2}	肥	太^{2}	没有
歪^{1}	瘦	谢^{2}	有
索^{3}里^{4}	干净	日^{1}他^{4}	懒
派^{2}奈^{2}	脏	阿^{1}列^{1}	勤
岔^{2}	好	西^{4}阿^{3}	痒
德^{2}开^{1}	坏	啼^{2}	痛
麻^{3}力^{3}	快	这^{2}嘎^{3}	口渴
爹^{1}	慢	惹^{2}杰^{3}	酒醉
阿^{2}西^{4}	新	塔^{3}太^{2}波^{4}	悄悄
阿^{2}派^{4}	旧	岔^{2}西^{4}	好的
卡^{4}别^{3}	湿	跌^{3}拉^{2}卡^{4}	坏的
阿^{4}嘎^{3}	干		
阿^{4}哄^{4}	生	阿^{3}皮^{2}皮^{2}	酸
阿^{4}杰^{4}	熟	客^{3}几^{4}	苦
格^{4}	热	南^{3}西^{1}西^{1}	臭
洒^{4}	冷	这^{1}是^{4}	辣
洛^{4}火^{3}会^{2}	暖和	墨^{2}杰^{1}	饱
沙^{1}起^{4}沙^{1}该^{2}	凉爽	立^{2}阿^{4}	饿
叶^{3}太^{2}	穷	惹^{4}	美
叶^{3}谢^{2}	富	他^{2}惹^{2}	丑

4. 代词

汉字记音 土家语	汉意	汉字记音 土家语	汉意
厄阿^{2}	我	恩^{1}格^{1}	那里
安^{2}尼^{2}	我们	格^{3}度^{1}	这里
义^{2}	你	阿^{3}低^{4}	那个
射^{2}义^{2}	你们	^{4}格^{3}低^{2}	这个
各^{1}	他	麻^{3}利^{2}	大家
格^{1}则^{4}	他们	阿^{2}色	谁
切^{3}西^{3}	什么	客^{3}衣^{1}	哪儿
卵^{2}爹^{4}	别人	果^{2}夺^{2}	自己

5. 方位词

汉字记音 土家语	汉意	汉字记音 土家语	汉意
直^{1}格^{4}	前面	答^{3}拜^{2}	近处
色^{1}拉^{4}	后面	额^{4}靠^{3}	远处
恶^{3}透^{2}	里面	布^{1}借^{2}	左
恶^{3}他^{3}	外面	他^{1}布^{1}借^{2}	右
嘎^{3}哈^{2}	上面	色^{2}他^{1}	旁边
巴^{3}堤^{3}	下面	台^{1}比^{4}	对面

6. 数词

汉字记音 土家语	汉意	汉字记音 土家语	汉意
拉^{2}	一	拉^{4}启^{3}	一斤
捏^{1}	二	捏^{2}启^{3}	两斤
梭^{1}	三	梭^{1}启^{3}	三斤

惹^{1}	四	惹^{4}启^{3}	四斤
翁^{1}	五	翁^{4}启^{3}	五斤
恶^{3}	六	恶^{2}启^{3}	六斤
业^{3}	七	业^{2}启^{3}	七斤
叶^{3}	八	叶^{2}启^{3}	八斤
格^{3}	九	格^{2}启^{3}	九斤
黑^{3}	十	黑^{3}启^{3}	十斤

7. 量词

汉字记音 土家语	汉意	汉字记音 土家语	汉意
坡^{4}	斗	皮^{4}	件
西^{3}	升	拔^{4}	把
切^{3}	次	乞^{3}	只
启^{4}	斤	汝^{4}	双
鄙^{4}	本	龙^{4}	年
扼^{4}	张	色^{1}桶^{3}	岁
直^{3}	根	客^{4}	丘
暑^{4}	碗	拍^{2}	夜
布^{4}	个	布^{2}	颗

8. 时间

汉字记音 土家语	汉意	汉字记音 土家语	汉意
农^{3}	年	闹^{2}几^{4}	明天
司^{4}	月	米^{2}捏^{1}	后天
业^{4}	日	召^{1}古^{4}爹^{1}	早晨
农^{3}摆^{3}	今年	盘^{2}热^{4}次^{4}	中午
农^{2}冬^{2}摆^{3}	去年	南^{3}车^{2}	晚上
爹^{1}农^{2}摆^{3}	前年	抵^{4}嘎^{3}	从前

拉^{3}可^{4}	明年	木^{2}南^{2}	现在
米^{2}可^{4}	后年	他^{1}捏^{1}苦^{3}	白天
乃^{4}	今天	墨^{2}术^{3}	天亮
朴^{3}尼^{3}	昨天	色^{1}桶^{3}	岁
根^{2}泥^{1}	前天	切^{3}卡^{3}	春节

9. 金属以及其他

汉字记音土家语	汉意	汉字记音土家语	汉意
翁^{1}可^{4}	金子	烟^{3}	锡
窝^{4}	银子	些^{4}	铁

（八）土家语句子

用汉字记音的土家语	汉意
日阿翁了，	鸡叫了，
墨术了，	天亮了，
卵祈巴租丢了。	大人们起来了。
阿业租丢莽芒日，	妈妈起来忙做饭，
阿罢租丢早嘎伯。	父亲起来去搬柴。
厄阿 拉敏 痛 卵 阿 翁，	我开门就碰见人，
各厄阿使列客度博额？	他问我去哪里？
抗枯嘎伯松块爹。	把山里柴搬回来。
厄阿各使列且西萨？	我问他有什么事？
谢哈恩且义搓格尺。	有意来你家玩耍。
巢且那翁阿体泊，	进屋坐下等等我，

嘎伯松可格尺岔。	搬柴回来才好玩。
嘎伯松可泽查泽太，	搬柴回来缸无水，
借其克泼泽克劳。	挑担水桶挑水去。
泽克松可莽芒嘎，	挑水回来好吃饭，
莽芒嘎了格尺岔。	吃饭以后好玩耍。

（九）土家语哭嫁歌

用汉字记音的土家语	汉意
厄阿捏阿业厄阿捏娘，	我的母亲我的娘，
搓他捏布窝拉切西黄。	屋后果园柑子黄。
卵祈巴这痛了，	大人们放了口，
厄阿捏脉闹喋西朗。	我的心里不好想。
厄阿捏阿业厄阿捏爹，	我的母亲我的爹，
社义捏脉闹喋痴厄。	你们心里不会想。
厄阿捏阿罢厄阿捏娘，	我的父亲我的娘，
社义必优龙年爽。	你们女儿年龄小。
切西萨胡尼日哈太，	什么事都不知做，
各搓巢业卡西朗。	他家日子不好过。

（十）土家语情歌

用汉字记音的土家语	汉意
男：台比阿大乞布日，	对门大姐种黄豆，
阿矮乞布捏郎谢；	小弟有种给你丢；
阿大之格洞理嘎，	大姐在前挖窝子，
阿矮色拉捏郎日。	小弟在后丢种子。

女：台比阿可且西煞，	对门大哥什么话，
义捏洛卜时泊那；	你的眼睛视力差；
巴泊捏郎使若太，	看到种子无用处，
义各阿泊热服岔。	你自留下好喝酒。